教育部2019年度哲学社会科学研究重大课题攻关项目"'一带一路'国家与区域教育体系研究"（项目编号：19JZD052）

国际视野下的全球素养教育

刘宝存 臧玲玲 等 著

人民出版社

责任编辑:宫 共
封面设计:源 源

图书在版编目(CIP)数据

国际视野下的全球素养教育/刘宝存 等著. —北京:人民出版社,2021.12
ISBN 978-7-01-024329-0

Ⅰ.①国… Ⅱ.①刘… Ⅲ.①素质教育-研究 Ⅳ.①G40-012

中国版本图书馆 CIP 数据核字(2021)第 251242 号

国际视野下的全球素养教育
GUOJI SHIYE XIA DE QUANQIU SUYANG JIAOYU

刘宝存 臧玲玲 等 著

人民出版社 出版发行
(100706 北京市东城区隆福寺街 99 号)

北京汇林印务有限公司印刷 新华书店经销

2021 年 12 月第 1 版 2021 年 12 月北京第 1 次印刷
开本:710 毫米×1000 毫米 1/16 印张:33.25 字数:507 千字

ISBN 978-7-01-024329-0 定价:99.00 元

邮购地址 100706 北京市东城区隆福寺街 99 号
人民东方图书销售中心 电话 (010)65250042 65289539

总　序

在"十四五"乃至更长一个时期，我国教育改革与发展正在面临着新的国内外环境，面临着新的发展机遇和挑战。从国际上看，正如《中华人民共和国国民经济和社会发展第十四个五年（2021—2025年）规划和2035年远景目标纲要》明确指出的，"当今世界正经历百年未有之大变局，新一轮科技革命和产业变革深入发展，国际力量对比深刻调整，和平与发展仍然是时代主题，人类命运共同体理念深入人心。同时，国际环境日趋复杂，不稳定性不确定性明显增加，新冠肺炎疫情影响广泛深远，世界经济陷入低迷期，经济全球化遭遇逆流，全球能源供需版图深刻变革，国际经济政治格局复杂多变，世界进入动荡变革期，单边主义、保护主义、霸权主义对世界和平与发展构成威胁。"从国内看，经过40多年的改革开放，我国社会经济发展取得了辉煌的成就，实现了全面建成小康社会的目标，我国已转向高质量发展阶段。在新的历史阶段，我们必须统筹中华民族伟大复兴战略全局和世界百年未有之大变局，深刻认识我国社会主要矛盾变化带来的新特征新要求，深入贯彻创新、协调、绿色、开放、共享的新发展理念，加快构建新发展格局，推动高质量发展，为全面建设社会主义现代化国家开好局、起好步。

教育是高质量发展的重要内容，也是高质量发展的基础，因此，建设高质量教育体系，实现教育现代化，建设教育强国，便成为我国教育改革发展的主旋律和归宿。我国要打造的高质量教育体系应该是服务全民终身学习的教育体系，是满足所有人的发展需要的全纳、个性化的教育体系，是上下衔接、普职融通的教育结构体系，是优质均衡的基本公共教育服务体系，是多元、高效的教育评价与质量保障体系，是政府、学校、企业、社会共同参与的教育治理体系，是全面布局、重大突破、分类发展的高水平教育对外开放体系。在"十四五"乃至更长一个时期，我国教育改革与发展将致力于推进基本公共教育均等化，增强职业技术教育适应性，提高高等教育质量，建设高素质专业化教师队伍。这些重大任务的推进，迫切需要深化教育改革。

从国际上看，自 20 世纪 80 年代以来世界性的教育改革不但没有停止，而且随着 21 世纪社会经济、科学技术、文化等方面的新发展、新要求和新挑战而日益走向深入。在教育普及化的时代，不断推进教育现代化是教育改革发展的总体目标，提高质量和促进公平仍然是教育改革发展的主旋律，主要的改革趋势包括重新界定核心素养并将核心素养融入到培养目标、课程、教学和评价当中去，以培养创新能力、实践能力和学习能力为核心推进教学模式与方法的创新，以教师专业发展为指导推进教师职前教育和职后教育的一体化改革，以应对全球化时代挑战和全球性问题解决为目的推动国际理解教育、全球素养教育、全球公民教育和可持续发展教育，以教育数字化转型为途径应对信息革命、智能革命为主要驱动力的数字化社会带来的挑战，以全民终身学习和学习化社会为宗旨推进终身学习体系建设，以简政放权和提高效率为中心推进教育治理体系改革，以联合国教科文组织和多边主义等基础建构多行为体共同参与的全球教育治理体系。新冠肺炎疫情的全球蔓延使得全球教育面临着更大的不确定性，如何应对因疫情导致的面对面授课受限、国际交流与合作下降、教师与学生流动减少、失学和辍学人数飙升、毕业生就业恶化等挑战，如何在后疫情时代实现教育的重建，也成为世界各国和国际组织共同关心的问题。

在全球化时代，世界教育改革与发展进入一个互学互鉴的时代。我国的教育改革与发展的核心是建立高质量教育体系，实现教育高质量发展。这是一项前所未有的改革任务，迫切需要建立中国特色的教育现代化理论体系，探索中国式教育现代化的发展道路。这要求我们既要立足我国传统的文

化传统、教育理论和我国的现实国情，总结我国教育发展的经验，也要研究
世界教育理论发展前沿、教育改革发展的趋势和经验教训，为我国教育改革
与发展提供借鉴。

正是在这种背景下，北京师范大学国际与比较教育研究院组织出版了
"国际与比较教育研究丛书"。该丛书主要收纳教育部人文社会科学重点研究
基地北京师范大学国际与比较教育研究院和教育部国别和区域研究基地北京
师范大学国际教育研究中心的研究成果，同时也对国内外国际与比较教育学
者开放，力求反映世界教育理论发展的最新成果、世界教育改革与发展的最
新动态，并在世界教育改革与发展的大背景下审视我国教育的改革与发展，
为我国教育改革与发展提供借鉴。在丛书出版过程中，人民出版社给予了大
力支持，特别是王萍女士付出了大量的心血，在此谨致以衷心的感谢。

北京师范大学国际与比较教育研究院

刘宝存

2021 年 12 月

目　录

前　言

　　自从经济合作与发展组织（Organization for Economic Co-operation and Development）将全球素养（Global Competence，又译"全球胜任力"）纳入 2018 年的 PISA 测试范围以后，全球素养和全球素养教育成为国际教育界炙手可热的研究话题和实践领域，我国教育界在介绍经济合作与发展组织等国际组织和不同国家全球素养教育理论和实践的同时，也在试图构建中国特色的全球素养教育理论和探索符合中国国情的全球素养教育实践模式。

　　要真正理解全球素养和全球素养教育，不能仅从经济合作与发展组织的 2018 年 PISA 测试开始，而应该把它放到更长的历史长河中去追溯。全球素养和全球素养教育出现不是偶然的，它是第二次世界大战后特别是 20 世纪 80 年代后全球化趋势在教育中的反映。随着全球化的浪潮席卷全球，世界不同国家、地区之间的经贸交往、政治联系、文化交流日益密切，各个国家和地区之间的相互依存关系日益明显。然而，在全球经济、政治、文化交往日益密切的同时，国际恐怖主义、发展不平衡、气候变化、环境污染、全球卫生事件等问题日益突出，文化多样性引发的冲突也日益增多。随着全球化的不断加深，这些全球性问题对各国的影响也日益加深，严重威胁着 2030 年可持续发展目标的实现。在这种背景下，无论从个人发展和就业的角度讲，还是从国家发展和国际竞争的角度讲，还是从人类未来发展的角度讲，未来社会所需要的公民不能像原来那样局限于"个人意识""民族意识""国家意识"，必须具有全球视野、全球意识、全球竞争力，全球素养

和全球素养教育也就被国际组织和世界各国提上议程。正如全美教育协会
(National Education Association) 所言,"在 21 世纪,全球素养不是一种奢
侈品,而是必需品。……全球素养理应成为从基础教育到研究生教育阶段的
核心使命。"①

　　对于未来社会所需要的全球视野、全球意识、全球竞争力,不同的国
际组织、国家和学者是从不同的角度去认识的,也就有了许多内涵相同或
相似但表述不同的概念,如 Global Competence、Global Competency、Global
Literacy、Global Citizenship、Global Consciousness、Global Awareness、
Global Mindedness、International Mindedness、International Competence、
International Competency、International Understanding、Intercultural
Competence、Intercultural Competency、Intercultural Citizenship、Intercultural
Sensitivity、Intercultural Skills 等。而且,即使是在同一个国际组织或者国
家、学者,在不同的时间也往往使用不同的概念。例如,联合国教科文组
织在 1945 年就提出"国际理解"的概念,1950 年提出"世界公民"的概
念,在 21 世纪初提出"全球公民"的概念,与之相适应便有了"国际理解
教育""世界公民教育""全球公民教育"等提法。在英国,学者和教育界使
用"国际理解能力""全球教育""世界学习""全球公民""全球维度"等名
称开展全球意识方面的教育,特别是在政府倡导的课程改革中使用的"全
球维度"概念具体包括全球公民 (Global Citizenship)、社会公正 (Social
Justice)、可持续发展 (Sustainable Development)、多样性 (Diversity)、价
值观与理解 (Values and Perceptions)、相互依存 (Interdependence)、冲突
解决 (Conflict Resolution)、人权 (Human Rights) 等八组关键概念 (Key
Concepts)。② 在东亚,"国际理解"是一个更常见的概念,韩国和日本都
承袭联合国教科文组织关于"国际理解"内涵的阐释,一直以积极的态度

---

① Van Roekel. *Global Competence is a 21st Century Imperative*. Washington:NEA,2014.
② DfES.Developing the Global Dimension in the School Curriculum,2020-09-27, .https:∥
　globaldimension.org.uk/wp-content/uploads/old//documents/gdw_developing_the_global_
　dimension.pdf.

开展国际理解，但是国际理解的范围非常广泛，如韩国国际理解的概念边界包括"国际理解""全球公民""多元文化""可持续发展""人权""和平"等具体内容①，日本国际理解的概念则包括提出"国际理解""和平""人权""全球公民""异文化间理解""多元文化""可持续发展"等诸多与"全球素养"相关的教育概念。在澳大利亚，则主要通过相互依存与全球化、自我认同与文化多样性、社会正义与人权、建设和平与解决冲突以及可持续发展的未来等五大主题开展全球教育，培养学生的全球素养。相比较而言，明确使用全球素养概念的是北美的美国、加拿大以及以美国为基地的亚洲协会。早在 1988 年，美国国际教育交流委员会（Council on International Educational Exchange）就发布《为了全球素养的教育》（*Educating for Global Competence*）政策报告，提出全球素养的概念。后来美国全国性非政府组织"世界智慧组织"（World Savvy）、全美州立学校首席教育官理事会明确使用全球素养的概念，美国教育部则提出全球与文化素养（Global and Cultural Competencies）概念。亚洲协会是全球素养概念构建与实践开展的重要国际推动者，它 2011 年联合全美首席州立学校官员委员会发布了《全球素养教育：为我们的年轻人融入世界做好准备》（*Educating for Global Competence：Preparing Our Youth to Engage the World*）报告，对"全球素养"这一概念做出界定，并明确全球素养的结构，对后来的经济合作与发展组织的 2018 年 PISA 测试产生了重要的影响。经济合作与发展组织教育与技能司（Directorate of Education and Skills）与哈佛大学教育研究生院（Harvard Graduate School of Education）零点项目（Project Zero）在亚洲协会研究成果的基础上提出了《PISA 全球素养框架》（*PISA Global Competence Framework*），并在 2018 年 PISA 测试中引入全球素养的概念并对其进行测评。正是由于把全球素养引入大型国际测评项目中，使得全球素养得到了更为广泛的关注，也使得经济合作与发展组织成为全球素养教育和测评领域的最有影响的倡导者。

---

① 姜英敏：《东亚国际理解教育的政策与理论》，高等教育出版社 2017 年版，第 100—102 页。

对于全球意识的重视引发不同概念的出现，对于全球素养的界定也很不一样。根据经济合作与发展组织的观点，所谓"素养"，不是一种知识或特定的技能，而是知识、技能、态度和价值观的有机统一。因此，经济合作与发展组织把全球素养定义为"从多元视角批判地分析全球和跨文化问题的能力；理解文化差异如何影响人们的观念、判断以及对自己和他人的看法的能力；在普遍尊重人类尊严的基础上与来自不同背景的他人进行坦诚、得体和有效沟通的能力。"[①] 在 2018 年 PISA 测试中，全球素养包含四个维度：审视具备地方、全球和文化意义的议题和情境的能力；理解和欣赏不同观点和世界观的能力；与不同民族、种族、宗教、社会文化背景或性别的群体建立积极互动关系的能力；为可持续发展和集体福祉采取建设性行动的倾向与能力。同时，在全球素养框架的每个维度均融入了知识、技能、态度和价值观四项独立要素。另外，亚太经济合作组织将全球素养界定为"从多个角度批判性地分析全球和文化间问题，了解差异如何影响自我和他人的看法、判断和想法，并在共同尊重人的尊严的基础上与不同背景的其他人进行公开、适当和有效的互动的能力"[②]；全美州立学校首席教育官理事会与美国亚洲协会将全球素养定义为"理解具有全球性意义的议题并有针对性地采取行动的能力和气质"[③]；世界智慧组织（World Savvy）则认为全球素养是使年轻人在更加多样化、相互关联的世界中茁壮成长的技能、价值观和行为[④]。美国教育部提出全球与文化素养（Global and Cultural Competencies）的概念并将其界定为个体能够用以在全球化时代取得成功，参与具有全球影响力的国际事务且发挥有效作用所需的知识和技能。[⑤] 联合国教科文组织使用全球公民概

①　Andreas Schleicher. *Global Competency for an Inclusive World*，Paris：OECD，2016.

②　OECD. Global Competencies and Economic Integration：Final Report，2020-11-29，https：//www.apec.org/Publications/2017/12/Global-Competencies-and-Economic-Integration-Final-Report

③　周小勇：《全球化时代呼唤全球素养教育》，《全球教育展望》2017 年第 9 期。

④　World Savvy.What is Global Competence?，2020-11-29，https：//www.worldsavvy.org/our-approach/global-competence/

⑤　U.S. Department of Education. Global and Cultural Competency，2020-11-29，https：//sites.ed.gov/international/global-and-cultural-competency/.

念，它更多地指的是一种对全球社会的更广泛的归属感和一种人类的共同意识，其假定的成员彼此之间具有团结和集体特征，并在全球一级承担集体责任，以促进一个更好的世界和未来。① 联合国教科文组织颁布的全球公民素养框架包括四个方面的内容：（1）了解和理解具体的全球问题和趋势，了解和尊重关键的普遍价值观（如和平与人权、多样性、正义、民主、关怀、不歧视、宽容）；（2）具备批判性、创造性和创新思维、解决问题和决策的认知技能；（3）具备非认知技能，如同理心、对经验和其他观点的开放、人际/沟通技能以及与不同背景和出身的人建立联系和互动的能力；（4）具备开展和参与主动行动的行为能力。

在全球化时代，全球素养不仅是未来社会每一个公民的基本素养，而且是可以通过教育培养的素养。因此，为了培养学生的全球素养，各国纷纷开展教育改革，将全球素养的培养纳入国家教育体系之中，开展不同类型的全球素养教育实践，如全球素养教育、国际理解教育、全球公民教育、可持续发展教育、跨文化教育、多元文化教育、和平教育、国际教育、全球教育、发展教育、人权教育等。在国家或地区层面，许多国家把全球素养纳入21世纪核心素养框架之中，如2007年美国《21世纪核心技能框架》把全球意识与经济和商业素养、公民素养、健康素养以及环境素养等并列为21世纪跨学科主题；2013年《澳大利亚课程中的基本能力框架》把"跨文化理解"作为基本能力之一；2015年加拿大安大略省《21世纪素养》把"全球公民意识"作为六大核心素养之一。另外，2019年经济合作与发展组织颁布的《OECD学习框架2030》把全球素养作为28种素养之一。为了实施全球素养教育，许多国家通过设置专门课程、融入各学段学科课程、设计跨学科主题、设置实践活动等形式把全球素养融入课程体系当中，并采用有助于学生参与、主动思考、自由表达的教学方式培养学生的全球素养，如结构化辩论、有组织的讨论、时事学习、游戏式学习、项目式学习、服务性学习

① UNESCO.The ABCs of Global Citizenship Education，2020-03-21，https：//unesdoc.
unesco.org/ark：/48223/pf0000248232？posInSet=1&queryId=71187f41-93cf-428d-8033-
29142d639f1e，2017-03.

等。为了培养学生的全球素养，许多国家还加强了世界主要语言的教学，致力于为学校管理者和教师提供全球素养教学培训，支持学生和教师参与全球素养活动。

　　进入 21 世纪后，为了应对全球化时代的挑战，服务我国国家战略，我国明确加强了学生国际视野的培养。2010 年颁布的《国家中长期教育改革和发展规划纲要（2010—2020 年)》提出"适应国家经济社会对外开放的要求，培养大批具有国际视野、通晓国际规则、能够参与国际事务和国际竞争的国际化人才"，并要求"加强国际理解教育，增进学生对不同国家、不同文化的认识和理解。"2016 年《中国学生发展核心素养》发布，国际理解是 18 个基本核心素养要点之一，要求培养的人才具有全球意识和开放的心态，了解人类文明进程和世界发展动态；能尊重世界多元文化的多样性和差异性，积极参与跨文化交流；关注人类面临的全球性挑战，理解人类命运共同体的内涵与价值等。党的十九大报告确立了"坚持和平发展道路，推动构建人类命运共同体"的外交战略，对国际理解教育提出了更高的要求。2020 年颁布的《教育部等八部门关于加快和扩大新时代教育对外开放的意见》提出"在基础教育领域，将加强中小学国际理解教育，帮助学生树立人类命运共同体意识，培养德智体美劳全面发展且具有国际视野的新时代青少年。"从官方的文件看，我国一直在沿用 1945 年联合国教科文组织提出的"国际理解教育"的概念，希望通过加强国际理解教育，培养具有人类命运共同体意识、国际视野和全球竞争力的人才。在学术界和教育实践界，我国对国际理解教育、全球公民教育、全球素养教育、可持续发展教育、跨文化教育、多元文化教育、和平教育、全球教育等都在进行理论上的研究和实践上的探索，特别是近年来兴起的全球素养教育研究方兴未艾。全球素养教育作为一个舶来的概念，在一定程度上反映了西方中心的话语体系，也在一定程度上反映了西方的价值观。因此如何构建中国特色的全球素养教育理论体系，探索符合中国国情的实践模式，是摆在我国教育理论和实践工作者面前的一个重要课题。

　　正是在这种背景下，我们组织开展了全球素养教育的比较研究，对经济合作与发展组织、联合国教科文组织、亚洲协会等在全球素养教育方面影响较大的国际组织和美国、英国、加拿大、澳大利亚、日本、韩国等全球素养教育开展较好的国家进行案例研究，对全球素养教育的时代背景和历史发展、全球素养教育的理念基础、全球素养教育的实践路径、全球素养教育的评价等问题开展专题研究，并在此基础上对国外的全球素养教育理论进行剖析和批评，并尝试构建中国特色的全球素养教育理论体系和实践模式。本书是集体协作的结晶，具体分工如下：第一章　全球素养教育的时代背景和历史发展，由北京师范大学莫玉婉撰写；第二章　全球素养教育的理念基础，由河南大学臧玲玲撰写；第三章　全球素养教育的实践路径，由湖南科技大学张晓报撰写；第四章　全球素养教育的评价，由山东理工大学李娜撰写；第五章　OECD 全球素养教育，由香港中文大学黄秦辉撰写；第六章　UNESCO 全球素养教育，由河南大学臧玲玲、陈亚亚撰写；第七章　亚洲协会全球素养教育，由北京师范大学康云菲撰写；第八章　美国全球素养教育，由湖南科技大学张晓报撰写；第九章　英国全球素养教育，由北京师范大学赵婷撰写；第十章　加拿大全球素养教育，由北京师范大学莫玉婉撰写；第十一章　澳大利亚全球素养教育，由北京师范大学苏洋撰写；第十二章　日本全球素养教育，由北京师范大学商润泽撰写；第十三章　韩国全球素养教育，由北京师范大学范丽珺撰写；第十四章　中国全球素养教育的理论建构与实践路径创新，由北京师范大学姜晓笛撰写。最后由我和臧玲玲统稿。

在写作过程中，我们参考了国内外的一些研究成果，未能一一列出，在此一并表示感谢。人民出版社王萍女士为本书的出版付出了辛勤的劳动，在此深表谢意。对于本书作者来讲，全球素养教育是一个较新的研究课题，再加上作者才疏学浅，纰漏之处在所难免，恳请各位专家和广大读者不吝赐教。

刘宝存

2021 年 9 月于北京师范大学国际与比较教育研究院

第一章 全球素养教育的时代背景和历史发展

随着全球化浪潮的席卷，我们处在一个不断联通却又复杂变化的世界之中，全球化既为我们提供了机遇，也给我们带来了挑战。未来的社会将如何发展？在这样的社会中工作和生活的年轻一代将如何应对这样的发展环境？我们的教育是否为学生适应未来做好了准备？基于这样的现实诉求，经济合作与发展组织（OECD）于 2016 年在日本仓敷市召开的七国教育部长会议上，提交了一份题为《面向包容世界的全球素养》（*Global Competence for Inclusive World*）的报告，指出学校日益需要帮助学生更好地为融入当今快速变革的全球化世界做好准备。由此也揭开了"全球素养"教育在世界范围内的改革与探索的热潮。但是全球素养教育并不是一种新的教育理念，它根植于教育系统在适应不断变化发展的外部环境中所做出的转变。本章尝试探索全球素养教育产生的时代背景及其历史根源，以期能够更好地把握全球素养的本质内涵。

第一节 全球素养教育的时代背景

2005 年，托马斯·弗里德曼（Thomas L. Friedman）的《世界是平的》一书风靡全球，作者在书中明确提出，人类社会已经进入全球化 3.0 时代，继国家和跨国公司之后，每一个个体将依托现代科学技术成为推动"全球化"进程的重要力量。整个世界的全球化发展趋势引起了教育内外部环境的变化,使得教育不得不做出相应的回应,来帮助个体迎接这一挑战,全球素养教育正是在这样的时代背景下提出的。

一、经济全球化的深入发展使世界联系日益密切

20 世纪 80 年代以来,经济全球化迅速发展,涵盖生产、贸易、金融和投资各个领域,囊括了世界经济以及与其相联系的各个方面,使世界经济越来越成为一个不可分割的有机整体。尤其在科技进步和信息技术的推动下,企业的远距离控制成本降低,它的活动范围也可以直达全球各地,世界各国之间的联系变得更加紧密,也更加相互依存。

基于光纤的全球数据网络在 20 世纪 90 年代迅速发展。当时,一对光纤可以取代数百条等值的铜线,光纤传输速率从 20 世纪 90 年代的 Mbps 持续增长到今天的 Gbps 甚至 Tbps。这些措施大大加强了发展中国家与世界的联系,帮助他们跳过了对固定电话的需求。2007 年,无线手机出货量达到 10 亿部,成为无线行业的一个里程碑。[①] 在过去的 20 年里,随着物理传输手段的发展,互联网已经成为一种共享和组织数据的方式,并促进了地理上不同群体之间的交流。据估计,互联网在 20 世纪 90 年代以每年 100% 的速度增长。自 2000 年以来,互联网用户增长了 300%,其中亚洲增长了 500%,全球用户估计达到 16 亿。[②] 服务器从 1998 年的大约 2500 万台增长到 2009 年的 5.4 亿台。[③] 信息和通信技术(ICT)的飞速发展,前所未有地压缩了时间与空间的距离,实现了信息传播的即时性,使人们能够随时随地与全球各

---

① Matthew B. Hughes. Opportunities for Global-Competence Education in Secondary Extracurricular Programs,2020-03-02,https：//kuscholarworks.ku.edu/bitstream/ handle/1808/14523/.

② Matthew B. Hughes. Opportunities for Global-Competence Education in Secondary Extracurricular Programs,2020-03-02,https：//kuscholarworks.ku.edu/bitstream/ handle/1808/14523/.

③ Vint Cerf. A Decade of Internet Evolution,2019-12-20,https：//jaime.win/lecture/10years. html.

地的其他人联系和互动。

与信息技术的发展相伴随的，是地缘政治格局的变革，这也进一步促进了全球化，其中最具标志性的事件便是 1991 年的苏联解体。随着冷战的结束，东方和西方国家之间的关系从对抗走向合作，并逐渐参与世界经济竞争，一系列国际组织也应运而生。欧盟、北美自由贸易区、亚太经合组织等区域集团组织的设立，通过一套共同的政策和法律，促进集团内人员、商品和资本等基本要素的自由流动，也进一步推动了经济全球化的发展进程。20世纪 90 年代见证了几个促进世界贸易的重要经济机构的形成或发展，比如世界贸易组织（WTO）、国际货币基金组织（IMF）和世界银行等。世贸组织的主要目的是通过降低关税和消除保护主义政策，促进成员国之间的自由贸易。世贸组织的国际货币基金组织和世界银行则以贷款的形式向发展中国家提供资金。

信息技术和国际政治局势的变化大大促进了国际贸易的发展。在美国，商品和服务的对外贸易从 1995 年的 1.7 万亿美元（进出口总额）增长到2007 年的 4 万亿美元，其中进口超过出口 7000 亿美元。而美国 2007 年的国内生产总值为 13.8 万亿美元。[①] 商品和资本的跨国界自由流动鼓励公司发展国际业务，以降低成本和开发新市场，跨国公司得以进一步增长。为了说明它们的规模，斯蒂格（Steger M.）曾言，世界 100 大经济体中有 51 个是企业，只有 49 个是国家。占世界贸易 70% 以上的跨国公司在 20 世纪 90 年代以每年约 15% 的速度增加其外国直接投资。[②] 对许多公司来说，全球化不仅是一个机会，而且是保持竞争力的必要条件。全球化也迫使人们越来越广泛地认识到，我们所有人都与世界各地的许多地方相连，即使我们从未去过这些地方。

---

① Matthew B. Hughes. Opportunities for Global-Competence Education in Secondary Extracurricular Programs, 2020-03-02, https：//kuscholarworks.ku.edu/bitstream/handle/1808/14523/.

② Manfred B. Steger, *Globalization：A Very Short Introduction*, London：Oxford University Press，2003，pp.48-49.

二、多元文化社会对文化多样性的关切渐趋明显

自冷战结束以来，民族文化冲突已经成为世界政治暴力的最常见起因，且未见减弱迹象，大量以宗教或民族派系之名滥用暴力的事件屡屡发生。与此同时，全球范围内的人口跨国流动日益频繁，社会文化的多样性日益凸显。不同文化背景者能够比邻而居，和平共处，接受差异，找到共同的解决之道，化解分歧，显得尤为重要。

自 1994 年国际人口与发展会议以来，国际迁徙问题及其与发展的关系在国际社会的议程上稳步上升，国际迁移的规模比以往任何时候都要大。根据联合国人口司（United Nations Population Division）公布的数据，全世界移民总数从 2000 年的 1.73 亿人增加到 2010 年的 2.2 亿人，2017 年又进一步增加到了 2.28 亿人。① 2000 年至 2015 年期间，北美 42% 的人口增长和大洋洲 31% 的人口增长都是由移民贡献的。而欧洲如果没有移民流入，人口规模将减少 1% 而不是增长 2%。② 纽约、洛杉矶、伦敦、迪拜等城市的人口结构则比以往更加多样化，而科威特、安道尔、卡塔尔等国家的外国人口已经占据国家总人口的 70% 以上。③ 越来越多的跨国移民不可避免地使社区人口结构变得更加多元化，学习如何共同生活也变得更加迫切。特别是随着国际交通手段和国际信息手段的发展、社交网络的进一步普及，世界各地的个人、机构、企业和政府的互动也更加密切。在 80 个国家中，超过一半的人口可以使用互联网。④ 仅 Facebook 2013 年 5 月一个月内的活跃用户就多达

① United Nations. International Migration Report 2017：Highlights，2020-03-02，https：//www.un.org/development/desa/pd/sites/www.un.org.development.desa.pd/files/files/documents/2020/Feb/migrationreport2017_highlights.pdf.

② United Nations. International Migration Report 2017：Highlights，2020-03-02，https：//www.un.org/development/desa/pd/sites/www.un.org.development.desa.pd/files/files/documents/2020/Feb/migrationreport2017_highlights.pdf.

③ The World Bank. International Migrant Stock（% of Population），2020-03-02，http：//data.worldbank.org/indicator/SM.POP.TOTL.ZS？order=wbapi_data_value_2010+wbapi_data_value+wbapi_data_value-first&sort=asc.

④ The World Bank. Internet Users（per 100 people），2020-03-02，http：//data.worldbank.org/indicator/IT.NET.USER.P2？order=wbapi_data_value_201wbapi_data_value bapi_data_value-last&sort=asc.

11.1 亿。①

不同国家、地区、民族以及个体之间的交流与互动从未如此密切，但是不同地区和民族之间的文化、语言、宗教各异，这种密切交流使得差异之间的对抗与冲突加剧。很多暴力事件起因是人们无法容忍不同观点和利益的群体，也无法以和平的方式解决他们的分歧。② 在此背景下，增加对全球依存和多样性的理解与尊重就显得尤为重要。PISA 2012 年的调查结果显示，在挪威 15 岁有移民背景的学生中，10 个有 9 个都表示他们对学校有归属感；而在法国，10 个有移民背景的学生中只有不到 4 个表示对学校有归属感。有移民背景的学生的幸福感不仅受到原籍国和接纳国之间文化差异的影响，还受到接纳国学校和当地社区如何帮助他们适应日常生活，以及学习和交流的影响。③

为了创建和谐的全球环境，培养青年对全球性问题的批判性思考，使其在全面了解文化多样性的同时，也能够批判性地反思所处的全球环境关系，并能够做出化解差异化导致的冲突的能力，已不再是可有可无的选择，而是必需且必要的行动。可以说，全世界的学校都承担着一项根本责任：教会学生面对差异和复杂性④。

三、气候和环境等世界性问题需要全球共同应对

20 世纪以来，随着全球化的深入开展，其衍生的许多问题逐渐成为全球范围内各国面临的共同挑战。除了战争与和平等传统安全问题之外，一系

① Facebook. Facebook's Growth in the Past Year，2020-03-09，https：//www.facebook.com/facebook/photos/a.10151908376636729.1073741825.20531316728/10151908376941729/?type=3&theater.

② Fernando Reimers，"Global Competency：Educating the World"，*Harvard International Review*，（Winter 2009），p.22.

③ [德] 安德烈亚斯·施莱歇尔：《超越 PISA 如何建构 21 世纪学校体系》，徐瑾劼译，上海教育出版社 2018 年版，第 191 页。

④ [美] 韦罗尼卡·博伊克斯·曼西利亚，安东尼·杰克逊：《全球胜任力：融入世界的技能》，华东师范大学出版社 2020 年版，第 6 页。

列非传统安全问题开始出现，使人类面临的挑战不断增加，比如环境污染、气候变化、恐怖主义、金融危机、粮食安全、能源安全、网络安全、核安全问题等。

工业化带来的温室气体排放导致全球气候变化和环境生态恶化，并发展成为威胁全人类生存与发展的全球性问题。为了应对这一危机，1992年的联合国气候变化大会将环境保护作为衡量国民经济发展的新标准。之后的《京都议定书》更是确定了每个参与国的具体减排指标。在20世纪最后10年和21世纪的第一个10年，恐怖主义也日益呈现全球化的特征。2001年发生在美国的"9·11事件"更是向全球展示了恐怖主义的危害性。信息技术的发展，更是为恐怖分子提供了独特机会，让恐怖活动克服了地理上的距离，进一步扩大了恐怖活动的影响范围。根据加布里埃尔·维曼的研究，网络为恐怖分子提供的机会包括：迅捷的信息流动、快速接触网页、通信的匿名性、政府控制和规范很少甚至没有、恐怖组织所散布的信息可以在全世界传播、网络可以提供录像、电影、海报等多媒体环境、网络是一种宣传和恐怖分子目标的廉价方式等等。① 除了气候与环境问题、恐怖主义以外，超越国界的其它类别的紧张关系和冲突仍在继续。2020年全球范围内的新冠肺炎疫情暴发，依靠全球四通八达的交通和人际网络，病毒在极短的时间内扩散至全球200多个国家和地区。所有这些再次向我们表明，随着世界的互联互通，任何一个国家和民族以及个体无法在全球性问题面前幸免。

持续不断的全球挑战呼唤在全球范围内跨越国别和地域的集体行动。也正是在这一时期，人们认识到世界和平所面临的威胁和障碍并非只是因武装冲突引起的，同时也包括经济发展水平的差距、价值观念的恶化、极端的个人主义而导致的对人自身的贬低和轻视等。② 从事不同行业的工作人员都尝试从各自领域出发来解决这些问题，而"教育工作者则很自然地会把这一

① ［美］詹姆斯·M.伯兰德：《解读恐怖主义、恐怖组织、恐怖策略及其应对》（第3版），上海社会科学院出版社2019年版，第71页。

② 姜英敏：《全球化视域下的国际理解教育政策比较研究》，山西教育出版社2018年版，第16—17页。

场斗争视作为心灵和思想而战。"① 教育不仅是促进个体成长和职业能力训练的必要条件，更是维持世界和平与人类可持续发展的重要工具。

四、未来可持续发展的实现亟须教育观念的转变

在 20 世纪 90 年代末世纪之交之际，世界目睹了技术变革和创新的空前迅速增长。由于技术领域的快速发展，布兰斯福德（John Bransford）指出，创新周期的开始和结束都很短，而教育系统往往无法适应一个领域的需求。② 当学生进入工作岗位时，教育机构提供的培训可能是无用的。因此，培养学生为未来劳动力市场做准备成为当下教育改革的首要目标。由美国亚洲协会（Asia Society）工作组提出的全球素养的概念，将教育者的注意力聚焦于让学生更加深刻地理解并更加有效地参与他们生活的世界，从而进一步完善职前能力。全球素养的最基本的功能之一也是让今天的学生为未来的劳动力市场做好准备。可以说，全球素养教育为教师和学生提供了一个空间，以一种有意义的、有准备的方式参与全球错综复杂的挑战和机遇。全球素养教育的存在，是为了让学生接触到一个比以往任何时候都更密集、更小的世界，并在这个过程中让世界变得更具希望且可把控。

虽然教育系统一直在努力跟上迅速发展的全球现实。但是，依然存在诸多羁绊。比如，在美国，超过20%的人在家不说英语③，但是，只有一半的大学要求外语学习，提供外语的小学和中学也在减少。④ 在使用多种语言更为普遍的欧洲，欧洲委员会（Council of Europe）推出了一份面向整个欧洲大陆的语言学习的指南，从小学一年级开始，英语通常与本国语言一起教

① ［德］安德烈亚斯·施莱歇尔：《超越 PISA 如何建构 21 世纪学校体系》，徐瑾劼译，上海教育出版社 2018 年版，第 191 页。
② John Bransford，"Preparing People for Rapidly Changing Environments"，*Journal of Engineering Education*，Vol.96，No.1（January 2007），pp.1-3.
③ Camille Ryan. Language Use in the United States，2019-12-28，https：//www.docin.com/p-1438558568.html.
④ David Skorton & Glenn Altschuler. America's Foreign Language Deficit，2019-12-27，http：//www.forbes.com/sites/collegeprose/2012/08/27/americas-foreign-language-deficit/.

授。① 尽管如此，许多学校仍在努力吸收新的教学方法，但教师往往缺乏为学生提供跨文化指导的经验。② 如果教育是为了让学生为全球化的世界做好准备，而教师的任务是预测学生毕业后所需的技能和理解，那么还有很多工作要做。

当今及未来的青年面临的世界是一个与传统的工业化世界全然不同的新世界。随着未来雇用环境的变化，培养学生的职业能力以及社会适应性成为劳动力市场的新需求。中等教育作为承上启下的教育层次，一方面直接对接劳动力市场，一方面向更高层次的教育阶段培养预备学生。因此，中等教育阶段的人才培养情况直接决定了学生未来的就业情况以及高等教育人才培养的质量。正如联合国所称，他们将"就职于国际公司、参与国际贸易；与世界各地的同侪开展跨国项目合作；应对全球问题（如灾难、疾病、气候变化）；与各种文化背景的雇员合作；与世界各地的同侪竞争工作和市场。"③ 为了有效参与日益复杂多元、相互依赖的全球经济，学生需要具备熟练的读写能力，具备分析形势、创造性解决新问题的能力。他们需要熟悉工程、商务、科技、历史、政治、环境等领域具有全球意义的议题。同时，学生需要适应陌生环境，乐于向他人学习。④ 全球素养是对年轻人在全球劳动力市场的成功产生最大影响的能力，并最终支持可持续发展目标的实现。

全球素养教育对于身处 21 世纪全球化时代的学生而言，其重要性是不言而喻的。正如全美教育协会（National Education Association）所言，"在21 世纪，全球素养不是一种奢侈品，而是必需品。……全球素养理应成为

---

① European Commission. Foreign Language Learning Statistics，2020-02-20，http：//epp.eurostat.ec.europa.eu/statistics_explained/index.php/Foreign_language_learning_statistics.

② Kenneth Cushner，"International Socialization of Young People：Obstacles and Opportunities"，*International Journal of Intercultural Relations*，Vol.32，No.2（February2008），p.167.

③ United Nations. Sustainable Development Goals，2021-02-15，https：//www.undp.org/sustainable-development-goals https：//www.undp.org/sustainable-development-goals.

④ 经济合作与发展组织、亚洲协会：《为全球胜任力而教——在快速变革的世界培养全球胜任力》，北京师范大学出版社 2019 年版，第 9—10 页。

从基础教育到研究生教育阶段的核心使命。"①

第二节　全球素养教育的历史发展

　　全球素养教育作为新兴概念，虽然不同的教师、学者、政府部门、倡议团体都已对其提出众多定义，其中包括跨文化教育、全球公民素养教育、21世纪技能、深度学习、社会情感学习等理念，但并未在名称与内涵上达成共识。早期研究倾向于将全球素养看作一种思维方式或观点，因此强调培养学生的全球意识或跨文化意识；但是随着全球形势的变化以及人们对全球素养的日益关注，其内涵也日渐丰富。现有关于全球素养的内涵界定主要可以分为两类，即广义上的"核心素养"以及狭义上的"国际素养"，狭义视角下的全球素养更可以划分为"三维度论"和"四维度论"。②尽管各自的重点和范围不同，但这些表述都有一个共同目标，即加强学生对世界的了解，提升他们表达个人观点和参与社会事务的能力③，将国际理解、跨文化沟通交流、全球公民身份、可持续发展等理念蕴含其中。为了更好地把握全球素养教育的精髓，我们尝试梳理全球素养教育的理论渊源及其发展脉络，以期为更好地理解全球素养教育提供支撑。

一、全球素养教育的奠基阶段（二战后—20世纪90年代）

　　全球素养教育萌芽于第二次世界大战之后，最早以国际理解教育的形态出现。随着国际形势的发展和变化，其内涵也在不断变化。"国际理解教育"（Education for International Understanding）是联合国教科文组织最早提

---

① Dennis Van Roekel. *Global Competence Is a 21st Century Imperative*，2021-03-03，https：//www.staffordschools.net/site/handlers/filedownload.ashx? moduleinstanceid=35909&dataid=37863&FileName=NEA%20Global%20Competence.pdf.
② 唐丽芳、杨芸艺：《全球素养教育：国际动向与我国的发展方向》，《外国教育研究》2019年第4期。
③ 经济合作与发展组织：《未来世界青少年行动指南》，北京师范大学出版社2019年版，第7页。

出的教育理念之一。该理念与联合国教科文组织的成立同时发生，可以说是所有相关教育理念的起源。联合国教科文组织成立之后，通过多次涉及国际理解教育主题的大会，阐述了国际理解教育的基本观点。这些建议和宣言的基本内容和特点，就是希望通过各级各类教育和各科教学，使学生学会对他人和其他文化的欣赏、尊重、理解和宽容，以促进国际的团结与合作。[①] 可以说，战后初期的国际理解教育经历了从关注"和平"向关注"全球依存"和"跨文化理解"的转向。

(一) 世界和平成为国际理解教育的共识

两次世界大战给人类社会带来了巨大的灾难，人们对战争进行了深刻的反省，深感和平的可贵。在这样的背景下，通过教育来实现世界和平的愿望被提上日程。1946 年联合国教科文组织（UNESCO）成立，其宗旨是促进教育、科学和文化方面的国际合作，以利于各国人民之间的相互了解，维护世界和平。同年，联合国教科文组织第一次大会召开，首次提出"国际理解教育"的理念，以"人类和平"为终极目标，呼吁世界各国通过教育增进不同国家、不同文化间的理解，以达到该目标。其道德使命是"既然战争是起始于人的思想的，所以必须在热门的思想中树立起保卫和平的信念"。[②] 该理念一经提出，就得到世界各国的广泛支持。1948 年 12 月 10 日联合国大会第三届会议通过的《世界人权宣言》将教育作为一项权利纳入其中，引领了一场教育所有儿童的全球运动。该文件不仅明确了受教育是所有儿童的基本人权，并提出所有儿童接受教育的根本目的在于"全面发展人的个性，促进国家、种族或宗教团体之间的理解、宽容和友谊，以及促进联合国维持和平的活动"（第 26 条）[③]。同年，联合国教科文组织和国际教育局在日内瓦召

[①] 赵中建：《"学会共存"——国际社会关注的教育新理念》，载钟启泉等主编《革新中国教育》，教育科学出版社 2004 年版，第 68 页。

[②] 赵中建：《全球教育发展的研究热点——90 年代来自联合国教科文组织的报告》，教育科学出版社 2003 年版，第 295 页。

[③] United Nations. Universal Declaration of Human Right，2020-12-10，https：//www.un.org/sites/un2.un.org/files/udhr.pdf.

开的国际公共教育大会第 11 届会议上通过了《青年的国际理解精神的培养和有关国际组织的教学》(*Recommendation of the Development of International Among Young People and Teaching about International Organization*)，主要表达了通过加强民族国家的联系进而维护世界和平的构想。要求"各国教育部和其他教育当局应运用其影响，鼓励在青年中培养国际理解精神并对有关以促进世界和平为己任的国际组织的教学提供帮助"[①]。1949 年第 12 届会议通过的《作为发展国际理解工具的地理教学》第 26 号建议书，建议各国把地理教学作为发展国际理解的工具，"消除儿童自以为是世界中心的感觉，增强对人类相互依赖和道德团结的意识，可以理解的是，所有的教育都应使爱祖国与理解其他国家相和谐，使爱祖国与世界上的尊重主权相一致，因为所有的国家都应享有平等的权利。"[②] 为了把关于国际理解和世界和平的理念转化为实践，联合国教科文组织还于 1953 年启动了"联合国教科文组织联合学校计划"(Associated Schools Project Network)。这一计划以增进国际合作与理解为直接目的，其宗旨是："扩大世界性问题和全球合作的相关知识积累；通过学习不同国家不同人民的文化形成国际理解；增进人权知识，遵守人权的基本原则；认可和支持联合国在世界和平、友谊和进步方面的巨大努力。"[③]

总的来看，这一时期的国际理解教育还处于探索阶段。关于国际理解教育的理念及实践主要以增进民族国家间的相互了解和理解、促进各国合作、维护国际社会的和平为目标。与这一目标相对应，该时期国际理解教育的内容主要包括和平教育、人权教育、对国际组织的宣传、国际问题教

---

① UNESCO. Recommendation No. 24 Concerning the Development of International Understanding Among Young People and Teaching about International Organization，2020-11-19，http：//portal.unesco.org/en/ev.php-URL_ID=13088&URL_DO=DO_TOPIC&URL_SECTION=201.html.

② 赵中建主译：《全球教育发展的历史轨迹——国际教育大会 60 年建议书》，教育科学出版社 1999 年版，第 82 页。

③ 徐辉：《国际教育初探——比较教育的新紧张》，四川教育出版社 2005 年版，第 6 页。

育等。①

（二）国际理解开始向国际教育方向倾斜

20世纪60年代，殖民地国家相继独立，经济亟待发展。但是这些国家却纷纷面临着贫穷、疾病、营养不良、宗主国的经济制裁等问题。与此同时，随着经济全球化的出现，不仅经济领域，政治、文化等领域的全球依存开始增强，这些影响发展中国家的问题，开始逐渐成为全球性问题，牵涉到人类生存世界的和平。面对日益严重的南北问题，联合国教科文组织倡导的国际理解教育的着眼点，开始由原来的"发达国家之间相互理解"转变为"国家间的相互依存关系"并"消除南北差异"。

1968年，在联合国教科文组织提出的《作为学校课程和生活之组成部分的国际理解教育》的建议中，明确指出国际理解教育的目的应"不仅仅是传授知识，而且应致力于发展有利于国际理解和尊重人权的态度和行为"。②之后，国际理解教育理念被广泛采用。1974年，联合国教科文组织第18届大会通过了《关于教育促进国际理解、合作与和平及教育与人权和基本自由相联系的建议》（*Recommendation concerning Education for International Understanding, Co-operation and Peace and Education relating to Human Rights and Fundamental Freedoms*），即"著名的1974年建议"。在概念阐述中，《建议》指出，国际理解教育是面向个人与社会团体的一种终身教育，目的是实现个体或者国家间的相互理解、合作与和平，是对个人能力、态度和知识的全面教育，而不应局限于某些教育类型或者教育活动。在实施对象上，国际理解教育需要被视为有关教育的重要提议，适用于各种教育类别与各个教育阶段，需要在各成员国中落实。在实施目标上，国际理解教育的目的是通过教育的途径，确保公平、自由、人权及和平目标的实现，确保人格

① 姜英敏：《全球化视域下的国际理解教育政策比较研究》，山西教育出版社2018年版，第9页。

② 赵中建主译：《全球教育发展的历史轨迹——国际教育大会60年建议书》，教育科学出版社1999年版，第77页。

的全面发展，加强对人权和基本自由的尊重。^① 除此之外，该建议还提出了
教育政策的指导方针：

　　1. 各个领域和各种形式的教育应该具有国际视角和全球视野；

　　2. 理解和尊重各国人民及其文化、文明、价值观念和生活方式，包括
自己国家的民族文化和其他国家的文化；

　　3. 认识到各国人民和国家之间日益增长的全球相互依存关系；

　　4. 与他人沟通的能力；

　　5. 认识到个人、社会团体和国家对彼此负有的权利和义务；

　　6. 理解国际团结与合作的必要性；

　　7. 个人愿意参与解决其社区、国家和整个世界的问题。^②

　　该建议在强调主权国家的同时，关注到了作为国家组成部分的个人，
强调具有全球视野的人才的培养。以该《建议》为标志，国际理解教育包括
了与国际教育相关的所有重要问题。例如人权教育、多元文化教育、人口教
育、国际问题研究等各种国际教育领域，这一转变被认为是在新的时代环境
中对国际理解教育的深化与发展。

　　（三）多元文化成为国际理解教育的主题

　　早在 1948 年，联合国《世界人权宣言》就明确提出，教育要"指向人
的个性的全面发展以及加强对人权和人的基本自由的尊重；教育要推进不同
民族、种族、宗教团体之间的了解、宽容和友谊，并且参加联合国为维护和
平而采取的各项行动"，从而减少或避免因为文化差异而导致对其他文化的
偏见或误解，进而避免由此带来的不和谐、冲突甚至战争。1960 年，为了
回应因文化差异而导致的教育不平等、歧视等问题，联合国教科文组织于

---

① 周汶霈：《孔子学院：国际理解教育实践研究》，山东大学出版社 2020 年版，第 34 页。

② United Nations（Human Rights）. Recommendation Concerning Education for International
Understanding，Co-operation and Peace and Education relating to Human Rights and
Fundamental Freedoms，2020-11-19，https：//www.ohchr.org/EN/Issues/Education/Training/
Compilation/Pages/3.RecommendationconcerningEducationforInternationalUnderstanding，Co-
operationandPeaceandEducationrelatingtoHumanRightsandFu.aspx.

12 月 25 日颁布了《反对教育中的歧视公约》（*UNESCO Convention against Discrimination in Education*），其中明确提出了"禁止任何形式的教育歧视，促进人人在教育上的机会平等和待遇平等"①。1966 年，联合国教科文组织又通过了《国际文化合作原则宣言》（*UNESCO Declaration of the Principle of International Cultural Co-operation*），其中提出："所有文化都是属于全人类的共同遗产的一部分，它们的种类繁多，彼此互异，并互为影响。……文化合作特别注意青年的道德和智力教育，培养其友好、国际理解与和平精神，并应促使各国认识在各部门对后代促进启发才能和训练的必要。"② 这一宣言对世界各国开展的跨文化教育提供了价值上的引导。

1978 年，为了配合联合国发起的种族歧视活动，联合国教科文组织颁布了《种族及种族偏见宣言》（*Declaration on Race and Racial Prejudice*），并明确指出"各民族、各社会群体无论其构成或民族血统如何，均以自己的创造能力推动了文明及文化进步，而多种文明和文化相互渗透的结果，成为人类的共有财产……各国人民文明成就的差异完全由地理、历史、政治、经济、社会和文化等方面的因素造成。此等差异不得成为将民族或国家划分等级的任何借口"③，进一步在国际规范文件中强调了文化的差异性及其平等性，为其成员国开展多元文化教育实践奠定了认识基础。

二、全球素养教育的转型阶段（20 世纪 90 年代至 2016 年）

20 世纪 80 年代后期，冷战步入尾声，人类活动呈现出规模化的跨地域、跨文化的特点，全球化进程进一步加快。伴随着经济全球化、世界多极化、文明多样化态势的发展，以前看似并无关联的"局部"问题，逐渐演变成为

---

① UNESCO. Convention Against Discrimination in Education，2020-12-14，http：//portal. unesco.org/en/ev.php-URL_ID=12949&URL_DO=DO_TOPIC&URL_SECTION=201.html.

② UNESCO. Declaration of the Principle of International Cultural Co-operation，2020-11-04，http：//portal.unesco.org/en/ev.php-URL_ID=13147&URL_DO=DO_TOPIC&URL_SECTION=201.html.

③ 联合国教科文组织：《种族与种族偏见问题宣言》，1978 年 11 月 27 日，见 https：//www. un.org/chinese/hr/issue/docs/16.PDF.

"全局"问题，有的甚至演变成危机和冲突。在此背景下，相关国际组织不断立足新的着眼点，试图应对全球政治、经济、文化等局势的变革，全球素养教育的内涵也进一步拓展和深化。在继续关注国际理解教育的同时，一些新的教育理念开始出现。

(一)　国际理解教育价值共识的时代转向

1994 年 10 月 3 日至 8 日，联合国教科文组织在日内瓦召开了包括128 个成员国共 736 名代表参加的第 44 届国际教育大会，大会的主题是"国际理解教育的总结与展望"（Appraisal and Perspectives of Education for International Understanding），这次国际会议颁布了《第 44 届国际教育大会宣言》和《为和平、人权和民主的教育综合行动纲领草案》（*Declaration and Integrated Framework of Action on Education for Peace、Human Rights and Democracy*），为国际理解教育在新的历史时期明确了新方向、规划了新蓝图。后者指出："为和平、人权和民主的教育的最终目的，是使每个人都具有作为和平文化基础的普遍价值观和行为方式，即使在不同的社会文化中也可以找到一些能够得到普遍承认的价值。"① 根据大会宣言，开展国际理解教育的目的是让青少年在对本民族文化形成认同的基础上，也了解其他国家和民族的历史、文化、社会习俗；学习与其他民族和国家交往合作所需的技能、行为规范以及建立人类共同的基本价值观；学习正确分析与预见其他国家政治、经济发展状况及其对本国发展可能造成的影响；正确认识和处理经济竞争与合作、生态环境、多元文化共存、和平与发展等方面的全球问题；培养善良、无私、公正、民主、热爱和平，关心人类的共同发展的情操；担负起作为"世界公民"的责任和义务。②

1996 年，雅克·德洛尔（Jacques Delors）召集文化背景和专业领域各不相同的 14 位专家反复讨论，并最终于 1996 年向联合国教科文组织提交了《教育：财富蕴藏其中》的报告。该报告提出未来社会将在三个方面发生巨

---

① 赵中建：《教育的使命——面向二十一世纪的教育宣言和行动纲领》，教育科学出版社1996 年版，第 193 页。

② 徐辉：《国际理解教育研究》，《西南师范大学学报》（人文社会科学版）2003 年第 6 期。

大变化：全球化进一步发展，人们的生活与国际社会动态紧密相连，教育应该有助于人们理解和包容差异，共同承担未来并加强连接意识；连接人与人的社会纽带将发生巨大变化，过去凝聚人们的国民、民主主义概念本身受到动摇，在未来社会有必要建设以参与型民主主义为基础的、新的公民社会，培养积极参与民主过程的公民；发展模式将被重建，必须脱离生产至上主义的发展模式，创建兼顾伦理、文化、环境因素的发展模式和人的发展模式。在对这一环境变化认知的基础上，委员会提出了 21 世纪需要学习者"学会认知""学会做事""学会共同生活""学会生存"。这一思想一经提出迅速被世界各国所接受，并被称为学习化社会的"四大支柱"。报告建议，为实现上述教育理念，各国应积极推进终身学习，将终身学习作为打开 21 世纪大门的钥匙。另外，共生、参与民主及培养这些素质的教育和学习不应只在学校公民教育和民主主义教育中进行，在家庭和社会群体中也应充分体现出这些教育特征。2003 年，联合国教科文组织教育研究所又提出了"学会改变"的主张，并被视为终身学习的第五个支柱，具体内容为：

1. 学会求知（learning to know）：它超越了从学校教科书和课堂教学中汲取人类的知识，包括在个体社会化过程中了解各种社会关系，习得民族文化价值观念、学会遵守社会行为规范，培养学生追求真理的科学精神。

2. 学会做事（learning to do）：不但意味着所学知识的应用和职业技能的养成，而且还强调为适应"智力化"知识经济而学习适应劳动世界变化的综合能力（包括合作精神、创新精神、交流能力），强调从工作实践和人际交往中培养社会行为技能。

3. 学会共处（learning to live together）：意味着学习和了解自身、发现并尊重他人、他国、他种文化，学会关心、学会分享；学会平等对话以及用协商的方法解决多种矛盾／冲突的态度，在人的思想中构筑"和平的屏障"；学会在参与目标一致的社会活动中获得实际的合作经验。

4. 学会生存（learning to be）：体现了教育和学习的根本目标，它超越了单纯的道德、伦理意义上的"为人处世"，而包括了适合个人和社会需要的情感、精神、交往、合作、审美、体能、想象、创造、批判性精神诸方面相对全面而充分的发展。因此，它体现的教育质量的实质和目标就是促进每个学生个体和社会全体的全面而有个性的发展。

5. 学会改变（learning to change）：指个人不仅学会接受及适应改变，也要展开行动成为积极改变的主体、并且主动引领改变以促进人类的发展。学习不仅可以适应改变，也能创造改变；学习是一种适应的机制，但也具有引发改变的能力。①

（二）跨文化教育成为教育改革的新方向

20 世纪 90 年代，随着经济全球化的深入开展，各国文化、政治上的合作也越来越密切，国际关系在日益相互依赖的同时，矛盾冲突也越来越多。面对没有硝烟的国际战场，联合国教科文组织转变思路，将"文化"作为新的着力点，从而应对国际社会呈现的新状况，维护世界的持久和平。1992 年联合国教科文组织在日内瓦召开了第 43 届国际教育大会，大会的主题是"教育对文化发展的贡献"，并发布了《教育对文化发展的贡献》的建议性文件，首次提出了"跨文化教育"（intercultural education）的概念。该报告指出"跨文化教育的概念是面向全体学生和公民，促进对文化多样性的尊重、相互理解，并能丰富文化多样性。"②跨文化教育的目的是"减少各种形式的排外现象，促进融合以及学校成就，提升对文化多样性的尊重，提升对他者文化的理解，提升国际理解"，同时强调跨文化教育要建立在"了解文化身份的多样性和价值，无偏见地对待其他文化并尊重人类的差异上"。③《建议

---

① 张娜：《联合国教科文组织的核心素养研究》，载《现代教育论丛》编写组主编《打破技术迷思的教育》，上海教育出版社 2016 年版，第 50—51 页。

② UNESCO IBE. The Contribution of Education to Cultural Development Final Report，2020-09-14，https://unesdoc.unesco.org/ark:/48223/pf0000093611.locale=en.

③ 杨玲梅：《多元背景下的大学公共英语教学与跨文化交际研究》，北京工业大学出版社 2019 年版，第 39 页。

书》涉及了课堂教学和学校管理的方方面面，其目的是从理解本民族文化发展到鉴赏相邻民族文化，并最终发展到鉴赏世界性文化。[①] 但此时的联合国教科文组织，将多元文化教育包含在跨文化教育之中，并没有将二者完全区分开来。跨文化强调不同文化之间的动态联系，多元文化则指的是多种文化的并存。正是因为联合国教科文组织在这一阶段并没有对"跨文化教育"和"多元文化教育"做出明确的区分，说明其提出的"跨文化教育"理念发展不是很成熟。但是改变被动默认多元文化的存在，以主动的姿态通过不同文化群体的相互理解、相互尊重和沟通对话来形成多元文化背景下的和谐共存，成为跨文化教育的一种走向。

2001 年联合国教科文组织第 31 届会议通过了《世界文化多样性宣言》(*UNESCO Universal Declaration on Cultural Diversity*)，再次重申了教科文组织对文化多样性的重视，认为多样性是"人类的共同遗产"，"同时还是交流、革新、创作的源泉"，"文化多样性增加了每个人选择的机会"。[②] 并在其实施计划要点中再次提到"通过教育，培养对文化多样性积极意义的认识，并为此改进教学计划的制定和师资队伍的培训工作"[③]。为了进一步落实该宣言中的各项内容，2005 年 10 月 20 日联合国教科文组织通过了《保护和促进文化表现形式多样性公约》(*The UNESCO Convention on the Protection and Promotion of the Diversity of Cultural Expression*)，公约进一步强调要通过教育促进实现文化多样性。

为了指导各国的跨文化教育实践，联合国教科文组织于 2006 年发布了《跨文化教育指导原则》(*Guidelines on Intercultural Education*)，进一步强调了跨文化教育的目的是要超越消极文化共存，通过不同文化族群之间创造性

---

① 赵中建：《全球教育发展的历史轨迹：国际教育大会 60 年建议书》，教育科学出版社 1999 年版，第 439—449 页。

② 范俊军编译：《联合国教科文组织关于保护语言与文化多样性文件汇编》，民族出版社 2006 年版，第 100 页。

③ 范俊军编译：《联合国教科文组织关于保护语言与文化多样性文件汇编》，民族出版社 2006 年版，第 103 页。

的理解、尊重与对话来共同创造多元的社会中有利于可持续发展的共同生存方式。① 其中提出了开展跨文化教育应该遵循的三条基本原则，一是通过向所有人提供文化方面适当的有质量的教育，尊重学习者的文化认同；二是为每一位学习者提供积极全面参与社会所必需的文化知识、态度和技能；三是向所有学习者提供能够使他们在个人、种族、社会、文化和宗教团体与国家之间的尊重、理解和团结方面有些贡献的文化知识、态度及技能。② 这些原则为各国跨文化教育的实施提供了重要的指导作用。与 1992 年的《教育对文化发展的贡献》中联合国教科文组织将跨文化教育与多元文化教育作为同义词来界定不同，该文件则对二者进行了明确的区分。《跨文化教育指导原则》指出，多元文化教育通过学习他文化而接受、容忍与己不同的文化形式，而跨文化教育是超越被动的共存，通过在多元文化社会中不同文化群体间创建理解、尊重和对话，以发展与可持续的方式而共同生活。该文件在首次提出和界定跨文化教育的基础上，进一步丰富了跨文化教育的概念，强调了"主动"和"互动"的内在意义。③

（三）可持续发展成为全球教育的新实践

可持续发展被认为是 21 世纪的重大挑战之一。特别是工业化国家的经济制度和生活方式，对自然资源的过度开发造成了巨大生态退化，危及当前和未来世代的生活机会，可持续发展教育（Education for Sustainable Development）也逐渐得到大众的关注，至今已成为现代教育发展的一个重要的指导思想。

1. 环境教育向可持续发展教育的转向

"可持续发展"的概念产生于 20 世纪 70 年代，起初是在人们对日益严重的环境问题进行反思的基础上发展起来的。1972 年，联合国在瑞典首都

---

① UNESCO. UNESCO Guidelines on International Education，2020-12-01，http：//www.ugr.es/~javera/pdf/DB2.pdf.

② UNESCO. UNESCO Guidelines on International Education，2020-12-01，http：//www.ugr.es/~javera/pdf/DB2.pdf.

③ 肖丹：《欧洲跨文化学习研究》，博士学位论文，西南大学教育学部，2015 年，第 7 页。

斯德哥尔摩举行第一次人类环境与发展会议上发表了《联合国人类环境会议宣言》(*Declaration of United Nations Conference on Human Environment*),这个宣言正式将"环境教育"的名称确定下来。这是国际社会第一次共同召开的环境会议,标志着人类对于全球环境问题及其对于人类发展所带来影响的认识与关注。[①]

1973 年,联合国专门成立了环境规划署(United Nations Environment Programme,简称 UNEP)作为联合国统筹全世界环保工作的组织。1987 年 11 月,联合国成立了以挪威前首相夫人布伦特兰夫人(G.H. Brundland)为主席的世界环境与发展委员会(United Nations World Commission on Environment and Development),该委员会于 1987 年提交了《我们共同的未来》,即"布伦特兰报告"(Brundland Report)。该报告对环境与发展问题进行了全面论述,指出传统经济增长在环境退化和贫困方面造成的后果;并正式提出了"可持续发展"的概念,将其界定为"既满足当代人的需求,又不对后代人满足其自身需求的能力构成危害的发展"。[②] 此后,保护环境的理念与实践不断取得发展,但是环境问题依然没有得到有效遏制。反思过往理念和实践,国际组织认为传统的环境教育较为片面地保护环境,强调人与环境的和谐相处,忽视甚至否定了人类社会的发展[③],于是,可持续发展战略被正式提出。1992 年在里约热内卢举办了"环境与发展"大会(Conference on Environment and Development),大会上通过的《21 世纪议程》在其第 36 章建议中提出,实现可持续发展必须坚定立足于环境教育,"教育是促进可持续发展和提高人们解决环境与发展问题能力的关键。基础教育是环境与发展教育的支柱,但应当把后者列为学习的重要组成部分"[④],明确把发展与环境联系在一起。如果说 1992 年里约会议以前,环境教育主要内容还局限于

---

① 郑彩华:《中小学国际理解教育课程比较研究》,人民出版社 2019 年版,第 79 页。
② 郑彩华:《中小学国际理解教育课程比较研究》,人民出版社 2019 年版,第 81 页。
③ 陈丽鸿编著:《中国生态文明教育理论与实践》,中央编译出版社 2019 年版,第 70 页。
④ 联合国:《联合国可持续发展:21 世纪议程》,2020-10-18,见 https://www.un.org/chinese/events/wssd/chap36.htm。

自然环境的保护，那么之后的环境教育从内涵与外延上都开始向可持续发展
教育方向转变。

2. 可持续发展教育的持续深化

经过多年的研究与发展，特别是经过 2002 年约翰内斯堡的可持续发展
世界首脑会议，环境与社会、经济及文化之间的广泛联系已成共识，可持续
发展教育的内涵在人们广泛的探索中更加清晰。在 2002 年召开的约翰内斯
堡峰会（Johannesburg Summit）上，可持续发展的概念拓展到人类社会的可
持续发展，并将维持社会公平和战胜贫困作为可持续发展的重要原则。会议
认为，人类社会的稳定、平等与合作是保护环境的十分重要的手段，教育
被认为是解决以上社会问题的突破口。基于如上认识，联合国教科文组织
于 2005 年正式公布《联合国教育促进可持续发展十年（2005—2014）——
国际实施计划》，大力倡导各国政府和学校系统实施可持续发展教育，即将
"可持续发展十年"的总体目标确定为，把可持续发展观念贯穿到学习的各
个方面，以改变人们的行为方式，建设一个全民更加可持续发展和公正的社
会，并且提出可持续发展教育必须服务于更公正、更可持续的变化过程。该
计划强调教育是实现可持续发展的关键因素，要将可持续发展理念融入教育
以提高教育质量，使教育更加适应当今社会发展的需要。现在，可持续发展
教育已越来越被视作一种以关怀地区和人类福祉为目的的教育途径的潜在保
障。① 与此同时，联合国教科文组织也被委任为协调"可持续发展十年"的
领导机构，并在执行准则中规定了下列行动领域：男女平等、和平与人道主
义安全、健康提升、可持续性消费、环境保护、文化多样性、农村发展以及
城市的可持续发展。

此后，联合国举行了诸多可持续发展的重要会议。2009 年，联合国教
科文组织与德国教育部及相关组织在波恩召开了"可持续发展教育十年"中
期总结会，并发表了《波恩宣言》。会议提出，可持续教育应该能够为人们

① ［德］亚历山大·莱希特、王咸娟：《联合国可持续发展教育十年（2005—2014）国际实
施计划：迈向 2014 年及以后》，《教育科学研究》2013 年第 6 期。

可持续性的工作与生活提供合适的价值观、知识、技能和能力。2012 年 6 月 21 日，联合国教科文组织总干事伊琳娜·波科娃（Irina Bokova）在联合国教科文组织在里约热内卢召开的可持续发展教育边会上表示，"可持续发展必须起步于教育……应对危机必须从可持续发展教育开始。以可持续发展教育为起点来应对危机，意味着教育科层需要重新调整，需要将实现可持续发展所面临的重要挑战例如气候变化等纳入到教与学的过程中去，采用新的教育方法来刺激和武装学习者改变行为方式并参与可持续发展的行动者。"① 大会还发布了《塑造明天的教育："联合国可持续发展教育十年国际实施计划" 2012 年报告》，指出"应该从四个关键方面全面指导国际和国家决策：一是包容性的社会发展；二是包容性的经济发展；三是环境可持续性；四是和平与安全。"②

3.可持续发展教育的新愿景

在 2012 年里约热内卢联合国可持续发展大会举行 3 年后，193 个成员国在联合国第 70 届大会上一致通过了新的全球发展议程："改变我们的世界：2030 年可持续发展议程"（Transforming Our World：The 2030 Agenda for Sustainable Development，简称"2030 年议程"），确定了涵盖社会、经济和环境 3 个方面共 17 个可持续发展目标，来引导人类的可持续发展，确保现在和将来每个人都能在地球上过上可持续、和平、繁荣和公平的生活。教育领域的可持续发展目标被列为第四个目标，称为可持续发展目标 4（SDG4），即"到 2030 年，确保所有学习者获得促进可持续发展所需的知识和技能，其中包括通过教育获取可持续发展和可持续生活方式、人权、性别平等、促进和平与非暴力文化、全球公民、对文化多样性和文化对可持续发展的贡献。"③ 可持续发展教育的总体目标是在学习者中培养跨领域的可持续发展能

---

① 张端鸿、蔡三发：《国外可持续发展教育政策评论 2014》，载吴志强等主编《可持续发展为导向的大学蓝皮书》，同济大学出版社 2016 年版，第 63 页。

② 郑彩华：《中小学国际理解教育课程比较研究》，人民出版社 2019 年版，第 85 页。

③ United Nations. Sustainable Development Goal，2021-06-03，https：//www.undp.org/sustainable-development-goals.

力，它是对实现可持续发展目标的所有努力的重要贡献，使个人能够通过促进社会、经济和政治变革以及改变自己的行为，为可持续发展做出贡献。

总之，在新的时代背景下，可持续发展教育的目标是使所有人都具备所需的知识和能力，从而为实现可持续发展目标做出贡献，不仅要了解可持续发展目标，而且要以知情公民的身份参与实现必要的转型。

（四）全球公民教育提出培养全球素养

20 世纪 90 年代后，全球化的深入开展，资源短缺、环境污染、气候变化、难民数字的增加等非传统安全问题层出不穷，威胁到全人类的整体利益，也对民族国家开展的传统公民教育提出了挑战。为了有效解决这些全球性问题，需要人们从一国公民转变为世界公民，教育必须赋予正在活动于世界各地的人们以全球性的视野及行为能力。因此，全球公民教育成为向世界公民身份转变的重要桥梁。正是基于这样的认识，各国纷纷将培养全球公民作为当代公民教育的重要目标，以期为人类建设一个更加公正、和平与繁荣的世界作出贡献。

1. 全球公民教育的早期发展

早期的全球公民教育主要是针对有社会参与能力的成人的一种社会教育活动。但是，随着社会政治、经济、文化环境的不断发展变迁，尤其是全球性发展问题的日益复杂化和多样化，原有的"全球公民"教育理论所能发挥的功能已经开始弱化。人们开始认识到，全球性发展问题的产生与治理不仅仅是成年人的责任，也是包括儿童和青年在内的所有人的共同职责。正如伦敦经济学院全球治理研究中心联席主任赫尔德（David Held）所认为的："考虑到现有的国际机制无法处理全球的关联性和脆弱性，因而有必要让年轻的一代参与其中，来应对即将到来的挑战。全球公民不仅应该成为大学课程的一部分，我更要进一步主张这些议题应当是所有公民课程中的一部分，从 5 岁到 21 岁的人都是如此。"①

---

① ［土耳其］哈坎·奥尔蒂奈：《全球公民：相互依赖世界中的责任与权力》，祁怀高、金芮帆译，上海人民出版社 2012 年版，第 30—31 页。

2002 年，拥有 47 个成员国的欧洲理事会（European Council）批准了《马斯特里赫特全球教育宣言》（*Maastricht Global Education Declaration：European Strategy Framework for Increasing and Improving Global Education to 2015*）。在这一具有里程碑意义的文件中，欧洲理事会的代表主张构建一个全球教育框架来"让人们去审视和思考世界的现实问题，激发他们去开创一个更为公正合理、人人享有人权的世界"，并设置了全球教育的框架，宣示全球教育包含"人权、可持续发展、和平与冲突预防、跨文化和公民素养教育。"①2008 年，第一次国际全球公民教育大会在意大利举行，来自世界各国的 100 余名教育工作者参会，会议发表了"全球公民教育"——国际宣言的重要报告，并出版论文集《全球公民——作为建立公平世界的基础的学校》，介绍了部分国家的全球公民教育经验。② 这表明，开展全球公民教育，培养具有国际竞争力的现代公民，已经成为一种国际思潮。

2."全球公民教育"的正式提出

2012 年 9 月，联合国秘书长潘基文宣布启动为期 5 年的"全球教育第一倡议"（Global Education First Initiative，GEFI）计划，旨在调动国际社会对教育的广泛支持，落实千年发展目标和全面教育目标。其中，"促进全球公民建设"是 GEFI 的三个优先领域之一，这表明，全球公民教育已经得到联合国的足够重视。2013 年 9 月，联合国教科文组织在首尔举办的"世界公民教育专家咨询会议"（Technical Consultation on Global Citizenship Education）以及 2013 年 10 月在曼谷举行的"联合国教科文组织世界公民教育论坛"（UNESCO Forum on Global Citizenship Education）就全球公民教育的迫切性与必要性、全球公民教育的概念框架、全球公民教育应该培育的

---

① Council of Europe. Maastricht Global Education Declaration：A European Strategy Framework for Increasing and Improving Global Education to 2015，2020-11-17，https：//rm.coe.int/CoERMPublicCommonSearchServices/DisplayDCTMContent?documentId=090000168070e540.

② Marco Galiero，William Grech，Dominik Kalweit，Colette Grech，Roderick Mallia. Global Citizenship Education：The School as a Foundation for a Fair World，2020-11-09，https：//gcedclearinghouse.org/sites/default/files/ebook_files/189/index.html#/1.

核心素质、加强全球公民教育所需的基本条件与政策、制度支撑等议题进行了广泛、深入的讨论。2013 年，联合国教科文组织在首尔举行的"全球公民教育技术咨询"会议上发布了关于全球公民教育的技术协商成果文件《全球公民教育：一个新的着眼点》(*Global Citizenship Education：An Emerging Perspective*) 的报告，进一步明确全球公民教育致力于让学习者掌握下列核心能力：①深刻了解正义、平等、尊严和尊重等全球性问题和普遍价值观；②进行批判性、系统性和创造性思考的认知技能，包括采用多视角方法承认问题具有不同的维度、视角和立场；③非认知技能，包括形成共鸣和解决冲突等社会技能，与不同背景、出身、文化和观点的人建立关系网和相互交往的交际技能和禀赋；④合作和负责任地行动和为集体事业努力的行为能力。①2014 年，为了响应潘基文秘书长在 2012 年提出的号召，联合国教科文组织在文件《世界公民教育：培养学习型人才应对 21 世纪的挑战》中提出未来八年教育的走向——世界公民教育，正式提出了开展"世界公民教育"的倡议。该文件对全球公民教育的内涵作出了具体描述，即全球公民教育应培养一种开放的态度，能理解国籍、文化、宗教信仰、种族的差异；给予对于普世价值（例如公平、平等）的深刻认识；培养包括批判思维、系统思考、创造性思维等在内的认知技能；发展包括社交技能、沟通技能等在内的非认知技能；培养个人的行为能力和协作能力，以共同应对全球问题。②

　　3. 全球公民教育的新阶段

　　2014 年 5 月 12—14 日的全民教育（EFA）全球会议在阿曼苏丹国的马斯喀特召开，会议发表了 2014 年全民教育全球会议最后声明——《马斯喀特共识》，并制定了 2015 年全民教育议程，确定了到 2030 年人人享有公平、

---

①　UNESCO. Outcome document of the Technical Consultation on Global Citizenship Education Global Citizenship Education：An Emerging Perspective，2020-10-22，http：//unesdoc. unesco.org/images/0022/002241/224115E.pdf.

②　UNESCO. Global Citizenship Education：Preparing Learners for the Challenges of the 21st Century，2020-09-17，https：//www.eunec.eu/european-heartbeat-news-unesco/global-citizenship-education-preparing-learners-challenges-21st.

包容的良好教育和终身学习机会的总目标。总目标下列 7 个具体目标，其中第 5 条特别提到全球公民教育：到 2030 年，让所有学习者都获得建设可持续的和平社会所需的知识、技能、价值观和态度，全球公民教育和可持续发展教育是达成这一目标的重要手段。①

2015 年 7 月，联合国教科文组织在巴塞罗那发布了一份重要的研究报告《反思教育：向"全球共同利益"的理念转变?》(*Rethinking Education：Towards a Global Common Good?*)，强调要在相互依存日益加深的世界实现可持续发展，就应将教育和知识视为全球共同利益。报告指出，"共同利益可以定义为人类在本质上共享并且互相交流的各种善意，例如价值观、公民美德和正义感。我们必须反思公民教育，在尊重普世价值观的多元性和关注共同人性之间需求平衡。"②2015 年 9 月，联合国在可持续发展峰会上发布了《2030 可持续发展议程》。《议程》强调要"确保包容和公平的优质教育，让全民终身享有学习机会。确保所有进行学习的人都掌握可持续发展所需的知识和技能，提升'世界公民'意识。"③ 并将全球公民教育作为补充方式④ 与可持续发展教育共同纳入可持续发展目标 4.7 中。

2016 年，鉴于"全球化世界里的社会、政治、经济和环境方面的挑战尚未解决，教育对于建设和平和可持续社会极为重要。但教育体系很少将这些变革性方法充分融为一体"，于是《仁川宣言》提出要在"可持续发展目标 4—2030 年教育"中把加强教育在"实现人权、和平以及从地方到国际层面的负责任公民身份、性别平等、可持续发展和健康"方面的贡献置于中心地位，并提出，"到 2030 年，确保所有学习者获得可持续发展所必需的知

① 袁利平：《国际教育改革与发展：侧重 2000 年以来的战略、经验与趋势》，陕西师范大学出版社 2018 年版，第 281 页。

② UNESCO. Rethinking Education：Towards a Global Common Good? , 2020-07-15, http：//www.unescocat.org/en/rethinking- education- towards- a- global-common-good.

③ UN. Transforming Our World：the 2030 Agenda for Sustainable Development, 2020-09-25, https：//sustainabledevelopment.un.org/post2015/transformingourworld/.

④ UNESCO. Global Citizenship Education：Topics and learning Objectives, 2020-09-17, http：//unesdoc.unesco.org/images/0023/002329/232993e.pdf.

识和技能，具体做法包括开展可持续发展、可持续生活方式、人权和性别平等方面的教育、弘扬和平和非暴力文化、提升全球公民意识，以及肯定文化多样性对可持续发展的贡献"①，进一步明确了全球公民教育在推动可持续发展中的作用。

三、全球素养教育的确立阶段（2016 年—　　）

"全球素养"的概念首先出现于高等教育领域，但是随着教育实践的深入开展以及人们对全球素养理解的进一步加深，越来越多的支持者开始在K–12 阶段实施全球素养教育。与此同时，教育领域的全球素养从最初作为一个与其他研究领域共享的不受边界限制的概念开始，已经有了很大的发展。从早期对国际理解的关注，发展到对跨文化意识、全球公民意识和可持续发展的关注，直到核心素养运动的出现，全球素养开始作为核心素养的一个重要维度开始出现。如今，它已成为任何 21 世纪课程的重要组成部分，这些课程旨在为学生在全球化的世界中生活和工作做好准备。

在世界范围内第一个明确提出"全球素养"概念的当属美国。美国在 20 世纪 80 年代末就提出了培养"全球素养"（global competence）的主张，以维持其在冷战期间世界霸主的地位，以及在全球经济竞争中的绝对优势。1988 年，美国国际教育交流协会（Council on International Educational Exchange）发布的《全球素养教育》（*Education for Global Competence*）将全球素养应用于高等教育领域，意在帮助学生增强与世界的联系，理解世界的变化，并能有效参与全球劳动力市场竞争。在 1993 年第 46 届教育交流国际会议上，时任美国国家外语中心（National Foreign Language Center）名誉主任的理查德·兰伯特（R. D. Lambert）首次尝试从教育的角度来界定"全球素养"（也有译为"全球胜任力"）这一概念，他指出，"我认为要区分'全球素养'的五大要素：（1）知识；（2）同理心；（3）支持；（4）外语能力；

---

① UNESCO. Education 2030 Incheon Declaration Towards Inclusive and Equitable Quality Education and Lifelong Learning for All，2020-11-05，http：//acuns.org/wp- content/uploads/2015/11/Education- 2030.pdf.

（5）工作表现。"因此，他也被视为"全球素养"教育之父。①2004 年，利哈伊大学（Lehigh University）的比尔·亨特（Bill Hunter）在定义全球素养方面也发挥了开创性的作用。通过对 17 名参与者的德尔菲分析和对 133 所大学代表的调查，亨特试图将全球素养明确为教育目标，并给出了一个可行的定义：全球素养是"在积极寻求理解他人的文化规范和期望的同时，保持开放的心态，利用所获得的知识在自己的环境之外进行互动、沟通和有效工作。"②2009 年，来自哈佛大学的赖默斯（Fernando Reimers）总结了全球素养的三个维度，得到了其他学者的肯定。分别是：（1）积极的性格，包括强烈的个人文化自我意识和对他人的同情心；（2）说、思考、理解外语的能力；（3）对世界历史的深刻认识和理解以及对全球复杂性进行批判性思考的能力。③ 这些元素为各个层次的全球素养教育提供了一幅蓝图。从理论上讲，它们的培养像其他技能或能力一样，通过课程实施、适当的教师培训和丰富的学生实践来实现。赖默斯的框架不仅为全球素养教育提供了可行的尝试，还连接了面向全球的国家公民和全球教育的概念和实践。

2016 年，经济合作与发展组织在七国教育部长会议上提出"全球素养"的概念，并在发布的《为了包容世界的全球素养》（Global Competence for an Inclusive World）报告中，将全球素养界定为一种能力：从多个角度批判性地分析全球和跨文化议题的能力；理解差异是如何影响自我和他人的观点、判断和认知的能力；在相互尊重人格的基础上，与不同背景的他人进行开放、适宜、有效地互动的能力。④2017 年 12 月 12 日，经济合作与发展组

---

① 滕珺：《国际组织需要什么样的人》，上海教育出版社 2018 年版，第 266 页。

② Bill Hunter, George P. White & Galen Godbey, "What Does It Mean to Be Globally Competent?", *Journal of Studies in International Education*, Vol.10, No.3（March 2006）, p.270.

③ Fernando Reimers, "Global Competency: Educating the World", *Harvard International Review*,（Winter 2009）, p.23.

④ Organization for Economic Co-operation and Development. Global Competence for an Inclusive World, 2020-12-02, http://globalcitizen.nctu.edu.tw/wp-content/uploads/2016/12/2.-Global-competency-for-an-inclusive-world.pdf.

织教育与技能司（Directorate of Education and Skills）和哈佛大学教育研究生院（Harvard Graduate School of Education）零点项目（Project Zero）共同主持了《PISA 全球素养框架》（*PISA Global Competence Framework*）的发布会议。同时，该框架所包含的内容也是 PISA2018 测试的基础。根据该框架的界定，"全球素养"是一种多维度的能力，是指"个体能够体察本土、全球和跨文化问题，理解并欣赏他者的观点和世界观，与来自不同文化背景的人进行既相互尊重又有效的互动，并为集体福祉和可持续发展采取负责任的行动"。①

2018 年，OECD 将全球素养评估纳入 2018 年的 PISA 测评框架，将其作为评价联合国可持续发展目标所勾勒愿景的实践者。经合组织教育与技能司司长安德烈亚斯·施莱歇尔（Andreas Schleicher）表示"第四项目标承诺让所有人获得优质教育，其宗旨并不限于读写能力、数学素养和科学素养等基础知识和技能，而是强调学会以可持续发展的方式共同生活。但是，这些目标只有显性化才有意义。"② 该评估的目的在于收集数据，说明学生在分析具有当地、全球和跨文化重要意义的时代议题、在多元文化社会中生活的准备度如何。同时，该评估旨在找到全球教育的有效做法，促使教师目的更明确、体系更完备地开展全球素养教育。这一举动直接推动了全球素养教育理念在全球范围内的扩散。

---

① OECD. PISA 2018 Assessment and Analytical Framework，2020-04-02，https：//www.oecd-ilibrary.org/docserver/b25efab8-en.pdf？expires=1638150348&id=id&accname=guest&checksum=3512963D3553A7CE695FC7820DD1172B.

② 经济合作与发展组织、亚洲协会：《为全球胜任力而教——在快速变革的世界培养全球胜任力》，北京师范大学出版社 2019 年版，第 6 页。

第二章　全球素养教育的理念基础

在世界各国掀起全球素养教育热潮的背景下，各国和国际组织对全球素养这一概念却没有形成太多共识，在使用过程中更是说法繁多、内容各异。本章在对全球素养相关概念进行辨析的基础之上，就各国在政策文件和教育实践中全球素养的含义进行梳理，并对其内涵维度和理念框架进行比较分析，以期揭示全球素养教育的理念基础，为深入理解全球素养教育提供参考。

第一节　全球素养的定义

全球素养的概念纷繁复杂，与相关概念也有交叉重叠。厘清全球素养在不同语境下的内涵及其与相关概念的关系，分析主要国家与国际组织全球素养的定义，可以清晰展示全球素养所包含的要素及特征。

一、相关概念辨析

所谓"素养"，不是一种知识或特定的技能，而是知识、技能、态度和价值观的有机统一。全球素养（Global Competence）[1] 是一项综合的、多维的能力[2]，不仅能应用于面对面的交流场景，还有助于提升人们虚拟的全球化

---

[1] 国内也有学者译为"全球胜任力"或"全球能力"。

[2] Veronica Boix Mansilla，"How to Be a Global Thinker"，*Educational Leadership*，Vol.74，No.4（2016），pp.10-16.

体验。与全球素养有关的概念包括国际理解（International Understanding）、跨文化素养（Intercultural Competence）、全球意识（Global Awareness）、全球公民素养（Global Citizenship）等。

"国际理解"这一概念是 1945 年伴随着联合国教科文组织的成立而提出的。联合国教科文组织在国际教育会议上通过国际规范性文书明确界定了国际理解："通过各种手段促进国际理解，并且以国家间的相互尊重和对相互历史发展的欣赏为基础"，其最基本的含义是国家或民族之间的相互理解、尊重与欣赏。① 这一界定成为国际上对国际理解的共识性概念，并逐渐丰富。

"跨文化素养"也称"跨文化能力"。在跨文化研究中，很多学者用到不同于跨文化能力的短语和词汇，例如：跨文化交际能力、跨文化调节、跨文化适应性、跨文化敏感性等。有学者在对各种跨文化能力定义的研究中总结出五种跨文化能力要素：世界性知识、外语能力、对不同文化的认同感、对外国人及其语言的认同、在国际环境下展示技能的能力。② 近二三十年，学者们对跨文化能力逐渐形成一致性认识，即个人在跨文化情景中表现出有效且得体的行为的综合能力。

"全球意识"是相对于"民族意识""国家意识"而言的。随着全球化社会的演进，学术界对于全球意识的研究日益深入，但尚未有一个公认的定义。21 世纪以来，研究者们尝试在一个多维、动态的全球范围内来界定全球意识。柯克伍德（Toni Fuss Kirkwood）提出了全球意识的四个主题：多元观点和视角，理解和欣赏各种文化，了解全球问题，将世界看作是相互关联的系统。③ 这些涉及到多元观念的意识，成为世界公民的意愿，在全球化背景下做出判断的知识等。

在厘清全民公民素养的概念之前，有必要弄清楚什么是全球公民。根据英国非政府组织乐施会（Oxfam）的定义："全球公民是知道并理解更广

---

① 余新：《国际理解教育发展的研究》，《外国教育研究》2002 年第 8 期。

② 樊葳葳等：《中国大学生跨文化能力自我评价分析》，《中国外语》2013 年第 6 期。

③ Kirkwood & Toni Fuss，"Our Global Age Requires Global Education：Clarifying Definitional Ambiguities"，*The Social Studies*，Vol.92，No.1（2001），pp.10-15.

阔的世界和他们在其中的位置的人，他们在社区中发挥积极作用，与他人一起努力，使我们的星球更加和平、可持续和公平。"① 具体来说，全球公民是具有更广泛全球意识的人，具有同情心，献身社会公平与正义，尊重多样性，为世界变得更美好、平等和可持续发展而行动。② 全球公民素养即个人具有全球视野，在全球化背景下理解和参与全球事务所应具备的能力。

尽管这些概念的侧重点和内涵均有所不同，但都强调培养学生对世界的理解、对世界的认可以及对世界事务的参与。

二、已有概念阐释

全球素养最早产生于美国的高等教育领域。美国在 1988 年发布的《为全球素养而教：国际教育交流咨询委员会报告》中提出了"全球素养"的概念，要求在高等教育领域帮助学生增强与世界的联系，理解世界的变化，并能有效参与全球劳动力市场的竞争。此后学界对于"全球素养"的定义未能统一，有的强调它是全球化所需培养的思维品质，有的认为它是与来自不同文化背景的人一起生活、工作的公民基本权利，有的则认为它是应对全球性挑战应具备的意识和行动。③ 归纳起来，较受关注的国家、地区和组织对全球素养的定义与解释主要有以下几种。

（一）英国

英国的学者和教育界使用"国际理解能力""全球教育""世界学习""全球公民"等名称开展多种形式的活动和教学项目，开阔学生的视野，以锻炼学生的交流、沟通和协作技能，培养学生的全球意识和全球观念。21 世纪以来，英国面对国内外的新形势，政府协同社会各界进一步与全球素养研究接轨，并深入发展。在理念方面，"全球维度"成为英国推行全球素养的特色理念，具体包括八组关键概念（Key Concepts）：可持续发展（Sustainable

① Oxfam. What Is Global Citizenship, 2021-11-21，https：//www.oxfam.org.uk/education/who-we-are/what-is-global-citizenship/.

② 陈以藏：《全球公民教育思潮的兴起与发展》，《外国教育研究》2010 年第 3 期。

③ 占小红、温培娴：《PISA2018 全球素养测试述评》，《比较教育研究》2018 年第 9 期。

Development）、社会公正（Social Justice）、全球公民（Global Citizenship）、多样性（Diversity）、价值观与理解（Values and Perceptions）、相互依存（Interdependence）、冲突解决（Conflict Resolution）、人权（Human Rights）。①

"可持续发展"强调认识到保持和改善现在的生活质量的必要性，同时又不为子孙后代破坏地球；"社会公正"强调理解社会正义作为可持续发展和改善全体人民福利的重要性；"全球公民"强调获得成为积极主动和负责任的全球公民所需的、关于概念与制度的知识、技能与理解；"多样性"强调理解和尊重差异，并将这些差异与共同的人性联系起来；"价值观与理解"强调发展对于全球代表性议题的批判性评价，并鉴别它们对于人们态度与价值观的影响；"相互依存"强调理解人类、地区、经济与环境在全球范围的紧密联系；"冲突解决"强调理解冲突的性质及其对发展的影响，以及解决冲突、促进和谐的必要性；"人权"强调重视共同的人性、普世权利的意义，理解人权的广度和普遍性。

（二）美国

新世纪以来，美国强调全球素养应成为所有人的必备技能。在国家发展战略报告《通过国际教育与国际参与制胜全球》（*Succeeding Globally Through International Education and Engagement*）（2018）中，美国将提升学生的全球素养作为国家战略目标："全球素养是个人在当今相互联系的世界中取得成功、充分参与并在具有全球意义的问题上采取行动所需的知识和技能。我们的学生需要具备批判性思维、沟通、社会情感和语言技能，理解和欣赏世界其他地区的宗教、文化和观点，与世界各地的同龄人有效地工作。"②

---

① DfES. Developing the Global Dimension in the School Curriculum，2020-03-20，https：//globaldimension.org.uk/resources/developing-the-global-dimension-in-the-school-curriculum/.

② US Department of Education. Succeeding Globally Through International Education and Engagement，2020-12-03，https：//sites.ed.gov/international/files/2018/11/Succeeding-Globally-Through-International-Education-and-Engagement-Update-2018.pdf.

美国 21 世纪技能合作组织（Partnership for 21st Century Skills）于 2007 年发布了 21 世纪技能彩虹图，认为应当在核心课程中渗透全球意识、经济和商业素养、公民素养、健康素养以及环境素养等跨学科主题。[①] 其中，全球意识指的是能在互相尊重、开放对话的个人、工作和社会背景下，与来自不同文化、拥有不同宗教信仰和生活方式的人共同学习和工作；具有多元文化意识，学会理解其他国家的人和文化。[②]

美国另一个全国性非政府组织"世界智慧"（World Savvy）认为，全球素养是在当今这个联系紧密的世界生活和获得成功所必需的知识、技能和气质。具有全球素养的人是终身学习者、对文化差异有充分的意识、具备理解和思考多元视角的能力、具有批判性和比较思维能力、具有问题解决能力、能够接受变化和不确定性并且能够理解重要的全球性议题。[③]

（三）加拿大

2016 年，教育部长们在加拿大教育部长联席会（CMEC）会议上明确阐述了全球素养的六个维度，并将全球素养作为教育系统帮助学生应对未来复杂和不确定的政治、社会、经济以及生态领域快速变化的一种泛加拿大努力。2020 年 1 月 22 日，在借鉴联合国教科文组织"可持续发展目标 4"和 PISA2018 的基础上，加拿大 13 个省的教育部长一致通过了"泛加拿大全球素养框架"（Pan-Canadian Global Competencies），明确阐述全球素养的概念及核心要素，并在实践培养方面提出具体措施和路径，标志着全球素养进入国家层面的整体规划。

CMEC 将全球素养界定为一套包罗万象的相互依赖的、跨学科的、适用于本地的和全球的各种情况的知识、技能、态度和价值观，为学习者提供满足"生活、工作和学习中不断变化和持续的需求、在社区内积极响应、了

---

① Learning Partnership for St Century. Framework for 21St Century Learning，2021-05-15，http：//www.p21.org/our-work/p21-framework.

② 贺巍、盛群力：《迈向新平衡学习——美国 21 世纪学习框架解析》，《远程教育杂志》2011 年第 6 期。

③ 周小勇：《全球化时代呼唤全球素养教育》，《全球教育展望》2017 年第 9 期。

解不同的观点并在具有全球意义的问题上采取行动"的能力①，并将全球素养置于数字能力和读写能力基础之上，认为全球素养的培养有助于读写和计算等基础能力的提升，同时读写和计算等基础能力也是培养全球素养的基础。总体来看，CMEC 从六个方面界定了全球素养。

1. 批判性思维和问题解决的能力：涉及通过获取、处理、分析和解释信息来处理复杂的问题并作出明智的判断与决定。

2. 创新、创造力和创业精神：将想法转化为行动以满足社区需求的能力。

3. 学会学习、自我意识和自我导向：在学习过程中意识到并表现出能动性，包括发展支持动机、毅力、适应力和自我调节的性格。

4. 合作能力：认知能力（包括思维和推理）、人际关系和内在能力的相互作用，这些能力是有效参与团队活动所必需的。

5. 沟通能力：涉及在不同的语境中、在不同的受众和目的下接受和表达意义。

6. 全球公民意识和可持续发展：反思不同的世界观与观点，理解和解决对于生活在当代、相互联系、相互依存和可持续的世界至关重要的生态、社会和经济问题。

（四）联合国教科文组织（UNESCO）

UNESCO 对全球素养的关注主要体现在对全球公民的理论倡导上，举办一系列全球公民教育论坛，旨在敦促各个国家和地区在全球层面开展行动，确保学习者获得应对 21 世纪全球化挑战所需的技能，其发布的各类正式报告被各国作为指导性文件用以展开实践。

UNESCO 所倡导的全球公民并不是一个孤立的概念，"它以人权、正义、平等和可持续性发展等价值为基础，通过尊重多样性与多元化，对更广泛的社区和共同人性产生归属感，并拥有将当地与全球、国家与国际联系起

① Council of Ministers of Education，Canada（CMEC）. Pan-Canadian Global Competencies：Backgrounder，2020-05-20，https://www.globalcompetencies.cmec.ca/s/Pan-Canadian-Global-Competencies-Backgrounder_EN-5xy5.pdf.

来的全球视野，成为在更公正、和平、宽容、包容和安全的可持续世界中发挥积极作用的公民。"① 全球公民教育重视诸如人权与和平，多样性和多元开放等不同社会普遍存在的价值观，同时提倡全球团结的理想和对共同人性的归属感，鼓励学习者在全球和地方层面采取负责任的行动。显然，UNESCO认为全球公民身份代表着一种超国家的"对更广泛社区和共同人类的归属感"，培养学生应该具有的 21 世纪基本素养，特别是对弱势群体，包括女童、贫困和受歧视等人群的普遍关注，并在全球范围内达成共识。"强调地方、国家和全球之间的政治、经济、社会和文化相互依存和相互关联，教育不仅关乎学习，还包含尊重生命与人格尊严的价值观。"② 实际上，21 世纪教育的根本宗旨就在于维护和增强个人在其他人和自然面前的尊严、能力和福祉。全球公民也体现了这种人文主义价值观作为教育的基础和宗旨：尊重生命和人格尊严，权利平等和社会正义，文化和社会多样性，以及为建设我们共同的未来而实现团结和共担责任的意识。③

（五）经合组织

2016 年 5 月，OECD 在七国教育部长会议上提出"全球素养"并发布《全球素养培养：为了一个更加包容的社会》（Global Competency for an inclusive world）报告，提出在 2018 年 PISA 测试中引入全球素养的概念并对其进行测评，这是全球素养首次出现在大型的国际测评项目中。该报告中将全球素养定义为："从多元视角批判地分析全球和跨文化问题的能力；理解文化差异如何影响人们的观念、判断以及对自己和他人的看法的能力；在

---

① UNESCO. Global Citizenship Education：Preparing Learners for the Challenges of the 21st Century，2020-06-20，https：//unesdoc.unesco.org/ark：/48223/pf0000227729？posInSet=1&queryId=4183cc59-2bec-47b8-a9a5-1b5cd707049d.

② United Nations. Transforming Our World：The 2030 Agenda for Sustainable Development，2020-10-25，https：//sustainabledevelopment.un.org/content/documents/21252030%20Agenda%20for%20Sustainable%20Development%20web.pdf.

③ UNESCO. Rethinking Education：Towards a Global Common Good，2020-07-15，https：//unesdoc.unesco.org/ark：/48223/pf0000232555？posInSet=1&queryId=89dc156f-fe05-4dfc-a992-f1f2742fb4fb.

普遍尊重人类尊严的基础上与来自不同背景的他人进行坦诚、得体和有效沟通的能力。"①

2017 年 12 月，OECD 教育与技能司（Directorate of Education and Skills）与哈佛大学教育研究生院（Harvard Graduate School of Education）零点项目（Project Zero）共同主持了《PISA 全球素养框架》（*PISA Global Competence Framework*）发布会。该框架所包含的内容也是国际学生评估项目（PISA）2018 年测试的基础。② 在研制全球素养测评的专家和 OECD 众多成员国代表的共同讨论下，《PISA 全球素养框架》将全球素养定义为分析当地、全球和跨文化议题，理解和欣赏他人视角和世界观，与不同文化背景者进行开放、得体和有效互动，为集体福祉和可持续发展采取相应行动的能力。③ 这一概念将全球素养划分为相互依存的四个维度：分析当地、全球和跨文化问题的能力；理解和欣赏他人观点和世界观的能力；与不同文化背景的人开放、得体和有效互动的能力；为集体福祉和可持续发展采取行动的能力。

（六）亚洲协会

亚洲协会（Asia Society）成立于 1956 年，最初旨在为美国提供有关亚洲社会、文化、经济发展的相关知识，以服务于美国的战略构建及民间活动的开展。在其参与亚洲地区与美国青少年发展的过程中，因认识到学生具有全球意识与全球活动参与能力的重要性，进而构建起"全球素养"（global competence）这一概念，并于 2016 年成立全球教育中心，致力于发展学生、年轻领导者和教育者的全球素养。

2011 年，亚洲协会联合全美首席州立学校官员委员会（The Council of Chief State School Officers，CCSSO）发布了《全球素养教育：为我们的年

---

① OECD. *Global Competency for an Inclusive World*，2020-08-11，http：//globalcitizen.nctu. edu.tw/wp-content/uploads/2016/12/2.-Global-competency-for-an-inclusive-world.pdf.

② 邓文静：《经合组织发布〈PISA 全球素养框架〉》，《世界教育信息》2018 年第 3 期。

③ OECD. PISA Global Competence Framework：Preparing Our Youth for an Inclusive and Sustainable World，2020-12-12，https：//www.oecd.org/pisa/Handbook-PISA-2018-Global-Competence.pdf.

轻人融入世界做好准备》(*Educating for Global Competence*：*Preparing Our Youth to Engage the World*) 报告，对"全球素养"这一概念和结构做出明确界定："全球素养是指理解具有全球性意义的议题并有针对性地采取行动的能力和倾向。"① 亚洲协会认为"全球素养"定义的 21 世纪学生所需的知识和技能包含四个维度：探索世界 (investigate the world) ——能够探索他们周围环境以外的世界，提出重大问题并精心设计符合其年龄水平的研究；分辨视角 (recognize perspectives) ——分辨他人和自己的视角，深思熟虑、心怀敬意地表达和解释这些观点；交流想法 (communicate ideas) ——能够跨越地域、语言、意识形态和文化障碍，与不同的对象有效沟通思想；采取行动 (take action) ——采取行动改善条件，把自己视为世界的一员并在思考中参与。②

（七）韩国

韩国始终以积极的态度参与联合国及教科文组织的各项活动，韩国国际理解的引入与发展离不开教科文组织对于国际理解的传播与推广。韩国根据教科文组织的倡议和指导，于 20 世纪 60 年代推进首批联合国教科文组织国际理解教育合作学校。21 世纪以来，韩国与联合国教科文组织联合签署成立专门的国际理解教育跨国研究与培训机构——亚太地区国际理解教育研究院。由此可见，韩国已经成为亚太地区国际理解教育的翘楚，探讨韩国全球素养的理念基础必须将其放置在韩国国际理解的语境中。韩国国际理解的概念边界包括"全球公民""多元文化""文化间理解""可持续发展""人权""和平"等理念。③

全球公民教育指在多样化价值共存的社会中教育学生认可和尊重彼此

---

① Veronica Boix Mansilla & Anthony Jackson，*Educating for Global Competence*：*Preparing Our Youth to Engage the World*，New York：Asia Society，2011.

② Veronica Boix Mansilla & Anthony Jackson，*Educating for Global Competence*：*Preparing Our Youth to Engage the World*，New York：Asia Society，2011.

③ 姜英敏：《东亚国际理解教育的政策与理论》，高等教育出版社 2017 年版，第 100—102 页。

差异，通过对话或妥协等民主程序来解决地区、国家、世界层面的各种矛盾与冲突；多元文化教育是认可和接纳国家内部的文化多样性，在国际理解教育的和平、人权、文化间理解、可持续发展等价值框架下看待和思考多民族问题；① 文化间理解教育指在各民族和各文化间相互尊重的环境中繁荣发展文化多样性，从国际社会合作的角度思考文化和发展之间的关系；可持续发展教育指的是认识到作为可持续性基础的社会、环境、经济领域的相互关联性，以价值与实践为基础，从个人、地区、国家、全球层面展望未来并引领行动的教育。② 人权教育指通过人与人的相互尊重来消除对他人的排斥与偏见，提倡公民责任、宽容和非暴力解决冲突；和平教育指以非暴力、爱、怜悯、对生命的尊重等作为价值基础，培养学生解决冲突、进行合作的能力。

（八）日本

日本学界尚未明确使用"全球素养"一词，与之相关的各项概念纷繁复杂，不同实施主体基于其自身立场和视角提出"人权教育""全球教育""异文化间理解教育""多元文化教育""可持续发展教育""发展教育""国际教育"等诸多相关概念。虽然这些理念的形式、目标和称呼有所不同，但其理念内涵均在一定程度上与全球素养相契合，为全球素养在日本的发展奠定了扎实的理念基础。

"人权教育"是指以联合国教科文组织所倡议的"人权教育的基本宗旨和主要内容"为基本遵循，消除歧视、追求平等，促进民族、宗教、性别的平等和宽容培养和平建设者；③ "全球教育"是指培养具备通过全球视野解决全球性问题的能力，思考全球化带来的影响及应采取的措施，探求与全球性课题相适配的解决方法；"异文化间理解教育"注重不同文化间的彼此理解

---

① 姜英敏：《东亚国际理解教育的政策与理论》，高等教育出版社 2017 年版，第 155 页。

② 정우탁 & 강상규 & 김명신 & 김희용 & 서현숙 & 신종범 & 윤병순 & 이선경 & 정용시，*DESD 후반기유네스코한국위원회지속가능발전교육사업추진방안*，유네스코한국위원회，2010，p.7.

③ 日本国際理解教育学会：《国際理解教育ハンドル・シティズンシップを育む》，明石書店 2000 年版，第 225 页。

和共生，理念核心在于"以与异文化的接触与交流为契机，或在与异文化的接触与相互作用长期存在的结构性环境中展开的、与人格形成相关的文化过程或行为"；[①]"国际教育"是指培养学生在国际社会基于全球的视野自主行动所必要的态度和能力基础，培养广阔的视野及对异文化的尊重与理解，以及同异文化背景的人们共同生活的能力；"可持续发展教育"旨在让学生重视环境、防灾和国际理解等各种全球问题，获得思考和采取行动的能力，创造一个可持续的社会，实现人类与自然持续和谐共生的发展。

（九）澳大利亚

作为一个典型的移民国家，澳大利亚一直重视多元文化教育，强调学生应具有多元文化理解能力和全球视野，并逐渐发展为以培养学生全球视野、国际理解力、世界共同体价值观以及全球化适应力等为核心的全球教育（Global Education）。全球教育强调人类社会的统一和相互依存，发展自我意识和欣赏文化多样性，肯定社会正义和人权，致力于实现多元文化社会中公正与和平，关注学生国际视野和全球意识的培养。[②] 澳大利亚于 2011 年发布的《全球视角下澳大利亚学校全球教育的框架》（*Global Perspectives：A Framework for Global Education in Australian Schools*）在形成五大主题的基础上，强调全球教育的重点不仅在于培养学习者的知识和技能，更要推动积极价值观的形成和行动参与。

澳大利亚全球教育的五大主题包括：相互依存与全球化——理解人与人之间复杂的社会、经济和政治关系及变化对彼此的影响；自我认同与文化多样性——理解本国和本民族的文化，并对其他国家和民族的文化保持开放态度；社会正义与人权——理解不平等和歧视的影响，承担起维护自身权利并尊重他人权利的责任；建立和平与解决冲突——了解建立和维持积极和信任关系的重要性，预防或和平解决冲突的方法；可持续发展的未来——了解如

---

① ［日］江渊一公：《異文化間教育研究入門》，玉川大学出版部 1997 年版，第 16 页。

② Department of Education，Skills and Employment，Australian Government. What Is Global Education，2021-05-12，https：//globaleducation.edu.au/global-education/what-is-global-ed. html.

何在不降低环境质量或减少后代满足其需求的情况下满足当前的需求。

上述国家和国际组织所表述的全球素养中都涉及到理解与尊重以及多样性。英国的八大概念之一就是多样性，即强调理解并尊重差异性，并将其与共通的人性相联系，具体包括：欣赏世界各地的异同，理解尊重文化、习俗和传统差异以及社会是如何组织和管理的，培养对世界各地的各种人群和环境的敬畏感，评估生物多样性，了解环境对文化、经济和社会的影响，了解关于全球问题的不同观点，以及身份如何影响观点和视角，理解偏见和歧视的本质以及如何挑战和战胜它们。OECD 对其的表述为"理解和欣赏其他个体的视角和世界观"，强调具备全球素养的个体应能够超越自身的视角思考全球事务、他人的行为和观点，理解和欣赏其他个体的世界观意味着个体对自身文化背景具有较强的认同感，同时能够意识到文化上和观念上的差异并接受它。UNESCO、韩国倡导的国际理解和全球公民始终将尊重多元文化 / 多样性作为其核心和基础。作为典型的移民国家，美国、加拿大和澳大利亚等国在全球素养这一概念出现之前就一直关注对不同国家和地区的文化、价值观等的理解和欣赏，在全球素养这一概念产生之后，也将尊重与理解多元文化 / 多样性作为其核心要素。

第二节　全球素养的构成维度与框架

全球素养中的素养（competence）并不仅仅意味着有关世界和全球化的知识和能力，还包含了态度、价值观、行为等多个维度。几乎所有的全球素养框架都将全球素养划分为若干个维度。概括起来，目前国家和国际组织对于全球素养的构成主要有"三维度"和"四维度"两种划分方式。[1]

---

[1]　唐丽芳、杨芸艺：《全球素养教育：国际动向与我国的发展方向》，《外国教育研究》2019年第 4 期。

一、三维度论

(一) 经合组织

2016 年，OECD 在 2016 年七国教育部长会议上提出"全球素养"，并在发布的《为了包容世界的全球素养》报告中指出："全球素养从多个角度批判地分析全球和跨文化议题的能力；理解差异是如何影响自我和他人的观点、判断和认知能力；在相互尊重人格的基础上，与不同背景的他人进行开放、适宜、有效地互动的能力。"其将全球素养分为知识、技能和态度等三个维度，并认为这三个维度向内而言蕴含了价值维度，向外而言外显于行动（见表 2–1）。[①]

表 2–1　OECD 全球素养框架

知识和理解	技能	态度
·对全球议题的知识和理解 ·跨文化知识和理解	·分析与批判思维 ·以谦恭、适当和有效的方式与他人打交道的能力 ·同理心 ·适应能力	·对来自其他文化的人持宽容态度 ·尊重文化"他者" ·全球思维 ·责任
价值观 尊重人类尊严；尊重文化差异		

资料来源：Organisation for Economic Co-Operation and Development, *Global Competency for an Inclusive World*, Paris：OECD, 2016.

(二) 世界智慧

美国非政府组织"世界智慧"将全球素养分为价值观与态度、技能、行为三个维度，这三个维度建立在全球素养核心理念之上。详见表 2–2。

---

① 周小勇：《全球化时代呼唤全球素养教育》，《全球教育展望》2017 年第 9 期。

表 2-2　"世界智慧"的全球素养框架

核心理念

世界大事和全球议题具有复杂性和相互依存性；

人们自身的文化和历史对理解自己与他人的关系而言非常关键；

影响复杂多样的全球性力量、事件、状况和议题的条件呈现多元化特征；

目前的世界体系是由历史的作用力塑造的。

价值观与态度	技能	行为
·对新的机会、思想和思维方式持开放态度 ·主动与他人建立友好关系 ·对身份、文化有自我意识 ·感知并尊重差异 ·看重多重视角 ·不会对不确定和不熟悉的环境感到不自在 ·能够反思情境以及把我们生命放在更广阔的情境中思考其意义 ·质疑习以为常的假定 ·有较强的适应能力并保持认知上的敏感性 ·同理心 ·谦恭	·构建问题、分析并综合相关证据、得出指向更深层次探究的合理结论，以此作为探究世界的方式 ·辨识、描述并应用对不同（包括自己和他人的）观念的理解 ·选择并运用合适的工具及策略与他人有效沟通和合作 ·主动倾听和参与包容性对话 ·有熟练的 21 世纪科技素养 ·面对新的环境能显示出顺应能力 ·能够应用批判的、比较的和创造性的思维和问题解决技巧	·在问题解决和决策过程中寻求并应用对不同视角的理解 ·在探究和证据的基础上形成观念 ·坚持终身学习与反思 ·勇于承担责任、采取合作行动 ·分享知识、鼓励对话 ·将思想、关心和研究发现转化为适当的个体或群体的负责任行为以改善环境 ·与他人协同思考和解决问题

资料来源：周小勇：《全球化时代呼唤全球素养教育》，《全球教育展望》2017 年第 9 期。

（三）加拿大

加拿大将全球素养分为三个主要领域：认知领域、人际关系领域和个人内在领域（如图 2-1 所示）。认知素养包括各种形式的思维和创造力；人际关系素养是有效、公平地与他人交往所需要的技能；个人内在素养包括所有与自信和自我效能相关的属性。在教育中，人际关系和个人内在素养通常被称为社会和情感学习（Social and emotional learning，SEL）；在工作中，它们通常被称为软技能（Soft skills）。

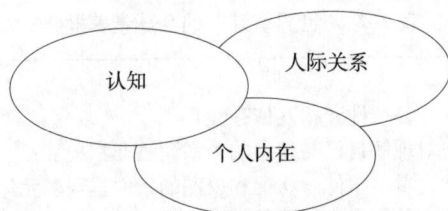

图 2-1　组成 21 世纪素养的三大核心领域

资料来源：National Research Council，*Education for Life and Work*：*Developing Transferable Knowledge and Skills in the 21st Century*，Washington，2012.

二、四维度论

(一) 亚洲协会、全美州立学校首席教育官理事会

作为美国著名的智库组织，全美州立学校首席教育官理事会及亚洲协会于 2011 年发布《全球素养教育：为我们的年轻人融入世界做好准备》，明确界定了全球素养的概念，即理解具有全球意义的问题并对其采取行动的能力和倾向，提出包括探究世界、分辨不同视角、沟通思想与采取行动四个维度在内的全球素养框架①（见表 2-3），并于 2016 年成立全球教育中心，致力于发展学生、年轻领导者和教育者的全球素养。

表 2-3　亚洲协会与 CCSSO 全球素养框架

遇过学科和跨学科学习理解世界			
探究世界	**分辨不同视角**	**沟通思想**	**采取行动**
·学生能够探究周边环境之外的世界	·学生能够分辨自己和他人的视角	·学生能够与不同背景的人有效沟通自己的思想	·学生能够将他们的想法转化为适当的行动以改善环境
·辨识议题、产生问题并解释其重要性 ·运用多种语言	·认识并表述自己的视角、辨识对这一视角产生影响的因素	·认识并表述不同的听众对意义的不同理解，这些不同的理解如何影响沟通	·识别并创造机会为改善环境而采取个人或协同的行动 ·在充分考虑证据和

---

① Asia Society. *Educating for Global Competence*：*Preparing Our Youth to Engage the World*，New York，2011.

续表

遇过学科和跨学科学习理解世界			
探究世界	分辨不同视角	沟通思想	采取行动
资源和媒介来辨识并权衡相关的证据 ·分析、整合并综合证据形成清晰的应对方案 ·在有说服力的证据的基础上构建论证方案并得出正当的结论	·检视他人的视角并辨识对这一视角产生影响的因素 ·能够解释文化交互的影响 ·能够阐述知识、技术和资源的差别化水平如何影响人们的生活质量和观点	·能够倾听并有效地与不同人群沟通 ·选择并运用适当的工具和媒介与不同的对象打交道 ·反思有效的沟通如何影响在相互依存的世界中的理解和协作	潜在影响的基础上评估计划或行动方案 ·以创新和符合伦理的方式采取个人或协同行动以改善现状并对拟采取的行动后果进行评估 ·反思自己为改善现状提出倡议和做出贡献的能力

资料来源：周小勇：《全球化时代呼唤全球素养教育》，《全球教育展望》2017 年第 9 期。

对世界的实质性理解是全球素养的基础。具体来说，具备全球能力的学生能够拥有四项能力：调查他们周围环境之外的世界，找出重大问题，进行精心设计和适合年龄的研究；认可他人和自己的观点，深思熟虑地、谦恭地阐明和解释这些观点；与不同的听众有效地交流想法，跨越地理、语言、意识形态和文化障碍；采取行动改善条件，把自己视为世界的参与者，并反思地参与其中。

（二）经合组织

经合组织将全球素养划分为四个维度，分别是具备分析具有当地、全球和跨文化影响的重要议题和形势（如贫困、经济联系、人口迁移、不平等、环境问题、冲突、文化差异等）；能够理解和欣赏其他个体视角和世界观；能够与不同背景（不同国家、民族、宗教、社会、文化、性别）的个体进行有效沟通；有意愿为增进集体福祉和可持续发展采取积极的行动。

这四个维度由知识、技能、态度和价值观四个紧密联系不可分割的要素所支撑：（1）有关世界和其他文化的知识。全球素养的知识要素不仅包括当地文化、世界范围内的其他文化的知识，还包括文化共性、文化差异和文化联系的相关知识。（2）理解和采取相应行动的技能。具备全球素养的个体应能够快速准确地获取和分析信息，能够在不同文化背景下进行有效沟通，能够换位思考、快速适应并有效化解矛盾。（3）开放、尊重的态度和全球意识。具备全球素养的个体应该怀着开放的态度对待其他文化背景者，对双方的文化差异持尊重态度，并且具备全球意识。（4）尊重差异的价值观。价值观是比态度更为普遍更为基础、更为抽象的观念，是个体行为、思考过程中有意识或无意识使用的标准，对个体的行为、态度起到规范和限定作用。

OECD 在 2018 年的全球素养界定中增加了"为集体福祉和可持续发展采取行动"的维度，对行动力的重视意味着全球素养不仅是一种态度和意识，更是将其付诸实际行动的能力。

图 2-2　PISA2018 全球素养

资料来源：OECD. PISA 2018 Assessment and Analytical Framework，2021-12-21，https：//doi.org/10.1787/b25efab8-en.

（三）澳大利亚

澳大利亚全球教育在不断发展的过程中逐渐总结和提炼出培养学生全球素养的五大学习主题，分别是相互依存与全球化、自我认同与文化多样性、社会正义与人权、建设和平与解决冲突以及可持续发展的未来。这五大学习主题按照先后顺序及其覆盖程度由浅及深，共同构成了澳大利亚全球教育的结构框架。此外，每个学习主题都有一个空间维度和时间维度。基于此，澳大利亚全球教育的价值维度被细化为以下四个方面：价值观与态度、知识与理解、技能与过程以及行动与参与。通过探索全球教育的学习主题和维度，发展学生知识、技能、态度价值观及行动能力，成为优秀的全球公民。

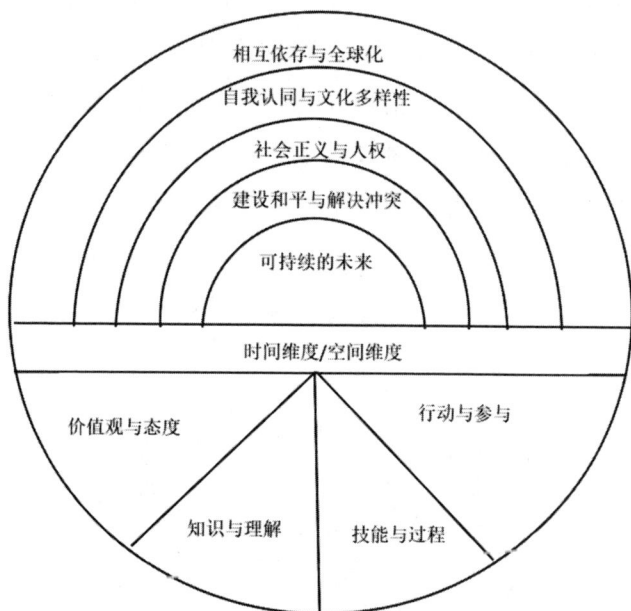

图 2–3　澳大利亚全球素养框架

资料来源：Australian Government & AusAID, *Global Perspectives: A Framework for Global Education in Australian Schools*, Australia, 2011.

第三节　全球素养的结构模型

关于全球素养的结构有不同的观点，以亨特和迪尔多夫为代表。前者认为全球素养的结构是一个由内而外的嵌套关系，后者提出的金字塔模型表现出自下而上的结构关系。两者的共同点在于将态度和价值观放在最核心的位置，知识和技能则放在相对外围的位置。

一、亨特的全球素养环状模型

亨特（Bill Hunter）等人通过德尔菲法得出结论，将"全球素养"界定为"拥有开放的态度和思想，同时积极寻求理解他人的文化规范和期望，有效利用获得的知识在自己的环境之外有效地互动、沟通和工作。"[①] 他们同时提出了全球素养由内而外相互嵌套的三层结构。其中，最内层是态度与价值观，包括非判断性反应、开放性态度、承认他人/文化差异、尊重多样性等；中间层是知识与理解，包括全球化和世界历史等知识性和理解性话语；最外层是跨文化技能，包括识别文化差异，参与全球竞争、评价跨文化行为、跨文化合作等技能与经历（见图2-4）。

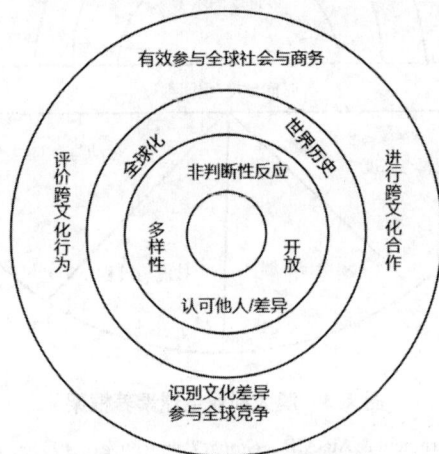

图 2-4　全球素养结构模型

资料来源: Bill Hunter, George P. White, and Galen C. Godbey, "What Does It Mean to Be Globally Competent?", *Journal of Studies in International Education*, Vol.10, No.3 (2006), pp.267-285.

亨特的全球素养结构模型表明，一个人要具备全球素养，最重要的一步是要对自己的文化规范和期望形成敏锐的理解，即一个人在进入别人的文

---

① Bill Hunter, George P. White, and Galen C. Godbey, "What Does It Mean to Be Globally Competent?", *Journal of Studies in International Education*, Vol.10, No.3 (2006), pp.267-285.

化领域之前，先要通过参与一系列关注个人文化障碍和界限、寻求澄清个人文化背景的自我反思活动去尝试理解自己的文化。一旦个人建立了这种自我意识，就会探索社会、文化、语言的多样性，同时培养一种对他人或差异的无偏见和开放的态度。此外，必须对全球化和世界历史的概念有一定的理解，正确认识社会、政治、历史、经济、环境和相关主题及其之间的相互联系。接着，通过参加多元文化事务课程或跨文化模拟，直接体验自己圈子之外的文化（可以包括出国留学，或在当地参观不熟悉的文化环境）、接受广泛的外语培训，增强对他人的理解。一个具有全球素养的人必须能够识别文化差异，在全球范围内竞争和跨文化合作，有效地参与到其他国家的社会和商业环境中。① 亨特的全球素养结构模型将态度和价值观置于核心地位，并影响有关全球知识的积累和跨文化技能的形成。②

二、迪尔多夫的全球素养金字塔模型

迪尔多夫（Darla K. Deardorff）及其团队试图对全球素养进行定义和评估，但尚未给出明确定义，在其研究中多采用跨文化能力、全球能力、全球公民等词语代替全球素养进行表述。其中，跨文化能力被解释为"在基于跨文化知识、技能和态度的情况下有效和适当沟通的能力"③。在提到的全球素养的具体组成部分中，涉及到许多个人属性，如好奇心、普遍的开放性以及对其他文化的尊重。其他组成部分包括文化意识、各种适应性特征和文化知识（既有特定文化知识，也有深层文化知识）。迪尔多夫及其团队的研究分析了全球素养所需的特定技能，包括分析、解释和关联的技能，以及倾听和

---

① Bill Hunter，George P. White，and Galen C. Godbey，"What Does It Mean to Be Globally Competent?"，*Journal of Studies in International Education*，Vol.10，No.3（2006），pp.276-285.

② 刘扬、孔繁盛：《大学生全球素养：结构、影响因素及评价》，《现代教育管理》2018 年第 1 期。

③ Darla K. Deardorff，"Identification and Assessment of Intercultural Competence as a Student Outcome of Internationalization"，*Journal of Studies in International Education*，Vol.10，No.3（2006），pp.241-266.

观察的技能，也表达了对认知技能的关注，包括比较思维技能和认知灵活性。在研究中，"对他人世界观的理解"这一观点得到了所有研究人员的认可，这些技能着重强调获得跨文化能力的过程的重要性。迪尔多夫由此提出全球素养的金字塔模型，将全球素养的组成部分放在一个可以从不同层次输入的可视化框架中（见图 2–5）。

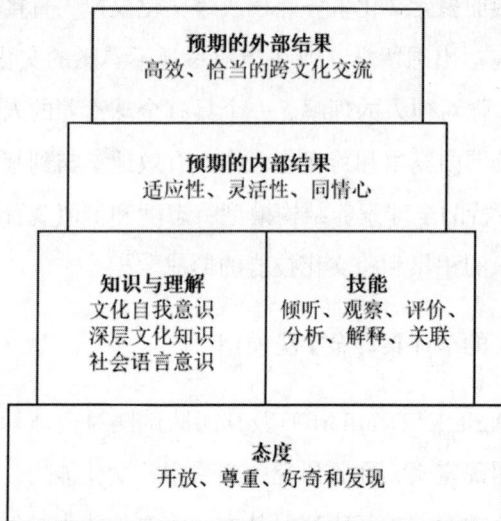

图 2–5　**Deardroff 全球素养金字塔模型**

资料来源：Darla K. Deardorff, *The Identification and Assessment of Intercultural Competence as a Student Outcome of Internationalization at Institutions of Higher Education in the United States*, North Carolina State University, 2004.

全球素养的金字塔模型将态度作为一个基本的起点，具体来说包括开放、尊重（重视所有文化）、好奇和发现（容忍歧视），同时还强调态度和知识理解的重要性，其中描述的具体技能是获取和处理关于其他文化以及自己文化的知识的技能。知识和理解包括文化自我意识、深层文化知识和社会语言意识；技能包括倾听、观察、评价、分析、解释和关联。知识和技能处于态度的上层，这两个要素相互作用，同时也受到态度的影响。① 知识、技能

①　刘扬、孔繁盛：《大学生全球素养：结构、影响因素及评价》，《现代教育管理》2018 年第 1 期。

和态度这三个要素作为个人内部要素，个人通过这三个要素来获得一些内外部成果。模型的独特之处是它强调跨文化能力的内部和外部结果，从个人态度和个人属性的层面转移到结果的互动文化层面。

纵观国际组织和主要国家提出的全球素养的概念与框架，总体上存在竞争主义和人文价值两种取向。美国及其主导下的亚洲协会、OECD 将全球素养视为一种提升竞争力的重要人力资本，强调其对学生能够在未来社会竞争取胜的重要作用。美国发布的《通过国际教育与国际参与制胜全球》等一系列文件中均有体现。OECD 的初衷是鼓励个体能力的发展以提升国家经济竞争力，让人力资本更好地服务于全球化社会和经济生产力，培养全球知识经济工作者。经合组织文件中很少有关人权、尊严或正义的论述，总体上倾向于将学习者纳入工作场所，而非参与更广泛的全球领域。而 UNESCO 倡导的全球公民以和平和人权教育为基础，强调培养知识、技能、价值观、态度和行为，使个人能够体验到对全球社会的归属感并作出明智的决定，并且提倡全球团结的理想和对共同人性的归属感，鼓励学习者在全球和地方层面采取负责任的行动。韩国的全球素养研究和活动深受 UNESCO 影响，从 1961 年提出国际理解并加入 UNESCO 国际理解教育合作学校到 20 世纪 90 年代以后提出全球公民的培养目标再到 2015 年《仁川宣言》后积极推进与全球公民相关的学校课程和培训，都体现对 UNESCO 理念和实践的追随。英国、加拿大和澳大利亚全球素养的提出既受到 UNESCO 国际理解、OECD 全球素养测评的影响，也有来自其自身文化和教育传统的影响，因此既有要求学生具有全球视野和社会责任的人文价值取向，也有要求本国学生具备全球素养为全球竞争做好准备的竞争偏向。

第三章 全球素养教育的实践路径

全球素养教育的推进是一项系统工程，需要在培养目标、课程体系、教学方法以及支持性措施等方面进行系统改革。其中，培养目标是全球素养教育的出发点和归宿，课程体系是全球素养教育的主要媒介，教学方法是全球素养教育的主要手段，支持性措施则是全球素养教育的保障条件。

第一节 全球素养教育的培养目标

从当前主要发达国家和国际组织来看，它们无不把全球素养作为 21 世纪学习者应该具备的一项关键能力或核心素养进行强调。下面分别以美国和英国这两个国家、OECD 和 UNESCO 这两个国际组织进行重点介绍。

一、美国："实现学生的发展并为全球竞争力做准备"

2012 年 11 月，通过教育部内部以及与其他美国政府机构和非政府组织广泛协商，美国教育部发布了《通过国际教育与国际参与制胜全球》(*Succeeding Globally Through International Education and Engagement*)，报告中一个重要的战略目标就是提升全美学生的全球素养（global competencies）。[1]

---

[1] U. S. Department of Education. Succeeding Globally Through International Education and Engagement，2021-11-20，http：//www2.ed.gov/about/inits/ed/internationaled/international-strategy-2012-16.pdf.

2018 年 11 月，美国教育部对其国际教育战略进行了更新（Succeeding Globally Through International Education and Engagement：U.S. Department of Education International Strategy Updated November 2018），其中明确提出："美国教育部的使命是通过提供卓越的教育水平、确保平等的受教育机会来实现学生的发展并为全球竞争力做准备。"①

根据美国教育部 2018 年发布的这一战略，美国的国际战略与国内议程相结合，旨在同时实现加强美国的教育、推进美国的国际优先事项两个战略目的，以及提高学生的全球和文化能力、与其他国家相互学习、参与教育外交三个相互关联的具体目标（详见表 3-1）。下面重点就"提高学生的全球和文化能力"这一目标进行重点阐述。

表 3-1　美国教育部制定的国际战略框架

目的	加强美国教育
	推进美国国际优先事项
目标	提高所有美国学生的全球和文化素养
	与其他国家相互学习以加强美国的教育
	积极开展教育外交以推进美国的国际优先事项

资料来源：U.S. Department of Education. International Strategy，2020-05-21，https：//sites.ed.gov/international/international-strategy-2/.

美国教育部指出，越来越多的职业涉及跨文化的工作，需要语言技能、区域知识以及从不同角度看事物的能力。在一项针对 2100 名美国雇主的调查中，93% 的受访者表示，他们看重那些能够与来自不同国家和文化的客户和企业有效合作的员工。例如，田纳西州的一名学生可能需要与德国同行就最新的汽车工业技术进行交流。再如，南卡罗来纳州的一位年轻人可能需要了解韩国的商业惯例，才能在新的制造厂与同事成功互动。学生可通过学习艺术、公民、地理、历史和世界语言，也可通过社会情感学习和实践学习

---

① 　U.S. Department of Education. International Strategy，2020-05-21，https：//sites.ed.gov/international/international-strategy-2/.

来获得这些知识。海外学习和研究的机会以及虚拟交流，亦可以加深这种理解和全球视角。①

因此，美国教育部认为，全球和文化素养是个人在当今相互关联的世界中取得成功所需的，并充分参与和处理具有全球意义的问题的知识和技能。学生需要具备批判性思维、沟通、社会情感和语言技能，以便与美国和世界各地的伙伴进行有效合作。②

从素质结构而言，具有全球和文化素养的人至少精通两种语言；意识到文化之间存在的差异；具有批判性和创造性的思维，可以理解各种观点；能够在跨文化和国际背景下以专业水平进行工作。其中，理解和欣赏多元和世界其他地区，包括不同的宗教、文化和观点，是全球和文化素养的基本要素。就关系来说，这些素养不是孤立的技能，而是相互关联的技能和知识领域，它们一起使个人能够理解世界并采取行动。以语言和文化为例，美国前教育部部长贝西·德沃斯（Betsy DeVos）就指出："文化智力是一种广泛可转移的技能，它有助于我们的学生和我们的国家在一个日益相互关联的世界中取得成功、竞争和合作。如果不先了解一种语言，就不可能真正理解一种文化。精通两种、三种、四种语言的学生在职业生涯和生活的每一个转折点都做了更好的准备。"③

二、英国：发展教育的"全球维度"

"全球维度"（Global Dimension）即探究世界的相互关联性④，是英国进入新世纪后推行全球素养教育的一大特色理念。它串联起了公民教育、环境

---

① U.S. Department of Education. International Strategy，2020-05-21，https：//sites.ed.gov/international/international-strategy-2/.

② U.S. Department of Education. International Strategy，2020-05-21，https：//sites.ed.gov/international/international-strategy-2/.

③ U.S. Department of Education. International Strategy，2020-05-21，https：//sites.ed.gov/international/international-strategy-2/.

④ Reboot the Future. What Is the Global Dimension，2020-09-25，https：//globaldimension.org.uk/about/what-is-the-global-dimension/.

教育、发展教育等概念，极大地推动了英国全球素养教育的发展进程。

2000 年，英国教育与就业部（Department for Education and Employment，DfEE）发布行动建议文件《开发学校课程的一种全球维度》（*Developing a Global Dimension in the School Curriculum*），首次在教育政策层面提出了"全球维度"的概念并说明了如何将"全球维度"融入国家课程、校本课程与更广泛的学校生活。该文件指出，发展教育的"全球维度"即学校所教授的内容由国际性与全球性的事务所决定，关注并尝试解决当地与全球层面诸如可持续发展、相互依存与社会正义等问题，围绕"全球维度"建构知识、发展技能、培养态度。①

2005 年，英国教育与技能部（Department for Education and Skills，DfES）联合其他部门与非政府组织发布文件《开发学校课程的全球维度》（*Developing the Global Dimension in the School Curriculum*）。与 2000 年英国教育与就业部发布的《开发学校课程的一种全球维度》相比，该文件主要新增了在学前教育阶段（Foundation Stage）融入全球维度的说明并介绍了相关的实践及案例。②

2008 年，英国儿童、学校与家庭部（Department for Children，Schools and Families，DCSF）发布《开发学校全球维度的重要提示》（*Top Tips to Develop the Global Dimension in Schools*），为学校全方位开发全球维度提出了 10 条建议。③

2009 年，英国教育慈善机构发展教育协会（The Development Education Association，DEA）联合英国国际发展部等部门发布了指导手册《共同探

① Department for Education and Employment. Developing a Global Dimension in the School Curriculum，2020-09-20，https：//dera.ioe.ac.uk/6152/7/globald_Redacted.pdf.

② Department for Education and Skills. Developing the Global Dimension in the School Curriculum，2020-03-20，https：//globaldimension.org.uk/wp-content/uploads/old//documents/gdw_developing_the_global_dimension.pdf.

③ Department for Children，Schools and Families. Top Tips to Develop the Global Dimension in Schools，2021-11-20，https：//globaldimension.org.uk/wp-content/uploads/old//documents/gobal_dimension_top_tips.pdf.

索——中等教育课程的全球维度》（*Exploring Together-A Global Dimension to the Secondary Curriculum*），提出了"成功的学习者""自信的个体""负责任的公民"三大目标，详细说明了在艺术与设计，公民教育，设计与技术，英语，地理，历史，信息通信技术，数学，现代外语，音乐，个人、社会与健康教育（PSHE），体育，宗教教育，科学等 14 个学科课程中如何运用重要概念、过程、论述及跨学科等方式来开发"全球维度"。①

三、OECD："为了一个更加包容的社会"

2016 年 5 月，OECD 在七国教育部长会议上提出"全球素养"并发布《全球素养培养：为了一个更加包容的社会》（*Global Competency for an inclusive world*）报告，提出在 2018 年 PISA 测试中引入全球素养的概念并对其进行测评，这是全球素养首次出现在大型的国际测评项目中。在这部报告中，全球素养被定义为："从多元视角批判地分析全球和跨文化问题的能力；理解文化差异如何影响人们的观念、判断以及对自己和他人的看法的能力；在普遍尊重人类尊严的基础上与来自不同背景的他人进行坦诚、得体和有效沟通的能力。"②

2017 年 12 月，OECD 教育与技能司（Directorate of Education and Skills）与哈佛大学教育研究生院（Harvard Graduate School of Education）零点项目（Project Zero）共同发布了《PISA 全球素养框架》（*PISA Global Competence Framework*）。同时，该框架所包含的内容也是国际学生评估项目（PISA）2018 年测试的基础。③ 在研制全球素养测评的专家和 OECD 众多成员国代表的共同讨论下，《PISA 全球素养框架》将"全球素养"定义为一种多维素养，即分析当地、全球和跨文化的问题，理解和欣赏他人的观点和世界观，

---

① The Development Education Association & Department for International Development. Exploring Together-A Global Dimension to the Secondary Curriculum，2021-11-20，https：//globaldimension.org.uk/wp-content/uploads/old//documents/gdw_exploring_together.pdf.

② Schleicher A，*Global Competency for an Inclusive World*，Paris：OECD，2016.

③ 邓文静：《经合组织发布〈PISA 全球素养框架〉》，《世界教育信息》2018 年第 3 期。

与不同文化背景的人进行开放、得体和有效的互动，以及为集体福祉和可持续发展采取行动的能力。[①]

表 3-2 《PISA 全球素养框架》提出的全球素养教育目标

序号	目标维度	具体内容
1	审查并分析当地、全球和跨文化问题	·有效结合世界知识和批判性推理，使用高级思维技巧，例如选择和权衡适当的证据对全球的发展进行推理 ·利用学校所学的学科知识和思维模式，提出问题、分析数据和论点、解释现象并就当地、全球或文化问题发表观点 ·具备媒体素养，即有能力访问、分析和批判地评价媒体信息以及创造新媒体内容，是传统媒体和数字媒体的有效用户和创造者
2	理解并欣赏他人的观点和世界观	·愿意并有能力从多个角度思考全球问题以及他人的观点和行为 ·认识到个人观点和行为由多种因素决定，承认因背景与假设不同，他人对世界的看法可能与我截然不同 ·能够解释和消除分歧，创造共同基础的联系和纽带 ·意识到周围人的文化价值和信仰，保留自身文化身份认同
3	与不同文化背景的人进行开放、得体并有效的沟通	·了解跨文化背景的文化规范、互动风格和互动方式，并能根据需要灵活地调整行为和交际方式 ·欣赏互相尊重的对话，愿意了解对方，努力使边缘人群融入集体 ·"开放"指所有参与者对他人和他人视角的敏感、好奇和参与的意愿；"得体"指尊重双力预期的文化规范；"有效"意味着所有的参与者能相互理解
4	为集体福祉和可持续发展采取行动	·成为社会中积极负责任的成员，对当地、全球或跨文化问题做出回应 ·创造机会采取明智、有效的、能让他人认可的行动 ·致力于改善所在社区的生活条件，建立一个更加公正、和平、包容和环境可持续发展的世界

资料来源：唐丽芳、杨芸艺：《全球素养教育：国际动向与我国的发展方向》，《外国教育研究》2019年第4期。

从《PISA 全球素养框架》中，我们可以看出全球素养包含四个维度：（1）分析当地、全球和跨文化问题的能力；（2）理解和欣赏他人观点和世界

[①] OECD. PISA Global Competence Framework：Preparing Our Youth for an Inclusive and Sustainable World，2021-01-06，https：//www.oecd.org/pisa/Handbook-PISA-2018-Global-Competence.pdf.

观的能力；（3）与不同文化背景的人开放、得体和有效互动的能力；（4）为集体福祉和可持续发展采取行动的能力。这四个维度可概括为知识与技能、态度与价值观以及行动与行动力三个层次（详见图 3–1）。其中，知识和技能是基础，有关全球议题和多元文化的知识、外语知识和能力、发现和解决问题的能力、跨文化交际能力以及自我反思能力是全球素养的基础层面；在知识和技能的基础之上，多元文化意识、多视角思维、开放和包容的态度、责任感等得以发展和养成，是一个人的品格和品质的体现。仅仅有知识和能力、意识和态度还远远不够，全球素养的最高层面是行动，全球素养教育的最终目标就是培养能够应对全球化带来的机会和挑战、具有改变世界、让自己和世界变得更美好的、具有行动力的公民。[①] 换言之，拥有相关的知识与技能，也有积极的态度和价值观，但还是处于全球素养的"静态"和"被动"阶段。如果能用自身所拥有的这些素养积极参与全球治理、让这个世界变得更加美好，无疑对个人是更大的挑战。

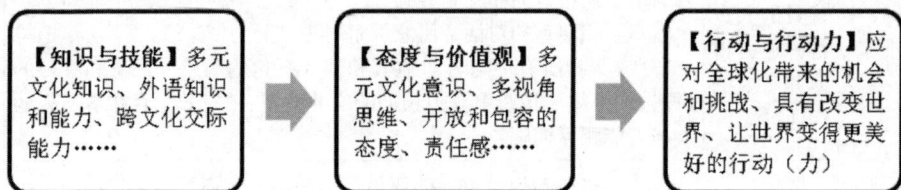

图 3–1　全球素养的三个层次

四、亚洲协会："为我们的年轻人融入世界做好准备"

美国亚洲协会和全美州立学校首席教育官理事会（The Council of Chief State School Officers，CCSSO）认为，全球化带来了许多问题，其中许多问题既是本地的，也是全球性的，应对这些问题需要未来的公民能够深刻理解全球性问题的本质并与世界各个角落里的其他公民共同协作解决。教育应帮助年轻人在解决这些问题方面做好准备，如培养学生世界的认知、多元视角

---

① 周小勇：《全球化时代呼唤全球素养教育》，《全球教育展望》2017 年第 9 期。

思维、跨文化沟通技能以及采取行动改变现状的意愿和能力。①

在这种背景下，亚洲协会联合全美州立学校首席教育官理事会于 2011 年发布了《全球素养教育：为青年人融入世界做准备》(*Educating for Global Competence：Preparing Our Youth to Engage the World*) 报告。它们认为，世界"不仅是地球上的不同空间，还由大量的各种各样的相互联系的人、文化、想法、问题和机会所构成的人类的经验"，而全球素养则是"理解具有全球意义的议题并有针对性地采取行动的能力和倾向"，具体包括观察世界 (investigate the world)、识别观点 (recognize perspectives)、沟通思想 (communicate ideas) 和采取行动 (take action) 四个维度。② 除了这种整体性的目标设定外，亚洲协会还识别出艺术、英语语言艺术、数学、科学、社会研究以及世界语言等几门关键学科并对这些学科领域学生"全球素养"的发展设定了目标。③

为发展学生、年轻领导者、教育者的全球素养，亚洲协会于 2016 年 9 月专门成立了"全球教育中心"(Center for Global Education at Asian Society, CGE)，其使命就在于发展学生、年轻领导者、教育者的全球素养。④ 该中心还创办了全球课程网络学校并与公立学校合作将全球素养理念引入学校的教学与管理中，从实践层面联合推进全球素养的培养。⑤

---

① 周小勇：《全球化时代呼唤全球素养教育》，《全球教育展望》2017 年第 9 期。

② 唐丽芳、杨芸艺：《全球素养教育：国际动向与我国的发展方向》，《外国教育研究》2019 年第 4 期。

③ Veronica Boix Mansilla，Anthony Jackson，*Educating for Global Competence：Preparing Our Youth to Engage the World*，New York：Asia Society，2011，pp.103-108.

④ Asia Society. Center for Global Education，2021-02-05，https：//asiasociety.org/education/about.

⑤ 计莹斐：《美国基础教育全球胜任力培养研究》，硕士学位论文，华东师范大学教育学部，2019 年，第 66—68 页。

第二节　全球素养教育的课程体系

目前美国全球素养教育主要有"学校—课程"的系统化教育模式、基于"社区—资源"的社区联动模式和基于"企业—文化"的渗透式传播模式等三种模式①，其中"学校—课程"的系统化教育模式是各国全球素养教育的主要模式。总体来看，当前全球素养教育的课程体系主要由专门课程、学科课程、跨学科融合课程、活动课程等课程类型组成。不管是何种课程类型，其关键在于选择"具有本土与全球意义的话题"②，挖掘教育内容中的全球素养成分。

一、专门课程

所谓专门课程模式，是指基于本土、全球和跨文化议题独立设置的全球素养相关课程，专门进行全球素养的培养。其代表性国家为韩国。

全球素养的内涵，可以回溯至联合国教科文组织自 20 世纪起长期倡导且已为教育界所广泛熟知的"国际理解教育"（Education for International Understanding）理念③，而韩国是世界上为数不多的、至今承袭"国际理解教育"这个称呼的国家之一。具体而言，学校课程是韩国开展国际理解教育课程的主要途径。在韩国，中小学国际理解教育课程属于国家必修课程体系的一部分。此外，韩国教育部还协同联合国教科文组织韩国委员会开设了与传统学校课程平行的"跨文化意识项目"课程，充分利用韩国的留学生资源并通过文化交流的方式建立韩国文化与外国文化之间的理解。学校课程的设置

---

① 卢丽华、姜俊和：《"全球公民"教育：基本内涵、价值诉求与实践模式》，《比较教育研究》2013 年第 1 期。

② 按照亚洲协会的观点，具有本土和全球意义的话题具有四项标准：能够激发学生与教师深度参与；能够联系本土与全球；具有明确全球意义；以跨学科学习为基础。详见：Veronica Boix Mansilla，Anthony Jackson，*Educating for Global Competence：Preparing Our Youth to Engage the World*，New York：Asia Society，2011，p. 55.

③ 赵中建：《从国际理解教育到全球胜任力教育》，《上海教育科研》2019 年第 7 期。

使得国际理解教育课程能够覆盖韩国各年级学生，为韩国国际理解教育课程的顺利开展提供了保障。

在学前教育阶段，韩国保健福利部和教育科技部于 2012 年 3 月推出针对学前教育阶段的"世界课程"（누리과정），强调培养儿童尊重和同情他人的能力，并提出要使儿童能够理解韩国文化。[1]2019 年，韩国教育部又对"世界课程"进行修订，将"世界课程"认定为国家级通用课程，构成韩国课程体系的一部分，旨在帮助 3—5 岁的儿童身心和谐发展并培养他们成为健康、独立、有创造力、情绪丰富且可以共同生活的公民。[2]

在基础教育阶段，亚太地区国际理解教育研究院在 2003 年中小学国际理解教育课程的基础上于 2017 年为韩国基础教育工作者研发了《全球公民教育课程指南》，该指南包括两部分：一是《新课程中的全球公民教育》，主要针对中小学教师设计，分为小学、初中、高中三册，目前已分发给韩国的教育有关部门、中小学和多文化教育中心来推行；二是《行动中的全球公民》，面向高年级小学生和低年级初中生，包括教师指南和学生作业两册，二者均可在实际课程中使用。

在高等教育阶段，其国际理解教育课程的目标是提供适合全球化时代的知识、使学生具备仝球视野、为学生参与到全球化潮流中做好准备。[3] 为此，亚太地区国际理解教育研究院自 2015 年以来一直致力于高等教育阶段全球公民教育课程的开发与创新并在公州国立大学、庆尚国立大学等 9 所高校有关院系开设了全球公民教育的相关课程，定期举办学术研讨会来分享课程成果，并及时进行课程调整。[4]

---

[1]　교육부. 내년 만 3 ~ 4 세아도 '누리과정 (공통과정)' 도입 및 0 ~ 2 세아에 대한 양육 수당 대폭 확대, 2021-03-10, https://moe.go.kr/boardCnts/view.do? boardID=294&lev=0& statusYN=C&s=moe&m=0204&opType=N&boardSeq=30143.

[2]　교육부. *2019 개정 누리과정 확정·발표*, 2021-03-10, https://moe.go.kr/boardCnts/view. do? boardID=294&lev=0&statusYN=W&s=moe&m=0204&opType=N&boardSeq=78061.

[3]　余静：《韩国的国际理解教育及其启示》，硕士学位论文，华东师范大学教育学系，2011 年，第 36 页。

[4]　张赫：《韩国国际理解教育课程的实施特点及启示》，《世界教育信息》2019 年第 17 期。

二、学科课程

所谓学科课程模式，是指将全球素养教育融入到学科课程中或者充分挖掘学科课程的全球素养内涵，在培养学生学科素养的同时培养其全球素养。在学科课程中实施全球素养教育，要求学生将学科视为知识和思维的工具，借助学科知识和思维方式，进行认识世界、理解世界、解释现象、解决问题、发明创造的活动。[1] 相对而言，这种模式占据了全球素养教育课程体系的主体。

美国全美州立学校首席教育官理事会联合美国亚洲协会开发的学科课程与全球素养的课程统整方案，提出了基于艺术、英语、数学、科学、社会科学、世界语言等学科课程的全球素养矩阵模型，提供了开发全球素养课程的直接依据。[2] 例如，数学学科可以让学生通过使用人口增长、经济发展、健康数据和气候变化等有关重大全球问题的真实数据来学习数学，统计数据则可以分析世界各地的财富分布、国际贸易模式、不同国家妇女教育水平与家庭收入之间的关系或全球烟草消费与预期寿命之间的关系等。[3] 表 3–3 就是全美州立学校首席教育官理事会和美国亚洲协会提出的基于数学课程的全球素养矩阵模型。

表 3–3　基于数学课程的全球素养矩阵

探究世界	分辨不同视角	沟通思想	采取行动
·学生能够探究周边环境之外的世界	·学生能够分辨自己和他人的视角	·学生能够与不同背景的人有效沟通自己的思想	·学生能够将他们的想法转化为适当的行动以改善环境

---

[1]　唐丽芳、杨芸艺：《全球素养教育：国际动向与我国的发展方向》，《外国教育研究》2019年第 4 期。

[2]　李新：《学生的全球胜任力：内涵、结构及其培养》，《教育导刊》2019 年第 4 期。

[3]　唐丽芳、杨芸艺：《全球素养教育：国际动向与我国的发展方向》，《外国教育研究》2019年第 4 期。

续表

·辨识需要借助数学或统计手段或从数学或统计手段中涌现出的具有本地、区域及全球意义的议题并形成可研究的问题；选择或建构恰当的数学或统计模型或手段以处理具有全球性重大意义的可研究问题；操作、评估或综合数学或统计分析以就全球性的重大问题形成或审议证据、得出结论并做出决策；针对全球性的重大问题对数学或统计分析的结果进行解释和应用以建构并支持某个观点	·认识并表达自己的观点和对世界的理解，判断数学和统计如何影响自己的观点和对世界的理解；审视他人、其他组织或思想流派的观点如何影响数学或统计学上的发现被阐述或应用的方式，或者反过来，对数学或统计的理解或学习如何影响人们的观点；解释不同文化的贡献和跨文化交流如何影响数学知识的发展，数学又如何影响不同的社会与文化；探究并描述获得数学和统计知识、科技和资源如何影响个人及社会的观点及生活质量	·认识并表述不同的个体对同一个数学或统计信息的理解可能不同，也因此会影响人们之间的交流和协作；运用恰当的语言、行为和数学及统计模型有效地和不同的对象打交道；针对不同的对象和目的选择并运用恰当的科技和媒体对数学思想进行建模、分析、表征和交流；思考在当今这个联系日益紧密的世界数学如何有助于跨文化交流	·识别并创造机会运用数学或统计分析以促进个人的或协同的行动来改善环境；运用数学或统计描述、表达式或者模型来计划、权衡和支持为解决全球性重大议题所做出的合理的、符合伦理的行动，充分考虑已有的途径、多样化的观点和潜在的后果；运用数学和统计支持个人的或协同的符合伦理、具有创造性的行动，为可持续发展做出贡献并评估行动的影响；思考数学和统计如何帮助人们提高改进本地、区域或全球性问题的能力

资料来源：全美州立学校首席教育官理事会（CCSSO）和美国亚洲协会联合网站，载周小勇《全球化时代呼唤全球素养教育》，《全球教育展望》2017年第9期。

　　从实践而言，英国较为典型。英国全球素养教育并未设置独立的课程，而是采用融合课程模式，强调在各级、各类教育课程中融入"全球维度"。例如，2013年，英国教育部发布新的国家课程（National Curriculum）。该文件设定了1—4关键阶段所有学科课程的学习方案和学习目标，其中大部分学科课程于2014年9月开始实施。① 修订后的国家课程要求必须在具体的课程中建立与全球维度、可持续发展的联系，如设计与技术、地理、个人、

---

① Department for Education. National Curriculum，2020-10-14，https：//www.gov.uk/government/collections/national-curriculum.

社会和健康教育等课程均涉及构建多样性、相关性、情境性的知识体系，而这是赋予学习以全球维度的关键；公民教育课程强调发展学生的批判性思维能力，培养其社会责任意识，也能够成为融合全球维度的范例。[①] 培养学习者的"全球素养"已成为英国关键阶段 1—4 核心科目与基础科目的重要教学目标。各个课程科目融入"全球维度"的方式不同，对应的教学案例也丰富多样。其中，地理课程具有融入"全球维度"的内在要求与独特优势且已形成较为成熟的课程开发体系，是英国全球素养教育融合课程的一类范例。

三、跨学科课程

要处理生态保护、人口增长、经济可持续发展、全球冲突、人权、文化认同和多样性、跨国恐怖主义等具有全球意义的问题，仅仅依靠单一学科是无法实现的，需要综合利用多学科的知识、采取跨学科的策略与方法。正如亚洲协会所指出的，学科知识与技能是解释情境和提出解决方案的必备素质，但高质量的全球素养教学话题不只指向学科知识的记忆，更指向学生利用学科知识与技能解决全球问题的能力。其中，采用多门学科的知识与技能来描绘、分析、解决问题的能力尤为重要，因为当前与未来社会将面临的全球问题极为复杂，并非局限在某一学科领域。[②] 在这种背景下，跨学科课程随之成为全球素养教育的重要课程类型。

作为理解知识与组建课程的另一视角，跨学科课程是将两门或两门以上的学科方法以及内容融合在一起，以完成关于某个主题、难题、议题或话题等任务的课程。[③] 在课程设计中，教师以全球素养为核心，从各个学科领域中选取有关全球素养内容的主题，将它们结合在一起，打破不同学科原来

---

① Reboot the Future. Curriculum Info，2020-09-25，https：//globaldimension.org.uk/classroom/curriculum-info/.

② Veronica Boix Mansilla，Anthony Jackson，*Educating for Global Competence*：*Preparing Our Youth to Engage the World*，New York：Asia Society，2011，p.55.

③ 冯愉佳：《美国基础教育中全球胜任力培养研究》，硕士学位论文，上海师范大学教育学院，2020 年，第 26 页。

的界限，发展成为一门独立的课程。①

以美国为例，目前按全球性主题组织跨学科课程是其全球素养课程的重要类型之一。随着学校寻求全球化，美国许多学校已经开始在学校课程中创建跨学科课程。例如，伊利诺斯州埃文斯顿镇高中（Evanston Township High School）已经开始提供区域研究课程，让学生深入了解世界上某个地区的历史、文化、语言、宗教、艺术和文学。在华盛顿西雅图的约翰·斯坦福国际学校（John Stanford International School），学校融合科学、美术、社会课程开设了一门跨学科课程。在社会研究中，学生了解南美洲并特别关注热带雨林。他们学习关于砍伐森林、狩猎和全球变暖的社会问题。当学生们学习植物的生长和发育时，他们不仅学习了相关的科学知识，还发展了美学的观点。他们研究文森特·梵高（Vincet Wilem van Gogh）的艺术作品，仔细研究他著名的名画《向日葵》，学习如何把对植物及其部分的结构研究作为科学的组成部分，同时也发展了对美丽的艺术表现的洞察力。②

四、活动课程

全球素养既可以通过设计独立的课程（群）来实现，也可以整合到学科课程中去，还可以通过课外活动的形式达成。③ 这种课外活动主要表现为活动课程，其为学生参与全球化议题提供了真实情境。在课程学习过程中，学生形成对全球议题的认识和理解，发展跨文化交际、批判性思维与反思能力并能采取行动以解决全球化相关的问题。④ 例如，"研究旅行"聚焦对异文化的理解，可以使学习者真实地体验一个具体的地方。通过研究旅行，学习者能够观察、生活并投入到一个陌生的环境，经常遭遇书本知识没有描述过的意外情境，在这一过程中，学习者可以形成对异文化的理解与尊重、锻

---

① 张华：《课程与教学论》，上海教育出版社 2000 年版，第 274 页。
② 冯愉佳：《美国基础教育中全球胜任力培养研究》，硕士学位论文，上海师范大学教育学院，2020 年，第 26 页。
③ 周小勇：《全球化时代呼唤全球素养教育》，《全球教育展望》2017 年第 9 期。
④ 李新：《学生的全球胜任力：内涵、结构及其培养》，《教育导刊》2019 年第 4 期。

炼处理陌生情境带来的问题的能力及与不同文化的人打交道的能力、形成多元视角等。①

以韩国为例。亚太地区国际理解教育研究院出版的《全球公民教育学校建设指南》一书中指出，"如果全球公民教育只在课堂上进行，那么它就不能被称为全球公民教育"②。为了激发学校开展国际交流活动的积极性，韩国政府设立了优秀国际教育合作交流机构奖项，而各级学校也积极与国外学校建立合作关系并开展国际交流活动。此外，韩国还积极开设和谐多元文化节等活动，促进韩国学生与其他国家留学生之间的文化交流。国际交流活动遍布韩国各地，使国际理解教育课程得以突破传统学校课程框架而走向家庭和社会，面向学校之外更广大的受众。

再以美国为例，其基础教育阶段全球素养教育重视短期交流。短期交流项目，即学生在夏季学期（6周）或更短时间（1—3周）到另一个国家并参加当地的课程，以主题、短主题的国际和文化交流机会，为年轻人提供身临其境的国际或跨文化体验。短期交流的主要目的是培养学生的全球视野、知识和技能。短期交流虽然是一种校外教育活动，但并非一般意义上的旅行活动，而是学校组织的、有目的、有计划的集体旅行式的教育活动并且是在真实情境下以研究性学习的方式来完成的旅行体验。例如，罗格斯中学（Rutgers Preparatory School）七年级和八年级的学生每年都有机会和老师一起进行一次国际游学，游学分为学习和参观两部分。无论是在伯利兹、哥斯达黎加、意大利，还是在伦敦，罗格斯中学的国际游学项目旨在让学生沉浸在另一个文化世界中，尝试新的体验。③ 无疑，这可以让学生沉浸在一个真实的异文化之中，增加跨文化交往能力。

---

① 周小勇：《全球化时代呼唤全球素养教育》，《全球教育展望》2017 年第 9 期。

② 유네스코 아시아태평양 국제이해교육원, 세계시민교육 학교 만들기 가이드 - 전학교적 접근으로 실천하는 세계시민교육, 서울: 유네스코 아시아태평양 국제이해교육원, 2019, p.4.

③ 冯愉佳：《美国基础教育中全球胜任力培养研究》，硕士学位论文，上海师范大学教育学院，2020 年，第 29—30 页。

第三节 全球素养教育的教学方法

目前各国进行全球素养教育的教学方法多种多样，例如英国有儿童哲学教学法、议题中心教学法等方法，OECD 和亚洲协会联合提出了结构化辩论、有组织的讨论、时事学习、游戏式学习、项目式学习和服务性学习等多种方法。大体而言，这些方法可以分为侧重认知和侧重实践两类（详见下表）。值得说明的两点是，两类方法并不是截然分开的，如侧重实践的方法亦可以促进学生全球素养的相关认知，反之亦然。此外，同一套方法亦可以服务于不同的教育内容，因此要建立一套专属于全球素养教育的教学方法也是不现实的。只要能够有效服务于全球素养教育，任何教学方法皆可视为全球素养教育的教学方法。

表 3-4 全球素养教育的教学方法

分类标准	教学方法	代表性国家 / 组织
认知层面	有组织的讨论	美国、OECD
	结构化辩论	美国、OECD
	比较教学法	美国
	儿童哲学教学法	英国
	议题中心教学法	英国
	时事学习	OECD
实践层面	服务性学习	美国、OECD
	项目式学习	美国、OECD
	游戏式学习	OECD

一、侧重认知的教学方法

全球素养是综合素养，不仅包括有关世界和全球化的知识，而且包含技能、态度和行为多个维度。就知识层面而言，全球素养教育要求青年不仅具有对全球问题的跨文化理解并能探究其形成原因、发展趋势，做出批判性思考，还要求学习者具备更高层次的学习目的，把基础性认知和想象力有机结合，通过知识迁移能力不断补充"有效知识"以提升综合技能，实现全球范围内自主知识建构。①

在《PISA 全球素养框架》提出的四个目标维度中，"审查并分析当地、全球和跨文化问题"与"理解并欣赏他人的观点和世界观"这两个目标都与知识层面密切相关，如前者具体体现为：有效结合世界知识和批判性推理，使用高级思维技巧；利用学校所学的学科知识和思维模式，提出问题，分析数据和论点，解释现象，并就当地、全球或文化问题发表观点；具备媒体素养，即有能力访问、分析和批判地评价媒体信息以及创造新媒体内容，是传统媒体和数字媒体的有效用户和创造者。② 因此，目前不少全球素养教育的教学方法都指向认知目标，当然这里的认知不只是知识，还包括思维。事实上，前文所提的"审查并分析当地、全球和跨文化问题"目标就体现了知识与思维这两大认知目标的融合。

具体而言，侧重认知的教学方法包括有组织的讨论、结构化辩论、比较教学法、儿童哲学教学法、批评性思维教学法、议题中心教学法和时事学习等多种方法。其中，有组织的讨论有助于学生充分表达自己的观点，理解和尊重不同个体的意见，继而塑造自身对于世界、文化多样性、文化差异的态度；结构化辩论通过搜集材料、展开论证、形成观点、进行辩论等形式，不断增强学生对全球和跨文化议题的认识，提高其批判性思考能力和表达能力；比较教学法旨在让学生了解不同地区的文化及其差别并从思想观念层面理解这些差异；③ 儿童哲学教学法是指学习者围绕教育者提供的图片、故事、新闻、活动等与全球议题有关的"刺激物"来提出问题并自主投票决定下一

---

① 鲁燕：《解析"全球胜任力"概念的变迁》，2021 年 5 月 19 日，见 http：//news.cssn.cn/zx/bwyc/202105/t20210517_5333699.shtml。

② OECD. PISA Global Competence Framework：Preparing Our Youth for an Inclusive and Sustainable World，2020-01-06，https：//www.oecd.org/pisa/Handbook-PISA-2018-Global-Competence.pdf.

③ 周小勇：《全球化时代呼唤全球素养教育》，《全球教育展望》2017 年第 9 期。

步共同讨论的问题，它将质疑、问询、提问的空间交由学习者创造，学习者反而对全球议题表现出了更为浓厚的兴趣，也展现出了孩童时期特有的哲学"潜能"，同时也可促进教育者对全球议题的新认识；① 议题中心教学法强调教育者围绕全球性的"争议议题"展开教学，将议题的正反不同观点呈现给学生，以提升学习者的全球素养；② 时事学习旨在帮助学生了解世界各地的时事以及这些时事与课堂学习、个人生活、社区生活等的关联。

从这些方法的内涵可以明显看出，其对学生全球素养认知方面的促进作用，如在讨论、辩论、比较等过程中无疑有助于掌握人权、性别平等、移民和气候变化等有关全球议题和多元文化的知识，而当问题涉及的内容复杂、没有明确"答案"之时，又有助于培养学生的批判性思维、多元思维和创造性思维等思维品质。因此，理想的侧重认知的全球素养教学方法，应将掌握相关背景知识与运用知识进行分析和解决问题培养思维品质两个目标进行深度融合。例如，英国就强调教师在将"全球维度"融入地理课程时注意课程内容与教学方法的不可分割性，引导学生置身于复杂、尚无明确答案的学习环境，创设课堂的"争论文化"（Culture of Argument）而非"应答文化"（Answer Culture）。③

二、侧重实践的教学方法

作为综合素养，全球素养不能只停留在认知层面。根据《PISA 全球素养框架》，全球素养是在全球化时代背景下，个体为应对全球化带来的各种机遇和挑战所应具备的知识与技能、态度与价值观，以及将这些知识与技能、态度与价值观转变为参与全球事务、解决全球问题的实际行动和行

---

① Hannah McGough, Frances Hunt. The Global Dimension：A Practical Handbook for Teacher Educators，2020-12-08，https：//discovery.ucl.ac.uk/id/eprint/1474180/1/franhunthannahpracticalhandbook.pdf.

② 刘美慧：《议题中心教学法的理论与实际》，《花莲师院学报》1998 年第 8 期。

③ The Geographical Association. How Do We Teach the Global Dimension，2020-10-13，https：//www.geography.org.uk/How-do-we-teach-the-Global-Dimension.

动力。① 由此可见，行动和行动力是全球素养教育的根本指向。正如哈佛大学零点项目首席研究员韦罗尼卡·博伊克斯·曼西利亚（Veronica Boix Mansilla）和亚洲协会全球教育中心主任安东尼·杰克逊（Anthony Jackson）在《全球胜任力：融入世界的技能》一书中所强调的，全球胜任力框架包含探索世界、分辨视角、沟通思想、采取行动四个方面，其落脚于培养"一代有卓越国际合作能力的个体——能够在工作场所、多个国家之间、通过互联网以及在个人决策中解决全球问题的个体"②。因此，"全球素养教育强调学生基于对国际知识理解基础上，在各种真实的全球重大问题和相关情境中应用知识解决问题的意识和能力"③。基于全球素养教育的这一重要内涵和目标，侧重实践的教学方法随之显得尤为必要。

具体而言，侧重实践的教学方法包括服务性学习、项目式学习和游戏式学习等。其中，服务性学习将社区服务与学术研究相结合，是学生利用课堂上学到的知识服务社区，同时通过实际经验丰富学习，进而加深对课堂所学课题或视角的认知、培养多种全球技能的学习过程④，具体包括参与志愿活动、发动倡议以及直接向社区群体提供服务等⑤；项目式学习适用于各年龄阶段、各种类型的议题，一般以小组的形式展开，要求学生基于真实的、具有全球重大意义的项目开展合作学习。为完成项目任务，学生必须在相互尊重的基础上有效沟通、化解矛盾，灵活运用课堂所学知识和社会情感技能解决项目过程中可能遇到的问题；游戏式学习则要求参与的学生遵守特定的规则，为解决某一任务开展深入的团队合作。

---

① 邓文静：《经合组织发布〈PISA 全球素养框架〉》，《世界教育信息》2018 年第 3 期。

② 鲁燕：《解析"全球胜任力"概念的变迁》，2021 年 5 月 19 日，见 http：//news.cssn.cn/zx/bwyc/202105/t20210517_5333699.shtml。

③ 唐丽芳、杨芸艺：《全球素养教育：国际动向与我国的发展方向》，《外国教育研究》2019 年第 4 期。

④ 计莹斐：《美国基础教育全球胜任力培养研究》，硕士学位论文，华东师范大学教育学部，2019 年，第 58—63 页。

⑤ 冯愉佳：《美国基础教育中全球胜任力培养研究》，硕士学位论文，上海师范大学教育学院，2020 年，第 33—35 页。

从以上这些方法的内涵可以明显看出，其对培养学生全球素养的直接体验、养成处理全球问题的具体技能、形成相互尊重与团结合作的精神与意识具有十分重要的价值和意义。当然，在这个过程中又可以使学生在实践基础上积累、拓展和丰富全球素养的有关知识。因此，学校和教师要通过多样的实践教学形式，丰富学生的实际体验、提高其全球素养。当然，这就需要突破传统以智力因素为主导的传统教学方法与评价标准。

第四节　全球素养教育的支持性措施

在全球化趋势愈加明显的今天，培养年轻一代的全球素养是各国都需要关注的重要任务。全球素养教育是一项系统工程，它的推进和落实需要各级政府、社会机构与组织、各级各类学校等多方面协调合作进而提供全面支持与服务。在这个支持体系中，政府支持是前提，社会协助是关键，学校落实是基础，三者缺一不可。总体而言，三个主体针对全球素养教育所采取的支持性措施涵盖面很广，下文就不同主体所采取的主要支持性措施总结如下：

一、政府对全球素养教育的支持

政府对全球素养教育的支持是全球素养教育实施、推进与发展的重要保障，这种支持主要体现在制定相关的法律法规与政策、推动国际组织和民间组织的发展以及提高教师队伍的全球教育素养等方面。

（一）制定相关的法律法规与政策

在全球素养教育开展与实施的过程中，各国政府积极通过法律法规和政策进行有序引导，包括从宏观角度制定并推行全球素养教育的法律从而对其进行整体把控；颁布课程改革政策，明确要求将全球素养教育纳入课程体系；颁布更加具体化和实操性强的政策规定，进一步推动全球素养教育的落实与开展；等等。

美国从联邦政府到地方政府都表现出对于全球素养教育的全方位支持，主要措施包括制定政策计划和战略目标、将全球素养纳入课程标准、提供各类交流项目及资金支持、强化教师全球素养要求与培训、积极与各类组织开展合作等。例如，美国教育部于 2012 年发布了教育国际化战略报告——《通过国际教育与国际参与制胜全球》，将提高所有学生的全球素养作为国际战略的目标之一。①2018 年，美国教育部又对该战略进行了更新，建立了发展全球与文化素养的框架，以促进公平、卓越和经济竞争力。②

韩国就 2000 年开始实施的"第七次教育课程改革"提出，在 21 世纪这个全球化、信息化、开放化的时代，需要在学科教学中贯彻国际理解教育观念、有效影响学生的全球素养，以使其积极参与国际交流与国际竞争，促进韩国政治、经济、文化和教育的变革。2015 年课程改革时，韩国更明确提出以"共同体素养"作为核心素养，在道德课程目标中提出培养"全球公民"意识。③ 而在地方政府层面，根据 2003 年亚太地区国际理解教育研究院的调查，所有市、道教育厅都在不同程度地实施着全球素养教育，例如首尔市教育厅 2003 年度制定了明确的国际理解教育及实施计划。④

（二）推动国际组织和民间组织的发展

为保障全球素养教育的全面实施与开展，各国政府及教育行政部门积极作为，如美国的一些州通过创建各种类型的国际学校来实现学生全球素养的培养。其中，北卡罗来纳州建立了北卡罗来纳州全球学校网络（North Carolina Global Schools Network），确保在北卡罗来纳州的 7 个经济区中都有实施全球素养教育的中心，从而为学生提供全球素养课程并为教师和管理人员提供相应的专业发展机会。⑤

----

①　徐瑾劼、张民选：《美国国际教育发展战略（2012~2016）评述》，《外国教育研究》2014年第 2 期。

②　U.S. Department of Education. International Strategy，2020-05-21，https：//sites.ed.gov/international/international-strategy-2/.

③　한국교육부，초중등학교 교육과정 총론，교육부고시 2015-74 호，2015，p.1.

④　유네스코아시아·태평양국제이해교육원，국제이해교육의 동향 - 미국，일본，호주，한국，서울：정민사，2003，pp. 436-441.

⑤　计莹斐：《美国基础教育全球胜任力培养研究》，硕士学位论文，华东师范大学教育学部，2019 年，第 69—72 页。

除了利用学校的基础性作用外，各国政府及教育行政部门还充分利用国际组织和民间组织的作用，积极支持国际组织和民间组织的发展并引领它们协同互助，共同致力于全球素养教育的实践。例如，韩国始终以积极的姿态参与联合国及教科文组织的各项活动，大力推动国际理解教育在促进国家经济和社会发展、推进教育国际化、培养全球公民等方面的巨大作用。1961年，韩国推进其4所学校成为首批联合国教科文组织国际理解教育合作学校，根据教科文组织的倡议和指导开展国际理解教育。2000年以来，韩国与联合国教科文组织联合签署设立亚太地区国际理解教育研究院（Asia-Pacific Center Education for International Understanding），成立专门的国际理解教育跨国研究与培训机构，并且通过课程改革要求韩国中小学以学科或课外活动形式开展国际理解教育，开发中小学国际理解教育教材，定期组织教职工参与国际理解教育研修活动，促进师生投入形式多样的国际项目当中。[①]

因此，韩国推动和实施全球素养教育的机构也非常多样。除教育部、保健福利部、女性家族部等相关政府部门外，联合国教科文组织韩国委员会、亚太地区国际理解教育研究院等国际组织以及韩国国际理解教育学会、多元文化教育学会等民间组织都逐渐成为韩国全球素养教育实践的重要主体，为韩国全球素养教育提供了专业指导和实践资源。例如，国际理解教育研究院在通过合作与其他地区和国家的教育者以及机构共享知识信息的过程中，促进了亚太地区与其他区域、全球教育领域之间的协作联系：第一，承担全球素养教育和全球公民教育领域的理念、教学方法、教学课程的研究与开发工作；第二，组织并召开教师、教师培训人员的培训和研讨会；第三，制作和推广有关普及全球素养的教育资料和其他出版物。[②]

（三）提高教师队伍的全球教育素养

教师是全球素养教学的主体。要想培养出具备全球素养的学生，教

---

① 王淑娟：《亚太国际理解教育的翘楚：韩国》，《基础教育课程》2013年第11期。

② APCEIU. About Us Organization，2021-02-27，http：//www.unescoapceiu.org/document/a004_en.

师首先自身要具备全球素养能力，同时也要提升和发展其全球素养的教学能力。亚洲协会在《开阔视野：建立全球素养的课后项目》(*Expanding Horizons：Building Global Literacy in Afterschool Programs*) 报告中提出，教育工作者需要掌握与国际内容有关的知识，能够制定适当的教学策略，从多角度进行教学并处理敏感问题；了解国际问题的教师团队更有可能知道如何设计有用的活动来帮助学习者了解世界。而教师这些能力的提升，自身内部的发展动力是基础，同时也有赖于外部对教师全球素养整体发展提供的支持，如亚洲协会在前文的报告中建议，对于那些尚且缺乏全球素养的教师而言，需要一种专业学习共同体推动其全球素养水平的提升。[1]

在推动全球素养教育的落实过程中，各国政府及教育行政部门采取一系列措施提高教师队伍的全球素养，包括提高教师薪资待遇，吸引高素质的人才加入教师队伍；健全教师资格认证制度，明确教师开展全球素养教学所应具备的知识和能力；将全球素养相关知识和能力整合进培训体系，推动教师培训课程、培训方式改革；鼓励各学校与各高校教育学院开展培训合作，为教师提供更多进修和学习的机会。例如，密歇根州立大学教育学院与第六条款区域研究中心 (Title Ⅵ Area Studies Center) 共同开发了面向所有对全球素养教学有兴趣的教师的全球教育者课程 (Global Educators Program)，课程分为全球素养专业课程、课外实践活动以及跨国和跨文化体验三个模块。[2]

二、社会对全球素养教育的协助

全球素养教育需要调动社会各界力量的积极性与创造性，共同推动全球素养这一 21 世纪核心素养的落实。从现实来看，社会对全球素养教育的协助主要体现在开展全球素养教育理论与实践研究、搭建多方协作的"全球

---

[1]　Veronica Boix Mansilla，Anthony Jackson，*Educating for Global Competence：Preparing Our Youth to Engage the World*，New York：Asia Society，2011，p.85.

[2]　计莹斐：《美国基础教育全球胜任力培养研究》，硕士学位论文，华东师范大学教育学部，2019 年，第 70 页。

学习"机构以及利用社会资源为学生提供学习机会等方面。

（一）开展全球素养教育理论与实践研究

目前社会力量尤其是世界主要国际组织和一些研究机构围绕全球素养教育的概念、目标、课程体系、课堂教学以及师资培训等一系列问题积极开展研究，有力地推动了全球素养教育的理论和实践发展进程。其中，联合国教科文组织、世界经合组织、美国亚洲协会等机构发挥了重要作用。

联合国教科文作为影响广泛的国际组织，注重以全球指导性文件开展宏观指导。2015 年，教科文组织制定了一份关于全球公民教育总体教学目标的全球指导文件——《全球公民教育主题与学习目标》，旨在为课程开发者、政策制定者、教育者等相关人员提供一种由简单到复杂的螺旋式课程方法的实践指导。文件将全球公民教育划定为认知、社会情感和行动三个领域，每个领域又分别对应三个主题，每个主题又按年龄分为四个阶段的学习目标。[1] 联合国教科文组织对其所倡导的全球公民教育不仅在理论方面做出了系统的指导，在实践方面也进行了积极的推进，例如联合国教科文于 1953 年组织发起并成立了联系学校项目网络（Associated Schools Projects Network，简称 UNESCO ASPnet），倡导教学方法创新和学校间的国际合作，促进和平、人权、跨文化学习、国际理解及可持续发展。[2]UNESCO ASPnet 成员学校肩负"和平导航员"的教育使命，承担践行联合国教科文组织理念的责任与义务，已成为以促进国家间相互理解为目的的最广泛的学校网络之一。[3]

世界经合组织围绕全球素养的概念、评价方式及其实践进行了较为深入的探讨。2017 年 12 月 12 日，经合组织教育与技能司（Directorate of

---

[1]　吴希、谢均才：《新世纪以来全球公民教育的国际经验与启示》，《上海教育科研》2019 年第 7 期。

[2]　杨杰川、杨金平、王京：《中学国际理解教育实践探索——基于"联合国教科文组织联系学校项目网络"的分析》，《创新人才教育》2020 年第 1 期。

[3]　郑彩华、马桂兰：《教科文组织联系学校项目网络（ASPnet）概述》，《外国中小学教育》2010 年第 4 期。

Education and Skills）和哈佛大学教育研究生院（Harvard Graduate School of Education）零点项目（Project Zero）联合发布了《PISA 全球素养框架：让我们的青年为一个包容和可持续的世界做好准备》（*PISA Global Competence Framework：Preparing Our Youth for an Inclusive and Sustainable World*），框架对测评全球素养的必要性、维度、内涵以及测评方式等进行了系统说明。基于该框架，PISA2018 正式在全球范围内开展全球素养测评，这是全球素养首次出现在国际大规模测评中，引起了全世界范围对全球素养的大讨论。经合组织还就全球素养教育提出了教师、学校、教育系统三个层面的实践建议：在教师层面，培养学生的全球素养既可以通过独立开设全球素养课程来实现，也可以通过在传统课程体系中融入全球和跨文化视角来实现；在学校层面，可从在愿景、文化和使命中突出全球素养理念，开发全球素养课程与开展全球素养教学和评估，为全球学习创造有利的社会环境，为教师专业发展提供支持，与家庭和社区建立密切联系等五个方面培养学生的全球素养；在教育系统层面，可以采取为教师提供全球素养专业发展机会、在基础教育阶段推动世界语言改革、为学生参与全球和跨文化活动提供支持等方式，促进学生全球素养的提升。[1]

亚洲协会成立于 1956 年，最初旨在为美国提供有关亚洲社会、文化、经济发展的相关知识，以服务于美国的战略构建及民间活动的开展。在该机构的发展过程中，因其认识到学生具有全球意识与全球活动参与能力的重要性，进而构建起"全球素养"（global competence）这一概念，将全球素养作为实现美国与亚太地区之间理解乃至全球理解的基础。在 2011 年与全美州立学校首席教育官理事会联合发布的报告《全球素养教育：为我们的年轻人融入世界做好准备》中，它们将"全球素养"界定为"理解具有全球意义的问题并对其采取行动的能力和倾向"。[2] 这一概念及其包含的几个维度成为此后亚洲协会提出并不断完善全球素养教育路径的重要根基。目前，亚洲协

---

[1]　刘宝存、黄秦辉：《全球素养：教育指向未来新风向》，《中国教育报》2020 年 11 月 4 日。

[2]　Veronica Boix Mansilla, Anthony Jackson, *Educating for Global Competence：Preparing Our Youth to Engage the World*, New York：Asia Society, 2011.

会已成为参与全球素养概念构建与实践开展的重要推动者。

（二）搭建多方协作的"全球学习"机构

全球素养教育的培养目标是终身学习者，使学生对文化差异有充分的认识、具有理解和思考的多元视角、具有批判意识和比较思维能力，具有问题解决能力，能够接受变化和不确定性，能够理解重要的全球性议题。[①]"全球学习"（Global Learning），是指利用教育让人们具备他们所需的技能和能力，帮助世界实现更加公正和可持续的发展。[②] 各国在全球素养教育中，积极践行"全球学习"的理念，动员社会各界力量，共同搭建全社会参与、多方协作的"全球学习"机构，为全球素养教育提供了重要的实践平台。

以英国成立的"全球思考"（Think Global）机构为例。该机构是英格兰全球学习（GLP-E）联盟领导小组的一员，同时也是威尔士全球学习（GLP-W）联盟领导小组的一员。"全球思考"机构邀请政策决策者、实践参与者一同加入，共建全球学习智库。"全球思考"机构为教师提供了线上与线下相结合的培训资源，包括与皇家统计学会合作开发的面向中小学教师的"现实世界数学"（Real World Maths）培训模块、SMSC（Spiritual，Moral，Social and Cultural Development）培训课程等。[③]"全球思考"机构推动了英国的国际教育和可持续发展战略的进步。

（三）利用社会资源为学生提供学习机会

在社会系统内，除了国际组织与研究机构外，还包括企业、社区、文化组织等其他机构和资源。各国在全球素养教育实践中，积极调动全社会资源为学生提供真实的实践机会，服务于全球素养教育的实施。

首先，充分发挥社区的参与作用，即从社会生产、社区生活中的真实

---

① World Savvy. What Is Global Competency，2020-04-19，http：//www.worldsavvy.org/global-competence/.

② Think Global. The History of 'Global Learning'，2020-11-18，https：//think-global.org.uk/about-us/our-history/.

③ Think Global. Annual Review 2016/17，2020-10-20，https：//think-global.org.uk/wp-content/uploads/2017/10/TG_AR_201617FINALWeb.pdf.

需求出发，通过社区参与给学生的校内和校外学习提供真实学习的机会，支持和推动 21 世纪全球素养教育实践。比如，加拿大积极调动社区组织参与到全球素养教育的过程中，引导学生参与真实的社区活动锻炼，在真实的环境中巩固所学到的全球素养知识。[1]

其次，企业、大学、博物馆、文化组织都是支持学生全球素养发展的重要资源。亚洲协会尤其重视企业的作用，认为企业面临的全球性更强，企业能够带给学生全球素养的发展机会也更多，包括财政资源或全球实习机会，而与大学、博物馆等文化团体合作可以为学校开展全球素养活动提供丰富多样的素材。

再次，网络也是连接全球的重要资源。技术部门通过鼓励使用来自世界各地的信息资源，帮助教师在课堂中参与国际合作，增加学生参加国际课程和世界语言在线学习的机会，促进学生通过网络参与国际项目。例如在美国，国际教育资源网（iEARN）、理解之桥（Bridges to Understanding）、和平便士（Pennies for Peace）、全球儿童（Global Kids）、全球画廊（Taking IT global）、理解世界（World Savvy）等非政府组织正在积极联系年轻人，与全美各地的学校与学区合作。这些机构的资源能够很好地将年轻人与世界相连，支持学生全球素养的发展。[2] 而在英国，注重利用互联网信息技术，通过教学资源的共享共建进一步推动全球素养教育的落实。其中，由英国政府支持、英国慈善基金会"重启未来"（Reboot the Future）负责运行管理的"全球维度"网站在英国强化教育的"全球维度"进程中扮演着重要的角色。该网站致力于建设成为"全球维度"的"一站式商店"，汇集了各类出版者的丰富成果与详细案例，用以支持、指导教师自主开发课程的"全球维度"。其对资源按照课程科目、话题、学段、出版者等版块予以分类，为教师开展全球素养教学提供了便捷服务。目前，"全球维度"网站已包含 900 余种收

---

[1]　魏锐等：《21 世纪核心素养教育的支持体系》，《华东师范大学学报》（教育科学版）2016 年第 3 期。

[2]　Asia Society, *Educating for Global Competence*：*Preparing Our Youth to Engage the World*, New York：Asia Society, 2011, pp.93-94.

费或免费的资源且仍在不断更新。①

三、学校对全球素养教育的落实

学校教育在人的发展中起主导作用，全球素养教育的实施、推进与发展最根本需要依靠各级各类学校对全球素养教育的具体落实。从现实来看，这种落实主要体现在以下五个方面：

（一）营造全球素养教育的愿景与文化

学校的愿景或使命反映了学校办学的目标和方向，在全球素养教育中扮演着思想引领的作用，而文化对人具有塑造作用，多元文化背景的学校有利于学生全球素养的发展。因此，各级各类学校往往注重营造全球素养教育的愿景与目标，同时创设全球素养教育的校园文化，从而营造一种环境，"让学生适应全球素养的思维方式和行为方式并成为思想和心灵的习惯"②。

以美国为例。在全球化时代，美国学校积极呼应并在其愿景与使命中加入了全球素养教育的内容。例如，纽约的罗斯学校（Ross School）的使命是："改变教育适应未来的方式；培养跨学科、综合思考和创新的领导能力；全面参与国际社会；促进终身学习。"丹佛国际研究中心的使命是："丹佛国际研究中心（Denver Center for International Studies）通过培养多语言、跨文化能力强的学生，让他们积极参与快速变化的世界，为他们上大学做准备。"③ 为了促进学生参与和互动，美国学校还积极营造全球素养教育的文化氛围。例如，具有全球意义的问题渗透在美国许多学校的走廊海报、食堂讨论、学生工作和组织中，而美国西森维尔高中（Sissonville High School）则以全球问题和事件的公告开启新的一天，周五则挑选出本周最受欢迎的国际

---

① Reboot the Future. Resource Quality，2020-09-25，https：//globaldimension.org.uk/about/resource-quality/.

② 冯愉佳：《美国基础教育中全球胜任力培养研究》，硕士学位论文，上海师范大学教育学院，2020 年，第 47—50 页。

③ 冯愉佳：《美国基础教育中全球胜任力培养研究》，硕士学位论文，上海师范大学教育学院，2020 年，第 47—50 页。

问题，而每月的演讲和讨论包括在国外学习的学生、教授、商业领袖和州政府官员。[①]

（二）建设贯通全球素养教育的课程体系

课程是实现学校教育目标的主要手段和媒介。为保障全球素养教育的全面落实，各国积极推动全球素养教育的课程体系建设。从前文可知，目前世界主要国家已经形成了由专门课程、学科课程、跨学科融合课程与活动课程构成的全球素养教育课程体系。

根据世界经合组织的观点，在全球素养课程开发过程中，学校要引导教师关注具有当地意义和全球意义的关键议题，关注课程主题、课程体系之间的相互联系，创设情境鼓励学生运用多学科知识和技能。具体而言，要从以下方面进行努力：从全球视野审思课程内容，认识在课程内容中融入全球素养模块的可能性，比如在地理课堂上，借助数字和图表等让学生直观感受人口增长规模和资源利用情况，还可以从历史角度展现人类发展以及与自然的互动；选择具有普遍意义的全球性挑战，激发学生的兴趣和参与感，比如选择发展、公平、权利等与学生较为密切的全球性话题展开全球教学；鼓励通过国际合作开展有效教学，通过在线教学技术与世界其他地区的学生建立合作关系，鼓励学生就同一全球性问题展开合作，包括数据共享、远程讨论、虚拟互动等。[②]

（三）提供教师全球素养发展的培训支持

教师是全球素养教育的重要参与者。为了给全球素养教育提供师资这一基础性支持，各级各类学校往往注重为教师开展全球素养教学提供培训机会，从而全面提高教师的全球教育素养，具体手段和措施包括：为教师开展全球素养教学提供培训和发展机会；帮助教师了解如何将全球和跨文化议题融入现有课程中去，为教师开展全球素养教学提供丰富的教学资源；鼓励教师开展教学反思，提升课程质量；支持教师开展国际交流活动，提升教师的

[①]   冯愉佳：《美国基础教育中全球胜任力培养研究》，硕士学位论文，上海师范大学教育学院，2020年，第47—50页。

[②]   黄秦辉：《培养学生的全球素养，学校和教师怎么做》，《中国教师报》2020年12月30日。

全球视野和国际化能力。

相对而言，美国的做法较为典型。随着全球化素养教育的不断开展，一方面，美国许多高校也纷纷致力于探讨和开展教师教育改革，比如通过将现有教师职前教育课程与全球教育内容相融合以及创建有关全球问题的课程来培养未来教师的全球素养；另一方面，美国许多中小学开展全球教育校本培训，通过举办全球教育工作坊、开展有关全球问题的读书研讨，组织教师参加有关全球教育的会议，并邀请大学或研究机构的专家到校指导等方式来提高本校教师的国际视野，帮助教师如何将课堂国际化。①

---

① 张蓉：《培养教师的全球素养：美国的举措及启示》，《南京师范大学学报》（社会科学版）2018 年第 6 期。

第四章　全球素养教育评价

　　伴随全球素养教育理念的兴起，各国纷纷开展全球素养教育方面的实践。全球素养教育评价作为推进全球素养教育实践的重要一环，受到各个国家及国际组织的广泛关注。尽管不同国家及国际组织对全球素养教育及评价关注的角度有所不同，但无论是跨文化能力发展评价还是全球公民教育评价，抑或环境保护和可持续发展教育等方面的评价，它们都聚焦一个共同的目标，即加强学生对世界的了解，提升他们表达个人观点和参与社会事务的能力，从而应对诸如气候环境变化、全球健康、人口大规模移动以及信息技术的飞速发展等全球化带来的种种挑战，因此，这些均可被纳入全球素养教育评价进行研究。本章重点分析美国、英国、澳大利亚、加拿大、韩国、日本以及经济合作与发展组织（OECD）、联合国教科文组织（UNESCO）等主要国家和国际组织在全球素养评价方面的实践，从全球素养教育的评价维度、评价方式及评价工具三个方面研究全球素养教育评价评什么、怎么评以及如何采集评价信息等内容，以期较为全面地总结当前世界各主要国家和国际组织全球素养教育评价方面的实践，对我国全球素养教育及评价有所启发和借鉴。

第一节　全球素养教育评价的维度

　　全球素养教育评价主要包括面向整个教育系统的评价和聚焦学生学业

成就的评价两个部分。面向整个教育系统的评价涉及对教育政策、管理机构、学校和社区、课程、课堂与教学以及教师和学生等多个维度在全球素养教育方面的评价，目的是在整个教育系统推行全球素养教育，促进年轻一代全球素养养成。聚焦学生学业成就的评价主要涉及个人在全球素养知识、技能、态度、行为等多维度的评价，是对全球素养这个高度抽象、结构复杂而又难以直接观测的高阶能力的综合测量与评价。

一、面向整个教育系统的全球素养教育评价维度

世界各主要国家及国际组织重视在以学校为主的教育系统开展全球素养教育与评价。评价主要关注全球素养教育在教育系统中的嵌入程度，重点评价在学校教育理念及学校教育教学实践等维度中对全球素养教育的反映与体现，将评价作为推进学校全球素养教育的重要一环，融入在学校全球素养教育的各个环节之中，促进学校全球素养教育开展。在教育系统全球素养教育评价方面值得借鉴的国家主要有美国、英国、加拿大、澳大利亚、韩国等，它们分别制定了详细的评价框架和方案对以学校为主的教育系统进行督导和评价。

（一）美国教育系统层面关于全球素养教育的评价维度

美国重视依托教育系统开展全球素养教育与评价。作为较早开展全球素养教育及评价的机构，美国亚洲协会通过其国际研究学校网络（International Studies Schools Network，ISSN）开发"全球学校设计"（Global School Design）评价框架，设计了30多项具体关键指标，用于衡量学校支持全球素养的做法和组织工作，推动学校教育系统在战略上筹划全球素养教育变革，落实全球素养教育。评价主要从愿景、使命与学校文化，学生的学习成果，课程、教学与评估，学校组织与治理，专业发展，伙伴关系等6个维度开展。

在学校的愿景、使命及学校文化维度，框架注重评价学校是否在学校理念层面将全球素养确立为有机统一、持续发展的重点。在学生的学习成果维度，框架注重评价所有学生学业成就中对全球素养的体现。在课程与教学

与评估维度，框架注重评价教学是否将全球视野贯穿于学校学术课程的全部过程。在学校组织与治理维度，注重评价学校是否拥有对全球素养教育起支撑作用的变革性管理制度和可持续发展的组织结构。在专业发展维度，框架注重评价学校是否不断地通过最佳学习方法循环促进教师全球素养专业发展。在伙伴关系维度，框架注重评价学校是否与社区的自然隶属成员积极开展合作，扩充学校的全球资源。[①] 由此可见，美国亚洲协会国际研究学校网络为学校全球化发展设计了一个较为全面的评价框架，学校可以依据此框架对学校战略规划、变革管理、教育成果以及项目开发进行评价，为全面掌握学校全球素养教育开展情况，了解不足，制定下一步发展计划提供参照。

（二）英国教育系统层面关于全球素养的评价维度

英国采用"全球维度"（Global Dimension）的概念推行全球素养教育与评价，并通过将"全球维度"融入课程、融入学校、融入社会，开发了从微观到宏观的立体式评价体系。其中，最具代表的是 2019 年在英国政府支持下推出的"整体学校框架"（Whole School Framework）。评价框架从领导力与社区、行为与关系、教师实践以及学生成就等 4 个维度列出 12 项建设标准，具体说明学校内部各个层面及社区嵌入"全球学习"的标准，评价"全球维度"与学校生活及社区团体的全面融合程度。

框架在领导力与社区维度，重点评价学校将全球学习融入愿景规划、课程项目、与社区团体、家长等利益共同体合作参与的过程中的情况，从而评价学校在帮助学生理解社区传统、相互依存、身份认同等方面的努力。在行为与关系维度，注重评价学校与社区对文化多样性的重视程度，关注学校和社区通过全球学习活动发展全球价值观和态度的情况。在教师实践维度，重点评价教师在支持学生道德发展、探究及辩论能力等方面的知识储备、教学能力、教学方法、课程规划能力等。在学生成就维度，注重评价学校通过参与式活动发展学生在全球学习领域的知识理解、学习能力及社交技能的

---

① Asia Society. Global School Design：At a Glance，2020-09-12，https：//asiasociety.org/sites/default/files/inline-files/global-school-design-model-at-a-glance-center-for-global-education.pdf.

情况。①

（三）加拿大教育系统层面关于全球素养的评价维度

加拿大教育部 2020 年出台"泛加拿大全球素养框架"的同时提出"泛加拿大系统层面全球素养框架"（Pan-Canadian Systems-Level Framework on Global Competencies）。该框架用来评价和指导教育系统如何确保每个学生有效地发展全球素养。该框架是指导性的，目的是为了帮助加拿大各省和地区评估其全球素养现状、优势和发展的重点，推动各省和地区的决策者、学校领导、教育工作者和社区将全球素养教育整合进教育系统中。框架认为全球素养教育不仅仅是简单地在课程中增加新内容或替换旧的教学内容，它更需要各级教育系统的参与、领导与变革，包括与家长、学生和其他利益相关者的沟通、课堂教学与学习、课程教学设计、评估、体制机制、领导力以及教育系统评价等等，整个变革过程需要采用整体系统的方法，满足利益相关者的特定需求，更好地帮助所有学生成功。

"泛加拿大系统层面全球素养框架"评估 7 个重点变革的领域：一是渴望变革，包括自我反思评估教育变革的理念、意图及结果；二是定位变革，包括自我反思评估地区及全球的文化、政治、人口、社会环境等变革背景和出发点；三是塑造变革，包括自我反思评估领导力，涉及官方和非官方的各级领导在领导模式、沟通、能力建设等方面的变革与推进；四是拥有变革，包括自我反思评估在治理体系、问责制及利益相关者参与变革及有效沟通的情况；五是做出变革，包括自我反思评估教育系统变革的重点——政策、课程、教学与评估方面的变革；六是赋能变革，包括自我反思评估在能力建设、关系建设、基础设施和资源配置方面的投入与改革；七是持续变革，包括自我反思评估与改进对整个系统自主发展的支持作用。②

---

① Global Learning Programme. Whole School Framework，2019-02-12，https：//files. globaldimension.org.uk/wp-content/uploads/2019/02/12154553/Whole_School_Framework_ 2-1.pdf.

② Council of Ministers of Education，Canada. Pan-Canadian Systems-Level Framework on Global Competencies：Backgrounder，2020-01-22，https：//www.globalcompetencies.cmec. ca/reviewed-jurisdiction-transformations.

（四）澳大利亚教育系统层面关于全球素养的评价维度

澳大利亚重点针对学校教育系统开展全球素养教育及评价，注重评价学校将全球视角纳入基础教育课程体系的整体情况。澳大利亚政府和澳大利亚国际开发署通过"全球参与学校清单"（The Global Engagement School），指导学校评价和思考学校将全球公民教育原则及其开发的"全球视角：澳大利亚学校全球教育框架"纳入学校教育的有效性，通过对学校和社区维度、课程维度、课堂维度以及全球公民维度等四个维度对照检查，查找自身不足，明确未来规划和行动的方向。

在学校和社区维度，清单重点评价学校将全球教育理念纳入学校使命、组织结构、课程大纲、教育项目、文化氛围等各个方面的情况，鼓励学校利用社区资源开展全球教育，同时也鼓励教师和学生为社区和全球集体利益采取行动。在课程维度，重点评价学校课程内容在促进全体学生全球素养发展方面的有效性。清单在强调评价全球视角融入基础教育课程全过程、全领域的同时，兼顾对澳大利亚土著学生和非英语背景学生的关注，特别重视与澳大利亚本土特点及情况的结合，重视评价课程体现澳大利亚人对自身的身份认同，以及在此基础上课程反应澳大利亚作为地区和国际社会一部分意识的程度。在课堂维度，清单重点评价课程教学方式和学习方法在促进学生全球素养发展方面的有效性，鼓励课堂营造合作互动、有效沟通的氛围和环境，在课堂上发展批判性思维，促进积极价值观和态度的形成。在全球公民维度，清单评价教师和学生在全球素养知识、技能、态度、价值观，以及综合以上要素为集体利益采取行动等多方面的能力，要求教师和学生共同进步，发展并逐步获得全球素养，成为合格的全球公民。①

（五）韩国教育系统层面关于全球素养的评价

韩国重视对联合国可持续发展目标 4.7 中"全球公民教育"的推动和实施。2020 年联合国教科文组织亚太地区国际理解研究院开展了 2020 年全球

---

① Australian Government & Aus AID，*Global Perspectives：A Framework for Global Education in Australian Schools*，Carlton South Vic：Education Services Australia，2012.

公民教育国内监测系统建立研究，通过德尔菲调查法，建立了一个全球公民教育监测评价指标体系，用于衡量和监测韩国全球公民教育主流化程度。评价指标体系从教育政策、课程体系、教师教育以及学生评估等四个维度反映韩国对全球素养教育的关注，每部分又从客观和主观两个层面设定指标进行评价。

在教育政策维度，评价通过客观指标，收集对教育政策机构中从事全球公民教育的组织人事安排情况，以及当年工作计划中全球公民教育项目及预算的比例，从而来反映对全球公民教育的重视程度；在主观评价中，邀请专家评估教育政策对全球公民教育主题的关注程度，以及在政策中强调教师对全球公民教育重视的程度。在课程体系维度，客观方面通过统计全球公民教育主题在各科目成绩标准中所占的比例，评价全球公民教育融入学科课程的情况；主观方面邀请专家对学科课程中反映全球公民教育主题的频率和比例以及教师对此的重视程度进行评价。在教师教育维度，客观方面通过对当年度完成全球公民教育相关培训的教师数量、占当年获得教师资格人数的比例等统计，评价教师专业发展情况；主观方面邀请专家评估在教师教育中有关全球公民教育主题的反映程度，以及教师本身对教师教育中全球公民教育的重视程度。在学生评估维度，客观指标通过学生全球公民测评得分了解学生全球公民素养水平；主观层面邀请专家评估全球公民教育主题在学生评估中的反映程度，以及教师对学生评估中全球公民教育主题的重视程度，从而掌握学生评估维度对全球公民教育的重视程度。①

综上所述，各主要国家及国际组织希望通过教育监测与评价全方位推动及保障全球素养教育在学校系统的开展，促进年轻一代全球素养的提升。在评价中主要考察以下三个方面的内容：一是注重考查学校与社区的合力；二是注重考察学校是否将全球素养融入、嵌入整个校园文化、课堂教学、学科体系之中；三是注重考察教师对全球素养教育的准备。

---

① 유네스코 아시아태평양 국제이해교육원, 2020 세계시민교육 국내 모니터링 체제 구축 연구, 서울: 유네스코 아시아태평양 국제이해교육원, 2020, pp.47-48.

二、聚焦学生学业成就的全球素养教育评价维度

聚焦学生学业成就的全球素养教育评价主要包括对学生"知识""技能""态度""情感""价值观""行为"等维度的评价和测量。各个国家和组织根据各自的优先事项和传统做法,采用不同的维度和框架开展全球素养评价,评价内容主要关注"跨文化沟通""全球公民""批判性思维""公平正义""和平""可持续发展""参与、合作与行动"等素养。虽然侧重点各有不同,但都强调在知识、技能、态度、情感、价值观的基础上,对行动能力的考察和评价,呈现出重视行动能力的取向。

(一)英国全球素养学业成就评价维度

在英国,聚焦学生全球素养学习成果测评的主要是 2011 年由英国慈善机构评估服务处、联合英国国际发展援助处、"全球思考"机构发布的"全球学习成果测评"。该评价主要评估并促进对全球、跨文化或环境发展的理解,重点评估"批判性与创造性思维、对待差异的自我意识与开放思维、对全球议题与权力关系的理解、为了更美好的世界而保持乐观和采取行动"等4 个维度的内容。文件认为,知识、态度和行动的改变是全球素养教育的核心,如何监测这些变化,设定什么样的指标来评价复杂学习过程的结果,是评价的重点和难点。文件介绍"CES 测评法"(CES Approach),从"澄清需求、界定宗旨与目标""识别输出与预期的学习成果""明确指标、包括成果指标""将指标转化为问题或陈述"到最后"将指标转化为问题或陈述",逐步自主设计适合项目和教学的评价,从而针对不同的项目和教学过程设计关注与理解、态度和行为变化有关的全球学习成果的评估。①

(二)澳大利亚全球素养学业成就评价维度

澳大利亚政府和澳大利亚国际开发署通过 2011 年的"全球视角:澳大利亚学校全球教育框架"推行全球素养教育并提出评价方案。评价框架以全

---

① Charities Evaluation Services,UK aid,Think Global. Evaluating Global Learning Outcomes,2021-04-05,https：//think-global.org.uk/wp-content/uploads/2011/04/Evaluating-global-learning-outcomes.pdf.

球公民为理念，将全球视角纳入整个基础教育课程体系，为学校开展全球素养教育教学及评价提供指导。全球素养评价的内容主要包括"相互依存与全球化、自我认同与文化多样性、社会正义与人权、建设和平与解决冲突以及可持续发展的未来"5个方面，目标是培养拥有积极的价值观、能够为自己的行为承担责任，并且能够为了更加和平、公正和可持续发展的世界做出贡献的全球公民。在根据框架而设计的"全球参与学校"评价清单中，对教师和学生的知识与理解、技能与过程、价值观与态度、行动与参与4个维度为重点进行评估，强调全球素养教育的重点不仅在于培养学习者在全球公民方面的知识和技能，更在于推动积极价值观的形成和行动参与。①

（三）美国全球素养学业成就评价维度

美国亚洲协会是首个从"动态行动程序逻辑"构建全球素养评价维度、推动全球素养教育落地的机构。2011年，美国亚洲协会推出"毕业档案袋系统"，开发评价量规，评价学生对他们所生活的这个日趋复杂、多元、相互依赖的世界的实质性理解，以及在这个世界中如何采取行动。亚洲协会以"探索世界、分辨视角、交流观点、采取行动"4个动态步骤为评价维度，为每门学科及全球领导力设计了一系列的评价标准（量规），描述学生作品特征，展示学生的大学准备程度和全球素养。教师可以以量规标准为出发点，设计表现性评价任务，要求学生调查一个全球性问题，并提出解决方案。评价通过展示学生运用学科或跨学科知识和技能，解决问题、采取行动的能力，来反映学生全球素养各维度的发展程度。学生的作品随后会被收集到"毕业档案袋系统"，学生将会得到反馈，帮助了解自身不足及需要改进的地方，从而更好地达到全球素养标准、各学科的大学准备等要求。②

---

① Australian Government & Aus AID. *Global Perspectives*：*A Framework for Global Education in Australian Schools*，2021-04-06，https：//globaleducation.edu.au/verve/_resources/GPS_web.pdf.

② Asia Society. *Educating for Global Competence*：*Preparing Our Youth to Engage the World*，New York：Asia Society，2011，pp.65-66.

（四）联合国教科文组织全球素养学业成就评价维度

2015 年，联合国教科文组织通过提出全球公民教育目标，颁布《全球公民教育：主题和学习目标》文件，为全球素养评价提供框架和指导。UNESCO 构建了一个包含"认知、社会情感和行动"三维度的评价框架，在"认知"维度评价学生理解和批判性思考有关全球、区域、国家和地方问题，不同国家和人口之间相互联系、相互依存等问题的能力；在"社会情感"维度评价学生对人类共同价值观的认同，以及在责任心、同理心、团结一致、尊重差异等方面的能力；在"行为"维度评价学生在地方、国家及全球不同层面采取有效和负责任行动的能力，目的是为了构建一个更加和平和可持续发展的世界。① 依据该评价框架，各国开展了丰富多样的教育评价实践。②

（五）经合组织全球素养学业成就评价维度

OECD 于 2017 年在亚洲协会研究的基础上，开发了全球素养评价框架，2018 年首次在 PISA 测试中实施了全球素养测评。评价采用亚洲协会动态行动程序逻辑，以（1）具备分析具有当地、全球和跨文化重要意义的议题；（2）能够理解和欣赏其他个体视角和世界观；（3）能够与不同背景的个体进行有效沟通；（4）有意愿为增进集体福祉和可持续发展采取积极的行动作为评价的主要内容，从知识、认知能力、社交技能与态度等 3 个维度开发了"认知测试"和"调查问卷"两套评价工具。"认知测试"根据评价框架分别从 4 个认知过程开发了详细的评价量规，通过情境化场景测试评价学生运用背景知识与认知技能分析情境、提出解决方案的能力。"调查问卷"通过自评问卷的形式了解学生、学校、教师及家长等多方利益相关者信息，从全球

---

① UNESCO. Global Citizenship Education：Topics and Learning Objectives，2020-06-09，https：//unesdoc.unesco.org/ark：/48223/pf0000232993？posInSet=1&queryId=8a47d37e-f3ac-4480-a1b7-bb672ea8af05.

② Center for Universal Education at the Brookings Institution，UNESCO，the U.N. Secretary General's Education First Initiative Youth Advocacy Group（GEFI-YAG）. *Measuring Global Citizenship Education：A Collection of Practices and Tools*，Washington，D.C.：Brookings，2016，p.8.

议题和跨文化知识、认知和交往技能以及开放态度等方面了解学生在真实情景中解决复杂非定式的问题的能力，特别是为集体福祉和可持续发展采取行动的能力。[①]

（六）加拿大全球素养学业成就评价维度

2020 年，加拿大教育部长联席会在联合国教科文组织"可持续发展目标 4"（SDG4），OECD"教育与技能的未来：教育 2030"（The future of Education and Skills：Education 2030），以及 PISA 2018 的基础上，发布"泛加拿大全球素养框架"，评价内容关注更为广阔的 6 个维度：一是批判性思维和问题解决能力；二是创新、创造力和创业能力；三是学会学习 / 自我意识和自我导向；四是合作能力；五是沟通能力；六是全球公民与可持续发展能力。其中，"全球公民和可持续发展"维度的评价强调一种积极参与的公民精神，具体评价：（1）学生能够了解正式、生态、经济和社会的力量，以及它们之间的相互联系，并了解它们是如何影响个人、社会和国家；（2）学生能够采取行动和负责任地解决，以支持所有人现在和将来的生活质量；（3）学生能够认识到歧视并促进公平、人权和民主参与的原则；（4）学生能够了解加拿大原住民的历史、知识、贡献和固有的权利，向不同的人学习，并与他们一起学习，发展跨文化的理解，了解影响个人、社会和国家的力量；（5）学生能够参与地方、国家和全球的行动，并发挥积极的作用；（6）学生能够以一种负责、包容、可持续和道德的方式为社会、地方、国家、全球以及虚拟社区的文化做出贡献。[②] 该框架将用于修订加拿大所有省份的课程、教学和评估。多伦多教育局以该框架为基础，开发指导文件，将全球素养与教学相融合，并制定教学清单来帮助教师评价全球素养的落实

[①] OECD. Preparing Our Youth for an Inclusive and Sustainable World：The OECD PISA Global Competence Framework，2020-09-08，http：//www.oecd.org/pisa/aboutpisa/Global-competency-for-an-inclusive-world.pdf.

[②] Council of Ministers of Education，Canada. Pan-Canadian Systems-Level Framework on Global Competencies：Backgrounder，2020-09-22，https：//www.globalcompetencies.cmec.ca/reviewed-jurisdiction-transformations.

情况。①

综上所述，全球素养是一种高度抽象、结构复杂而又难以直接观测的高阶能力，其评价测量具有一定的复杂性，各国和国际组织对评价全球素养开展了多种尝试。在具体实践中，全球素养评价展现出对"行动"维度的关注与重视，强调与构成要素相关的、可被观察到的行为才是全球素养的体现。

第二节　全球素养评价的方式

针对整个教育系统和针对学生学业成就的两种评价侧重点各有不同，在评价方式上也采取了适应各自评价目的的方式。针对整个教育系统的评价侧重于通过评价推动在以学校为主的教育系统开展全球素养教育，因此，在评价方式上主要采用发展性的评价方式，以促进学校自主发展为全球素养教育评价的主要目的。针对学生学业成就的评价则注重了解学生真实性表现，因而，在评价方式上主要采用表现性的评价方式，以创造真实性的评价环境为主衡量学生实际的全球素养。

一、发展性评价为主的全球素养教育系统评价

发展性评价是以帮助、指导学校系统自主发展为宗旨，依据学校自身发展水平及发展目标，对被评价学校发展现状、潜能和未来发展前景进行评判的活动或过程；② 它是相对于甄别选优的鉴定性评价而提出的概念，其主要目的是最大限度发挥评价促进发展的功能。全球素养教育系统评价的主要目的与之相契合，各主要国家和国际组织制定评价框架及评价指标的主要意图是通过评价活动引导、指导学校开展全球素养教育，促进学校发展，督导学校形成共同推进全球素养培养的良好氛围，引导学校重视教学骨干、教学

---

① Ontario Ministry of Education. The Innovation in Learning Fund：A Guide to Implementation，2020-09-09，http：//www.edugains.ca/resources21CL/InnovationLearningFund/ILF_Guide_2017_AODA.pdf.

② 刘志军：《教育评价》，北京师范大学出版社 2018 年版，第 287 页。

精英和学校管理者的作用，鼓励学校将全球素养作为学校文化和发展战略的关键事项，充分发挥一线教师的积极性，将全球素养教学目标融入课堂教学活动中。① 具体而言，全球素养教育发展性评价主要体现在一是在理念上具有引导意义，二是在实践上具有指导作用，三是最终实现学校自主发展等三个方面。

（一）在理念上具有引导意义的发展性评价

全球素养教育是一种具有前瞻性的教育理念，是人们为了应对全球化所带来的种种挑战而在教育领域面向未来所做出的回应。各主要国家及国际组织通过出台评价框架与指标体系，引导、帮助以学校为主的教育系统将全球素养理念纳入包括学校在内的各个层面的教育教学体系之中，促进全球素养教育可持续发展。美国、英国、澳大利亚、加拿大、韩国等国家的全球素养评价指标均强调在学校愿景、使命、政策、文件以及教育教学实践中嵌入全球素养教育理念，在学校课程、课堂、教师、学生以及学校与社区的互动关系中全方位融入全球素养教育理念，全面促进学校全球维度的发展。

澳大利亚在"全球参与学校"评价清单中明确提出评价"学校将全球教育原则纳入其使命宣言和正式课程文件中"的情况。② 美国"全球学校"设计框架重视评价在愿景、使命与学校文化中"将全球素养确立为有机统一、持续发展的重点。"③ 英国在"整体学校框架"的"领导力与社区"评价维度中强调"学校领导使用有效的规划来嵌入一种学校的愿景，即让学生为在一个全球相互依存的世界生活而做好准备"④。OECD 通过 PISA 2018 全球

① 刘宝存、黄秦辉：《全球素养：教育指向未来新风向》，《中国教育报》2020 年 11 月 4 日。

② Australian Government & Aus AID. *Global Perspectives：A Framework for Global Education in Australian Schools*，2020-09-09，https：//globaleducation.edu.au/verve/_resources/GPS_web.pdf.

③ Asia Society. Global School Design：At a Glance，2020-09-19，https：//asiasociety.org/sites/default/files/inline-files/global-school-design-model-at-a-glance-center-for-global-education.pdf.

④ Global Learning Programme. Whole School Framework，2020-09-23，https：//files.globaldimension.org.uk/wp-content/uploads/2019/02/12154553/Whole_School_Framework_2-1.pdf.

素养测评，在学校层面提出在愿景、文化和使命中突出全球素养理念，在全校范围内营造全球素养文化，创造环境让学生不断发展全球素养技能，形成全球思维等。通过对学校愿景、使命、发展规划、文件政策等方面的检查评估，引导以学校为主的教育系统在愿景、使命、文化、政策中突出全球素养理念，在全校范围内营造全球素养文化，将学校全球素养的文化和使命转变为学生的培养目标。

（二）在实践上具有指导作用的发展性评价

在具体实践上，各主要国家和国际组织纷纷通过评价框架和指标体系明确考察评价的重点，提出对学校开展全球素养教育的领域与要求，对学校的全球素养教育实践具有极强的导向作用。澳大利亚通过"全球参与学校"评价清单指导学校思考如何有效地将全球教育原则纳入学校系统，通过评价指标内容及评价等级的设定引导评价对象思考在课程评价维度"我们教了什么和学了什么"，在课堂评价维度"我们怎样教和怎样学"，在教师和学生全球公民维度思考"我们是谁和我们怎样做"，指导学校在实践层面根据评价指标体系审视自己的教学内容、教学方式、学习目标及学习方式，反思自己的工作与学习，发现自己的优势和长处，明确自己的缺点和不足，激发自我完善与修正的动力，推动学校全面提高全球素养教育质量。"泛加拿大系统层面框架"直接以发展变革为目的而设计评估方案。为了帮助加拿大各省和地区采取行动，推动变革实践，框架在反思评估工作表之后紧接着设计了一个"初步行动计划模板"，指导帮助各省和地区在整合全球素养的体系转型过程中确定其优先行动领域，开展变革实践。①

OECD 在 PISA 2018 全球素养测试中以自我报告的形式，通过背景问卷，调查学生、教师和校长关于学校在课程体系和教学方法等方面对全球素养教育内容的重视与体现。例如，通过在校长和教师背景问卷中，询问学校课程体系是否包含全球气候变化、全球健康、人口迁移、经济联系与依赖等

---

① Australian Government & Aus AID. *Global Perspectives*：*A Framework for Global Education in Australian Schools*，2021-04-21，https：//globaleducation.edu.au/verve/_resources/GPS_web.pdf.

话题，以及在正式课程体系中是否涉及全球素养培养的有关内容，引导校长和教师进行反思与改进，就未来在学校课程体系中融入增加相关课程内容提供具体方向性指导。PISA 2018 还通过校长问卷了解学校是否教授了多元文化的观念，是否有引导学生通过虚拟网络与其他文化背景者进行沟通，从而引导校长积极思考学校在培养师生尊重文化多样性方面的具体措施，具有较强的实践指导意义。[①]

（三）促进学校实现自主发展的发展性评价

促进学校实现自主发展是学校全球素养发展性评价的根本目的。在以学校为主的教育系统中，学校作为发展的主体，也是发展性评价的主体。全球素养教育评价主要通过学校自我评价的方式增强学校自我发展的意识，促使学校逐渐形成一个自我监督、自我完善的发展机制，提高学校主动运用各种教育资源解决自身问题、应对内外部环境提出的挑战的能力，促进学校的可持续发展。

美国亚洲协会的全球学校设计评价框架、澳大利亚全球参与学校评价清单、英国整体学校框架、泛加拿大系统层面框架等评价工具均具有指导意义，鼓励学校依据框架自主设定发展规划和政策，自定评估程序和方法，自主实施过程性评价与终结性评价，以通过评价激发学校自主发展的内驱力。以澳大利亚全球参与学校清单为例，设计者希望学校根据自身实际情况，利用清单提供的指标体系，探索学校自身的全球素养教育目标、愿景与实践，设计适合学校的灵活的课程计划和内容，使教师和学生真正从中受益。"泛加拿大系统层面框架"要求学校对照评价框架与指标，以自我反思工作表的形式开展自我反思评估。[②] 通过评估，对标定位自己当前所处的位置和水平，明确未来可以进步的方向。引导学校在达到评估标准的基础上，把大部分精力集中在优势领域和薄弱环节，关注自身的纵向发展和特色发展，根据评价

---

① OECD. Preparing Our Youth for an Inclusive and Sustainable World：The OECD PISA Global Competence Framework，2021-01-23，http：//www.oecd.org/pisa/aboutpisa/Global-competency-for-an-inclusive-world.pdf.

② 刘志军：《教育评价》，北京师范大学出版社 2018 年版，第 287 页。

分析判断存在的问题与不足，发掘适合教育系统各个层级发展的策略与方法，实现有自我特色的可持续发展。[①]

二、以表现性评价为主的全球素养学业成就评价

全球素养对情意和行动能力的关注，要求全球素养的评价采用更加多样的方式来评估学生的知识、技能、态度、价值观以及采取行动的能力。传统的纸笔测验适用于认知领域的学习结果，但在技能、情意领域则有其先天限制。为了评价分析"应该怎样表现"（知识）与"真正表现行为"（表现）之间的区别，兼顾认知、技能、情意、行动的学习结果，"表现性评价"被认为更适合评价将知识、理解化为行动能力的全球素养学习表现。[②] 表现性评价包括口语交流、任务表现、学生档案袋、个人资料、项目展示、研究计划、论文、演讲、同伴课堂观察、学习者反馈、自我评估和行为观察等，其中包括反思性的、定性的和形成性的评价形式。表现性评价根据学生在真实的或模拟的生活情境中完成任务的表现，评价他们在认知、情感、技能和学习成果等方面的情况。表现性评价注重采用真实情境的评价任务、融入教学的评价过程、支持终身学习的评价反馈，为复杂多维的全球素养评价提供了适切的评价形式，是目前全球素养评价采用的主要方式。

（一）注重真实情境的表现性评价任务

由于全球素养是同时涵盖知识、技能与态度的多维复杂概念，具有"类似冰山"的内隐的或外显的表现水平，个体所具有的素养水平基本上是通过推测而得知的，是基于行动表现的观察所获得的证据而间接推测得知的。因此，真实的情景化的评价设计就愈显重要。评价者可以通过设计许多不同环境、脉络情境之中的评价，测量得知个体适应该环境、脉络情境所需

[①] Council of Ministers of Education, Canada. Pan-Canadian Systems-Level Framework on Global Competencies, 2020-01-22, https：//www.globalcompetencies.cmec.ca/reviewed-jurisdiction-transformations.

[②] 李坤崇：《学业评价：多种评价工具的设计及应用》，华东师范大学出版社 2016 年版，第123—138 页。

要的行动表现。

情景化的评价方式在全球素养评价领域应用较为广泛，经合组织 PISA 2018 认知测试开发了 5 个情景化主题，综合采用文本、漫画、照片等多种媒体形式设计场景，要求学生通过扮演研究者、报告者、团队参与者或辩论者等不同角色来展示自身全球素养。例如，学生会被要求设想自己在参与某一门校内课程，需在学期末提交一份与其他同学合作完成的研究报告。在这一场景中，学生既需要对搜寻的多种类型的消息进行可靠性和相关性评估，还能考查在合作互动过程中学生如何化解冲突、尊重差异，据此评估学生的换位思考能力。

美国亚洲协会通过 SAGE 项目式学习，要求学生真实体验、向真实观众展示项目成果，获得真实性评价。英国 CES 测评引入电视剧情节，测试学生知识、态度、自我效能的前后变化。澳大利亚全球教育通过虚拟环境中的角色扮演，让学生体验取水可能对生活产生积极和消极影响，从而了解其在价值观、态度和行为方面的真实表现。加拿大通过"社区关联体验式学习"要求学生进行真实体验之后，进行结构化反思，以评价自己的技能、态度和思维方式。

上述国家和国际组织注重通过超越课堂背景的真实情景化团队合作与互动收集更加真实的评价证据，帮助学生将所学知识和技能与现实生活密切联系起来，在解决实际问题的过程中，展示他们的思维过程、情感态度和行动技能。真实性的评价任务对于激发学生的测试参与度、提高测评的有效性具有重要影响。

(二)融入教学的表现性评价过程

经过设计的教学单元需包含评价环节，评价也需要融入教学以促进学生学习发展。美国亚洲协会建议评价在一个学习单元或课程的开始就启动，当教师邀请学生分享他们对所探究全球话题的想法和问题时，就已经开始对学生学习方向、假设和可能误解的评估。评估将在单元或课程的过程中持续进行，教师需在这一过程中对学生的全球素养发展给予长期指导与支持。评价的内容包括学生所写的文章、开展的演示、创造的艺术作品等成果，教师向学生提出建议来表明其优点和进一步发展的空间。除教师外，学生的学习伙伴、相关学科教师、社区成员、行业专家等不同利益相关者也可参与，共同实施评价与反馈。学生能够从不同的立场形成多角度的全球视角。其中社区成员和专家对学生作品的反馈能够让学生意识到其参与活动的意义已经超出了成绩、考试和课堂，会对全球这一概念有更加真切的感知和理解。[①]

加拿大在全球素养教学过程中要求教师响应学生的学习需求，知道何时以及如何推进学生探究。教师和学生共同构建学习经验，分担学习规划、评估和学业进步的责任。[②] 加拿大多伦多教育局还针对中小学课堂制定了专门的教学清单来规范教师的教学与评价工作，其内容包括教学目标的设计、教学主题的选择、教学计划的制定以及教学评价的实施几个方面。[③]

澳大利亚强调将全球视角融入教学，在学校教育中发展全球教育。澳大利亚针对小学和中学开发了适用于艺术、英语、健康与体育、数学、科学、社会与环境、技术等八门学科的教学与评价指南，指导学校将"全球视角"的五大主题融入教学。英国"国际技能分享"（Skillshare International）机构与大学合作，通过为医学本科生提供课程，将团队合作海报及报告、论文等表现性评价设计在课程完成前后进行评估，从全球发展与获得医疗保健之间的关系探讨，提升学生全球素养。由此可见，各国开展的全球素养评价均倡导将评价与教学有机融合，促进学生全球素养发展。

（三）支持终身学习的表现性评价反馈

全球素养不是一个特定的技能，而是一种综合运用知识、技能、态度和价值观，能够在面对面、虚拟化等不同环境下与来自不同文化与背景的人共同参与解决全球问题的能力。获得必要的知识、技能、态度和价值观是一

---

① Asia Society, *Educating for Global Competence*：*Preparing Our Youth to Engage the World*, New York：Asia Society, 2011, pp.65-66.

② Michael Fielding, *Beyond Student Voice*：*Patterns of Partnership and the Demands of Deep Democracy*, Revista de Educación, 2012, pp.45-65.

③ TDSB. TDSB and the Vision for Learning：Teaching towards the Global Competencies, 2021-10-11, https：//sites.google.com/tdsb.on.ca/globalcompetencies/getting-started/quick-guide-checklist.

个终身学习、终身发展的过程或存在方式。因此，在全球素养评价过程中，应该更加关注基于学生发展的表现性评价。基于学生发展的表现性评价为教师和学生提供全球素养培养过程的反馈，让学生参与到评价过程中，有助于学生开展自我反思，全面了解和认识自己的进步与不足，有效帮助学生发展批判性思维、自主学习等能力。

澳大利亚昆士兰州在基础教育领域全面推行融入课堂、持续开展的全球公民教育，在教学模块中多以在线测验和自我反思日记的方式开展增进社会凝聚力和促进全球公民意识的教学评价。英国全球学习联结教室计划（Connecting Classrooms through Global Learning Programme 2018-2021）为教师和学生提供丰富的学习资源，以联合国"零饥饿"议题开发的学校项目为例，在课程中提供"KWL 图表"（Know-Wonder-Learned Chart）评价学生已知的、希望学习的以及学习到的关于零饥饿议题的内容，通过反思的方法评价了解学习进展，促进学生的全球素养发展。[①]

第三节　全球素养评价的工具

收集评价信息的工具与方法多种多样，根据全球素养教育的评价方式、评价内容及其背后的评价目的可开发及选用不同的评价工具。本节分别从教育系统层面和学生学业成就层面介绍当前全球素养教育评价领域常见的评价工具，探讨各主要国家和国际组织是如何采集信息、开展评价的。教育系统层面，发展性的学校系统评价方式主要通过核验清单、自我反思工作表、调查问卷等工具来收集学校发展的信息与证据，依据指标体系为评价的标准，对照发展水平及程度，扬长补短，促进学校全球素养教育开展。学生学业成就方面，表现性全球素养教育学业成就评价的方式通过认知测试、口头演讲、档案袋以及"我能"陈述等评价工具采集真实情景中学生全球素养学业

[①] British Council & Department for International Development. Connecting Classrooms through Global Learning Programme 2018-2021，2021-06-10，https：//www.government-online.net/connecting-classrooms-through-global-learning-programme/.

成就的证据，并基于量规的标准开展评价。

一、教育系统层面主要采用的全球素养评价工具

教育系统发展性评价主要依据评价框架和指标体系开展，评价指标就是评价的标准和尺度。根据指标体系收集相应的数据、提供相应的证据，是全球素养教育系统评价的主要路径。在实践中，评价数据采集和证据收集的主要工具有核验清单、自我反思工作表和调查问卷等。

（一）核验清单

核验清单是根据不同的评价框架或指标体系，列出评价事项可观察的具体特质、行为或技能，按照一定的逻辑规则，逐一分项列出，并以简短、明确的语句描述出来，形成核验清单之后，评价者或本人根据实际情况依序勾选评价。核验清单具有诊断性，也可不定期重复使用，评估学校在全球素养教育方面的进步情形。学校通过不定期评价，可以发现学校组织运作中的优势和劣势，明确需要改进的领域。

澳大利亚"全球参与学校"评价清单具有核验功能，评价者通过逐项打分采集信息，了解学校全球视角在学校和社区维度、课程维度、课堂维度以及全球公民维度等各个维度的融入程度，从而给出客观评价，推动学校全球素养教育开展。英国"整体学校框架"也通过指标体系列出清单，要求评价者一一对应检查核验指标完成情况，了解学校当前全球素养发展状况，明确进一步改进的空间。

核验清单还经常被开发使用在教学活动中，用来指导教师在学校系统中开展全球素养课堂教学使用。美国亚洲协会为教师开发设计了"全球素养教学清单"（详见第七章的表7-4），依据其提出的全球素养教学框架，按照话题选择、学习目标设定、课程设计、评价与反馈4个维度分15个清单问题，供教师对自身的教学活动进行检查核验和反思。①

---

① Asia Society, *Educating for Global Competence*：*Preparing Our Youth to Engage the World*, New York：Asia Society, 2011, p.71.

（二）自我反思工作表

反思被认为是以"自我"行为表现为依据的"异位"解析和修正，是不断提高教育教学效能和素养的过程。[①] 自我反思工作表是依据评价框架及指标体系，系统设计反思性问题，要求自评者根据主题自我回顾与评价，发现自身的优势与劣势，思考如何促进全球素养教育工作，使学生为不断变化的世界更好地做准备。

加拿大教育部"泛加拿大系统层面全球素养框架"针对框架的 7 个重点评价领域，分别开发设计了 7 个"自我反思工作表"，通过开放式问题的设计，采用简单的步骤引导自评者对自我表现进行回顾和评价。例如，在"渴望变革"评价领域，自我反思工作表通过询问（1）我们对这种变革的愿景是什么？（2）我们想改变什么？（3）我们希望通过改变教育系统看到什么结果？（4）在这个领域，我们认为我们的优势是什么，我们进步的机会有哪些？帮助自评者反思这些问题，自我评价并判断自身所处的位置，了解自身的优势与劣势，明确在教育理念、意图和结果层面实施全球素养教育变革的切入点，指导自评者将全球素养教育理念整合到自身所处的加拿大教育系统的各个层面中，促进全球素养人才培养。[②]

（三）调查问卷

调查问卷是在教育评价中最常见的数据采集工具之一。通常根据评价指标体系进行开发和使用，通过量表及量化的形式为评价指标提供信息和数据。韩国全球公民教育评价针对不同指标设计开发专门的调查工具，在各个维度多采用调查问卷的方式采集数据，掌握全球素养在某一领域中的反映程度及受重视程度。例如在教育政策维度，主观指标"对全球公民教育的重视程度"通过开发调查问卷，以量表的形式调查教师对教育政策中全球公民教育相关主题的重视程度，以分数的形式呈现结果。再例如，在课程体系维

[①] 刘志军：《教育评价》，北京师范大学出版社 2018 年版，第 269 页。

[②] Council of Ministers of Education, Canada. Pan-Canadian Systems-Level Framework on Global Competencies，2021-01-22，https：//www.globalcompetencies.cmec.ca/reviewed-jurisdiction-transformations.

度，主观指标"课程中全球公民教育的反思程度"，通过开发调查问卷，以量表的形式调查每科目专家对课程中反映的全球公民教育相关主题的看法，结果也以分数的形式呈现。最后总体计分，测算并衡量韩国全球公民教育主流化程度。

作为国际大型测试工具的开发，OECD PISA 2018 也广泛使用调查问卷。PISA 2018 通过"背景问卷"调查各个国家学校系统中对全球素养的重视与开展程度。"背景问卷"通过自评的形式了解学生、学校、教师及家长等多方利益相关者信息。问卷通过李克特量表采集教育者的观念与做法、全球素养课程体系和教学方法创新等方面的信息，通过问题引导教育者开展全球素养教育。例如，问卷要求校长报告教师对学校应如何对待民族多样性的普遍看法；询问在学校层面多元文化学习的具体做法，如是否教授本国多元文化群体的概念、习俗或艺术，是否鼓励学生通过互联网和社交媒体与其他文化背景的人沟通等。问卷询问校长和教师在课程体系中是否涵盖譬如气候变化、全球健康或人口迁移等全球话题；询问校长和教师正式的课程体系中是否涉及全球素养的技能和倾向，比如与不同文化背景的人沟通，或对跨文化经历的开放态度，以自评问卷的形式深入了解全球素养的开展情况。[1]

二、学生全球素养学业成就层面主要采用的评价工具

学生全球素养评价重视依据行为表现判断学生在知识、技能、态度、价值观、行为等维度的水平。多样的行为表现信息及证据需要适切的评价工具来采集。英国、美国、澳大利亚、加拿大及 OECD、UNESCO 等国家及国际组织在实践中设计并采用不同的评价工具来采集这些多样化的信息和证据。"量表"是传统的数据采集工具，以"自评量表"的形式广泛应用在全球素养评价之中。然而"量表"对所收集证据简单的等级评价不能满足表现

---

[1] OECD. Preparing Our Youth for an Inclusive and Sustainable World: The OECD PISA Global Competence Framework，2021-03-12，http://www.oecd.org/pisa/aboutpisa/Global-competency-for-an-inclusive-world.pdf.

性评价丰富多样的证据形式以及促进学生反思学习的需要。表现性评价需要为多样的证据形式提供具体特征描述的评价标准和评价等级来判断学生在全球素养不同维度上的表现情况。

"量规"（Rubrics）可以为表现性评价提供可观察的行为特征描述和具体的评价等级标准参照，为复杂多样的表现性评价提供评价依据和评价标准，有效提高表现性评价的信度和效度。"量规"是一组评价表现的准则，通常以等级量表的形式呈现，每个等级皆有一组行为表现的描述语，对不同的行为特质或层面予以操作性定义。量规包含下列四项要素：重要的行为特质或向度，用来作为评断行为表现的依据；行为特质或向度的操作性定义，用来阐述各个特质或向度的内涵；计分量尺，用来评断表现行为；表现标准，用来沟通表现杰出、满意、未发展等不同水平的表现行为。[1] 量规通过清晰定义不同阶段全球素养学习任务的明确范畴来描述学生的表现，更加适用于表现性评价，其解释也依据清晰的定义或明确的成就范畴表现，用以评价其是否达标。当前各国和国际组织基于量规开展的评价工具主要有认知测试、口头演讲、档案袋、"我能"陈述等。

（一）认知测试

OECD 在 PISA 2018 全球素养评价中，针对全球素养知识和认知能力维度开发了基于真实性情境的认知测试。认知测试制定了详细的评价量规来描述全球素养四个认知过程分别在初级、中级、高级发展层次上学生所应达到的水平与能力，作为标准为认知测试中的开放式应答项目提供详细的基于表现标准质量描述的评分准则。量规对四种认知过程的表现要求逐级增大。例如"评估行动和结果"的认知子过程分为两个子领域，关于其子领域 2 "评估行动的可能结果和影响"，初级水平要求"学生知晓简单行动可能造成的直接影响，但未考虑其他行动方案及其影响，未考虑预料之外的结果。"中级水平增加了要求"学生能够了解特定立场的方案及其可能造成的直接影

---

[1]　李坤崇：《学业评价：多种评价工具的设计及应用》，华东师范大学出版社 2016 年版，第 123—138 页。

响，并且能够将这一方案的可能影响与其他可替代方案相比较。"高级水平要求"学生能够考虑到各种可能的行动方案及其可能带来的直接和间接结果。除了考查各种行动方案的短期结果外，还能够从长远的角度来对各种方案进行评估。对各种方案可能的非预期结果也应作考虑。"[1] 可见量规对学生的行动从方案制定、影响考虑等方面的能力从低到高提出了详细明确的要求。

（二）口头演讲

亚洲协会在食品安全的学习内容中融入全球视角，为基于学科学习的全球素养评价开发了"基于量规的口头演讲"评价方法，通过设计详细的评价量规，从组织、团队合作/参与、内容、视觉辅助等四个方面赋分评价（见表4–1）。每项25分，满分100分，从优良中差四个等级进行评价，最后得出总分，对学生全球素养的展现情况进行评价。例如在演讲的组织层面，评价量规认为"演讲是组织有序、容易被观众接受的；团队成员之间过渡融洽有计划。"优秀的演讲组织过程，可以获得25分的分项满分；反之，"演讲缺乏组织，很难接受；团队成员之间过渡不好"被认为是"差"的演讲，分项评价得分最低。[2]

表4–1　食品安全演讲任务评价量规

标准	100 分	优	良	中	差
组织	25	·演讲是有组织和顺序的，容易跟随 ·团队成员之间的过渡被很好地计划和干净地执行	·演讲有一定的逻辑顺序 ·过渡有点不连续，但并没有带走整体的呈现	·演讲没有清晰的组织和顺序 ·成员之间的过渡是紧张或尴尬的	·表示缺乏组织，很难效仿 ·团队成员个体部分之间的过渡不好

① OECD. Preparing Our Youth for an Inclusive and Sustainable World：The OECD PISA Global Competence Framework，2021-03-21，http：//www.oecd.org/pisa/aboutpisa/Global-competency-for-an-inclusive-world.pdf.

② Asia Society. Projects Organized by Topic，2021-08-05，https：//asiasociety.org/education/projects-organized-topic.

续表

标准	100分	优	良	中	差
团队合作/参与	25	·团队工作和沟通都很好 ·小组成员平均分享了这份报告	·小组合作得很好 ·有些成员的参与程度略高于其他成员	·小组沟通相对较好，在陈述中有一些失误 ·一些学生主导了演讲，另一些学生没有参与太多	·小组没有很好地合作 ·演讲中有明显的沟通错误和失误
内容	25	·小组成员对内容有很强的掌控力 ·内容得到了彻底的处理 ·在内容知识方面没有出现错误	·大多数小组成员都对内容有扎实的理解 ·内容缺少次要元素或包含次要错误	·小组成员对内容只有肤浅的理解 ·演讲中犯了几个错误	·小组成员对演讲的内容几乎没有理解
视觉辅助	25	·视觉辅助包含了准确的信息 ·在整个演示过程中使用的视觉辅助是有效的 ·小组成员使用视觉辅助作为补充，而不是作为拐杖	·视觉辅助包含了大部分准确的信息 ·视觉辅助的使用有些效果，但在整个演示过程中使用不一致	·使用的视觉辅助工具不支持口头表达 ·信息缺乏/不准确的 ·小组成员阅读笔记/视觉辅助材料	·根本不用视觉辅助
最后得分					

资料来源：Asia Society. Projects Organized by Topic，2021-08-05，https：//asiasociety.org/education/projects-organized-topic.

日本学者在国际理解教育中也主张运用口头表达等表现性评价方法，石森广美为国际理解教育教师设计了口头表达评价表，通过语言详细描述"0—5"级分别代表的口头表达表现程度。从"0"代表"没有进行汇报展示"，到"5"代表优秀，即"学生能对探究的课题进行准确的论述，并提出其重要性的理由。有能够支持结论的具体信息。汇报展示的方法有说服力，汇报的结构有逻辑性。能够使用视觉性的辅助资料增加展示的效果，引导听众。能够看到其精心准备和对研究问题饶有兴趣地开展研究的证据。能够感受到其作为地球市民的自觉性和责任感，能充分表明今后的意愿。"教师可根据"0—5"级量表，对应学生表现进行评价、判断，对学生在国际理解教育中的学习状况进行评估。①

(三) 档案袋

美国亚洲协会依据"探索世界、分辨视角、交流观点、采取行动"全球素养动态逻辑维度开发了基于"学生表现"的"毕业档案袋系统"。该档案袋系统根据亚洲协会"全球领导力量规"（Global Leadership Rubrics）为毕业档案袋系统制定了详细的评价标准，从四个维度分别描述了在"出现、发展、掌握／大学预备、高级"四个水平上拥有该项能力的特征。该系统包括一系列的绩效指标、评价标准、课程模板、作业示例用以帮助学生通过特定学科或跨学科教学加深对世界的认知，提高认识问题、分析问题和解决问题的能力。该系统一方面可用于评估学生的全球素养表现，如要求学生就某一全球性问题开展调查研究，综合运用本学科和跨学科知识提出可行的解决方案，教师根据评价指标对学生的表现进行评价，学生根据系统的反馈明确自身在全球素养上的优势不足。另一方面，该系统提供的评分标准、框架和指导原则还能够帮助教师规划课程、开展全球素养教学设计、革新教学方法、改进评估方式进而提高全球素养教学绩效。②

档案袋收集的信息还包括个人反思、论文、日记、纸笔考试、自我评估以及老师，父母和同伴的反馈，其表现情况均可以以量规为标准进行评价和判断。例如，亚洲协会针对粮食安全问题，利用"自我评价与反思"的方法，设计了"粮食安全挑战自我反思工作表"，要求学生反思学过的关于当地和其它国家／地区的粮食安全知识，回答（1）有哪三件关于别的国家和地区的事是你在做这项作业之前不知道的？（2）通过这项作业你学到了哪三件关于食品安全／食品供应系统的知识，为什么这三件事很重要？（3）你对下面的陈述有什么看法："农业生产有可能同时兼顾粮食安全和环境意识"。

① 日本国際理解教育学会编：《国際理解教育ハンドブック―グローバル・シティズンシップを育む》，明石書店 2015 年版，第 108 页。

② Asia Society. Graduation Performance System, 2020-10-10, https：//asiasociety.org/graduation-performance-system.

（4）你所学到的知识如何影响你对世界各地粮食安全和粮食运输系统的看法和感受？针对学生的反思性应答，对照"全球领导力量规"，自我评价在全球素养维度上的程度水平、明确进步空间。①

表4-2　粮食安全挑战自我反思工作表

当你回答以下问题时，请考虑一下你学过的关于当地和其它国家/地区的粮食安全知识
1. 有哪三件关于别的国家和地区的事是你在做这项作业之前不知道的？
2. 通过这项作业你学到了哪三件关于食品安全/食品供应系统的知识，为什么这三件事很重要？
3. 你对下面的陈述有什么看法？农业生产有可能同时兼顾粮食安全和环境意识。
4. 你所学到的知识如何影响你对世界各地粮食安全和粮食运输系统的想法和感受？

资料来源：Asia Society. Projects Organized by Topic，2021-08-05，https：//asiasociety.org/education/projects-organized-topic.

英国"国际技能分享"机构也通过在全球健康相关主题课程中设计档案袋性质的综合性评价任务，包括团队作业、反思性报告以及学术论文等多样化的信息采集方式。项目采用内容分析和话语分析的方法，对收集到的文本内容进行了编码分析。②利用量规对采集到的文本信息进行对照分析，可以清晰表明学生在全球素养不同维度的发展情况，以便教师和学生综合各方面信息，掌握学习情况，明确不足，促进学生全球素养的发展。

（四）"我能"陈述

美国亚洲协会开发的"全球领导力量规"提供适应学科或跨学科评价的"我能"（I can…）陈述测评工具。该评价工具与"全球领导力量规"配套使用，是目前较为全面、细致、完整的针对学前教育阶段至十二年级的全球素养评价标准。"我能"陈述工具根据"全球领导力表现成果"（Global

---

①　Asia Society. Projects Organized by Topic，2021-08-05，https：//asiasociety.org/education/projects-organized-topic.

②　Charities Evaluation Services，UK aid，Think Global. Evaluating Global Learning Outcomes，2021-04-09，https：//think-global.org.uk/wp-content/uploads/2011/04/Evaluating-global-learning-outcomes.pdf.

Leadership Performance Outcome)框架,以学生的视角及语言,用"我能"
(I Can)开头的句子描述一个能够证明达到量规标准要求的事实,根据学生
回答采集学生表现数据,将表现数据与量规描述一一对应,得出学生在不同
维度上所处的等级表现。[①]

表 4-3　全球素养"我能"陈述自评量表(I Can Survey)

在 1—8 的测量范围中,通过 1="我已经能做到了",到 8="我在这方面是个专家,能从各种情形下完成这项任务"来显示您在以下各个题项中的技能								
	1	2	3	4	5	6	7	8
我能针对重要的本地、区域和/或全球事务提出一个具体的有研究意义的问题								
我能在某个话题、想法或问题上清晰表达并支持一个个人观点								
我能利用多个可靠的消息来源来回应一个全球性的问题,并为我的回应辩护								
如果我发现问题,我会寻找并创造机会去独自解决或合作解决它								

资料来源:Asia Society. Global Competence Self-Assessment,2021-08-05,https://asiasociety.org/
education/global-competence-self-assessment.

　　全球素养教育的核心是使年轻人参与和塑造一个更加美好的未来世界,
为构建可持续发展的未来世界做出贡献。开展全球素养评价,既有助于学
生反思学习进步,又为基于证据的全球素养教学与评价提供支持,是促进
全球素养教育的有效方式。美国、英国、加拿大、澳大利亚等各个国家和
OECD、UNESCO 等国际组织虽然对全球素养的关注各有不同,但都纷纷根
据各自的理解和需求,开发设计不同的评价框架及工具,开展全球素养教育
及评价的实践。

　　各主要国家和国际组织重视在以学校为主的教育系统开展全球素养教

[①]　Asia Society,*Complete Set of Global Leadership Performance Outcomes*,New York,2013,
　　p.8.

育，注重培养为人类共同利益采取行动的能力，强调全球素养知识、技能、态度、价值观的有机统一。在教育系统层面，全球素养评价以促进学校自主发展为主要目的，开展以发展性评价为主的评价；在学生全球素养学业成就层面，开展能更好展现全球素养真实行动能力的表现性评价。两种层面的评价均是为了未来发展采集数据、提供决策依据和信息，为进一步改善和维持全球素养学习而提供数据支持。因此，需要根据全球素养不同的评价目的及评价方式分别采用或开发适合的评价工具。

总之，全球素养教育评价充分体现了以学生为中心的评价，无论发展性评价还是表现性评价都是为了更好地服务于全球素养人才的培养，都是以学生为中心的评价。我国全球素养工作者应该站在更广阔的视角下认识全球素养评价，改变传统的评价范式，以学生为中心，赋予学生发展独立、自主的学习者的能力，促进学生终身学习。

第五章　经合组织全球素养教育

随着全球化进程的不断推进和全球性问题的逐步涌现，各国纷纷开展教育改革，将全球能力纳入国家课程体系。联合国教科文组织、欧盟等各大国际组织也纷纷行动，为培养具备全球素养的学生而奔走。经济合作与发展组织（Organization for Economic Co-operation and Development，OECD，以下简称经合组织）也在国际学生测评项目（Program for International Student Assessment，以下简称 PISA）原有测评项目的基础上，围绕全球素养的概念、评价方式及其实践进行了较为深入的探讨，并于 2018 年在全球范围内对全球素养进行了测评，引起了全世界范围对全球素养的大讨论。本章将对经合组织的 PISA 项目有关全球素养的理念基础、实践建议和评价方式进行梳理，以期对全球素养相关研究和实践提供思路和借鉴。

第一节　经合组织全球素养的理念基础

2016 年 5 月，经合组织发布了《为了包容性世界的全球素养》（*Global Competency for an Inclusive World*）的报告，提出将全球素养纳入 PISA 测试中的设想。[①]2017 年 12 月 12 日，经合组织教育与技能司（Directorate of

---

①　OECD. *Global Competency for an Inclusive World*，2021-12-21，http：//globalcitizen.nctu. edu.tw/wp-content/uploads/2016/12/2.-Global-competency-for-an-inclusive-world.pdf.

Education and Skills）和哈佛大学教育研究生院（Harvard Graduate School of Education）零点项目（Project Zero）联合发布了《PISA 全球素养框架：让我们的青年为一个包容和可持续的世界做好准备》（*PISA Global Competence Framework：Preparing Our Youth for an Inclusive and Sustainable World*），框架对测评全球素养的必要性、维度、内涵以及测评方式等做出了详细说明。[1] 基于该框架，PISA2018 正式在全球范围内开展全球素养测评。

一、经合组织关于全球素养的概念

所谓"素养"，不是一种知识或特定的技能，而是知识、技能、态度和价值观的有机统一。全球素养（Global Competence）[2] 是一项综合的、多维的能力，是一种有关认知、社会情感和公民学习的多层次目标。[3] 全球素养不仅能应用于面对面的交流场景，还有助于提升人们虚拟的全球化体验。全球素养的获得是一个终身学习的过程，人不可能完全掌握全球素养。

与全球素养有关的概念还有跨文化素养、全球公民素养、全球意识等，尽管这些概念的侧重点和内涵均有所不同，但都强调培养学生对世界的理解、对世界的认可以及对世界事务的参与。在已有研究的基础上，PISA2018 提出："全球素养是能分析当地、全球和跨文化议题，理解和欣赏他人视角和世界观，与不同文化背景者进行开放、得体和有效互动，为集体福祉和可持续发展采取相应行动的能力。"[4] 这一定义将全球素养划分为4个维度。

---

[1] OECD. PISA Global Competence Framework：Preparing Our Youth for an Inclusive and Sustainable World，2021-12-21，https：//www.oecd.org/pisa/aboutpisa/global-competency-for-an-inclusive-world.pdf.

[2] 国内也有学者译为"全球胜任力"或"全球能力"。

[3] Veronica Boix Mansilla，"How to Be a Global Thinker"，*Educational Leadership*，Vol.74，No.4（2016），pp.10-16.

[4] OECD. PISA 2018 Assessment and Analytical Framework，2021-12-21，https：//doi.org/10.1787/b25efab8-en.

（一）分析具有当地、全球和跨文化影响的重要议题和形势

这一维度指的是具备全球素养的个体能够根据学校所学的知识和掌握的思维模式，运用高阶思维能力对当地、全球和跨文化的议题和趋势做出自己的判断。为此，个体不仅需要具备丰富的学科知识、掌握高阶的思维技能，还必须具备一定的数字素养，必须能够从多种媒介获取信息，运用各种方式分析信息并据此开展批判性思考。

（二）理解和欣赏其他个体的视角和世界观

这一维度强调具备全球素养的个体应能够超越自身的视角思考全球事务、他人的行为和观点。随着与其他文化背景者的不断交流，个体逐渐意识到自身观点受多种因素影响，并且个体间存在明显差异。理解和欣赏其他个体的视角和世界观的前提是个体对他人的身份、观念、情感抱有浓厚的兴趣。在此前提下，个体才能理解他人的观点，在遭遇观念分歧时能有效解释差异并发现与他人的共通点。理解和欣赏其他个体的世界观同时意味着个体对自身文化背景具有较强的认同感，同时能够意识到文化上和观念上的差异并接受它。

（三）与不同背景的个体进行有效沟通

具备全球素养的个体知晓其他文化的规范、互动方式，并能够根据不同的场景灵活调整自身的沟通方式。这一维度强调个体应尊重、接受、包容其他文化群体，超越文化差异，并能够以开放、得体和有效的方式开展跨文化互动。所谓开放，指的是所有个体均对他人的观点抱有强烈的兴趣并有强烈的意愿开展跨文化互动；得体尤指在尊重不同文化规范的基础上开展互动；有效指的是个体与其他文化背景者的跨文化互动能帮助双方增进了解、消除矛盾、达成共识。

（四）为增进集体福祉和可持续发展采取积极的行动

这一维度强调青少年作为全球化世界的成员，能够积极、负责任地对当地乃至全球事务产生影响。不管是在现实世界还是在虚拟世界，具备全球素养的个体应能够创造机会，采取积极、理性的行为让他人听到自己的声音。具备全球素养的个体不仅致力于改善自身社区的生活条件，还关注全球

和跨文化事务，致力于采取积极行动推动建设公平、和平、包容和可持续的世界。

二、经合组织全球素养的内涵

具备全球素养的人能够分析当地、全球和跨文化议题，能够理解和欣赏不同文化视角与世界观，能够在尊重他人的基础上与他人开展有效互动，能为可持续发展和集体的福祉采取负责任的行动。为了方便政府决策者开展监管、帮助决策制定者和学校领导者搭建有效的课程资源和内容体系，PISA 在已有概念的基础上对全球素养的内涵进行了扩充，认为全球素养 4 个维度密不可分，并为知识、技能、态度和价值观 4 个要素所支撑。[①]

（一）有关世界和其他文化的知识

全球素养的知识要素不仅包括当地文化、世界范围内的其他文化的知识，还包括文化共性、文化差异和文化联系的相关知识。这些知识帮助个体了解自身文化的同时理解其他文化，避免文化刻板印象，消除对世界的狭隘观念。教授全球素养的知识应至少包括以下 4 个领域的知识：文化和跨文化联系；经济发展和相互依赖；可持续发展；国际组织、冲突和人权。

1. 文化和跨文化联系的知识涉及语言、艺术、知识、传统和规范等多种表现。掌握该领域相关知识的个体不仅能够对自身文化产生认同感，还能够理解不同文化间的差异，意识到个体文化背景的差异性，避免对某一群体标签化。通过反思自身及其同伴的文化认同，分析自身所在社区对其他文化背景者的刻板印象和偏见，了解文化冲突和文化融合的案例等方式均有助于学生获得该领域的知识。

2. 经济发展和依赖相关的知识要求个体了解不同地区的发展模式，关注社会和经济之间的联系和依赖关系。学生可以在不同程度上分析跨国公司、人口迁移等议题，并在此基础上理解不同国家发展模式的差异及其对世

---

① OECD. PISA 2018 Assessment and Analytical Framework，2021-12-21，https：//doi.org/10.1787/b25efab8-en.

界上的其他国家、其他国家的个体造成的影响。

3. 可持续发展的知识要求学生了解自然资源的相关知识以及人类如何利用自然资源开展活动的相关政策和制度。

4. 国际组织、冲突和人权的知识要求学生了解著名的正式和非正式国际组织，并知晓它们在促进人们互信、推动达成共识过程中发挥的作用。通过学习，学生知道联合国等国际组织是如何成立的，知道这些组织在全球治理中发挥的作用和争议。此外，学生还应能够思考贫穷、冲突、战争、歧视等的成因及解决该问题的可能途径，形成爱好和平、追求公正、尊重他人、包容多样的价值观。

（二）理解和采取相应行动的技能

具备全球素养的个体应能够快速准确地获取和分析信息，能够在不同文化背景进行有效沟通，能够换位思考、快速适应并有效化解矛盾。快速准确获取和分析信息指的是个体能够根据自己的目的和需要有选择性地选择合适的信息来源，通过合理的方式对媒体信息进行有效整理和分析，并结合自身所学知识和经验进行批判性思考。与不同文化背景者开展有效沟通指的是在面对其他文化背景者时，个体能够尊重他人的观点，正视文化差异，并在尊重差异的基础上自信地、完整地表达自己的观点。换位思考要求个体能够设身处地地思考对方的观点和产生该观点的原因，理解双方观念上的差异和共性。快速适应要求个体能够在不断变化的文化背景中及时调整自身的观念和行为，与新环境的个体建立良好关系。化解矛盾并非否定矛盾，而是要求个体正确认识矛盾，在互相尊重的基础上分析矛盾的成因并形成化解矛盾的方案。

（三）开放、尊重的态度和全球意识

具备全球素养的个体应该怀着开放的态度对待其他文化背景者，对双方的文化差异持尊重态度，并且具备全球意识。对其他文化背景者的开放态度指的是对其他文化的敏感度、好奇心和了解接触的意愿。具备开放态度的个体有意愿接触其他文化背景并能在接触过程中克服自身文化偏见。尊重的态度要求个体在平等的基础上认可不同文化、背景差异存在的合理性，尊重不同文化背景者作为人类个体所共有的权利和自由。全球意识要求个体不仅关注自身所处社区的事务，还应关注可能对全人类造成重要影响的全球性事务，如环保、战争、和平、发展等。

（四）尊重差异的价值观

价值观是比态度更为普遍更为基础、更为抽象的观念，是个体行为、思考过程中有意识或无意识使用的标准，对个体的行为、态度起到规范和限定作用。具备全球素养的个体不仅对文化多样性持积极的态度、尊重他人的尊严和基本权利，还将追求人类的基本权利、追求文化多样性作为自身追求的目标。在大多数情况下尊重人类的基本权利和追求文化多样性相一致，当二者在现实上存在冲突时，具备全球素养的个体认为个体的基本权利比尊重文化多样性更加重要。

第二节　经合组织全球素养的实践路径

全球化背景下，各国之间的经贸、政治、文化联系更加密切，但同时全球化问题所造成的影响也越来越广泛。为应对未来的可能挑战，培养具有全球视野、能够采取负责任的行动的青少年显得尤为重要。全球素养不仅能教，而且可教，教师、学校和教育系统在发展学生全球素养的过程中发挥着不可忽视的作用。为此，OECD 分别从教师、学校和教育系统三个层面提供了行动建议。

一、教师层面的行动

培养学生的全球素养既可以通过独立开设全球素养课程（如开设有关贫困、全球化、跨文化沟通、全球气候变化有关的课程）来实现，也可以通过在传统课程体系中融入全球和跨文化视角来实现（如在语文、社会科学、历史等课程中融入全球化和跨文化议题等）。无论融入什么学科，也不管采用何种教学方法培养全球素养，有一点是毋庸置疑的，即全球素养的培养必须要促进学生的参与、培养互动的课堂文化。只有在这种文化下，学生才能就关心的全球话题进行多角度的思考和讨论，才能自由地表达个人的观点。

（一）在已有课程中融入全球素养有关的内容，培养参与、互动的课堂文化

在已有课程体系和内容中融入全球和跨文化视角有助于学生深入地了解世界，取得更好的成绩。具备全球素养的学生能够明确地进行书面和口头表达，他们精通数学、科学，了解当地和世界的历史、文化，具备广阔的视野和开放的态度。当然，对于他们来说，学科知识和技能只是帮助他们了解世界、阐释现象、解决问题、探索真理、改变世界的手段。

教师在考虑将全球视角融入课程时，应该厘清以下几个问题：1.为了帮助学生应对日益复杂的全球化环境，什么样的议题和技能最为重要？ 2.学生通过一个单元、一个项目、一次参观、一门课程能学到什么，取得什么样的进步？ 3.通过何种方式才能使学生掌握预期的知识和技能？ 4.如何评价学生的进步？[①] 对于第一个问题，教师首先应该考虑的是兼具当地和全球意义的重要议题。这些议题不仅需要学生灵活使用多门学科知识和多项技能，能够促进学生的深度参与。第二个问题要求教师重点关注全球素养的内涵，通过整合开放、共享的多学科知识，从提升学生分析世界、认可不同观点、有效沟通和采取行动四个方面具体展开。第三个问题要求教师在开展全球素养教学设计时应创设基于多学科基础的学习情境，厘清教学环节之间的关系，充分挖掘学生感兴趣的、兼具当地性和全球性的议题，促进学生认知和社会情感上的深度参与。第四个问题则要求教师在课程实施的始末对全球素养进行多维、多主体、持续、及时的评价。

此外，要培养全球素养，教师不仅应该将全球素养融入课程体系中，还应该在课堂范围内建设平等、尊重、包容、自由的文化氛围。教师应该帮助学生建立相互尊重的规范，并在与学生互动时予以践行。通过让学生回答问题、担任班干部、创设兴趣小组等方式让学生了解到自身对他人的影响。

---

① Asia Society/OECD. Teaching for Global Competence in a Rapidly Changing World，2021-12-21，https://doi.org/10.1787/9789264289024-en.

同时，教师还可以选取身边跨文化或全球化的案例培养学生包容、尊重的态度。

（二）变革教学方法

此外，采用有助于学生参与、主动思考、自由表达的新兴教学方式也有助于培养学生的全球素养。常用的教学方式有：结构化辩论、有组织的讨论、时事学习、游戏式学习、项目式学习、服务式学习。[①] 结构化辩论常用于中、高年级。学生分为正方和反方两组，通过搜集材料、展开论证、形成观点、进行辩论等形式不断增强对全球和跨文化议题的认识，提高批判性思考能力和表达能力。有组织的讨论有助于学生充分表达自己的观点。在讨论过程中，学生必须旁征博引以支撑其观点。同时，学生还应秉持尊重、平等的态度倾听他人的发言、避免偏见。通过讨论，学生们逐渐理解和尊重不同个体的意见，继而塑造自身对于世界、文化多样性、文化差异的态度。时事学习则能够帮助学生了解世界各地的时事以及这些时事与课堂学习的关系。游戏式学习要求参与的学生遵守特定的学习规则，为解决某一任务而开展深入的团队合作。项目式学习适用于各年龄阶段、各种类型的议题，一般由小组的形式展开，要求学生基于真实的项目开展合作学习。为完成项目任务，学生必须在相互尊重的基础上有效沟通、化解矛盾，灵活运用课堂所学知识和社会情感技能解决项目过程中可能遇到的问题。服务式学习是指学生运用课堂所学知识参与服务当地社区的学习活动。在学习活动结束之后，学生有机会反思自己的学习经历，思考履行相应的公民权利和义务对自身理念的影响。服务式学习包括参与志愿活动、发动倡议以及直接向社区群体提供服务等。

二、学校层面的行动

除了教师以外，学校也能够对学生的全球素养产生重要影响。根据国

---

① Asia Society，OECD. Teaching for Global Competence in a Rapidly Changing World，2021-12-21，https：//doi.org/10.1787/9789264289024-en.

际研究学校网络（International Studies School Network）的全球学校设计（Global School Design）框架，全球学校可以从愿景、课程评估、教师专业发展、社区伙伴关系、组织治理五方面培养学生的全球素养。① 学校应将全球素养教学作为学校工作的重点内容，建立长期的愿景和使命，并将这一愿景形成制度，明确培养学生全球素养所必需的知识、技能等要素并就这些要素提供学习机会。在此基础上，明确培养学生全球素养所需的资源以及为完成相应的教学活动教师应具备的能力，并为此安排相应的教师专业发展培训，鼓励教师结合培养目标和计划制定相应的课程、教学方式。

（一）在愿景、文化和使命中突出全球素养理念

愿景、文化和使命是一所学校价值观的体现，也为学校的战略发展指明了方向。将全球素养的发展融入到学校的愿景、文化和使命中去能够让学生、教职员工知道学校发展的优先事项。不管是校园官网、走廊海报、教室墙壁还是集体会议，这些都是向学生、教师传递信息的重要机会。学校应该在全校范围内营造全球素养文化，创造环境让学生不断发展全球素养技能，形成全球思维。此外，学校还可以设定学生毕业时在全球素养方面应达到的要求，将学校全球素养的文化和使命转变为学生的培养目标。如国际研究学校网络要求高中毕业的学生应在以下方面做好准备：1. 通过高中阶段的学习，具备研究、理解多元文化和全球问题及相关知识的经历，能够进行自我管理适应全球化的生活和工作；2. 具备应对全球化挑战所需要的知识，包括数学、科学、世界人文、历史、自然地理、艺术文化等方面的知识；3. 具备在全球化环境下成功的技能，他们精通一门或多门世界语言，具备创意的思维和高超的问题解决能力，能够有效选择可用的信息开展有效得体的互动；4. 能够从多角度思考全球性问题、与其他文化背景者开展合作，理解世界范围内的国家和公民之间的相互联系，并且愿意为建设可持续的、公平的世界采取负责任的行动。学校可以建立类似的毕业标准，指导教师的教学和学生

---

① Asia Society，OECD. Teaching for Global Competence in a Rapidly Changing World，2021-12-21，https://doi.org/10.1787/9789264289024-en.

的学习。

　　（二）开发全球素养课程，开展全球素养教学和评估

　　开发全球素养课程、推动全球素养教学以及有效开展教学评估是提升学生全球素养的主要手段和途径。在全球素养课程开发过程中，教师应关注具有当地意义和全球意义的关键议题，关注课程主题、课程体系之间的相互联系，创设情境鼓励学生运用多学科知识和技能。具体就是：1.从全球视野审思课程内容，认识到在课程内容中融入全球素养模块的可能性。如在地理课堂上，借助数字和图表等让学生直观感受到人口增长的规模和资源利用的情况，还可从历史的角度上展现人类的发展以及与自然的互动。2.选择具有普遍意义的全球性挑战激发学生的兴趣和参与感。如选择发展、公平、权利等与学生较为密切的全球性话题展开全球教学。3.鼓励通过国际合作开展有效教学。通过在线教学技术与世界其他地区的学生建立合作关系，鼓励学生就同一全球性问题展开合作，包括数据共享、远程讨论、虚拟互动等。

　　在具体教学过程中，教师应聚焦特定主题、特定知识和技能，通过丰富学生学习体验提高学生的全球素养。对全球素养的评价应综合形成性评价和终结性评价等方式，鼓励多主体评价以期帮助学生全面认识自身的进步与不足。如亚洲协会开发了基于"学习表现"的毕业档案袋系统（Graduation Portfolio System），包括一系列的绩效指标、评价标准、课程模板、作业示例用以帮助学生通过特定学科或跨学科教学加深对世界的认知，提高认识问题、分析问题和解决问题的能力。该系统不仅可用于评估学生的全球素养表现，如要求学生就某一全球性问题开展调查研究，综合运用本学科和跨学科知识提出可行的解决方案，教师根据评价指标对学生的表现进行评价，学生根据系统的反馈明确自身在全球素养上的优势不足。此外，该系统提供的评分标准、框架和指导原则还能够帮助教师规划课程、开展全球素养教学设计、革新教学方法、改进评估方式进而提高全球素养教学绩效。①

---

① Asia Society. Graduation Performance System，2021-12-21，https：//asiasociety.org/graduation-performance-system.

外语学习是帮助学生从全球视角进行思考和行动的最有效的方式，学校在设计全球素养课程时应尤其重视掌握外语技能的重要性。在制定课程体系时应保证外语课程的学习时长和学习质量，坚持能力导向，将外语课程作为联系其他学科、促进学生参与的重要纽带，重视为学生提供多种形式的与其他文化背景者交流互动的机会。如在外语学习过程中鼓励学生探究所学语言的历史和文化背景，结合自身文化背景进行比较，进而对世界文化多样性产生更加深刻的理解。此外，教师还可以在全球地理或历史课程中融入相应的外语模块，与当地大学合作为学生与其他文化背景者开展交流互动提供机会，进而激发学生的参与感，提高学生对全球语言文化的兴趣。

（三）为教师专业发展提供支持

对于一些教师来说，教授全球素养是一个不小的挑战，尤其是与全球和跨文化有关的议题往往是跨学科的、复杂多变的，并没有标准的答案。为此，学校应该建立专业发展共同体，致力于为教师开展全球素养教学提供培训和发展机会。专业发展活动应该帮助教师了解如何将全球和跨文化议题融入现有课程中去，为教师开展全球素养教学提供丰富的教学资源，鼓励教师开展教学反思，支持教师开展国际交流活动，提升教师的全球视野和国际化能力。

针对全球教师专业发展，亚洲协会发布了题为《让我们的学生为相互联系的世界做好准备》（Going Global：Preparing Our Students for an Interconnected World）的报告。① 报告认为，针对教师全球素养的专业发展活动应该整合有意义的全球内容，结合学生和教师的特点、兴趣和学校愿景通过各种方式将多元文化带入学校，如课程开发合作小组、模拟体验和体验式学习等。除此之外，还应为教师提供丰富的课程资源，并为教师提供独自或合作反思的机会，为教师的国际旅行和访学项目等提供支持。

---

① Asia Society. Going Global：Preparing Our Students for an Interconnected World，2021-12-21，https：//asiasociety.org/files/Going%20Global%20Educator%20Guide.pdf.

（四）为全球学习创造有利的社会环境

一方面，学校应为学生分析和认识世界、理解文化差异和冲突、进行有效沟通以及采取有效行动创造机会和条件。包括尊重学生的兴趣、价值观和观点，重视学生的感受等。学校应为学生充分表达自己创设安全的空间，让学生能有机会与不同文化背景者开展跨文化沟通。

另一方面，全球化背景下，学生家长本身就可能具备多元文化背景，不少家长均具备相当的全球素养，并且乐意与学校合作支持学校的全球素养活动。学校可通过向父母发放问卷的方式收集家长文化背景、使用语言、专业知识等方面的信息，据此形成家庭背景数据库，并根据家长的不同背景扩展全球素养课程的内容和方式。此外，企业、高校、博物馆、文化团体等也是重要的外部资源，均能对学校的全球素养活动起到不同程度的支持作用。通过企业，学校可能获得支持全球素养活动的资金资源以及各种实习机会等。与高校、博物馆、文化团体等的合作也有助于学校开展丰富多样的全球素养活动。

三、教育系统层面的行动

教育系统也可以通过将全球素养纳入毕业要求、为教师提供全球素养专业发展、在基础教育阶段推动世界语言改革、为学生参与全球和跨文化活动提供支持等方式促进学生全球素养的提升。

（一）将全球素养作为毕业要求之一

高质量的教育系统意味着必须为所有文化背景的学生都享受到高质量的教育。不管是来自高收入还是低收入家庭学生，又或者是来自少数族裔家庭的学生均能够通过全球素养教学受益。所有背景、所有能力的学生应能够通过努力获得成功。这种对所有学生的高期望应该被写进教学标准中，并在课程设计和教学实践中加以体现。此外，高质量的教育系统还意味着能够让学生为日益全球化的社会做好准备。为此，教育系统应该将全球素养等知识和高阶技能纳入课程标准中，在教学环节着力培养学生的高阶思维能力，如批判性思维、归纳演绎推理能力以及运用世界语言系统表达的能力等。在课堂层面，应综合采用形成性评价、终结性评价等方式帮助教师改善教学，提高学生学业成就。在美国各地，教师们正尝试在已有科学、数学、英语、艺术、历史等课程中融入全球素养模块。如新泽西州在 2009 年通过的《面向 21 世纪生活和职业的新泽西核心课程标准》（*New Jersey Core Curriculum Content Standards for 21st-Century Life and Careers*）提出将全球素养的内容纳入到课程内容中去。① 为促进教师全球素养发展，新泽西州还启动了一个包含三个阶段的教师发展战略。除此之外，美国其他州还通过创建各种类型的国际学校促进学生全球素养的培养。如北卡罗来纳州建立了包含 17 个学校系统的全球学校网络（North Carolina Global Schools Network），为各地学生提供全球素养课程、开展双语 / 沉浸式教学，并为教师和管理人员提供相应的专业发展机会。② 各学区也可以在州立标准的指导下决定学生的学习内容，结合当地实际情况有选择地将全球素养教育融入所在学区教育体系中去。

（二）提高教师、学校管理者的全球素养能力

只有具备全球素养的教师才能培养具有全球素养的学生。对于教育系统来说，应为教师提供良好的薪资待遇，完善教师招聘、人才培养、教师专业发展等相关政策，吸引高素质的人才加入教师队伍。健全教师资格认证制度，明确教师开展全球素养教学所应具备的知识和能力，将全球素养相关知识和能力整合进培训课程体系，推动教师培训课程、培训方式改革，完善教师全球素养培训考核评价体系，鼓励各学校与各高校教育学院开展培训合作，为教师提供更多进修和学习的机会。密歇根州立大学教育学院与第六条款区域研究中心（Title Ⅵ area studies center）共同开发了面向所有对全球素

① Department of Education, State of New Jersey. New Jersey Core Curriculum Content Standards for 21st-Century Life and Careers, 2021-12-21, https://www.state.nj.us/education/cccs/2009/9.pdf.

② North Carolina State Board of Education . Preparing Students for the World：Final Report of the State Board of Education's Task Force on Global Education, 2021-12-21, https://files.nc.gov/dpi/preparing-students-for-the-world.final-report.pdf.

养教学有兴趣的教师的全球教育者课程（Global Educators Program），课程分为全球素养专业课程、课外实践活动以及跨国和跨文化体验三个模块。①此外，密歇根州立大学还与当地的虚拟高中（Michigan Virtual High School）合作开发了在线的中文课程，大学的对外交流办公室还与密歇根州教育联盟（Education Alliance of Michigan）合作发起了面向全州教师的教育国际化专业发展论坛。②

此外，要使学校形成共同推进全球素养培养的良好氛围还应重视教学骨干、教学精英和学校管理者的作用，鼓励将全球素养作为学校文化和发展战略的关键事项，下放权力，充分发挥一线教师的积极性，将全球素养教学目标融入到课堂教学活动中。

（三）将世界语言课程作为课程体系的重要组成部分

要提升基础教育阶段是世界语言课程的教学能力，教育系统层面必须协调各种活动以确保不断变化的国家安全和经济发展对世界语言能力的需求得到满足。通过建立激励措施鼓励将世界语言课程纳入课程体系，促进教师在线语言学习，鼓励从不同文化背景、不同国家招聘语言教师，为符合条件的教师提供资格认证，为教师提供高质量的教学培训。在教学方法层面，强调学生语言交流能力的培养，鼓励教师采取情境式教学法，重视学生在语言学习过程中的参与，综合采用传统课堂和在线教学等方式为学生提供全方位的语言学习支持。

在 2008 年 9 月召开的州长语言峰会（Governor's Language Summit）上，来自犹他州的商界人士、教育学者、政府人员等共同讨论了在犹他州范围内开展一项新的语言教育项目。峰会提出了犹他州语言发展路线图（Roadmap），成立了州长世界语言和国际教育委员会（Governor's World Language and International Education Council），聘请了以为世界语言方面的

---

① Asia Society. Going Global：Preparing Our Students for an Interconnected World，2021-12-21，https://asiasociety.org/files/Going%20Global%20Educator%20Guide.pdf.

② Asia Society. Going Global：Preparing Our Students for an Interconnected World，2021-12-21，https://asiasociety.org/files/Going%20Global%20Educator%20Guide.pdf.

专家督导全州范围内的世界语言课程，包括 96 所开设汉语的中学、12 所开设阿拉伯语的中学以及 50 个双语沉浸式教学项目。① 早在 1999 年，芝加哥学区就在其语言和文化教育办公室内设置了专门致力于研究亚洲语言文化的职位，并在芝加哥市的三所学校开设了中国语言文化项目，由家长、教师、行政管理人员和社区成员代表组成的委员会审批课程的内容、人员组成以及课程预算。该计划的推广在芝加哥地区范围内掀起了汉语学习的热潮，到 2010 年，芝加哥地区共有 44 所学校开设了汉语课程。②

（四）为学生和教师参与全球素养活动提供机会

教育主管部门应积极作为，支持信息部门和对外机构与其他国家和地区的学校、政府部门开展有效沟通，建立合作机制，帮助教师通过课堂参与国际合作，增加学生参加国际课程和世界语言学习项目的机会。支持当地学校与世界其他地区的学校和组织建立联系和合作伙伴关系，为学生跨文化沟通提供机会。一方面，一些致力于开展国际合作、增进学生全球理解的国际非政府组织如国际教育资源网（iEARN）、和平便士（Pennies for Peace）、全球儿童（Global Kids）、世界理解（World Savvy）、带它全球化（TakingITGlobal）等在跨文化教育、全球理解教育等方面发挥着不可忽视的作用。教育主管部门应为学校与这类国际组织就全球素养教育在课程、活动与教学资源等方面开展合作提供便利。

另一方面，当地的、全国的企业和文化机构在参与全球素养实践过程中也扮演着重要角色。前文所提到的芝加哥学区汉语项目就是在与中国上海的密切合作过程中推出的，项目不仅为该学区的汉语课堂提供教学、资源方面的支持，还为双方语言教师赴对方国家访学交流提供了机会。北卡罗

---

① Utah State Office of Education. Utah Language Roadmap for the 21st Century，2021-12-21，https：//www.thelanguageflagship.org/sites/default/files/Utah%20State%20Language%20Roadmap%20%282009%29.pdf.

② Veronica Boix Mansilla，Anthony Jackson. *Educating for Global Competence*：*Preparing Our Youth to Engage the World*，2021-12-21，http：//asiasociety.org/files/book-globalcompetence.pdf.

来纳州立大学留学办公室与北卡州国际理解中心合作开展了文化记者计划（Cultural Correspondents），采用最新的信息技术，将留学生与北卡州的课堂相联系。由出国留学生和课堂教师根据课程标准共同确定演讲主题和内容，再由出国留学生通过在线的方式结合自身所见所闻每月开展 15—30 分钟的演讲或文化课程。这种形式的课程有助于基础教育阶段的学生增进对其他国家和文化的理解，提高学生了解和学习其他国家文化的兴趣。[①]

第三节　经合组织全球素养的评价方式

PISA2018 采用聚焦于"全球理解"的认知测试和背景问卷两种方式测评的全球素养。"全球理解"认知测试主要关注全球素养所应具备的背景知识和认知技能，背景问卷则通过一系列自我报告题目，收集学生关于全球议题和跨文化知识、认知和交往技能以及开放态度等信息。此外，PISA2018 还向校长和教师发放背景问卷了解学校和课堂实施全球素养活动的有关信息。

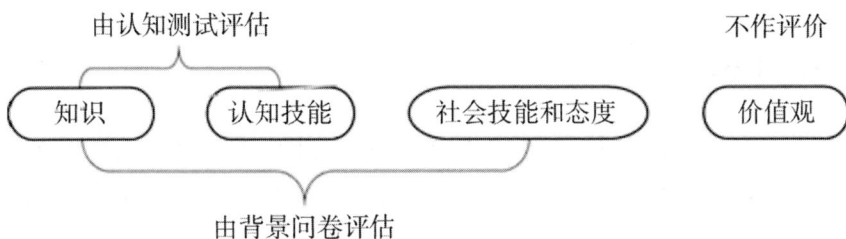

图 5–1　PISA2018 全球素养四维度评价方式

资料来源：OECD. PISA 2018 Assessment and Analytical Framework，2021-12-21，https：//doi.org/10.1787/b25efab8-en.

PISA2018 认知测试要求学生完成多个测试单元，以据此较为完整地衡量学生的全球素养。每一个测试单元均包含一个场景或典型个案及其对应的测评任务，各测试单元之间相互独立，旨在衡量学生理解复杂个案的情况以

[①]　Go Global NC. Cultural Correspondents，2021-12-21，https：//goglobalnc.org/k-12-initiatives/.

及理解不同背景者视角的能力。每个场景均设置在不同的情境中，学生需要在阅读个案材料之后运用背景知识和认知能力分析情境并提出解决方案。

"全球理解"认知测试衡量了全球素养的全部4个维度。如要求学生批判性地分析各种信息能够衡量学生"分析具有当地、全球和跨文化意义的重要议题"这一维度的能力。通过评估学生对自己与其他文化的偏见、考查不同观念产生的文化背景和政治背景等、探讨不同文化之间的共性等能够评估学生"理解和欣赏他人视角和世界观"这一维度的能力。通过设置项目考查学生能够理解跨文化交流背景并开展基于尊重的对话能够评估学生"进行开放、得体、有效的跨文化互动"能力。通过考查学生参与解决全球问题的意愿以及衡量这些行为的可能结果能够评估学生"为集体福祉和可持续发展采取行动"的能力。

此外，针对学生的背景问卷还有助于了解学生在日常生活中如何运用全球素养以及其对跨文化活动、全球议题的知识、态度和技能。由于价值观设计个体深层次的想法和观念，在实践中不易操作，故PISA2018不包含对个体价值观的评价。

一、"全球理解"认知测试

在日益全球化的今天，学生不用主动搜寻也能广泛接触到有关全球议题的信息、获得跨文化体验。但是被动地暴露在全球议题和跨文化知识不一定能够促成对全球议题、不同文化的理解。在某种情境下，对世界根深蒂固的想法远比对全球化知识的匮乏更容易产生对全球议题的误解。因此，提升对全球议题的理解不仅需要广泛的知识，还要求学生综合运用全球化知识和认知技能。

(一) 有助于全球理解的认知过程

基于分析和测评的目的，PISA2018界定了4个相互关联的认知过程，具备全球素养的学生不仅需要掌握全球化有关的知识，还应学会如何利用这些认知过程加深对全球议题的理解。这4个认知过程包括：1.能够利用证据，厘清证据之间的相互联系，明确信息的倾向和疏漏，梳理自相矛盾的论点，

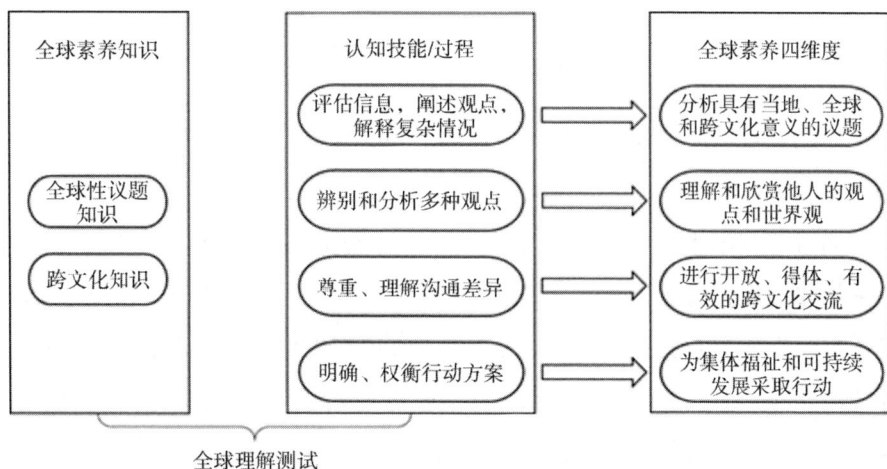

图 5–2　全球理解认知测试与全球素养四维度的对应关系

资料来源：OECD. PISA 2018 Assessment and Analytical Framework，2021-12-21，https：//doi. org/10.1787/b25efab8-en.

据此评估信息，阐述主要论点，解释复杂情况。2.能够明确自身和他人的视角和观点，建立二者之间的相互联系，据此确认和分析多种视角和世界观。3.能够尊重不同的文化规范，并根据不同文化背景灵活调整沟通方式，理解沟通差异。4.能够明确不同的行动方案并从长短期的角度衡量不同方案的优劣，据此评估不同行为方案的可能结果。①

　　具备全球素养的学生应能够运用不同的认知过程完成认知测评中的各种任务。第一个认知过程要求学生能够从多种渠道获取全球和跨文化议题的信息，衡量判断各种信息的可靠性，在对信息进行整合的基础上综合运用自身背景知识、认知技能对全球和跨文化议题的成因、趋势等开展批判性思考。第二个认知过程要求学生认识到个体的想法总是不可避免地受自身文化和视角的限制，在对同一问题的认识上，不同文化背景的个体可能因信息获取渠道和立场等的不同而存在差异。学生应能够阐释文化背景和视角等是如何影响人际交往以及如何影响个体对同一事件或话题的不同解读。第三个认

① OECD. PISA 2018 Assessment and Analytical Framework，2021-12-21，https：//doi. org/10.1787/b25efab8-en.

知过程要求学生能够识别不同文化背景者在交流过程中的分歧和共识，尊重差异，了解差异，并能找到有效的方法化解冲突。第四个认知过程要求学生能够根据自身掌握的各种信息综合评估不同的行动方案，衡量不同行动方案的直接和间接影响。

通过考查学生完成不同类型认知任务的程度，PISA 可以测量学生将这四种认知过程应用于全球和跨文化议题的熟练程度。尽管这四种认知过程均是衡量学生全球素养技能的重要指标，但 PISA2018 认知测评中对各认知过程的涉及并不均衡。创设有效衡量学生理解文化规范和沟通差异的项目较为复杂，需要较长的开发和验证时间。因此，在 PISA2018 中，对这一认知过程的测试较其他认知过程较少。四种认知过程在初、中、高级水平上的区分见表 5–1。

表 5–1   PISA2018 全球理解认知测试中四种认知过程的不同水平

认知过程	子领域	初级水平	中级水平	高级水平
评估信息，阐述论点，解释复杂情况或议题	选择信息来源（确定范围）	学生偏好使用自身文化背景的信息来源，不具备是搜寻、选择和区分信息来源的策略	学生搜寻并选择自身背景之外的其他信息来源，同时能够搜索和选择多种信息来源（如报纸、报告、书籍等），但除了能通过不同渠道选择信息来源外，不具备合理使用信息的策略	学生能够有条理地搜寻各种信息，对议题所需信息的来源和范围较为了解。能够根据议题的不同选择不同性质和来源的信息
	权衡信息来源（判断可靠性和相关性）	学生对信息的理解仅限于表面，不能辨别信息的背景因素和类别，不能发现信息中的矛盾之处，也无法判断信息与当前话题是否相关	学生能够判断信息与当前话题的一致性，能够考虑到观点的背景因素，并据此评判信息的可靠性。能够发现信息明显的偏见和矛盾之处，但对这种偏见的判断仅限于"有"或"无"	学生不仅关注信息的背景信息以评判信息的可靠性和相关性，还清楚不同信息的不同作用，能够区分信息来源和说法的意图（如陈述事实、表达观点、宣传等），并能在此基础上对信息的假设、论证过程等的合理性进行判断

续表

认知过程	子领域	初级水平	中级水平	高级水平
	利用心理（利用证据进行推理）	学生认为利用信息只是通过简单的复制粘贴就能形成自己的观点	学生懂得从多方渠道获取信息的重要性，但在利用搜集的信息确定新论点时常常局限于套用信息	学生认识到信息和证据的暂时性，认识到相似的信息也可能得出不用的结论。学生能独立思考信息的正反观点，并有效处理信息的自相矛盾之处
	描述和解释复杂情况和话题	学生能够对信息做简单的归纳，但是仅限于观点的罗列，内容缺乏条理性。学生不能对信息进行有效的分类	学生能够简单地组织内容，通过将信息与特定的议题（如文化差异、身份认同、人口迁移等）相结合，大致描述所提及的话题和形势	学生能够将信息与特定议题相结合，准确描述当前话题和形势。能够将任务提供的信息与自身掌握的信息相联系，据此形成、表达自身的合理观点
明确和分析多种视角和世界观	识别视角和世界观	·学生认为每个个体都只有一种视角，对视角的认识过于简单。不能解释不同视角产生的原因，或者认为背景是无关紧要的，或者认为背景起着决定性作用 ·学生认为个体的文化视角、宗教视角、语言视角是个体身份和世界观的标志，认为这种标志是固定的、不可改变的、具有明显的界限和区分。认为个体的身份从属于一个特定的范畴（如国籍或宗教等），认为自身对于世界的认识与他人对世界的认识是一致的	学生能够认识到不同参与者的不同观点和视角。开始意识到视角或世界观的差异根源在于文化、宗教、社会经济以及其他社会背景的差异，意识到自身世界观的独特性。但是学生并不能厘清不同视角和观点间的相互联系，对视角和世界观差异的认识较为粗浅	学生能够描述和解读其他视角和世界观，明白视角植根于文化、宗教、社会经济以及其他背景，并且个体的地理和文化背景对其世界观也有重要影响。此外，学生还明白个体身份的复杂性，能够厘清视角之间的相互联系，并将视角放于更加的宏观的体系中思考（如看到两人因文化偏见而争吵联想到社会背景下的紧张局势）。学生认为自身的视角也存在局限性，知道自身视角受其背景、经历等的影响，别人看待自己的方式与自己看待他人的方式存在差异

认知过程	子领域	初级水平	中级水平	高级水平
明确相互联系		除了借助物理上的标志和显著的文化标志之外，学生意识不到与他人之间的相互联系。意识不到自身行动对他人可能造成的影响，认为不同文化、不同文化背景者遥不可及，对其他文化背景者抱有刻板印象和偏见	学生意识到不同文化背景者共同拥有人类的基本权利（如食物、住房、工作、教育和幸福等）。学生理解这些权利的意义以及如何实现这些权利的方式	·学生充分意识到共同人权和需求的重要性，能够批判性地反思个人、文化或背景差异，理解个人和社会在主张享有多样性和福祉过程中可能遇到的障碍（如发展不平衡、不平等的权利义务关系、暴力、冲突等） ·此外，学生认识到只要不妨碍他人的核心人权，普遍人权使得不同文化背景的个体均能追求自己的美好生活，并给国家、地区和文化多样性留下发挥空间
理解沟通差异	了解沟通背景并进行基于尊重的对话	学生不了解如何根据听众背景的不同选择有效得体的沟通方式。对特定文化背景下与特定文化背景的听众进行有效沟通应该遵守的规范、互动方式等不够熟悉。如不能够观察、积极倾听并解读体态语、语气、措辞、身体互动、着装、沉默等互动线索。在沟通遭遇阻碍时缺乏解决问题避免沟通中断的技能	学生了解自己的沟通方式并尝试根据不同的文化背景调适自己的沟通方式。能够在特定社会和文化背景下确认具体的互动方式、期望和正式程度等，但仍不能适时地调整自己的言语和交流方式。沟通遇到障碍时会通过重复、确认等方式为恢复沟通做出努力	学生了解自己的沟通方式，意识到有效的沟通必然是适应特定的观众、背景和目的。在特定社会文化背景下，学生会适度调整自己的言谈、规范、互动方式和正式程度，能够积极倾听、观察入微、把握促进自己沟通方式的社会和文化线索。能够将掌握的各种信息化整为零，以自己的逻辑加以整理。善于应用各种交流手段，如避免武断、共情、分享疑惑、肯定他人等方式推动与其他文化背景者的有效沟通
评估行动和结果	考虑行动	学生认为该种行动方案无可挑剔。如解决工业污染问题时，认为应"关闭所有污染工厂"	学生认识到，为解决某个现实问题、增进个人和集体福祉可以采取多种行动方案。尽管可能尚不能得出最佳方案仍然知道未来的讨论方向	学生能够明确和评估不同行动方案，并能灵活运用自身所学知识和认知技能权衡各项行动方案的利弊，做出合理的判断

续表

认知过程	子领域	初级水平	中级水平	高级水平
评估行动的可能结果和影响		学生知晓简单行动可能造成的直接影响，但未考虑其他行动方案及其影响，为考虑预料之外的结果	学生能够了解特定立场的方案及其可能造成的直接影响，并且能够将这一方案的可能影响与其他可替代方案相比较	学生能够考虑到各种可能的行动方案及其可能带来的直接和间接结果。除了考查各种行动方案的短期结果外，还能够从长远的角度来对各种方案进行评估。对各种方案可能的非预期结果也有考虑

资料来源：OECD. PISA 2018 Assessment and Analytical Framework，2021-12-21，https：//doi. org/10.1787/b25efab8-en.

（二）测试单元的内容

全球理解认知测试的典型测试单元往往基于某一场景或某一情境。该场景主要关注具体的某一项全球或跨文化议题，该议题可能存在多种视角。场景能够充分激发学生的思维，在测评中能为教师、政策制定者提供更加有用的证据。

PISA2018认为尽管全球和跨文化议题不断变化，但仍然存在任何文化背景的个体都应该了解的"宏大议题"。据此，PISA2018确定了4个内容域和11个子内容域，所有场景都可以归为其中某一领域，适用于所有学生。

表5-2　PISA2018场景内容域及内容子域

内容域1：文化与跨文化联系
子内容域1.1：多元文化社会的身份认同
子内容域1.2：文化交流
子内容域1.3：跨文化交流
子内容域1.4：换位思考、刻板印象、歧视和偏见
内容域2：社会经济发展和相互依赖
子内容域2.1：经济交流和相互依赖
子内容域2.2：人力资本、发展、不平等

续表

内容域3：环境的可持续发展
子内容域3.1：自然资源和环境危机
子内容域3.2：可持续发展的政策、措施和行动
内容域4：机构、冲突和人权
子内容域4.1：冲突和犯罪的防范
子内容域4.2：共同人权和当地传统
子内容域4.3：政治参与和全球联系

资料来源：OECD. PISA 2018 Assessment and Analytical Framework，2021-12-21，https：//doi. org/10.1787/b25efab8-en.

在"文化和跨文化联系"内容域上，PISA2018关注文化多样性的多种表现，如在语言、艺术形式、知识、传统和文化规范等方面的多样性。通过学习这一领域的知识有助于青少年认识到个体的视角受文化背景因素的影响，更好地理解文化差异并积极维护这种差异。这一领域的知识关注：1.青少年的文化认同如何受到当地社区、所处文化背景的影响、各种身份认同的形成原因以及造成身份冲突的原因；2.如何保护世界范围内的文化以及如何认识主流文化和非主流文化的关系，场景内容涉及不同类型文化的主要文化表现；3.学生的跨文化沟通能力，包括跨文化沟通障碍的原因、跨文化沟通中的相互尊重与适应等；4.学生对社会和文化的理解能力、换位思考能力以及对文化偏见、刻板印象等的应对能力等。①

在"社会经济发展与相互联系"内容域中，PISA2018关注当地、全球之间的经济联系，并探讨这种联系对世界范围内各文化群体的影响。这一领域的知识关注：1.各经济体系之间的相互联系和依赖，如跨国生产、国际分工、资本流动、金融危机等；2.经济一体化及其与社会发展的联系，如经济

---

① OECD. PISA 2018 Assessment and Analytical Framework，2021-12-21，https：//doi. org/10.1787/b25efab8-en.

一体化与发展不平衡、收入差距、教育流动、国际人才迁移等。[1]

在"环境可持续发展"内容域中，PISA2018 关注自然资源需求与使用之间的复杂关系，要求学生了解消耗自然资源的主要因素以及如何在追求社会经济发展的同时尽可能地减少对地球环境的破坏。这一领域的知识关注：1.学生应了解地球面临的主要环境危机以及自然界中各生态系统之间的相互联系，如气候变化、空气污染、海洋污染、土地沙漠化、人口增长、过度捕捞等与 15 岁青少年认知最贴切的话题；2.政府和个人为改善环境，推进环境保护而做的努力，如提高环保标准、改进生产技术、与其他国家相互协商共同治理等。[2]

在"机构、冲突和人权"内容域中，PISA2018 关注各种正式和非正式机构在维护人权、追求和平过程中发挥的作用。要求学生了解联合国等国际组织是如何形成的，反思在权力关系高度不对称的当今世界，主体国家和国际组织参与全球治理的争议。具体来说，这一领域的内容主要关注：1.帮助学生了解特定暴力冲突的起因、思考非暴力抗议等形式在社会和政治变革中所发挥的作用；2.让学生反思部分地区人权未得到保障的原因，引导学生思考人类基本权利的普遍性和重要性，重视对自身人权的保护并了解如何化解权利冲突；3.帮助学生思考如何在当地和全球背景下发表意见、采取行动以提高当地社区和全球范围内人们的生活质量。[3]

在具体内容的设计上，为在较短的时间内尽可能多地测量学生的认知能力，PISA2018 测试侧重于开发适用于多个内容域的场景。测试单元选取 15 岁学生所熟知的材料以避免因知识储备的不足而影响作答。此外，在具体的题项设计中尽量避免使用敏感话题（如少数族裔暴力事件的个案等可能

---

[1]　OECD. PISA 2018 Assessment and Analytical Framework，2021-12-21，https：//doi.org/10.1787/b25efab8-en.

[2]　OECD. PISA 2018 Assessment and Analytical Framework，2021-12-21，https：//doi.org/10.1787/b25efab8-en.

[3]　OECD. PISA 2018 Assessment and Analytical Framework，2021-12-21，https：//doi.org/10.1787/b25efab8-en.

引起少数族裔的不适）或敏感场景可能带来的风险。此外，为减轻学生的阅读负担，提高学生的任务参与度，PISA2018综合采用文本、漫画、照片等多种媒体形式设计场景。

　　每个测试单元的内容各不相同，背景也大相径庭。测试场景既可能涉及与学生个体有关的家庭、同伴背景，也可能涉及当地社区、社交网络、所在城市或国家背景，还可能通过虚拟网络涉及全球背景。例如，在多元文化课堂里的学生互动这一个体背景下，多元文化课堂既可能涉及国家或地区之间的背景差异，也可能涉及性别、宗教、社会经济方面的差异等，据此可以评价学生的第二和第三认知过程。测试场景如果包含本地文化背景的冲突历史或积极的文化交流史则有助于评估学生是否理解当地社会融合所面临的可能挑战；如果场景要求学生完成分析全球性话题或与其他文化背景者进行互动，则可据此评估所有内容域和所有认知过程。

　　（三）测试单元的难易程度

　　尽管认知过程具有普遍性，但是要解决全球和跨文化议题要求学生具备一定的全球和跨文化知识。如果学生对某一议题一无所知，他就很难从多种视角出发思考该议题。PISA2018全球素养测试框架将背景内容知识作为认知过程的重要促进要素，学生在完成特定任务时可以对提供的背景内容知识加以利用。

　　学生在阅读测试场景的背景材料、完成相应任务时，其理解能力受限于场景材料的内容和难易程度以及形成全球理解所需的认知技能发展程度。因此，每个测试单元的认知要求取决于学生完成任务所需背景知识的难易程度以及个体的认知技能水平。尽管言语理解能力并非全球素养的组成部分，但场景背景材料以及测试题项所用的语言不可避免地影响着场景的难易程度。对于特定内容域的场景来说，可能要求学生具备特定的前置知识，这也是影响场景难易程度的重要因素。

　　在生活实践中，学生了解全球和跨文化议题的机会并不一样，这种机会的不一样在测评中的表现尤为突出。这一方面是因为仅有少数学校将全球素养教育纳入课程体系，且不同学校之间课程体系的差异甚大。除此之外，

表 5–3　场景涉及的内容及难易程度

难易程度	特定领域的知识（所占比例）	一般性知识（所占比例）
低	测试单元的话题为绝大部分学生所熟悉。学生为理解该话题所需事先具备的相关知识很有限（约40%）	场景所用语言极简单，没有特定文化群体所特有的专业词汇和表达方式（约60%）
中	大多数学生听说过该话题，但未必很熟悉。在校内或校外接触过这一话题的学生往往在测试中表现较好（约40%）	场景所用语言为大多数15岁学生所熟知。所用词汇常用于与非专业人士的沟通。在虚拟对话场景中，不同个体沟通方式差异较小。文本联系密切，内容较为统一（约30%）
高	大多数学生听说过该话题，但由于这一话题的复杂性导致只有小部分学生熟悉该领域的内容。在校内或校外接触过该话题的学生能相对轻松地完成相应任务，预期表现也更好（约20%）	场景所用语言复杂，为正式写作和专业对话所特有的表达，且包含少量特定领域内使用的专业词汇。尽管大多数学生都能读懂材料并理解内容意义，但场景参与者之间仍存在着沟通差异（约10%）

资料来源：OECD. PISA 2018 Assessment and Analytical Framework，2021-12-21，https：//doi.org/10.1787/b25efab8-en.

全球素养的教育不仅仅发生在课堂上，学生对全球和跨文化议题的感知来自于所处的社会文化背景。学生通过与其他文化背景者的互动部分地提高全球素养，形成对世界的认识，并因此受到特定文化群体的影响。

为解决学生在全球和跨文化议题知识上的差异性，PISA2018 全球理解认知问卷采用与知识测验不同的测评方式。首先，认知测试并未直接测评学生对事实性知识的掌握（如要求学生具体说出全球气候变暖的程度）。其次，大部分测试单元均只要求学生具备广泛的、普遍的全球和跨文化议题知识，只有少部分单元要求学生具备部分全球和跨文化议题的高级知识。测评的重点也并非考查学生对背景知识的掌握程度，而是关注学生是否具备运用全球议题的一般性知识进行高级思维以解决当前现实问题的能力。此外，PISA测试还要求学生完成不同内容域的简短测试单元以削弱获取全球议题知识机会的差异性。

（四）场景形式

测试单元的场景应能反映学生在了解全球和跨文化议题、参与跨文化互动时扮演的不同角色。任务的真实性和相关性对于激发学生的测试参与度、提高测评的有效性具有重要影响。学生在 PISA2018 全球理解认知测试中常扮演以下四种角色：研究者、报告者、团队参与者和辩论者。[①]

在第一种场景中，学生常被要求设想自己在参与某一门校内课程，需在学期末提交一份与其他同学合作完成的研究报告。在这一场景中，学生既需要对搜寻的多种类型的消息进行可靠性和相关性评估，还能考查在合作互动过程中学生如何化解冲突、尊重差异，据此评估学生的换位思考能力。在第二种场景中，学生需充当记者等身份，就自己的所见和所闻撰写报道。这类场景的材料常以应用文体如报纸、社交媒体记录等形式出现。通过此类场景可以评估学生对应用信息的理解程度以及学生对社交信息进行筛选，对包含偏见的信息进行识别和适当地推断的能力。这种场景可以衡量学生的所有认知过程，对于评估学生获取、整理和分析信息的能力表现甚佳。第三种场景则旨在考查学生在调和邻里矛盾、化解冲突过程中表现出来的能力。这一类的场景常以对话的形式出现，要求学生考虑到各方的想法和感受，并从社会背景等方面出发探寻造成矛盾和冲突的原因。在此基础上，学生需尽可能考虑到所有相关方的利益点，形成所有可能的解决方案。这类场景的测试有助于考查学生能否明确、解释多方当事人的观点和视角，并据此提出可行的解决方案的能力。最后一种场景要求学生在辩论赛的场景下就某一个全球和跨文化议题展开讨论，从不同视角进行思考。在此类场景中，测评会事先提供背景信息以帮助学生形成论点展开论证。

（五）应答形式及其他事项

不同的应答形式要求学生具备不同的知识和技能水平。与其他国际现行大规模评估一样，PISA 多采用基于情境的开放式应答项目和封闭式问题

---

① OECD. PISA 2018 Assessment and Analytical Framework，2021-12-21，https：//doi.org/10.1787/b25efab8-en.

相结合的方式，根据评价标准里不同表现和水平进行评分。

尽管在全球理解认知测试的制定过程中不断强调图文材料的结合，但事实上现在的测试大多仍基于书面文本。这就导致全球素养表现优异所需的能力与阅读素养所需的能力有所交叉，因为 PISA 阅读素养越来越强调学生对多种文本信息的解读和分析。为此，PISA2018 全球素养框架界定了明显超出阅读素养之外的换位思考和推理能力，旨在考查学生将这一能力应用于全球和跨文化议题的能力。

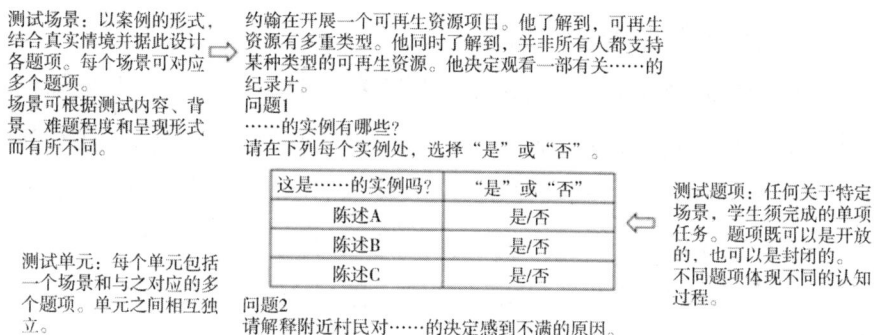

图 5-3　PISA2018 全球理解认知测试单元及其要素示例

资料来源：OECD. PISA 2018 Assessment and Analytical Framework，2021-12-21，https：//doi.org/10,1787/b25efab8-en.

除知识和认知技能外，态度（如对其他文化的好奇心、对全球议题的兴趣、对其他文化的尊重等）对全球理解也有重要的促进作用。然而，PISA2018 并未在全球理解认知测试中对态度进行测评，而是在背景问卷中采用李克特量表等形式考查学生对于某个特定议题的态度。尽管价值观是全球素养的重要组成部分，但在测评中 PISA 避免对学生的价值观、道德观点进行评价，而仅是要求学生对某一议题和形势的陈述进行判断，并在此基础上就这一议题得出结论。

二、学生背景问卷

除了认知评估测试，PISA2018 还通过采用修订已被证实可靠的相关量表，以自我报告的形式测量了学生、校长、教师和家长有关全球素养的信息。在尽可能保留原问卷的完整性等基础上，考虑作答时间、作答方式以及问题敏感性等方面的限制，以尽可能适应 15 岁学生的实际情况。所有背景问卷的题项均经 PISA 参与国（地区）现场试验，基于现场试验的结果对问题进行精简、修订以确保问卷符合总体框架并保持较高的信效度。未来PISA 还考虑扩大测量的范围，寻求能将社会期许、偏见等效应减小的其他测试方法。

（一）自我报告的知识和技能

1. 自我报告全球和跨文化议题知识

学生背景问卷的第一组问题即是询问学生对全球和跨文化议题知识的自我认知，要求学生报告完成一系列与全球议题有关任务的难易程度。如阐释二氧化碳排放与全球气候变化的关系，要求学生报告对各种全球议题如气候变化、全球变暖、全球健康等话题的熟悉程度。具体题项包括"我能解释二氧化碳对全球气候变化的影响""我能解释一国的经济危机如何对其他国家造成影响""我熟悉全球健康问题""我熟悉气候变化和全球变暖问题"等。

2. 自我报告多元文化背景下的沟通能力

学生背景问卷的第二组问题关注学生的言语、沟通和相应的行为技能。拥有这些能力的个体能够与他人进行有效的互动，及时应对沟通中发生的阻碍，并能调解因文化背景差异而造成的冲突和误解。具体题项包括学生自我报告的外语熟练程度、在陌生背景下与其他文化背景者沟通的能力、家长所用语言数量及熟练程度等。具体题项包括"我会在跨文化沟通过程中留意他人的反映""我会认真倾听他人的观点""我会斟酌用词以最恰当的方式表达自己的观点"等。

3. 自我报告适应能力

PISA2018 全球素养学生背景问卷还包括一组涉及适应力的多重选择题，要求学生回答如何应对在与其他文化背景者沟通时产生的障碍。问卷的 6 个项目改编自丹尼斯（John P. Dennis）和范德·瓦尔（Jillon S. Vander Wal）的量表。① 具体题项包括"我能应对各种异常情况""我能轻松适应新环境""我能改变自己的行为以适应新情况的需要"等。

4. 自我报告换位思考能力

与适应力类似，有关换位思考能力的量表也非常丰富。PISA 采用改变自戴维斯（Mark H. Davis）的适应力量表，将换位思考看作是一个单维的概念。② 具体题项包括"我认为每个问题都有两面性，并因此尽量全面看待每个问题""我在做决定之前尽可能地了解每个人的立场""我会设身处地地思考他人的感受"等。

（二）自我报告的态度

1. 自我报告对其他文化背景者的开放态度

PISA 还测量了学生对了解其他文化的兴趣，要求学生自我报告对了解其他国家（地区）、宗教和文化的意愿和态度。具体题项包括"我希望了解不同国家人们的生活方式""我对其他文化的传统感兴趣""我对不同文化背景者的世界观感兴趣"等。

2. 自我报告对其他文化背景者的尊重态度

PISA 还包括一组问题，要求学生报告自身在多大程度上平等对待、尊重其他文化背景者。具体题项包括："我平等看待并尊重其他文化背景者""我尊重不同文化背景者的价值观""我尊重其他文化背景者的观点"等。

3. 自我报告全球意识

PISA 还通过 6 个题项测量了学生自我报告的全球意识，包括世界公民意识、对他人的责任感、相互联系感以及全球自我效能 4 个维度。

除了以上学生自我报告的题项之外，PISA2018 还通过针对学生、教师

---

① John P. Dennis, Jillon S. Vander Wal, "The Cognitive Flexibility Inventory: Instrument Development and Estimates of Reliability and Validity", *Cognitive Therapy and Research*, Vol.34, No.3 (2010), pp.241-253.

② Mark H. Davis, "Measuring Individual Differences in Empathy: Evidence for a Multidimensional Approach", *Journal of Personality and Social Psychology*, Vol.44, No.1 (1983), p.113.

和校长的背景问卷收集了有关学校全球素养课程体系和全球素养教学方法等方面的信息。如在校长和教师背景问卷中，询问学校课程体系是否包含全球气候变化、全球健康、人口迁移、经济联系与依赖等话题以及在正式课程体系中是否涉及全球素养培养的有关内容，如让学生有机会与其他文化背景者沟通、培养学生开放、尊重的跨文化态度等。除此之外，PISA2018 还要求校长报告教师对文化多样性所持的看法以及在学校层面促进全球素养培养的具体措施，如是否有教授多元文化的观念，是否有引导学生通过虚拟网络与其他文化背景者进行沟通等。①

在 PISA2018 教师问卷中，教师也被要求回答自身对不同文化群体所持的态度以及在课堂上教授全球素养相关知识所采取的教学策略。具体问题包括是否接受过相应的教育培训、是否对全球和跨文化议题有所了解、是否有足够的自我效能感在课堂上培养学生的全球素养等。

在 PISA2018 学生问卷中也有询问教师全球素养教学方面的信息。主要包括学校组织的各种跨文化活动的频率、教师对不同文化背景者的尊重态度两方面。具体题项包括"我学习各国经济之间的相互联系""我在课堂上学习如何化解与其他文化背景者的矛盾""他们（教师）对有些文化背景的个体抱有消极评价""教师对某些文化背景者抱有较低的学业期待"等。②

值得注意的是，PISA2018 全球素养测评的出现反映了国家政策制定者认识和了解本地区学生全球素养发展状况的需求。但受大规模国际测试的制约，PISA 全球素养测试只衡量了学生全球素养中的知识、认知技能部分，对于更深层次的社会情感、态度和价值观的衡量则较少涉及。因此，PISA 并不能代替学校、教师对学生全球素养的形成性评估。

---

① OECD. PISA 2018 Assessment and Analytical Framework，2021-12-21，https：//doi. org/10.1787/b25efab8-en.

② OECD. PISA Global Competence Framework：Preparing Our Youth for an Inclusive and Sustainable World，2021-12-21，https://www.oecd.org/pisa/aboutpisa/global-competency-for-an-inclusive-world.pdf.

第六章 联合国教科文组织全球素养教育

信息和通信技术的迅猛发展使全球更加互联互通，为人们之间的交流、合作与团结提供了新的渠道。人们变得更加相互依赖，在思考和行动时需要同时考虑全球和地方，表现为对次区域、区域、国际治理机构以及各行各业系统的参与，包括私营企业、民间社团等，衍生了新的、超越国界的利益相关者。日益增多的跨国移民正不可避免地使社区变得更加多样化或地方化，学习者越来越需要学习如何与来自不同文化和种族背景的人生活在一起。同时，在这个日益错综复杂和相互依存世界中，矛盾和冲突也达到了前所未有的程度，如贫困、气候变化、能源安全以及所有形式的不平等和不公正带来的持续的全球挑战，对可持续发展构成了严重的威胁，这就要求国家与区域之间合作在全球和地方一级采取集体行动面对威胁，实现人类的可持续发展。[①] 作为通过教育、科学及文化来促进各国合作的国际组织，联合国教科文组织（UNESCO）持续关注全球素养教育。联合国教科文组织在成立后一直关注和推进国际理解教育、跨文化教育，但在进入 21 世纪后则在国际理解教育的基础上关注和推进全球公民教育，因此本章主要探讨联合国教科文组织对全球公民教育的理论倡导和实践推进。

---

① UNESCO. Outcome Document of the Technical Consultation on Global Citizenship Education：Global Citizenship Education：An Emerging Perspective，2020-04-26，https：//unesdoc. unesco.org/ark：/48223/pf0000224115？posInSet=1&queryId=e291e5bc-6ac9-4f81-91b8-d0fcdc4a2f58.

第一节　全球公民教育的历史发展

根据不同时期的发展状况及其影响，联合国教科文组织的全球公民教育可分为萌芽期、发展期、成型期。

一、萌芽期（20世纪40—70年代）

两次世界大战给人类社会带来了惨痛的灾难，促使人们对极端狭隘的民族主义进行了深刻反思，人们开始认识到维护基本人权的重要性，认识到通过教育培养人，使人们追求和平的人性，是遏制人类冲突、实现世界持久和平的根本途径。正如联合国教科文组织对其道德使命的描述："战争始于人的思想，因此必须在人的思想中树立起保卫和平的信念。"

1946年，联合国教科文组织第一次大会首次提出国际理解教育。1947年联合国教科文组织于巴黎召开了国际研讨会，确定了国际理解教育的理念。1948年12月10日，联合国大会通过第217A（Ⅱ）号决议并颁布《世界人权宣言》（*The Universal Declaration of Human Rights*）。作为第一个人权问题的国际文件，为国际人权领域的实践奠定了基础，对后来世界人民争取、维护、改善和发展自己的人权产生了深远影响。《世界人权宣言》第26条第2款为"教育应致力于充分发展人的个性，加强对人权和基本自由的尊重。它应促进所有国家、种族或宗教团体之间的谅解、容忍和友谊，并应进一步加强联合国为维护和平所进行的活动"，强调人人有受教育的权利。由此看出作为全球公民教育的基本组成部分的人权问题开始引起人们的重视。只有基本的人权得到了保证，一个人的潜能才有得以充分发展的可能，世界才有可能得以和平发展，可以说《世界人权宣言》为实现人权及人的全面发展提供了保证，这也是全球公民教育的基础。1950年，联合国教科文组织将国际理解教育命名为世界公民教育，这是迈向全球公民教育思潮的重要一步。1962年联合国教科文组织提出"向青年人宣传有关和平，相互尊重和理解思想的方法"，旨在提高年轻人对他国人民、文化的尊重与认识，尊重人权，理解国际合作的必要性。1972 年的《富尔报告》(*Learning to Be*：*The World of Education Today and Tomorrow*) 提出了学习型社会和终身教育的理念，及它所阐释的世界公民教育思想，为全球公民教育的形成奠定了基础。1974 年联合国教科文组织发表了《关于教育促进国际理解、合作与和平以及有关人权和基本自由的教育的建议》(*Recommendation Concerning Education for International Understanding*，*Cooperation and Peace and Education Relating to Human Rights and Fundamental Freedoms*)，进一步明确了国际理解教育的任务，并要求各成员国重视其在各学科中的实施。这些为全球公民教育的广泛实施奠定基础，也为全球公民教育思想发展提供了组织支持。这一时期可以看成是全球公民教育的萌芽期。

二、形成期（20 世纪 80 年代—21 世纪初）

进入 20 世纪 80 年代尤其是 90 年代，柏林墙的倒塌意味着冷战的结束，自此世界两级对峙的地缘政治格局画上句号。全球化趋势的增强、世界经济的一体化，世界各国之间的联系变得更为密切，伴随而来的则是如环境污染、臭氧层的破坏、瘟疫等全球性问题的产生，而全球性问题的解决需要各国的合作。人类出现了一荣俱荣、一损俱损的局面。所有这些全球性问题的解决需要提出全球性的答案：要求各国人民之间、各个国家之间实现谅解，承担义务和相互支援，共同寻找解决全球性问题的新方法。[①] 这使全球公民教育得以产生。

1996 年，由国际 21 世纪教育委员会编写的《学习：内在的财富》(*Learning*：*The Treasure Within*) 又称《德洛尔报告》，它与 1972 年的《富尔报告》被认为是联合国教科文组织具有里程碑意义的重要报告。这一愿景性文件提出了人本主义和整体主义教育观、一个实现教育最终目的的哲学方法，并被看作是关键性的国际参考文献，也被看作是"需要智慧解构

---

① 　陈以藏：《全球公民教育思潮的兴起与发展》，《外国教育研究》2010 年第 3 期。

的后现代主义文献"。① 《学习：内在的财富》提出了建立在两个重要概念上的综合教育构想："终身学习"和学习的四大支柱——学会求知（learning to know）、学会做事（learning to do）、学会共处（learning to live together）、学会做人（learning to be）。② 报告认为形成完整的人格是教育宗旨的重要组成部分③，它具有浓厚的人文主义色彩，工具性和市场导向性较弱。这里的终身学习不仅指时间上的连续，还有空间上的外延，包括生命所历之时，生命所到之处的学习，这是进行全球公民教育的基础。此外，它强调"学习"不是"教育"，这就更注重学习者在教育中的主体性，每个人既是教师也是学生，在教学中是教学相长的。这也是全球公民教育中强调的要以学习者为中心。在终身学习的背景下，报告提出了学习的四大支柱——学会求知、学会做事、学会共处、学会做人。学会求知要求学习者学会学习，不仅注重知识的获取，在这个瞬息万变知识不断更新的社会，我们更需要的是学会求知；学会做事强调的是掌握一种职业技能，目的在于培养创造力，适应性，团队合作能力；学会共处是指人们首先要认识自己、再发现他人，进而为实现共同的目标而努力，体现了对人类生命和尊严的尊重，对文化多样性的包容，关乎世界的和平与可持续发展；学会做人是指教育应该满足人的全面发展，使人得到充分发展自身的潜能，不断地增强个人的自主性、判断力、责任感而成为完人，在自身所处的环境中发挥积极作用。四大支柱为全球公民教育的内容提供了基础。报告中提出的终身学习和学习四大支柱为全球公民教育提供了时空上的保证和内容上的充实，构成了全球公民教育思想的基础。

　　2001 年的"9·11 事件"之后，联合国教科文组织于 11 月 2 日召开第

① 　H. S. Bhola, "Review Essay: A Look Before & After the Delors Commission Report", *Convergence*, Vol.33, No.3 (2000), pp.84-89.

② 　UNESCO. Rethinking Education: Towards a Global Common Good?, 2020-07-15, https://unesdoc.unesco.org/ark:/48223/pf0000232555?posInSet=1&queryId=89dc156f-fe05-4dfc-a992-f1f2742fb4fb.

③ 　Colin N. Power, "Learning: A Means or an End? A Look at Delors Report and Its Implication for Education Renewal", *Prospects*, Vol. XXVII, No. 2 (1997), p.118.

一次部长级会议，通过了《世界文化多样性宣言》(*Universal Declaration on Cultural Diversity*)，宣言分四个主题：一是特性、多样性、多元化。文化的多样性正如生物的多样性一样，我们应对其接受、肯定、包容，从而形成文化多元化的社会；二是文化多样性与人权。尊重人权就要尊重文化多样性，对文化多样性的保障就是尊重人权的保证。文化的多样性应是面向所有人的；三是文化多样性与创作。文化传统和文化间的交流是创作的源泉，要确保文化得到保护和代代相传，文化政策应创造有利于文化物品和文化服务的条件，应成为推动文化创作的积极因素；四是文化多样性与国际团结。文化物品的流通和交换存在失衡现象，所以要利用国际合作，团结增强世界范围的创作和传播力，为相关计划提供便利，促进文化多样性在各方面的实施。

我们对文化多样性保护、尊重、包容、传承，发扬创造，发展一个更加开放、更具有创造力、更加民主和平可持续发展的世界。这成为全球公民教育的基本内容，使全球公民教育的概念得以逐渐清晰。

三、发展期（21 世纪初以来）

2012 年，联合国秘书长发起"教育第一"全球倡议行动，旨在调动国际社会的广泛支持，落实联合国全民教育目标和千年发展目标。该倡议将培养全球公民作为其三大教育重点之一，旨在推动全球公民教育。2013 年 9 月进行的全球公民教育技术协商会议，其主要结论是学习者不仅要具备认知的知识与技能，也要学习价值、态度和沟通技巧作为重要的补充。2013 年 12 月举办了第一届联合国教科文组织全球公民教育论坛，该论坛的总目标是让与会者们分享和交流关于促进全球公民教育创新性的理念和经验，明确在国家、区域和全球层面上开展全球公民教育的措施，通过教育培养全球公民，旨在确保学习者获得所需要的技能以应对 21 世纪全球化挑战。论坛组织了两次全体会议和 14 个分论坛。第一次全体会议探索团结和竞争的原则是如何在教育中共存的、如何支持全球公民教育。当学习者进入全球化的劳动力市场的时候，如何培养国际团结的共识，第二次全体会议讨论如何促进全球公民教育①，并形成了全球公民教育第一份正式报告《全球公民教育——为学习者应对 21 世纪的挑战做准备》（*Global Citizenship Education-Preparing Learners for the Challenges of the 21st Century*）。2015 年 1 月，第二届联合国教科文组织全球公民教育论坛在巴黎举行，论坛集中探讨了教育与和平的关系，目标是解决建设和平与可持续发展社会的关键问题，通过全球公民教育探讨潜在的教育对策，与关键利益相关者一起确定规划的方向，扩大和加强伙伴关系和网络社区。论坛认为全球公民教育应成为一个整体的、变革性的体验，这对于建设和平、可持续的社会至关重要。随后又出版了《全球公民教育：主题与学习目标》（*Global Citizenship Education-Topics and Objectives*）。这是联合国教科文组织关于全球公民教育的第一个教学指南，是与来自世界各地的专家进行广泛研究和协商的结果，旨在对如何将全球公民教育更好地融入各个国家的教育系统提出了建议。

2015 年，全球公民教育被列入可持续发展教育目标 4.7——推动可持续发展和全球公民意识的主题领域之一，目标 4.7 具体为到 2030 年，确保所有进行学习的人都掌握可持续发展所需的知识和技能，做法包括开展可持续发展、可持续生活方式、人权和性别平等方面的教育，弘扬和平和非暴力文化、提升全球公民意识，以及肯定文化多样性和文化对可持续发展的贡献。② 这为国际社会在政策层面关注全球公民教育提供了动力。2017 年，在加拿大召开第三次全球公民教育论坛，特别关注了全球公民教育中对教师和教学的支持，将教师视为教育变革的关键，提出为创新型教学提供平台。2019 年，在河内召开第四次全球公民教育论坛，重点关注可持续发展教育和全球公民教育，届时联合国教科文组织将启动一项关于全球公民教育如何融入不同国家课程的研究，关注全球公民教育如何在认知、社会情感和行为

① 陶媛：《UNESCO 全球公民教育论坛：让学习者为 21 世纪的挑战做准备》，《世界教育信息》2013 年第 24 期。

② UNESCO. Final Report：Second UNESCO Forum on Global Citizenship Education：Building Peaceful and Sustainable Societies，2020-04-14，https：//unesdoc.unesco.org/ark：/48223/pf0000232653？posInSet=1&queryId=049a39ab-642b-4217-88d1-03ed18a45358.

这三个学习维度上得以体现。由此，全球公民教育经历了由宏观愿景到形成教学指南、纳入具体的发展目标及融入课程的阶段，这意味着全球公民教育进入了快速发展期，越来越受到人们的重视。

第二节　全球公民教育的理念基础

在了解联合国教科文组织全球公民教育历史发展的基础上，对全球公民教育的内涵、特征及其可能面临的挑战等进行分析有助于深入理解其内在隐含的理念和价值。

一、全球公民教育的内涵

联合国教科文组织认为，全球公民教育是指使学习者能够在地方、国家和全球范围内参与应对和解决全球挑战并发挥积极作用，最终成为一个更公正、和平、宽容、包容和安全的可持续世界的积极贡献者。它以和平和人权教育为基础，强调需要培养知识、技能、价值观、态度和行为，使个人能够体验到对全球社会的归属感并作出明智的决定。[①]

全球公民教育包含三个维度：认知、社会情感和行为，每一个维度都有在学习过程中最关注的学习领域。全球公民教育的认知维度：了解、理解和批判性的思考有关全球、区域、国家和地方问题，以及不同国家和人口之间的相互联系和相互依存；全球公民教育的社会情感维度：对共同的人性有一种归属感，分享价值观和责任，移情，团结一致，尊重差异和多样性；全球公民教育的行为维度：在地方、国家和全球各级采取有效和负责任的行动，构建一个更加和平和可持续的世界。[②] 全球公民教育的根本宗旨在于维护和

[①] UNESCO. Global Citizenship Education：Preparing Learners for the Challenges of the 21st Century，2020-05-11，https：//unesdoc.unesco.org/ark：/48223/pf0000227729？posInSet=1&queryId=4183cc59-2bec-47b8-a9a5-1b5cd707049d.

[②] UNESCO. Global Citizenship Education：Topics and Learning Objectives，2020-05-12，https：//unesdoc.unesco.org/ark：/48223/pf0000232993？posInSet=1&queryId=8a47d37e-f3ac-4480-a1b7-bb672ea8af05.

增强个人在其他人和自然面前的尊严、能力和福祉。全球公民教育体现了这种以人文主义价值观作为教育的基础和宗旨：尊重生命和人格尊严，权利平等和社会正义，文化和社会多样性，以及为建设我们共同的未来而实现团结和共担责任的意识。①

二、全球公民教育的特征

全球公民教育具有变革性、终身性、全民性、包容性的特征。

（一）变革性

全球公民教育的目标具有变革性。全球公民教育的目标在于培养学习者所需的知识、技能、态度和价值观，使学习者有机会和能力实现他们的权利和义务，从而为一个更加包容、更加公正、更加和平的世界做出贡献。它关注全球性挑战并用行动来解决这些问题，借鉴其他变革教育进程，包括人权教育、和平教育、可持续发展教育和国际理解教育，旨在促进这些领域的共同目标的实现。

教学方法的变革性。变革性教育需要变革性教学法，需要鼓励学习者批判性地分析现实生活中的问题，创造性地、创新性地找出可能的解决方案；它支持学习者批判性地重新审视主流话语中的假设、世界观和权力关系，并系统地考虑被低估或边缘化的人或群体；它尊重差异和多样性；专注于行动中的参与，以带来期望的改变；涉及多个利益相关者，包括社区学习环境之外的利益相关者和更大的社会范围内的利益相关者，教育管理人员和教育工作者需要额外的培训和支持来实施或提供这种教学法。②

---

① UNESCO. Rethinking Education：Towards a Global Common Good？，2020-05-15，https：//unesdoc.unesco.org/ark：/48223/pf0000232555？posInSet=1&queryId=89dc156f-fe05-4dfc-a992-f1f2742fb4fb.

② UNESCO. Outcome Document of the Technical Consultation on Global Citizenship Education：Global Citizenship Education：An Emerging Perspective，2020-05-22，https：//unesdoc.unesco.org/ark：/48223/pf0000224115？posInSet=1&queryId=e291e5bc-6ac9-4f81-91b8-d0fcdc4a2f58.

（二）终身性

全球公民教育以终身学习为基础，应从儿童早期开始，贯穿各级教育直至成年。全球公民教育可以在所有教学场所和学习模式下进行，包括正规、非正规和非正式教育。1972 年的《富尔报告》肯定了终身教育，将其视为包括发展中国家和发达国家在内的所有国家教育政策的基石。[1]1996 年的《德洛尔报告》在终身教育的基础上肯定了终身学习，因此，终身教育、终身学习的理念渗透于全球公民教育之中，是其重要的理论基础。

（三）全民性

全球公民教育不仅要关注到各年龄段、各社会阶层的人，例如强调尽早接触到学习者，从童年发展阶段开始，当然成年人也是实施全球公民教育的主要对象，更要关注为那些脆弱的，甚至是被剥夺权利的边缘化人口。为了确保教师和教育工作者能够提供高质量的全球公民教育，他们也需要得到支持和培训。同时有必要超越传统的合作伙伴，与商业界、宗教行动者、媒体和艺术界建立联盟，让所有的利益相关者参与进来，包括更广泛的社区和人群等。

（四）包容性

全球公民教育具有包容性的特征，即学会和平、有尊严地生活在一起，即学会共处[2]，这是 1996 年的《德洛尔报告》提出的学习的四大支柱之一。全球公民教育是一种提倡不歧视、尊重多样性和人类团结等价值观的教育。全球公民教育的目的是使学习者能够认识和欣赏不同和多重身份，例如文化、语言、宗教、性别和我们共同的人性，并培养生活在一个日益多样化的世界的技能；培养关心他人和关心环境的态度，尊重多样性；培养公平和社

---

① UNESCO. Rethinking Education：Towards a Global Common Good？，2020-07-15，https：//unesdoc.unesco.org/ark：/48223/pf0000232555？posInSet=1&queryId=89dc156f-fe05-4dfc-a992-f1f2742fb4fb.

② UNESCO. Global Citizenship Education and the Rise of Nationalist Perspectives：Reflections and Possible Ways Forward，2020-06-09，https：//unesdoc.unesco.org/ark：/48223/pf0000265414？posInSet =1&queryId=61f1ba9c-4b85-4349-9b45-26b574208158.

会正义的价值观，培养基于性别、社会经济地位、文化、宗教、年龄和其他问题的不平等的批判性分析与技能。①

三、全球公民教育面对的挑战与可能存在的误解

全球公民教育有别于以往的其他类型教育，其面临全球复杂局势，不同文化思想的冲突等。这决定其不可避免地面对挑战，可能存在误解。

（一）全球公民教育面对的挑战

政治、社会、文化或宗教对普遍价值观如人权与和平，多样性和多元化的开放对全球公民教育来说至关重要。如果国家或地方环境不利，如排外的民族主义将会使全球公民教育不可避免地受到限制，甚至存在更为极端的情况，在这种环境中进行全球公民教育是不可能的。全球公民教育的基本精神是学会共同生活，所以全球公民教育要面对的基本问题是：如何促进普遍性（如共同和集体身份、利益、参与、责任）、尊重独特性（如个人权利，自我完善）。由此其面临的主要挑战包括以下方面。

全球团结与个人竞争力的冲突，即全球公民教育是促进全球社会的发展还是针对需要在日益全球化的世界中生存的个人的发展？这个问题反映了同时促进全球团结和个人或国家竞争力的挑战。前者强调了全球公民教育可以为世界做些什么贡献，后者侧重于全球公民教育可以为个体学习者做些什么使他们能够获得21世纪的必要技能。当两者在一个连续体中有机结合时，其紧张与冲突就迎刃而解。全球公民教育的起点可以是提高学习者对自身竞争力，但随后他们必须改变方向，远离自己和当地的现实，引导他们看到自己的现实与他人的现实之间的联系。由于他们认识到各自的相互影响，最终将被考虑相互合作与团结的必要性。当强调相互作用而不是两种利益之间的差距时，紧张就会缓和。②

---

① UNESCO. Global Citizenship Education：Topics and Learning Objectives，2020-06-09，https：//unesdoc.unesco.org/ark：/48223/pf0000232993？posInSet=1&queryId=8a47d37e-f3ac-4480-a1b7-bb672ea8af05.

② UNESCO. The ABCs of Global Citizenship Education，2020-05-09，https：//unesdoc.unesco.org/ark：/48223/pf0000248232？posInSet=1&queryId=71187f41-93cf-428d-8033-29142d639f1e.

协调地方和全球身份与利益的冲突。全球公民教育目的在于促进对多样性的尊重和对人类的团结，这种精神可以在全球范围内实施，也可以在当地实施。教导学生尊重和有尊严地对待当地社区的移民/移徙的儿童是全球公民教育的重要内容，同时教导他们了解其国境之外的文化。全球公民教育的起点就是为学生提供了解诸如不歧视和非暴力等基本价值观的机会、关心和团结整个人类，当地的挑战和行动是全球公民教育需要解决的有效问题。最后是教育在挑战现状中的作用，如果公民（如环保主义者或政治难民）对全球问题表现出积极关注，并且他们的行为被认为是与地方或国家利益相冲突，那么他们就可能会被视为对地方/国家当局的挑战。教育在挑战现状或为激进主义培养技能方面的作用，可能会让那些认为这是对民族国家稳定的威胁的人感到担忧。①

（二）全球公民教育可能存在的误解

全球公民教育提倡全球团结的理想和对共同人性的归属感，同时鼓励学习者在全球和地方层面采取负责任的行动。因为全球公民教育有时被视为一种崇高的理想，它将应对全球挑战和干预措施的需要置于地方愿望、内容和干预措施之上，且全球公民教育与国家公民身份的关系也不明显，所有很多人仍然不清楚如何将地方行动与全球变化相联系，以及全球公民教育如何与当地社区及个人的福祉相关联，这会造成人们对全球公民教育的误解。

一是个人发展与应对社会和政治背景。由于全球公民教育侧重于发展个人的知识、技能、态度和价值观，较少关注于对构成个人享受和行使权利的宏观社会、结构或政治环境的质疑。有些人认为全球公民教育促进了一种净化或去政治化，能够促使年轻人脱离公民生活的变革的愿景。虽然全球公民教育的有效实施取决于它的语境化，但在某些语境中，全球公民教育被认为是一种不能适用于资源贫乏、受冲突影响、偏远和贫困的教育环境的方法。尽管现有证据表明，作为全球公民教育一部分的"和平教育"有助于构

---

① UNESCO. Global Citizenship Education：Preparing Learners for the Challenges of the 21st Century，2020-06-22，https：//unesdoc.unesco.org/ark：/48223/pf0000227729？posInSet=1&queryId=4183cc59-2bec-47b8-a9a5-1b5cd707049d.

建社会凝聚力、提高整体学习质量，但一些人认为全球公民教育是一种奢侈品，与学习者的基本需求脱节。特别是在民族团结和社会凝聚力方面存在着挑战的国家，全球公民教育的不同层面更加难以确定优先次序。

二是有抱负的目标和实施的挑战。联合国教科文组织对全球公民教育的理解强调了发展学习者认知、社会情感和行为技能的重要性，以使他们能够成为负责任和积极参与的公民。当在具体实施时，这一理想似乎令人望而却步。要教授学习者认知、社会情感和行为技能，教师就需要采取新的教学方法，他们可能会因为没有做好充分的准备而感觉不适应。对教师而言，培养负责任的政治参与和处理情绪的技能是一个挑战，因此，全球公民教育有可能只是作为一种新的主题，而不是作为推动整个教育部门的更深远的教育变革的驱动力。①

第三节　全球公民教育的实践路径

全球公民教育可以看成是全球化在教育方面的一种表现。全球化带来了"冲突、分裂、矛盾"的"分"，全球公民教育追求的是基于人权的共同价值观"理解、公平、包容"的"合"，联合国教科文组织全球公民教育的实施包括从宏观规划到具体指导，并与不同国家和组织共同开展相关实践活动。

一、对全球公民教育实施层面的指导

（一）以全球指导性文件开展的宏观指导

将全球公民教育的目标纳入国家课程是落实全球公民教育至关重要的一步。由于人们对于全球公民概念有着不同的理解，课程开发需要国家授权，因此很难制定一个能够得到全球认可的课程框架。对于许多课程开发专家、实践者和教育管理者来说，全球公民教育是一个相对较新的概念，有必

---

① UNESCO. Global Citizenship Education：Preparing Learners for the Challenges of the 21st Century，2020-07-23，https：//unesdoc.unesco.org/ark：/48223/pf0000227729？posInSet=1&queryId=4183cc59-2bec-47b8-a9a5-1b5cd707049d.

要为他们提供一些教学指导。为此，联合国教科文组织于 2015 年制定了一份关于全球公民教育总体教学目标的全球指导文件《全球公民教育主题与学习目标》，旨在为课程开发者、政策制定者、教育者等相关人员提供一种由简单到复杂的螺旋式课程方法的实践指导，这样有利于在学前阶段就能够进行全球公民教育，并随着学习者的成长，能循序渐进引入更复杂、更深层次的全球公民教育。同时，由于各国的教育情况有所差别，所以这份文件只是在较为宏观的层面对全球公民教育进行指导，各国可以根据自身情况自由选择，调整和组织学习目标。文件将全球公民教育划定为认知、社会情感和行动 3 个领域，每个领域又分别对应 3 个主题，每个主题又按年龄分为 4 个阶段的学习目标，从简单描述到批判性分析发展（见表 6–1，具体详见附录 1）。例如 5—9 岁学前和小学低年级的学生应学会描述、罗列、认识、命名相关主题；9—12 岁的小学高年级学生，则被要求在前一阶段的基础上能够进行区分和比较；12—15 岁的中学低年级学生要逐步发展自己的想法，得以进行讨论、评价、辩论；15—18 岁的中学高年级学生则以发展批判性思维为目标，能够批判性地对相关主题进行分析、审查、评价和应用。[①] 实现这些目标的具体方式由各成员国自行决定。

表 6–1　联合国教科文组织全球公民教育的学习目标和主题

维度	主题	学习目标			
		5—9 岁	9—12 岁	12—15 岁	15—18 岁
认知	1. 地方、国家和全球的系统结构	描述当地的环境是如何组织的，以及它如何与更广阔的世界联系起来并介绍公民的概念	确定治理结构、决策过程和公民的维度	讨论全球治理结构如何与国家和地方结构相互作用，并探讨全球公民意识	分析全球治理体系、结构和流程，评估对全球公民的影响

---

① 吴希、谢均才：《新世纪以来全球公民教育的经验与启示》，《上海教育研究》2019 年第 7 期。

续表

维度	主题	学习目标			
		5—9 岁	9—12 岁	12—15 岁	15—18 岁
	2.影响社区在地方、国家和全球各级的相互作用和联系的问题	列出关键的地方、国家和全球问题，并探索如何将这些问题联系起来	调查全球共同关注的重大问题背后的原因及其在国家和地方层面的影响	评估主要地方、国家和全球问题的根本原因，以及地方和全球因素的相互联系	批判性地研究当地、国家和全球问题、决策的责任和后果，研究并提出适当的对策
	3.基本假设和权力动态	列出不同的信息来源，培养基本的调查技能	区分事实/观点、现实/虚构和不同的观点/看法	研究潜在的假设，描述不平等和权力动态	批判性地评估权力动态影响声音、影响力、资源获取、决策和治理的方式
情感	4.不同层次的认同	认识到我们如何融入并与周围的世界互动，培养个人和人际交往能力	检视不同层次的认同，及其对处理与他人关系的影响	区分个人和集体的身份以及各种社会群体，培养对共同人性的归属感	批判性地审视不同层次的身份与不同社会群体相互作用并和平相处的方式
	5.属于不同社区的人们，以及这些社区是如何联系在一起的	说明不同社会群体之间的差异和联系	比较和对比共有的和不同的社会、文化和法律规范	表现出对差异和多样性的欣赏和尊重，培养对其他个人和社会群体的同情和团结	批判性地评估不同群体、社区和国家之间的联系
	6.差异和对多样性的尊重	区分相同和不同，认识到每个人都有权利和责任	与不同的个人和团体建立良好的关系	关于差异和多样性的益处和挑战的辩论	培养和应用价值观、态度和技能，以管理和参与不同的群体和观点
行动	7.可以单独或集体采取的行动	探索采取行动改善我们生活的世界的可能途径	讨论个人和集体行动的重要性，参与社区工作	研究个人和团体如何在具有地方、国家和全球重要性的问题上采取行动，并参与应对地方、国家和全球问题	发展和应用有效的公民参与技能

维度	主题	学习目标			
		5—9岁	9—12岁	12—15岁	15—18岁
	8. 伦理上负责任的行为	讨论我们的选择和行为如何影响他人和地球，并采取负责任的行为	了解社会公正和道德责任的概念，并学习如何在日常生活中应用它们	分析与社会正义和道德责任相关的挑战和困境，并考虑对个人和集体行动的影响	批判性地评估社会正义和道德责任问题，并采取行动挑战歧视和不平等
	9. 参与并采取行动	认识到公民参与的重要性和益处	识别参与的机会并开始行动	发展和应用积极参与的技能，并采取行动促进共同利益	为积极的变化提出行动建议，并成为积极变化的推动者

资料来源：UNESCO. Global Citizenship Education：Topics and Learning Objectives，2020-04-20，https：//unesdoc.unesco.org/ark：/48223/pf0000232993？posInSet=1&queryId=8a47d37e-f3ac-4480-a1b7-bb672ea8af05.

针对每一个主题，联合国教科文组织又针对不同的年龄段提出了具体的学习目标和关键主题，详见表6-2至6-10。

表6-2　主题1　地方、国家和全球层面的体系和结构

学前，小学低年级（5—9岁） 学习目标：描述当地环境是如何被组织起来的，以及它是如何与更广阔的世界相联系的，并介绍公民的概念。 关键主题 ·自我、家庭、学校、邻里、社区、国家、世界 ·世界是如何组织起来的（团体、社区、村庄、城市国家、地区） ·关系、成员、规则制定和参与（家庭、朋友、学校社区、国家、世界） ·规则和责任为什么会存在，它们为什么会随着时间而改变	小学高年级（9—12岁） 学习目标：确定治理结构、决策过程和公民身份的维度 关键主题 ·地方、国家和全球的基本治理结构和治理体系，以及它们是如何相互联系和相互依赖的（贸易、移民、环境、媒体、国际组织、政治和经济联盟、公共和私营部门、公民社会） ·权利和责任、规则和决定的异同，以及不同社会如何对其维护的（包括历史、地理和文化） ·公民身份定义方法的异同 ·善治、法治、民主进程、透明度

初中（12—15 岁） 学习目标：讨论全球治理结构如何与国家和地方结构相互作用，探索全球公民意识 关键主题 ·国家背景及其历史、与其他国家、全球组织的关系、联系和相互依赖以及更广泛的全球背景（文化、经济、环境、政治） ·全球治理结构和流程（规则、法律、司法体系）及其与国家和地方治理体系的相互关系 ·全球决策如何影响个人、社区和国家 ·公民的权利和责任与全球框架的关系及其如何应用 ·全球公民的例子	高中（15—18 岁以上） 学习目标：批判性地分析全球治理体系、结构和过程，并评估对全球公民的影响 关键主题 ·全球治理体系、结构和过程，以及在不同层次上制定和应用规则、政治和决策的方式 ·个人、团体，包括公共和私营部门，是如何参与全球治理结构和过程 ·对成为国际社会的一员的意义以及如何应对共同的问题和诸如角色、全球联系、相互联系、团结和日常生活中的意义等问题进行批判性反思 ·国家之间的不平等及其对全球治理中行使权利和义务的影响

资料来源：UNESCO. Global Citizenship Education：Topics and Learning Objectives，2020-04-20，https：//unesdoc.unesco.org/ark：/48223/pf0000232993？posInSet=1&queryId=8a47d37e-f3ac-4480-a1b7-bb672ea8af05.

表 6-3　主题 2　影响地方、国家和全球各区域相互作用和联系的问题

学前，小学低年级（5—9 岁） 学习目标：列出地方、国家和全球层面的重要问题，并探索这些问题是如何联系起来的 关键主题 ·影响当地社区的问题（环境、社会、政治、经济等） ·同一国家和其他国家的其他社区面临的类似或不同的问题 ·全球问题对个人和社区生活的影响 ·个人和社会如何影响全球社会	小学高年级（9—12 岁） 学习目标：调查全球共同关注的重大问题背后的原因及其在国家和地方各级的影响 关键主题 ·全球的变化和发展及其对人们日常生活的影响 ·全球问题（气候变化、贫困、性别不平等、污染、犯罪、冲突、疾病、自然灾害）及其原因 ·全球问题和地方问题之间的联系和相互依赖
初中（12—15 岁） 学习目标：评估主要地方、国家和全球问题的根源，以及地方、国家和全球因素的相互联系 关键主题 ·地方、国家和全球层面上共有的关切及其背后的根本原因	高中（15—18 岁以上） 学习目标：批判性地审查地方、国家和全球问题，决策的责任和后果，审查并提出适当的回应 关键主题 ·调查主要的地方、国家和全球问题及其对如下问题的观点：性别歧视、人权、可持续发展、和平与冲突、难民、移徙、环境质量、青年失业

续表

·改变全球力量和模式及其他们对人们日常生活的影响 ·历史、地理、政治、经济、宗教、技术、媒体或其他因素如何影响当前的全球问题（言论自由、妇女地位、难民、移民、殖民主义遗产、奴隶制、少数民族和宗教、环境退化） ·在全球范围内或世界某一地区作出的决定会如何影响其他地区人民当前和未来的福祉和环境	·深入分析全球问题的相互关联性质（根源、因素、主体、维度、国际组织、跨国公司） ·评估全球治理结构和过程如何应对全球问题，以及应对措施（调解、仲裁、制裁、结盟）的有效性和适宜性 ·对历史、地理、政治、经济、文化等因素对全球问题的影响和相互依赖性进行批判性反思 ·对与全球和本地有关的课题（儿童权利、可持续发展）研究、分析和交流

资料来源：UNESCO. Global Citizenship Education：Topics and Learning Objectives，2020-04-20，https：//unesdoc.unesco.org/ark：/48223/pf0000232993？posInSet=1&queryId=8a47d37e-f3ac-4480-a1b7-bb672ea8af05.

表 6-4　主题 3　潜在的假设和权力动态

学前，小学低年级（5—9 岁） 学习目标：说出不同的信息来源，培养基本的询问技能 关键主题 ·不同的信息来源和使用一系列工具和通过一些途径（朋友，家庭，当地社区，学校，漫画，故事，电影，新闻）收集信息 ·倾听和准确清晰地表达（沟通技巧、语言） ·识别关键思想和认识不同的观点 ·解释信息，包括复杂或冲突的信息	小学高年级（9—12 岁） 学习目标：区分事实与观点、现实与虚构及不同的观点和看法 关键主题 ·媒体素养和社交媒体技能（不同形式的媒体，包括社交媒体） ·不同的观点，主观性，证据和偏见 ·影响观点的因素（性别、年龄、宗教、种族、文化、社会经济和地理背景、意识形态和信仰体系或其他环境）
初中（12—15 岁） 学习目标：调查潜在的假设和描述不平等和权力动态 关键主题 ·关于平等，不平等，歧视的概念 ·影响不平等和权力动态的因素以及一些人（移民、妇女、青年、边缘化人口）面临的挑战 ·分析关于全球问题的不同形式的信息（确定主要观点，收集证据，比较	高中（15—18 岁以上） 学习目标：批判性地评估权力动态影响声音、影响力、获取资源、决策和治理的方式 关键主题 ·从权力动态视角下对当代全球问题进行分析（性别平等、残疾、青年失业） ·促进或阻碍全球、国家和地方层面上公民身份和公民参与的因素（社会和经济不平等、政治动态、权力关系、边缘化、歧视、国家、军警权力、社会运动、工会）

和对比异同，发现观点或偏见，识别冲突的信息，评估和评估信息）	·对不同观点、反对者或少数人的观点和批评进行批判性的审视，包括评估大众媒体和社交媒体在全球辩论和全球公民问题上的作用

资料来源：UNESCO. Global Citizenship Education：Topics and Learning Objectives，2020-04-20，https：//unesdoc.unesco.org/ark：/48223/pf0000232993？posInSet=1&queryId=8a47d37e-f3ac-4480-a1b7-bb672ea8af05.

表6–5　主题4　不同层次的认同

学前，小学低年级（5—9岁） 学习目标：认识到我们如何适应周围的世界并与之互动，培养自我发展和人际交往能力 关键主题 ·自我认同、归属和关系（自我、家庭、朋友、社区、地区、国家） ·我住在哪里？我的社区与更广阔的世界如何联系的 ·自我价值和他人价值 ·走近他人并建立积极的关系 ·认清自己和他人的感情 ·寻求与提供帮助 ·沟通，合作，关心他人	小学高年级（9—12岁） 学习目标：研究不同层次的认同及其对管理与他人关系的影响 关键主题 ·个人与社会有何关系（历史、地理和经济方面） ·我们是如何通过不同的方式（媒体、旅游、音乐、体育、文化）与更广阔的世界联系在一起的 ·对国家，国际组织和机构，跨国公司的认识 ·同理心、团结、冲突管理和解决、预防暴力，包括基于性别的暴力和欺凌 ·谈判，调解，和解，双赢的解决方案 ·调节和管理强烈情绪（积极和消极） ·抵抗消极的同伴压力
初中（12—15岁） 学习目标：区分个人身份、集体身份和各种社会群体，培养对共同人性的归属感 关键主题 ·多重身份，归属与不同群体的关系 ·个人和集体身份、信仰和观点（个人的、团体的、专业的、公民的）的复杂性 ·参与和合作那些应对共同挑战的项目 ·对共同人性的归属感 ·与来自不同背景的人培养积极的关系	高中（15—18岁以上） 学习目标：批判性地审视不同层次的身份如何相互作用，如何与不同的社会群体和平相处 关键主题 ·个人身份和在地方，国家，地区和全球背景下成员通过多种视角 ·共同的身份认同、共同的价值观和创造全球公民文化的意义 ·在全球问题或事件上，或通过文化、经济和政治实例（种族或宗教少数派、难民、奴隶制的历史遗产、移民），公民身份和成员身份的复杂和多样的观点和概念 ·促进成功的公民参与的因素（个人和集体利益、态度、价值观和技能） ·致力于促进和保护个人和集体福利

资料来源：UNESCO. Global Citizenship Education：Topics and Learning Objectives，2020-04-20，
　　　　https：//unesdoc.unesco.org/ark：/48223/pf0000232993？posInSet=1&queryId=8a47d37e-
　　　　f3ac-4480-a1b7-bb672ea8af05.

表6-6　主题5　人们所属的不同社区以及它们之间的联系

学前，小学低年级（5—9岁） 学习目标：说明不同社会群体之间的差异和联系 关键主题 ·文化和社会内部和之间的异同（性别、年龄、社会经济地位、边缘化人口） ·社区之间的联系 ·共同的基本需求和人权 ·重视和尊重一切人和生物、环境和事物	小学高年级（9—12岁） 学习目标：比较和对比共享和不同的社会、文化和法律规范的关键主题 关键主题 ·超越了自身的经验的不同的文化和社会、不同的价值观 ·在世界不同地区和不同群体之间规则的制定和参与 ·正义的概念和获得正义的途径 ·承认和尊重多样性
初中（12—15岁） 学习目标：表达对差异和多样性的欣赏和尊重，培养对其他个人和社会群体的同理心和团结 关键主题 ·个人和共同的价值观，它们有何不同，是什么塑造了它们 ·共同价值观（尊重、宽容和理解、团结、同理心、关怀、平等、包容、人类尊严）在学习和平共处中的重要性 ·致力促进和保护差异及多样性（社会及环境）	高中（15—18岁以上） 学习目标：批判性地评估不同群体、社区和国家之间的联系 关键主题 ·公民的权利和责任，国际社会的团体和国家 ·合法性的概念、法治观、正当程序观和正义观 ·增进社区福祉，了解全球福祉面临的威胁和潜力 ·促进和捍卫所有人的人权

资料来源：UNESCO. Global Citizenship Education：Topics and Learning Objectives，2020-04-20，
　　　　https：//unesdoc.unesco.org/ark：/48223/pf0000232993？posInSet=1&queryId=8a47d37e-
　　　　f3ac-4480-a1b7-bb672ea8af05.

表6-7　主题6　差异和尊重多样性

学前，小学低年级（5—9岁） 学习目标：区分相同和不同，认识到每个人都有权利和责任 关键主题 ·是什么让我们相似，又是什么让我们不同于社区中的其他人（语言，年龄，文化，生	小学高年级（9—12岁） 学习目标：与不同的个人和团体培养良好的关系 关键主题 ·理解社会和文化之间的异同（信仰、语言、传统、宗教、生活方式、种族）

续表

活方式，传统，特点） ·尊重和良好的人际关系对我们幸福的重要性 ·学会倾听，理解，同意和不同意，接受不同的观点和观点 ·尊重他人和自己，欣赏差异	·学会欣赏和尊重多样性，并与社区和更广阔的世界中的其他人互动 ·培养使人们和平共处的价值观和技能（尊重、平等、关心、移情、团结、宽容、包容、沟通、谈判、管理和解决冲突、接受不同观点、非暴力）
初中（12—15 岁） 学习目标：关于差异和多样性的好处和挑战的辩论 关键主题 ·个人、团体、社会和民族国家之间良好关系对和平共处、个人和集体福祉的重要性 ·不同的身份（种族、文化、宗教、语言、性别、年龄）和其他因素如何影响我们共同生活的能力 ·共同生活的挑战和可能导致冲突的因素（排斥、不宽容、刻板印象、歧视、不平等、特权、既得利益、恐惧、缺乏沟通、言论自由、资源稀缺和不平等） ·不同身份的个人和团体如何共同参与全球关注的问题，从而带来全球范围的改善 ·通过练习培养对话、谈判和冲突管理方面的技巧	高中（15—18 岁以上） 学习目标：培养和运用价值观、态度和技能来管理和参与不同的团队和理解不同的观点 关键主题 ·相互依赖和生活在不同社会和文化中的挑战（权力不平等、经济不平等、冲突、歧视、刻板印象） ·不同而复杂的观点 ·各组织的行动，为全球问题带来积极的改变（国内和国际运动，如妇女、劳工、少数民族、土著、性方面的少数） ·超越了你所属的群体的同情和尊重的价值观和态度 ·和平、建立共识和非暴力的概念 ·参与社会正义行动（地方、国家和全球各层面）

资料来源：UNESCO. Global Citizenship Education：Topics and Learning Objectives，2020-04-20，https：//unesdoc.unesco.org/ark：/48223/pf0000232993？posInSet=1&queryId=8a47d37e-f3ac-4480-a1b7-bb672ea8af05.

表6-8　主题7　可以单独或集体采取的行动

学前，小学低年级（5—9 岁）	小学高年级（9—12 岁）
学习目标：探索那些能够通过采取行动可能改善我们生活的世界的方式 关键主题 ·我们的选择和行动如何能使我们的家园、学校社区、国家和地球成为一个更适宜居住的地方，并能保护我们的环境	学习目标：讨论个人和集体行动的重要性，并参与社区工作 关键主题 ·个人、地方、国家和全球层面的问题之间的联系 ·不同文化和社会中的个人和集体行动的公民参与类型（宣传、社区服务、媒体、官方治理过程，如投票） ·志愿团体、社会运动和公民在改善其社区和确定

续表

	全球问题的解决办法方面所发挥的作用
·学习合作（就社会现实生活事宜进行合作项目，例如与他人合作收集和展示资料，以及使用不同方法传达研究结果和想法） ·进行决策和解决问题的技能	·个人和团体在参与公民行动并在地方和全球各级发挥作用的例子（纳尔逊·曼德拉、马拉拉·优萨福扎伊、红十字/新月会、无国界医生组织、奥运会）以及他们的观点、行动和社会联系 ·要明白行动是有后果的
初中（12—15 岁） 学习目标：研究个人和团体如何在地方、国家和全球重要问题上采取行动，并参与响应地方、国家和全球问题 关键主题 ·确定个人和团体（公共机构、民间社会、志愿团体）在采取行动 ·预测和分析行动的后果方面的作用和义务 ·确定为改善社区而采取的行动（政治进程、媒体和技术的使用、压力和利益集团、社会运动、非暴力行动主义、宣传） ·确定公民参与的好处、机会和影响 ·成功的个人和集体行动的促成因素和限制因素	高中（15—18 岁以上） 学习目标：培养和应用有效的公民参与技能 关键主题 ·分析公民参与的促进或限制因素（经济、政治和社会动态以及妇女、少数民族和宗教群体、残疾人、青年等特定群体代表和参与的障碍） ·对重要的全球问题选取最合适的获取信息，表达意见，和采取行动的方式（效果、结果、负面影响、伦理考量） ·本地及全球关注的问题（环境、和平建设、恐同症、种族主义）的合作项目 ·有效的政治和社会参与技能（批判性的调查和研究，评估证据，提出合理的论点，计划和组织行动，合作工作，反思行动的潜在后果，从成功和失败中学习）

资料来源：UNESCO. Global Citizenship Education：Topics and Learning Objectives，2020-04-20，https：//unesdoc.unesco.org/ark：/48223/pf0000232993？posInSet=1&queryId=8a47d37e-f3ac-4480-a1b7-bb672ea8af05.

表 6-9　主题 8　负责任的行为

| 学前，小学低年级（5—9 岁）
学习目标：讨论我们的选择如何影响其他人和地球，并采取负责任的行为
关键主题
·关心和尊重我们自己、他人和我们的环境
·个人和社区资源（文化、经济）和贫富、公平/不公平的概念 | 小学高年级（9—12 岁）
学习目标：了解社会正义和道德责任的概念，并学习如何在日常生活中运用它们
关键主题
·成为一个具有道德责任感和参与性的全球公民意味着什么
·个人对公平和全球关注问题的看法（气候变化、公平贸易、打击恐怖主义、获取 |

续表

	资源)
·人与环境之间的相互关系 ·个人的选择和行为，以及它们如何影响他人和环境 ·区分是非，为我们的选择和判断提供理由	·全球不公正的现实例子（侵犯人权、饥饿、贫穷、基于性别的歧视、招募儿童兵） ·在个人、学校和社区环境中展示决策能力和负责任的行为
初中（12—15岁） 学习目标：分析与社会正义和道德责任相关的挑战和困境，并考虑对个人和集体行动的影响 关键主题 ·世界不同地区对社会正义和伦理责任的不同观点，以及影响这些观点的信仰、价值观和因素 ·这些观点如何影响公平/不公平、道德/不道德的行为 ·有效和合乎道德的参与全球问题（同情、同情、团结、对话、关心和尊重人和环境） ·公民在承担其政治和社会责任及其作为全球公民的作用时所面临的伦理困境（童工、粮食安全、使用暴力等合法和非合法行动形式）	高中（15—18岁以上） 学习目标：批判性地评估社会公正和道德责任问题，并对歧视和不平等采取行动进行挑战 关键主题 ·关于社会正义和伦理责任的不同观点及其如何影响政治决策和公民参与（参与政治运动、志愿和社区工作、参与慈善或宗教团体）或使全球问题的解决更加复杂化 ·涉及道德问题的问题（核能和武器、土著权利、审查制度、虐待动物、商业行为） ·对公平和社会正义的不同的冲突的观点所带来的治理方面的挑战 ·挑战不公正和不平等 ·展示道德和社会责任

资料来源：UNESCO. Global Citizenship Education：Topics and Learning Objectives，2020-04-20，https：//unesdoc.unesco.org/ark：/48223/pf0000232993？posInSet=1&queryId=8a47d37e-f3ac-4480-a1b7-bb672ea8af05.

表6-10　主题9　参与并采取行动

学前，小学低年级（5—9岁） 学习目标：认识到公民参与的重要性和益处 关键主题 ·个人和集体层面公民参与的好处 ·个人和实体为改善社区而采取的行动（同胞、俱乐部、网络、团体、组织、计划、倡议） ·儿童在寻找解决地方、国家和全球挑战（在学校、家庭、直接社区、国家、地球）中的角色 ·参与家庭、学校和社区活动是作为公民的基本体现	小学高年级（9—12岁） 学习目标：确定参与的机会并采取行动 关键主题 ·人们如何参与到这些组织中，他们带来了什么知识、技能和其他特征 ·能够促进或阻碍改变的因素 ·团体和组织（俱乐部、网络、运动队、工会、专业协会）的角色

续表

· 参与对话和辩论 · 参加课外活动 · 小组有效工作	· 参与项目和书面工作 · 参与社区活动 · 参与学校的决策
初中（12—15 岁） 学习目标：培养积极参与技能和采取行动促进共同利益的技能 关键主题 · 个人动机及其如何影响积极的公民身份 · 指导决定和行动的个人价值观和道德规范 · 如何在社区中参与解决具有全球重要性的问题 · 积极参与当地、国家和全球层面的活动 · 发展和应用得到普遍价值和人权原则的支持的必要的知识、技能、价值和态度 · 志愿服务和学习服务的机会 · 网络（同龄人、民间团体、非营利组织、专业代表） · 社会企业家精神 · 采取积极的行动	高中（15—18 岁以上） 学习目标：为积极的变革提出行动建议，并成为变革的推动者 关键主题 · 学习成为积极的全球公民，以及如何改造自我和社会 · 协助分析和确定需要在地方、国家和全球层面采取行动，进行变革的需要和优先次序 · 主动参与积极变革的愿景、战略和行动计划的创建 · 探索社会创业的机会 · 批判性地分析不同行动者的贡献和工作的影响 · 激励、倡导和教育他人行动 · 培养沟通、谈判、倡导技巧 · 获取信息并表达他们对重要的全球事务的看法 · 提倡积极的社会行为

资料来源：UNESCO Global Citizenship Education：Topics and Learning Objectives，2020-04-20，https：//unesdoc.unesco.org/ark：/48223/pf0000232993？posInSet=1&queryId=8a47d37e-f3ac-4480-a1b7-bb672ea8af05.

（二）实践层面的规划和指导

联合国教科文组织对全球公民教育实践层面的规划和指导包括课程设计、教学实践和教师培训。

1. 课程设计

将全球公民教育纳入课程会受到包括教育政策、制度、学校和课程、教师能力、学习者需要和多样性以及更广泛的社会文化、政治和经济环境等因素的影响。确定课程形式是确定学习者期望培养和指导全球公民教育实施的第一步。最常见的方法是在正规教育范围内实施：作为一个独立的学科开展；将全球公民教育纳入现有学科，如公民学、社会研究、环境研究、地理、历史、宗教教育、科学、音乐和艺术等；使用跨学科的参与性学习方法，进行社区参与和不同地方的学校建立联系；作为跨学科课题，全球公民教育可以在不同的主题中讨论以满足学生更深层次的学习需求，促进教师和学生群体之间的合作；这些方法可以叠加使用以产生最佳效果。决策者和规划者需要决定哪些方法最适合他们的环境，这将受到诸如教育政策和制度、课程中相互竞争的优先次序、现有资源或其他各种因素的影响。不管采取哪些方法，全球公民教育的核心价值观必须在教育政策中得到体现并在课程中得到支持，相应地，全球公民教育的教学可以整合到其他相关学科的教学中。

全球公民教育也可以在非正规教育中进行，例如通过青年主导的行动、非政府组织联盟、互联网等与其他教育机构合作，可以考虑在学校和民间社会行动者之间建立伙伴关系，处理全球和地方问题，并让这些行动者参与学校活动。全球问题研究项目、社区服务活动、公共信息展览和国际青年论坛正日益被用来发展与全球公民教育相关的能力。

2. 教学实践

注重参与、以学习者为中心和包容性的教学实践是开展全球公民教育的主要路径，同时要确保所选择的教学方式是为了实现预期的学习目标，并与预期的能力和学习目标保持一致。具体而言，全球公民教育的认知维度可以通过传统的课堂学习与学习者获取和分析其他信息来源相结合的方式来传递。为了解决社会情感和行为方面的问题，知识必须与实践相结合，即应该向学习者提供实际的经验和机会来发展、检验和建立他们自己的观点、态度和价值观，并学习如何负责任地采取行动。因此要求学习者必须参加社区活动，并有机会与具有不同背景或不同观点的人进行交流；必须将全球公民教育的核心价值观在学生的日常生活中得到体现和实践；要以学习者为中心，鼓励对话和相互尊重地学习；承认影响价值观形成的文化规范、国家政策和国际框架；促进批判性思维和创造力，以解决问题为导向；发展复原力和行动能力。具体方式包括：利用通信技术和社交媒体将地点和学习者、教师和技术联系起来；为来自不同族裔、文化、社会经济地位和身份的儿童和青年促进竞争、公平和和谐的体育竞赛；艺术和音乐允许自我表达、与其他文化对话和共享归属感；以及建立跨文化和社区间理解、交流的青年网络。信息和通信技术（ICT）和社交媒体提供了支持全球公民教育教学的机会，将教室和社区连接起来，分享想法和资源。

3. 教师培训

教师和其他教育工作者需要相应的培训以支持学生全球公民教育的学习。针对教师和相关教育工作者的培训可以单独设置，也可以整合到其他培训中，重要的是让他们了解到全球公民教育的意义、价值和实施方式，如在修订师范教育内容时加入全球公民教育的内容。为了确保教师和其他教育工作者能够提供高质量的全球公民教育，职前培训和持续的专业学习和发展至关重要，同时要认识到，教师还需要得到校长、社区和父母等的支持，尤其是在创设安全、包容和参与的学习环境方面。这种环境能确保所有的学习者都感到被重视、包容，并促进协作、健康的互动、尊重文化敏感性以及获得生活在一个多样化世界所需的其他价值观和技能。这样的环境为讨论有争议的问题提供了安全的空间。教育工作者在创造有效学习环境方面起着中心作用。此外还需要特别注意那些可能破坏包容性和限制学习机会的因素。如不同学习者的社会经济背景、生理和心理能力、种族、文化、宗教、性别等。2008 年，塞拉利昂教育部和国家教师培训机构与联合国儿童基金会合作，制定了针对新出现的社会问题的教师培训方案，目的是通过学习内容和教学方法的变革支持冲突后重建。

二、联合国教科文组织与其他组织进行的全球公民教育实践

（一）全球公民教育的思想实验室——联合国教科文组织联系学校项目

联合国教科文组织对其所倡导的全球公民教育不仅在理论方面做出了明确指导，在实践方面也作出了示范，例如联合国教科文组织联系学校项目。联合国教科文组织联系学校项目（Associated Schools Projects Network，ASPnet）源于 1953 年 11 月联合国教科文组织发起的一个名为"世界社区生活教育协调实验计划"，该项目最早包含了 16 个成员国的 33 所中学，项目

旨在通过学校教育促进国际理解、合作与和平教育，目前已发展成为一个独特的网络，它包含了 182 个国家的 11500 多个教育机构。[1]ASPnet 犹如一个思想实验室，为来自世界各地的成员率先采用创新和创造性的教学方法，将全球概念转化为实践，以促进教育系统和政策的变革。ASPnet 在全球公民教育、可持续发展教育和世界各地学校跨文化学习方面起着推动创新的作用。ASPnet 在 2014—2021 的战略"应对全球挑战的全球学校网络"中将全球公民教育作为其优先事项，也被公认为是实现全球公民教育的有效工具。以下是两个 ASPnet 关于全球公民教育的项目。

1. 对难民的关注、理解和接受

2016 年 11 月 15 日，ASPnet 与莫斯科联邦包容心理学和教育研究与方法中心（the Federal Research and Methodological Centre for Tolerance Psychology and Education in Moscow）合作发起了面向来自世界各地的 ASPnet 成员的"向难民敞开心扉"全球艺术竞赛。[2]该竞赛以 ASPnet 的全球公民教育为重点，目的是通过提高儿童和青年对难民权利的认识并尊重难民，鼓励教师和学生进行反思，并牢记试图在一个新国家定居的难民所面临的日常挑战，以培养学生批判性思维，增进其对难民生活的了解，通过各种艺术形式激发学生的创造性表达。该竞赛向来自学龄前、小学、中学和职业学校以及教师培训机构的儿童和年轻人开放。所有年龄段的比赛要求学生和老师研究和反思为什么人们离开家园，人们离开他们的国家后身份发生了什么变化，他们如何在本国或目的地国家生活，他们的共同点以及如何可以更好地让他们感到安全、欢迎和接受。通过该艺术竞赛促使青年人发展自己的利他意识，对社会的包容以及对文化和人民的尊重等核心价值观。

---

[1] UNESCO Associated Schools Network. About the Network，2020-06-20，https：//aspnet. unesco.org/en-us/Pages/About_the_network.aspx.

[2] UNESCO Associated Schools Network. Opening Hearts and Minds to Refugees：Art Contest，2020-07-11，https：//aspnet.unesco.org/en-us/opening-hearts-and-minds-to-refugees-arts-contest.

2. 全球公民教育的价值观教育

自 2018 年起，ASPnet 启动了 6 个创新试点项目，其中在"全球公民与和平与非暴力文化"主题领域中，开展了两个试点项目：合法性文化（Culture-of-lawfulness）与教室里的体育价值观（Sport values in every classroom）。

合法性文化项目是指来自 10 个国家的 ASPnet 学校参加了联合国教科文组织和联合国毒品和犯罪问题办公室关于法治的全球公民教育，即"做正确的事"的倡议，该倡议旨在使教育工作者、教师和决策者通过教育促进学生的法治能力，使他们成为具有批判性知识、社会联系、道德责任感和参与性的人。通过互助性课程，促进学生的解决冲突能力、批判性思维、团队合作和同理心，以及包容、正直、尊重和公平等价值观等的发展，人们可以更好地发展知识和技能、抵御犯罪和暴力、帮助儿童解决伦理困境。[①]

教室里的体育价值观项目旨在对 8—12 岁的学生进行尊重、公平和包容的教学，通过体育运动进行价值观教育，将体育价值观融入学校课程中。[②] 21 世纪的教育越来越认识到价值观和社会技能在应对全球挑战（如肥胖、失业和冲突）中的作用。在学校引入动态形式的基于价值观的体育不仅可以传授诸如公平、团队建设、平等、纪律、包容、毅力和尊重等价值观，而且它还能为学习价值观提供一个通用框架，从而有助于发展出负责任的公民所需的社会技能。联合国教科文组织和 6 个国际伙伴组织开发了一个工具包，以支持人们公平地参与社会和体育活动，成为健康的公民。2019年，来自 13 个 ASPnet 成员国的教师和教育工作者正在试用该工具包，它提供了一个通用框架，可向任何学科领域的 8—12 岁学生传授价值观和可迁移的生活技能。它既是对现有课程的补充，也促进了学生的参与和运动，

---

① Associated Schools Network. Culture of Lawfulness，2020-07-11，https：//aspnet.unesco.org/en-us/culture-of-lawfulness.

② UNESCO. Sport Values in Every Classroom：Teaching Respect，Equity and Inclusion to 8-12 Year-oldStudents，2020-07-12，https：//unesdoc.unesco.org/ark：/48223/pf0000371303?posInSet=1&queryId=599f493d-0785-41ae-afc5-7e6df371ab67.

同时帮助教师和教育工作者向学习者进行与体育相关的一些核心价值观例如尊重，公平和包容的教育。体育价值观教育（VETS）计划支持主动学习，补充认知技能并赋予学生更多的责任感，并提高他们的专注和参与水平。VETS课程具有灵活性，并且具有强大的跨课程潜力。它们可以强化现有课程，并且可以在不同学科中进行，包括体育、公民和道德教育、营养、生物学和艺术。通过参与社区活动、做出明智的决定、保持敏感并尊重他人和环境、帮助学生在学校环境之外转移价值观并将其付诸实践，VETS有助于建立积极健康的生活方式以及对权利的理解，支持向成人独立性过渡。

（二）以四大学习支柱为主体的课程

2010年，国际教育委员会在提交给联合国教科文组织的报告称，教育必须围绕学习的四大支柱——学会认知、学会做事、学会做人、学会共处——来组织，使所有人都能成为终身学习者，能够在现在和将来为他们所处的社区作出贡献。以这些全球公民教育的核心内容和主题开展相关活动有益于学生全球能力的养成。在加拿大，全球公民教育的具体概念日益得到教育当局和实践者的承认，并被纳入课程中。2017年，曼尼托巴省开设了一门新的十二年级的社会研究选修课：《全球问题：公民和可持续性》，这门课是通过与教师、大学教授和课程开发顾问的协商过程建立起来的。① 它的首要目标是在四大支柱的基础上培养积极的公民，特别关注生态素养和社会正义。它以解决目前的可持续发展问题为基础；为发展全球公民提供空间；以研究性学习作为主要的教学方法；鼓励批判性和创造性思维；优先考虑学生的选择和发言权；通过有计划的行动鼓励学生主体性的发挥。学习者建立以社区为基础的行动研究项目，使其兴趣与当前的社会、政治、环境和经济事务相关。曼尼托巴省的这门课程在联合国教科文组织四大学习支柱下所要培养的关键能力如下：

学会认知：获取知识和理解，批判性地思考复杂且不断变化的世界。学

---

① Manitoba Education and Training. Grade 12 Global Issues Citizenship and Sustainability, 2020-07-13, https://www.edu.gov.mb.ca/k12/cur/socstud/global_issues/full_doc.pdf.

习者能够通过理解社会、环境和经济之间的相互依存关系来发展生态素养，善于接受新思想和形成发散思维，从不同的来源和角度寻求知识，用创造性、批判性和系统的思维来解决复杂的问题，有针对性地深入调查，在不害怕挑战现状的情况下探索解决问题的替代方法，有长远的眼光，可以清晰地描绘出一个可持续发展的未来。我们需要了解认知这个复杂的世界，并能够对其进行积极主动的批判与思考，进而形成对未来的预见性。

学会做事：学会有效参与当地、国家和全球社区。这就要求学习者首先对自己、对他人、对环境负责任，让生活更具有可持续性；成为一个具有主体性的人，愿意为一个可持续的未来采取立场和行动；培养和分享个人技能、才能和天赋；能够乐于助人和分享希望；通过语言和行动表达关心和尊重；运用创新思维进行决策。

学会做人：建立自我认识，意识到人与社会、自然的联系。欣赏自然世界，遵循生态原则生活；愿意为大家现在和将来的福祉作出贡献；反省和自我意识；有强烈的自我认知和人格认同感；接受和表达多重身份、忠诚和影响；知道如何在共享空间中与他人相处和生活。明白自己在自然界和社会中所处位置，若想改变世界就先从自我的改变做起。

学会共处：学会与他人和平相处，关心我们共同的家园。要求学习者认识到地球是由复杂而相互关联的系统组成的共享资源；承认所有人类的相互依赖和他们对地球的依赖；尊重多样性，重视公平；参与跨文化对话，培养更广泛的移情能力；尊重人权固有的、不可剥夺的和普遍的特点；愿意合作、领导和支持；和平解决冲突；能够与自然，与人和谐相处，从而达到共生的目的。

（三）培养可持续发展能力的可持续发展青年硕士计划项目

全球公民教育除了通过课程实现，也可以通过包括使用远程和开放的学习平台、社交媒体和互联网等形式进行。这种创新的方法包括在线和离线活动，可以进行合作学习和实践性学习，如培养可持续发展能力的可持续发展青年硕士计划项目（The Young Masters Programme on Sustainable Development，YMP）。YMP 是由瑞典隆德大学（Lund University）的国际工业经济环境研究所开发的国际远程教育项目。① 该项目是联合国教科文组织领导的可持续发展教育十年（DESD，2005—2014）的重要组成部分。

　　YMP 项目是一个全球性教育和学习网络，通过网络把青年人组织到一起，让他们共同寻找解决社会、经济和环境挑战的方案，从而为构建可持续发展的社会共同努力。该方案的重点是将问题的解决方案和社会企业家精神、赋权以及将地方行动与全球挑战联系起来。通过学习使学生们获得工具和学习策略，以帮助他们做出必要的改变，解决他们自己国家紧迫的可持续发展问题。

　　基于 YMP 的理念——希望每个人都有机会建立一个更智能、更可持续发展的世界，YMP 对于世界各地的学校、教师和 16—18 岁的学生是免费的。到目前为止，已有来自 110 多个国家和地区的 200000 多名学生参加了YMP 项目，且在不断壮大。YMP 通过有趣、实用的在线课程来实现这一目标。它的课程材料分为与全球可持续性问题相关的不同的任务。每个任务都包含在线课程材料，并利用最新的研究和知识向学生讲授可持续发展。在每个任务结束时，学生必须在本地社区中完成与任务主题相关的活动，与全球教室中的同伴分享他们的作业结果。一个学生团体发布并共享作业。然后，该学生小组将收到来自另一小组的关于作业的反馈，并且必须就该小组的作业向另一小组提供反馈。每个任务大约需要一周的时间才能完成，整个课程通常需要 20 周左右的时间。在课程结束时，学员可以自行建立一个真正的变革项目并在虚拟的全球教室中展示他们的研究结果。小组和教师在同行评审系统中提供和接收反馈。如果学员完成了所有的活动，他们可以获得YMP 文凭。这种交互式平台能够与学生建立联系并帮助他们结识世界各地的其他学生，听取他们的故事和观点。来自世界各地的老师和学生在这些虚拟的全球教室中讨论每个任务中已完成的结果，通过同行评审系统接收并提供反馈。这样一来，学生和老师都能了解常见的可持续性挑战，并了解世界

---

① 　Kes McCormick，Elisabeth Mühlhäuser，Birgitta Nordén，Lars Hansson，Carl Foung，Peter Arnfalk，Mårten Karlsson，Dolores Pigretti，"Education for Sustainable Development and the Young Masters Program"，*Journal of Cleaner Production*，Vol.13，（2005），pp.1107-1112.

各地的不同视角和解决方案。

　　YMP 项目为全世界的年轻人提供机会，培养他们构建可持续未来的基础能力，帮助学生科学地了解地球这个系统的运转和它与我们社会的相互作用。① 在 YMP 项目中，学生能够通过小组合作把经过多种渠道获取知识应用于解决现实问题的实践中，使学生自主构建知识间的联系，以培养学生的自主学习和研究能力，创新精神和团队协作能力。

　　(四) 由联合国教科文组织参与的突尼斯民主项目

　　年轻人是变革的推动者，他们在关于全球问题的信息与经验的交流方面表现出更大的积极性，这也是全球公民教育重视青年人的教育的原因。

　　2011 年，突尼斯处于由年轻人主导的政治自由化时期，联合国教科文组织与突尼斯教育部、国家教育科学文化委员会以及几个民间社会组织合作制定了一个关于民主的学习项目，其目的是发展青年人的知识和能力，使他们能够有意义地参与正在进行的改革。该项目的培训手册——《突尼斯青年民主学习手册》，以 18—24 岁的青年男女为对象，内容包括了关于人权、多元文化、平等和公民社会等不同主题的 20 个学习单元。② 该手册分为三个部分：第一部分阐述了基本概念和原则，以及人权和基本自由；第二部分描述了自由公正选举的运作方式以及选举带来的透明度和政府问责制；第三部分反思了民主社会面临的挑战。该手册承认年轻人在民主转型中的作用，并推广诸如正义、平等、尊严和尊重等价值观，年轻人作为变革的真正倡导者，表现出积极参与的意愿，为建设一个新世界、一个更美好的世界作出积极贡献，并被视为真正进步的公民，所以它试图帮助年轻参与者消除偏见，发展他们对他人的开放看法，使他们与最脆弱和最贫困的人建立团结并面对国家认同的问题，试图激发年轻人的积极参与，使他

① 徐冬萍：《Young Masters Program 项目在育新学校——浅谈研究性学习对中学生综合能力的影响》，《环境》2010 年第 S2 期。

② UNESCO. Manuel d'apprentissage de la démocratie pour les jeunes en Tunisie，2020-07-20，https：//unesdoc.unesco.org/ark：/48223/pf0000215297？posInSet=1&queryId=b7e5104d-2495-4fed-a24c-704e95058a3e.

们把全球问题和挑战联系起来——所有这些都是全球公民教育的关键要素。培训手册的这些教学资源将通过最具创造性和最先进的通信和信息技术传播给突尼斯青年，使他们能够利用这些知识来切实参与社会、特别是各级公共生活。联合国教科文组织的相关人员希望"这种对民主的学习是建立广泛和制度化的公民教育的第一步，并预示着从民主过渡到建设和加强民主社会的过渡"。它对年轻人——变革的倡导者——具有真正的指导意义。

第四节　全球公民教育的评价

对全球公民教育进行评价可以帮助政策制定者和实践者更好地了解学生的教育表现、反思当前的实践，并对政策的有效性提供反馈，改善学校教育实践并最终提高学生成绩，以更好地实现教育目标和学生学习目标。

为建立有效的关于全球公民教育的评价机制，应将评价与全球公民教育的目标相结合，注意二者之间的一致性；采取全面的方法；关注学校和课堂实践的改善，以及教师专业素养的建设；以学生为中心。例如在评价国家教育政策方面，应该检查全球公民教育与教育目标的一致性；在评价全球公民教育的课程时，应考虑到课程活动及其与相关科目相结合的适宜性；在评价学校的做法时，应将对学校的整体评价（领导力、顶层设计、与社区合作）与教学层面的评价相结合；在评估教师时，需要评价教师在教授全球公民教育时的专业性和准备情况。[①]

全球公民教育是具有广泛变革目标的教育领域，是一种价值观教育，包括认知、社会情感和行为三个核心学习维度。认知维度的评价可以通过测试来进行。然而这种传统的方法对于社会情感维度和行为维度并不适用，因为这二者更多的是一种过程而非结果。因此基于过程的评价更符合教与学的

---

① UNESCO. Global Citizenship Education: A Policymaking Awareness and Advocacy Handbook, 2020-07-22, https://unesdoc.unesco.org/ark:/48223/pf0000377929?1=null&queryId=322bc67f-df05-4e39-933f-c98503654988.

互动过程，全球公民教育的评价应采用总结性评价和形成性评价相结合的方式来评估学习成果。[①] 同时，全球公民教育涉及的学习目标和能力具有多样性，需要根据具体的学习情境用不同的评价方法。因此，为了进行有效的评价，可采用基于过程的多种评价方法。

以下来介绍联合国教科文组织在全球公民教育中用到的一些评价方法。这些评价方法包括自我评价、量规评价、学习日记、同行评估、观察法、作品集、参与项目等。这些方法既可以收集和记录详细的学习证据以对学生的成长和变化进行分析评估，又可以使学生在学习过程中积极参与评价。以自我评价和量规评价为例。自我评价是对学生情感领域如动机、态度和价值观等进行评估的一种有效方法。它可以使学生认识到自己的行为并理解自己为什么会有这种行为；鼓励学生以客观、批判的眼光看待自己的表现，发展他们的人格特质、价值观和态度，并将这些与他们的外在行为联系起来。[②] 自我评价可以以等级量表或叙述的形式进行（见表6–2）。等级量表要求学生根据一系列给定的陈述给自己评定，例如要求学生对自己在一次活动中"我遵守了游戏规则"的个人行为进行评定时，需在"总是、有时、从不"这三项中择其一以对自己的这一行为作出评定；同时要求学生描述他们的行为、感受或对某一特定活动的学习过程，例如让学生反思自己在当天课堂上的表现时，会呈现一些诸如"你今天在课堂上做了什么？""你今天在课堂上学到了什么？""你觉得自己今天在课堂上的参与程度如何？"的问题，[③] 学生通过以书面描述的形式回答这些问题来进行自我评估。

---

① UNESCO Bangkok. *Preparing Teachers for Global Citizenship Education*：*A Template*. Bangkok：UNESCO，2018.

② UNESCO. Empowering Students for Just Societies A Handbook for Primary School Teachers，2020-07-15，https：//unesdoc.unesco.org/ark：/48223/pf0000370902？posInSet=1&queryId=80fb2bb1-70ee-4264-82c3-a8ea687e35b1.

③ UNESCO. Sport Values in Every Classroom：Teaching Respect，Equity and Inclusion to 8-12 Year-oldStudents，2020-07-23，https：//unesdoc.unesco.org/ark：/48223/pf0000371303?posInSet=1&queryId=599f493d-0785-41ae-afc5-7e6df371ab67.

表 6-11 联合国教科文组织全球公民教育自评量表

姓名		日期		
请为自己在今天活动中的个人表现打分				
		经常	有时	从不
我遵守了游戏规则				
我和我的队友们合作，实现了我们的目标				
我对对方表现得很尊重				
当我们得了一分时，我保持了积极的态度				
当我们失了一分时，我保持了积极的态度				

资料来源：UNESCO. Sport Values in Every Classroom：Teaching Respect，Equity and Inclusion to 8-12 Year-old Students，2020-04-20，https：//unesdoc.unesco.org/ark：/48223/pf0000371303?pos InSet=1&queryId=599f493d-0785-41ae-afc5-7e6df371ab67.

　　量规评价可以作为教师的教学指南用以确定评定学生学习的标准。规则可以设置为一个网状表，描述了学生从初级到高级的不同水平的学习。量规应该根据学习目标或结果来制定，并在课程或单元开始时分发给学生并进行解释，以便学生理解这些标准。也可以与学生一起创建一个标题，这样他们就可以在学习和评估过程中增加投入。当学生准确理解这些衡量标准时，他们会更加专注和自主地学习。[1]

表 6-12 联合国教科文组织全球公民教育量规评价

团队合作评价				
		继续努力	到达	完成
学习目标	学生能与他人有效地沟通。	学生不能分享他们的想法或感觉，或者不能用别人可以理解的方式解释他们的想法和感觉	学生用一种不连贯或复杂的方式表达他们的想法和感受	学生能够用别人可以理解的方式简单地表达自己的想法和感受

---

① UNESCO. Sport Values in Every Classroom：Teaching Respect，Equity and Inclusion to 8-12 Year-oldStudents，2020-04-20，https：//unesdoc.unesco.org/ark：/48223/pf0000371303?posIn Set=1&queryId=599f493d-0785-41ae-afc5-7e6df371ab67.

续表

	学生能与各种各样的人一起有效地工作	学生努力与他人合作，或选择独自工作，或者经常以分歧告终。他们努力分担责任，但无法妥协	学生能够与小组中选定的成员一起工作。他们可以分担责任，并与一些人妥协，但不是所有人	学生能够与教室的任何成员一起工作。他们能够分担责任，并在必要时做出妥协
	学生能够接受他人的建设性反馈	这个学生很难接受别人的建设性反馈。他们很难接受批评并把批评应用到学习中去	该学生能够接受一些但不是所有成员的建设性反馈。学生可能或多或少地不愿意接受批评并应用到他们的工作反馈中。他们对成长和发展持开放态度	该学生能够接受他人的建设性反馈。他们欣赏并应用这些反馈来改进他们的工作并有益于他们的学习。他们的主要目标是在这个过程中成长

资料来源：UNESCO. Sport Values in Every Classroom：Teaching Respect，Equity and Inclusion to 8-12 Year-old Students，2020-04-20，https：//unesdoc.unesco.org/ark：/48223/pf0000371303?posInSet=1&queryId=599f493d-0785-41ae-afc5-7e6df371ab67.

　　此外，在 ASP net 教室里的体育价值观项目中，采用了学生为中心的基于学习过程 5 个层次学习结果的评估方法，每个层次都由一组特定的学生行为来定义，见表6–13。[①] 这 5 个层次可以帮助教师和学生意识到自己的行为，并集中精力朝着预期结果前进。对于尊重、公平、包容的三种核心价值观教育可以以此为评估框架对学生的学习进行评价，建立一个从初学者到高级学者的评价标准。例如对尊重的概念由不理解到基本理解、到理解、再到充分理解且能进行分析和评价，对尊重的行为由需要提醒才能做到，到不需要提醒就能做到，到经常性的表现出来甚至可以作为榜样。

表6–13　联合国教科文组织全球公民教育学习过程评估的五个层次

层次	责任内容
尊重他人的权利和感情	学生可能不会完全参与其中，但能完全控制自己的行为以免破坏他人的权利；学生经常脱离任务偶尔会参与其中，但需要提示和提醒；学生无法完成所有的任务，只在自己想完成的时候才完成任务

---

① UNESCO. Sport Values in Every Classroom：Teaching Respect，Equity and Inclusion to 8-12 Year-oldStudents，2020-04-20，https：//unesdoc.unesco.org/ark：/48223/pf0000371303?posInSet=1&queryId=599f493d-0785-41ae-afc5-7e6df371ab67.

续表

层次	责任内容
努力与合作	学生积极参与并愿意尝试新的主题活动，有兴趣学习和提高自我，但需要积极的行为提醒、指导和监督
自我导向	学生愿意独立工作，并越来越多地为自己的行为负责。学生有上进心，表现出积极的态度，按照要求完成任务，并承担老师指导以外的新技能的学习
帮助他人和领导力	学生通过合作、给予支持、关心和帮助他人来拓展其责任感；关心别人，愿意和班上的任何人一起工作；对别人的需要很敏感，并且愿意帮助所有人
迁移	学生通过在课堂内外的合作、给予支持、关心和帮助他人来扩展他们的责任感，例如在家庭和社区中

资料来源：UNESCO. Sport Values in Every Classroom：Teaching Respect，Equity and Inclusion to 8-12 Year-old Students，2020-04-20，https：//unesdoc.unesco.org/ark：/48223/pf0000371303?posInSet=1&queryId=599f493d-0785-41ae-afc5-7e6df371ab67.

第七章　亚洲协会全球素养教育

亚洲协会成立于 1956 年，最初旨在为美国提供有关亚洲社会、文化、经济发展的相关知识，以服务于美国的战略构建及民间活动的开展。在该机构的发展过程中，因其认识到学生具有全球意识与全球活动参与能力的重要性，进而构建起"全球素养"（global competence）这一概念。至今，亚洲协会成为参与全球素养概念构建与实践开展的重要国际推动者，其将全球素养作为实现美国与亚太地区之间理解乃至全球理解的基础，"全球素养"的重要性也反映在其教育发展的使命中——亚洲协会全球教育中心（Center for Global Education，CGE）的使命是发展学生、年轻领导者、教育者的全球素养。① 亚洲协会有关全球素养重要性、概念与实践路径的诸多主张，对于明确全球素养是什么、为什么重要以及应如何培养等关键问题都有一定的启发意义。

第一节　亚洲协会全球素养教育的历史发展

21 世纪以来，政治、经济、文化与科技发展的力量正在以前所未有的方式和发展速度影响着地球上的每一个人，随之而来的巨大变化以及社会未

---

① Asia Society. Center for Global Education –About，2021-02-05，https：//Asia Society.org/education/about.

来发展方向的不确定性对未来社会的领袖与生存者提出了不同于以往的全新需求。在社会挑战加剧，个人能力素养标准不断提升、复杂性增强的背景下，亚洲协会在其参与亚洲地区与美国青少年发展的过程中，愈发认识到了解并理解不同文化是未来世界参与者的必要素养。基于这一经验和理念，亚洲协会提出了"全球素养"（global competence）概念，并在参与教育实践发展的过程中不断完善这一概念内涵，丰富其发展手段，亚洲协会也在这一过程中成为"全球素养"的重要提倡者与推动者。

一、亚洲协会提出全球素养教育的背景

全球化、数字革命、大规模的人口流动以及未来气候变化的不确定性，都在迫使人类重塑对经济、文化、安全、环境等关键问题的理解，也引发了教育领域对未来人才培养标准的反思与担忧，"全球素养"概念呼之欲出。在众多社会变革因素中，亚洲协会突出强调了以下三大因素，这三大因素对未来生存者提出的挑战尤其需要生存者具备"全球素养"来应对。[1]

（一）全球经济结构更加扁平

随着经济全球化的发展以及高速互联网通讯的普及，资本的全球流动以及生产、消费、雇佣等行为超越国界的发展越来越普遍。全球范围内日益加剧的商品、思想、资本和人口流动，正在为来自世界各地的劳动者提供一个更加公平的竞争环境——劳动者的国籍和工作地点不再像以前一样重要，能干可靠、成本实惠的劳动者越来越受到雇主的青睐。经济的全球化发展使得全球经济的结构更加扁平化，未来劳动力的竞争将更加激烈，他们面临的竞争者将不局限在本国范围内，而是全球具有同样知识与技能的应聘者。

与此同时，新的劳动力分配结构也正在形成。处理常规事务或机械重复的工种正逐步被计算机、人工智能等新兴技术取代，低水平的劳动力市场需求正在收缩；而需要专业思考、复杂交流与创造力的工作将更加重要，这

---

[1]　Asia Society, *Educating for Global Competence*：*Preparing Our Youth to Engage the World*, New York：Asia Society, 2011, p.1.

一层次的劳动力市场需求也在不断增长。这一发展趋势对未来劳动者创造难以替代的价值提出要求，这种价值的创造将以内容丰富、结构完善的知识与技能为基础。美国新劳动力技能委员会（New Commission on the Skills of the American Workforce）指出，要成功地参与未来经济，劳动者需具备一种"根深蒂固的能够不断自我更新的创造力"，他们不仅需要创造前所未有的产品，还需在制造、销售、书写、拍摄等领域发挥创造力。[1]

在未来社会将面临更加扁平的经济结构与竞争加剧、要求提升的劳动力市场的背景下，学生必须了解影响他们未来生活和工作的经济、技术、社会力量，这就不可回避全球化这一主题，以及这一主题在这些关键领域的现实表现与未来发展，例如全球市场如何运作、跨国生产的兴衰、全球经济与文化发展的需求等。学生们应更深刻地理解并有效地参与到他们所生活的世界中，以全面发展其职前能力，这对他们在未来经济社会中的生存甚至引领有重要意义。

（二）全球移民规模愈加庞大

全球范围内的移民人口越来越多，这对社会、学校以及教室中的人口结构都带来了极大改变。根据联合国人口署的数据，截至 2010 年夏天，全球共有 2.20 亿移民人口，这一总量仅次于中国、印度和美国的人口总量[2]，移民人口向原籍国的汇款总量也越来越高，在该国的 GDP 中占重要比重。他们不仅对原籍国的经济产生了相当规模的贡献，来自发展中国家的移民也对其社会与文化产生重要影响——他们向外输出思想、专业知识、实践与技能，这些输出是其原籍国与东道国社会文化交融的结果，其传播对其原籍国的发展起到某些积极或消极的影响。[3] 人口结构正在发生巨变，未来社会的

---

[1]　National Center on Education and the Economy，*Tough Choices or Tough Times*，San Francisco：Jossey-Bass，2008，p.6.

[2]　UN Department of Economic and Social Affairs Population Division. International migrant stock：The 2010 Revision，2021-02-05，https：//www.un.org/en/development/desa/population/migration/data/estimates2/ estimates19.asp.

[3]　Peggy Levitt，Deepak Lamba-Nieves．"It's Not Just About the Economy，Stupid" - Social Remittances Revisited，2021-02-05，https：//www.migrationpolicy.org/article/its-not-just-about-economy-stupid- social-remittances-revisited.

文化多元性也将成为常态化现象，对此，年轻人需具有更强的能力与更包容的态度应对这一改变，并具备在这一环境中积极参与、幸福生活的能力。

对于有大量移民涌入的东道国土著民来说，跟有不同身份、文化、价值体系、语言和生活方式的人接触，都会促使年轻人将自己和他人进行比较，他们如何看待这种比较的过程及结果，将取决于他们在多大程度上准备好了在多元的社会中生活，而这种在多元社会中生活的能力是此前的教育所忽视的。与东道国土著民相比，庞大体量的移民者学生面临着更猛烈的冲击。由于数字革命的出现，21世纪的移民者不同于此前的移民者，他们生活在移民国家的同时，通过网络与原籍国保持着密切的联系，甚至通过网络参与原籍国的宗教、政治、经济与文化活动。对他们来说，除了与不同文化背景的人相接触的能力外，适应未来社会的生活还需要发展一种基于混合身份的自我认同。但不论是东道国的土著们还是移民者，都需发展一种能够处理好本国与他国、本土文化与他国文化关系的认知与交往能力。

（三）全球气候环境变化加剧

在过去的几十年里，地球上极端天气状况出现的频率越来越高，气温也呈整体上升的趋势。世界各地的科学家也都进行了预测，表示气候变化进一步出现的可能性很大。气候的变化不仅局限在全球变暖这一事实上，还将对地球的化学、生物产生极大影响——热胀和极地冰盖的融化导致海平面上升，从而影响沿海地区及其水资源的供应；气候及化学的变化也极有可能影响到陆地和海洋栖息地，导致生物大规模灭绝；不断上升的气温和变化的江水模式也影响着农业生产力。温室气体并没有国界的限定，所以本质上来说气候问题是一个全球性问题，气候变化以显著的方式影响着地球上的每一个国家和地区。全球范围内的政治生活领域见证了越来越多对环境问题的关注，其中年轻人是参与气候治理的重要群体。虽然在应对全球气候变化的问题上，各个国家已经做出不少努力，但仍不足以应对气候恶化的速度。

要使未来的年轻人准备好应对气候环境条件的不确定性，就需要了解地球的工作原理、气候变化为何以及如何发生、气候变化对地球生态的全方面影响等问题。除此之外，未来的年轻人更需具备提出应对这一问题的解决方案并全面权衡其风险的能力。对全球气候与环境的了解，以及对未来气候环境风险的处变能力，也需各国的教育系统审视其人才培养的目标与方式。

为应对全球不断调整的经济与劳动力结构、移民所构成的文化环境、挑战不断加剧的气候环境变化，教育需帮助未来的年轻人做好准备，成为具有卓越国际合作能力的个体。正如亚洲协会主席约瑟特·希兰（Josette Sheeran）曾说的，"当今的时代问题——大规模移民、暴力极端主义、不平等、气候变化等——超越了国家的边界，需要全球合作……应对这些挑战需要一种新的教育模式，这种模式可以使学生为在全球化世界中取得成功做好准备"①。

二、亚洲协会全球素养教育的发展历程

亚洲协会以促进美国人对亚洲地区的了解为目的所设立，在其推动这一目标的过程中逐步形成了培养全球公民的意识与追求，并发展成为"全球素养"教育的积极推动者与践行者。

（一）培养全球公民理念的形成

自 1956 年成立以来，亚洲协会一直在追求其创始人——约翰·洛克菲勒（John D. Rockefeller）设定的目标，即"为促进美国和亚洲人民之间更广泛和更深入的了解做贡献"。亚洲协会一直在其博物馆展览和举办研讨会中招待学童，以期使年轻的美国人对亚洲大陆上的国家文化有所了解。在 20 世纪 80 年代，亚洲协会扩大了其经营范围，并设立了一个完整的教育部门。该部门制作了各种材料，以使美国学生对亚洲有更好的了解。其中最早也是最成功的成果是名为"来自日本的录像带"（Video Letter from Japan）的纪录片，它展示了东京六年级学生的日常生活，约有 400 万来自美国、欧洲和

---

① Asia Society. Asia Society Launches Center for Global Education to Prepare Students for a Global 21st Century，2021-02-05，https：//Asia Society.org/media/our-news/asia-society-launches-center-global-education-prepare-students-global-21st-century.

澳大利亚的学生观看了这部纪录片。① 随后亚洲协会还聚焦印度、韩国推出了系列纪录片，可以说他们设计了丰富的教学资源与材料，来推动美国人了解亚洲这一目标的实现。

然而，当涉及到学生接受教育的这一过程时，洛克菲勒的目标变得难以实现。2001 年，亚洲协会发布了《学校中的亚洲》（*Asia in the Schools*）报告，调查了美国学生和成年人对亚洲的了解程度。然而报告的结果并不理想。报告显示：有一半的成年人和三分之二的学生错误地认为越南是一个岛国；四分之一的高中生无法命名美国和亚洲中间的海洋。报告指出，亚洲地区的战略重要性与美国人对这一重要地区的知之甚少存在着巨大鸿沟。然而，知识的缺乏并不是因为缺乏对亚洲日益重要的认识。该报告发现，74%的学生和 82% 的成年人同意学习亚洲将有助于为 21 世纪的生活和工作做准备这一观点，所以问题并不在学习者身上，而在学校教育过程中。②

这一报告结果表明，要想进行任何实质性的改变，就必须在学校中开展行动。根据报告的结果，76% 的学生认为教师和学校是他们获取有关亚洲信息的主要来源；有超过四分之一的成年人指出，学校是他们知识的主要来源。而 1999 年的一项教师调查发现，幼儿园至十二年级（K–12）的社会学科（social studies）教师用于了解亚洲的课堂时间平均不到 5%。可以说，尽管存在与亚洲有关的高质量教材，但学校和教师并没有充分利用它们，甚至根本不知道它们的存在。报告补充说道，寻找和发展能够在课堂中恰当使用亚洲材料的方法需要一定的时间和精力支持，但学校并不为这些努力买账。

亚洲协会认识到，对于这一现象，仅仅制作用于课堂的宣传材料不能

① Asia Society. TBT：In 1982，Japanese Sixth Graders Star in Asia Society Documentary，2021-02-05，https：//Asia Society.org/blog/asia/tbt-1982-japanese-sixth-graders-star-asia-society-documentary.

② Asia Society. From Offering a "Deeper Understanding" of Asia to Leading the Push for "Global Competence"，2021-02-05，https：//Asia Society.org/education/offering-deeper-understanding -asia-leading-push-global-competence.

达到理想的效果，还需要以一种系统的方法改变学生学习世界的过程，以及学生在全球的位置。因此，亚洲协会开始转变为一种驱动力，其目的不仅在于向年轻的美国人提供有关亚洲的信息，还在于使全球学生更好地与国际社会建立联系并成为真正的全球公民。

（二）"全球素养"理念的提出与发展

在形成培养全球公民的理念后，亚洲协会最初企图通过改变一线教育实践来达到影响美国 K–12 阶段国际教育的目标。为实现这一目标，亚洲协会于 2003 年建立了国际研究学校网络（International Studies Schools Network，ISSN），目标是缩小美国不同背景中学生的学业成就差距，以及弥补美国传统教育方式与参与全球经济所需的未来知识技能之间的差距。[①]在改进实践的同时，亚洲协会也从未放弃对加强全球教育的关注与参与。

2011 年，美国州席学校官委员会（Council of Chief State School Officers，CCSSO）与亚洲协会全球学习合作伙伴（Asia Society Partnership for Global Learning）合作组建的"全球素养"项目小组，探明了合作双方都感兴趣且关注的问题：具有全球素养的学生应具备什么样的能力，并发布了报告《全球素养教育：为我们的年轻人融入世界做好准备》（*Educating for Global Competence：Preparing Our Youth to Engage the World*）。该报告阐明了"全球素养"的概念，并为一线教师、学校管理者、非正规教育工作者、决策者、研究者、学生、家长以及所有有志为培养 21 世纪年轻人的利益相关者指出了开展"全球素养"教育的实践道路。这是亚洲协会首次明确提出"全球素养"的概念及其结构，不仅为其此后"全球素养"教育理念与实践的提出与进一步完善奠定了基础，也依托亚洲协会与其他重要的国际组织的合作关系而发挥了更大的国际影响力，例如 OECD 在 PISA 测试中使用的"全球素养"概念与结构就在很大程度上与亚洲协会的这一定义相似。

亚洲协会对"全球素养"理念的阐明与其实践的推进齐头并进，相辅

---

① Asia Society. International Studies Schools Network，2021-02-05，https：//Asia Society.org/international-studies-schools-network.

相成。继亚洲协会于 2003 年建立国际研究学校网络后，2012 年又建立了环球城市教育网络（Global Cities Education Network，GCEN），以加强美国学习与亚洲学校之间的互相学习与经验借鉴。此外，亚洲协会还提出了加强多语种教育、加强课外学习与活动、加强职业教育的全球维度等主张并开发了相应的学校教学和教师专业发展资源。[1] 这些努力为亚洲协会推出"全球素养"概念并获得全球的广泛认可奠定了基础[2]，同时也为亚洲协会积累了与学校及教师合作、践行最佳实践、开展教育教学评估、培训教师的丰富经验，使其有推出"全球素养"培养方案的资本与合法性。出于对"全球素养"教育更大影响力的追求，亚洲协会于 2016 年 9 月成立了亚洲协会全球教育中心[3] 并将上述主张与机构囊括其中，以发展学生、年轻领导者和教育者的全球素养（包括智力、社会与情感能力），使他们能够创造、参与并受益于一个和平与繁荣的世界[4]。

第二节　亚洲协会全球素养教育的理念基础

早在 2011 年，亚洲协会就提出了对"全球素养"这一概念并对其进行了界定，这一概念及其包含的几个维度成为此后亚洲协会提出并不断完善全球素养教育路径的重要根基。

一、全球素养的内涵与价值

亚洲协会在 2011 年与美国州席学校官委员会联合发布的报告《全球素养教育：为我们的年轻人融入世界做好准备》中，已经对"全球素养"这一

---

[1] Asia Society. About Asia Society，2021-02-17，https：//Asia Society.org/education/about.

[2] Asia Society. From Offering a "Deeper Understanding" of Asia to Leading the Push for "Global Competence"，2021-02-17，https：//Asia Society.org/education/offering-deeper-understanding- asia-leading-push-global-competence.

[3] Asia Society. Introducing the Center for Global Education，2021-02-17，https：//Asia Society. org/education/introducing-center-global-education.

[4] Asia Society. About Asia Society，2021-02-17，https：//Asia Society.org/education/about.

概念做过界定，指"理解具有全球意义的问题并对其采取行动的能力和倾向"。① 其中，"全球"不仅指地球上地理位置的不同，还包括那些构成人类所有经验和相互联系的各种人种、文化、思想、问题与机会。亚洲协会提出的这一概念涵盖两个维度：一是沟通、写作、批判思维与创造力的技能与能力，二是推动其为共同利益采取行动的价值观和态度。② 其中，学生掌握的信息量大小并非"全球素养"的核心追求，其主要追求的是学生理解特定情境、描述现象、揭示跨国联系的能力。③

具有全球素养的个体富有意识、充满好奇且有兴趣去学习了解世界以及世界是如何运行的。他们能够运用存在于各门学科中的概念、工具、方法和各种语言来参与处理当今时代的问题。他们在调查这些问题时会展开并发展这类专门知识，形成多元视角，有效地传达他们的观点，并采取行动来改善条件。④ 这其中既包含对世界重大问题的审视与识别能力，也包含与不同文化背景群体的沟通能力，以及参与世界改造的行动能力，但亚洲协会指出，应将"全球素养"看作一种综合的世界观，而不是一系列独立技能的组合。⑤

全球素养不同于以往一般技能的培养，例如数字、社会或信息处理技能。全球素养强调学生所处的错综复杂、相互交织的世界环境，以及在这一背景中对全球性议题关注的必要性。对年轻人个体而言，在工程、商业、科学、历史、生态等领域了解涉及全球意义的关键话题，能够帮助其成为具备竞争力、有职业道德且工作效率高的劳动者，更容易获得劳动力市场的青

---

① Asia Society. *Educating for Global Competence*：*Preparing Our Youth to Engage the World*, New York：Asia Society，2011.

② Asia Society. Introducing the Center for Global Education，2021-02-11，https：//Asia Society. org/education/introducing-center-global-education.

③ Asia Society. *Educating for Global Competence*：*Preparing Our Youth to Engage the World*, New York：Asia Society，2011，p.13.

④ Asia Society. *Educating for Global Competence*：*Preparing Our Youth to Engage the World*, New York：Asia Society，2011.

⑤ Asia Society. *Educating for Global Competence*：*Preparing Our Youth to Engage the World*, New York：Asia Society，2011，p.11.

睐；对整个社会而言，具备全球素养的年轻人有更强的动机与能力来应对世界的机遇与挑战，对自身在未来社会的行动力量也有更清晰的认识，他们有更强的能力与不同背景的人进行沟通、达成共识、构建合作、开展行动，进而促进全球关键问题的解决，这些人更可能成长为能够引领未来社会发展并推动社会做出改变的群体。①

二、全球素养的维度

亚洲协会认为"全球素养"包含 21 世纪学生所需的知识和技能，这些知识与技能包括以下四个维度：第一，探索世界（investigate the world），指学生能够探索他们周围环境以外的世界，提出重大问题并精心设计符合其年龄水平的研究；第二，分辨视角（recognize perspectives），指学生能够分辨他人和自己的视角，深思熟虑、心怀敬意地表达和解释这些观点；第三，交流想法（communicate ideas），指学生能够跨越地域、语言、意识形态和文化障碍，与不同的对象有效沟通思想；第四，采取行动（take action），指学生能够采取行动改善条件，把自己视为世界的一员并在思考中参与。②

亚洲协会将这 4 个维度视为"全球素养"知识、能力与态度要求的四大领域，并在教学实践与评价等环节参照这 4 个维度进行设计。为使不同群体在践行"全球素养"的育人实践中更准确地理解和把握这些概念，亚洲协会对这 4 个维度作了详细的阐述与说明。③ 这些维度的简要内涵如图 7-1 所示。

全球素养始于对世界及其运作方式的了解、好奇和兴趣，也即"探索世界"的强烈动机。具有全球素养的学生会提出并探索关键问题和"可研究"的问题，这些问题可能没有一个正确的答案，但可以使其在智力和情感

---

① Asia Society. Global Competence Outcomes and Rubrics，2021-02-05，https：//Asia Society.org/education/leadership-global-competence.

② Asia Society. What is Global Competence？，2021-02-05，https：//Asia Society.org/education/what-global-competence.

③ Asia Society. Global Competence，2021-02-05，https：//Asia Society.org/mapping-nation/global-competence？_ga=2.227959124.856868291.1612252949-1260833227.1600948515.

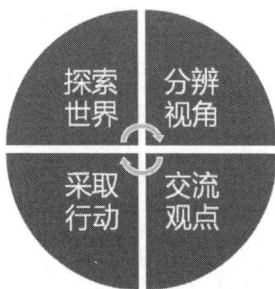

图 7-1　亚洲协会"全球素养"的维度划分

资料来源：Asia Society. *Educating for Global Competence*：*Preparing Our Youth to Engage the World*，New York：Asia Society，2011，p.12.

上整体参与。他们提出的问题在全球都具有重要意义，例如贫困、贸易、不平等、环境正义、冲突、文化差异、刻板印象等。这些问题解决的是全球范围内重要的现象和事件，而这些现象和事件涉及他们自己所处的环境以及全球社会。具有全球素养的学生可以阐明其所提出的问题的重要性，并通过识别、收集和分析来自本土和国际的多种可靠信息，知晓如何回答这些问题。从分析到收集资料再到整理的全过程中，学生可以筛选并整合证据，以在全面资料的基础上形成一个合理的结论。当然，学生最终形成的成果可以是多种形式的，例如提供科学解释的论文、问题解决方案抑或是一项艺术设计。

　　具有全球素养的学生能够认识到他们自身拥有某些观点，而这些观点可能并不被其他人所持有，即"分辨视角"维度。这些学生能够表达和解释其他个人、团体或思想流派的观点，并确定影响这些观点的因素甚至成因，而这种理解与分析建立在他们对其他文化或历史事件的了解与认识的基础上。例如，他们了解经济状况如何影响个体对生活的期待，宗教如何影响一个人的责任感，不同群体获得知识与技术的机会存在差异，这些因素都会影响个人的看法。此外，这些学生能够将自己的观点与他人的观点进行比较，并且在必要的时候能够基于二者的异同将观点整合，并形成新的立场或视角，这种新的观点对解决复杂的全球问题至关重要。①

----

① Asia Society. *Educating for Global Competence*：*Preparing Our Youth to Engage the World*，New York：Asia Society，2011，p.31.

　　具有"全球素养"的学生能够理解个体因文化、地理、信仰、意识形态、财富和其他因素的不同而有所差异的这一事实，并具备与不同受众有效交流的能力，即"交流想法"维度，这种交流包含语言性质的也包含非语言性质的互动。就跨文化的语言交流而言，学生要精通英语以及至少一种其他世界语言；就非语言交流而言，学生应具备传媒与艺术才能，并了解如何选择并有效使用恰当的技术与媒体方式和不同的受众进行交流，简言之就是在全球沟通的环境中具有技术与媒介素养（technology and media literate）。此外，学生交流能力的发展也不能仅限于对不同对象采取不同的交流策略，还需关注更为广阔的交流背景，如交流的原因、时间、地点、场合等因素，这对于交流目的的实现也具有重要影响。①

　　从了解世界到改变世界需要个体认识到自己能够有所作为并跨越行动的维度，即"采取行动"。具有全球素养的学生将自己视为世界发展的参与者而非旁观者，他们清醒地认识到，从理念的提出到这一目标的最终实现，中间必定会经历创造性的发展过程——用创新性的路径手段来推广与发展前所未有的理念与倡议。具有全球素养的学生可以独自或与他人一起，基于证据和个人经验对将要采取的行动进行构思与权衡，他们可以综合考虑各种观点以及这些提案的潜在后果与影响，在此过程中，他们也勇于采取行动并反思自己的行为。②

第三节　亚洲协会全球素养教育的实践路径

　　亚洲协会基于全球素养内涵的4个维度，提出了全球素养教育的培养目标，更为细致地提出了具有全球素养的学生应具备怎样的特质。在全球素养教育的实践中，亚洲协会将学校教育视为主要场所，其中又以教师的教学为

---

① Asia Society. *Educating for Global Competence*：*Preparing Our Youth to Engage the World*，New York：Asia Society，2011，pp.39-44.

② Asia Society. *Educating for Global Competence*：*Preparing Our Youth to Engage the World*，New York：Asia Society，2011，p. 45.

主体，对教师的教学活动提出了一个指导框架。在教师教学活动之外，学校的文化塑造、教师的专业能力与校外资源的整合被亚洲协会视为全球素养教育的重要支撑举措，为学生全球素养的教育活动保驾护航。

一、亚洲协会全球素养教育的培养目标

亚洲协会将"全球素养"定义为理解和处理具有全球意义的问题的能力与倾向，其探索的教育实践的目的即发展学生的这种能力与动向。由于亚洲协会将"全球素养"这一概念具化为 4 个紧密联系的维度：探索世界、分辨视角、交流观点、采取行动，其对学生的培养也从这 4 个方面设定了更为细致的目标，如表 7–1 所示。

表 7–1　亚洲协会全球素养教育的培养目标

探索世界	分辨视角	交流观点	采取行动
学生能够生发并确定一个问题，并解释在地方、区域或全球范围内该问题的重要性	学生能够认识并表达自己对环境、事件、问题或现象的观点，并确定什么影响了这一观点	学生能够识别并表达不同受众可能从同样的信息中感知到的不同含义，及其对交流的影响	学生能够识别并创造个人或写作行动的机会，以改善环境、事件、问题或现象
使用各种语言、国内外资源和媒体来识别和权衡相关证据，以解决具有全球意义的可研究问题	审视他人、群体或思想流派的观点，并确定什么影响了这一观点	倾听并与不同人有效沟通，使用适当的口头或非口头的行为、语言和策略	开展基于证据和潜在影响的评估和行动，同时考虑以往做法、不同观点和潜在后果
对收集到的证据进行分析、整合和综合，以构建对全球重大可研究问题的一致回应	解释文化互动如何影响情境、事件、问题或现象，包括知识的发展	选择并使用适当的技术和媒体与不同的受众进行沟通	通过个人或合作方式，以创造性和不违背道德的方式促进本地、区域或全球的改进，并评估所采取行动的影响
根据可靠的证据提出论点，综合多种观点并得出合理的结论	阐明获得知识、技术和资源的途径差异是如何影响生活质量和观点的	反思在一个相互依存的世界，有效沟通是如何影响理解与合作的	反思自身在本地、区域或全球倡导并推动改进的能力

资料来源：Asia Society. *Educating for Global Competence*：*Preparing Our Youth to Engage the World*，New York：Asia Society，2011，p.102.

除了对学生整体知识与能力的目标设定外，亚洲协会还识别出几门关键学科：艺术、英语语言艺术、数学、科学、社会研究以及世界语言——作为学生"全球素养"综合发展的支撑性学科，并对这些学科领域学生"全球素养"的发展设定了目标。例如，在艺术学科，"交流观点"维度的目标就包括学生能够考察不同受众对艺术表达的理解和反应的差异，并且能够欣赏各种形式的艺术表达，运用艺术的方式、形式或媒介与世界各地的受众交流；在数学与科学学科，"探索世界"维度的目标分别预期学生能够使用统计模型和科学调查的方法设计研究方案，在"分辨视角"维度，数学学科预期学生能够考察他人或思想学派的观点如何影响统计结果的应用与解释，而科学学科则期待学生能够解释文化互动对科学知识发展的影响。① 但总体上，这些关键学科的目标设定仍以表 7-1 所示的目标结构为依据，只是结合学科内容与特性，提出了更为细致的学生培养目标要求。

二、亚洲协会全球素养教育的教学框架

认知与教学专家大卫·帕金斯（David Perkins）指出，教师在进行教学设计时，应牢记 4 个长期存在的教学问题：（1）什么话题最重要？（2）学生能从一个单元、项目、参观或课程中得到什么？（3）学生如何做才能有效学习？（4）如何知道学生正在取得进步？针对这些关键教学问题，哈佛大学零点项目（Harvard Project Zero）、亚洲协会等研究与实践团队共同建议，教师应在"全球素养"教学设计与实施过程中回应这 4 个问题，选取具有本土与全球意义的话题，关注全球素养的结果，设计全球素养的表现，实施以全球素养为中心的评价。在此基础上，亚洲协会提出了指导全球素养教学的框架，如图 7-2 所示。

（一）选择具有本土与全球意义的话题

在"全球素养"的教学中，话题的选择至关重要，它起到了影响全球

---

① Asia Society, *Educating for Global Competence：Preparing Our Youth to Engage the World*, New York：Asia Society, 2011, pp.103-108.

什么话题最重要？

具有本土和全球意义的话题
• 促进深度参与
• 体现本土与全球联系
• 体现全球意义
• 以学科和跨学科学习为基础

学生如何做才能有效学习？

全球素养的表现
• 使用学科知识与技能
• 聚焦全球素养
• 在学生的本土经验与世界间构建联系
• 认知、社会、情感参与
• 个人合成

学生能学到什么？

设定个单元的教学目标
• 体现一门或多门学科中的重要知识技能
• 聚焦于与话题最为相关的全球素养维度
• 教学目标应与学生共享

如何指导学生正在进步？

开展全球素养测评
• 聚焦全球素养
• 开展持续的评价
• 提供信息反馈
• 教师、学生、利益相关者共同实施

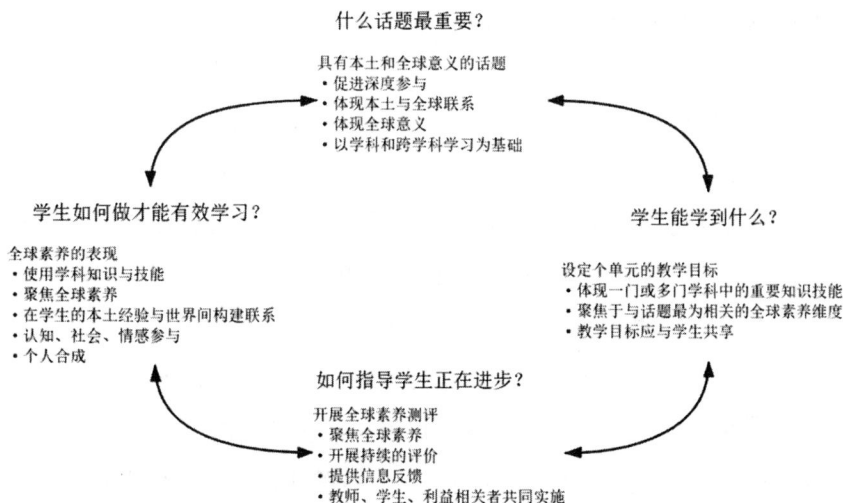

图 7–2　亚洲协会全球素养的教学框架

资料来源：Asia Society. *Educating for Global Competence*：*Preparing Our Youth to Engage the World*，New York：Asia Society，2011，p.55.

素养教学效果的根本作用。在全球素养的教学活动中，具有本土与全球意义的话题是最重要的话题。那么，如何辨别话题具有本土和全球意义？如何看待这一话题中本土与全球的联系边界？如何选择最重要的具有本土和全球意义的话题？亚洲协会提出了 4 项标准，用来判断一个话题是否重要且具有本土和全球意义。

1. 能够激发学生与教师深度参与的话题

有意义的话题应与学生所处的世界相关，因为学生对他们感到熟悉，也就容易发展出参与的热情。在理想情况下，与学生密切相关的话题也会与教师密切相关，同样能激发教师的探究兴趣。在考虑一个话题是否适合开展全球素养教学时，教师可以思考以下几个问题：这个话题与学生的生活和兴趣有何联系？我对探究这个话题有热情吗？有没有更好的方法构建该话题，使它对学生更具吸引力？

2. 能够联系本土与全球的话题

几乎所有问题都可以在个人与群体、本土与全球之间构建联系，但由于联系的视角存在差异，不同问题适合开展的全球话题也存在差异。例如语言、母爱、友谊等人类共同的主题，可以用来探寻与之相关的各种文化变量；当关注国际公约或协议时，可以探究全球政策对地方问题的影响。不同问题构建的本土—全球联系存在不同难度，对学生的理解能力与教师的教学能力要求都存在差异。对此，教师需结合学生的年龄、年级以及自身的教学水准，思考以何种方式引导学生理解相应话题。

3. 具有明确全球意义的话题

高质量的全球素养教学话题需经受全球意义的考验，但"具有全球意义"的维度是多元的，可以从话题的广度、独特性、时效性、紧迫性、后果、伦理影响等方面评判话题的全球价值。有些话题因其对全球范围内的几乎所有人都产生影响而重要，如气候变化；有些话题因其需要急切的解决方案而重要，如女童受教育权问题；有些话题因其直接影响到学生所处的社区与学习生活而重要，如全球移民问题。明确话题具有全球意义是开展高质量全球素养教学的基础。

4. 以跨学科学习为基础的话题

全球素养教学的话题选择应能够促进真正的学科或跨学科探索。学科知识与技能是解释情境和提出解决方案的必备素质，但高质量的全球素养教学话题不只指向学科知识的记忆，更指向学生利用学科知识与技能解决全球问题的能力。这其中，采用多门学科的知识与技能来描绘、分析、解决问题的能力尤为重要，因为当前与未来社会将面临的全球问题极为复杂，并非局限在某一学科领域。对此，全球素养教学话题的选择应体现跨学科视角，帮助学生从不同学科的角度理解全球问题的复杂性，并发展学生用不同学科的知识与技能解决这些问题的能力。当然，既体现全球意义，又体现学科交叉性的问题域在教科书中尚且不多，这些话题的发现与确定需要教师的探索与挖掘。

（二）设定各教学单元的目标

设定教学目标有助于教师的教学管理，保障学生的学习过程与结果。根据亚洲协会提出的全球素养教育目标，如何在具体教学中依据这些目标选取教学内容、设计教学方式？亚洲协会提出以下标准。

1. 教学目标应体现一门或多门学科中的重要知识技能

全球素养教学并非要求教师超出课程标准选择与创造内容，而是可以在课程标准的规定内容中，选择能够开展全球话题教学的学科关键知识。例如，在经济学中 GDP 这一概念及其计算方法，在生物学中光合作用的机理及其对自然的影响，都可以视为课程标准中的重要知识。教师可让学生使用 GDP 的概念比较中美经济增长，也可以让学生利用碳循环的知识解释森林在减缓全球变暖过程中的作用。教师应基于各学科重要知识与技能选取具有全球意义的话题，并将学科重点体现在全球素养的教学目标中。

2. 教学目标应聚焦于与话题最为相关的全球素养维度

在全球素养教学过程中，每个主题与全球素养教育目标的不同维度或许都存在一定联系，只是程度有所差异。教师应在教学设计上思考与该话题关系最为密切的全球素养维度，制定更为细致、明确的全球素养发展目标，以更好地把握话题的核心内容。对此，亚洲协会给出了如表 7–2 所示的案例。

表 7–2　专注于全球素养不同维度的教学目标案例

全球素养维度	探索世界	分辨视角	交流观点	采取行动
科目 / 领域	历史	地理	生物	冲突解决
教学目标	学生理解美国和法国大革命对两个或两个以上大洲的殖民地的意义	学生了解海平面上升如何对不同的沿海地区产生差异影响	学生能够使用数字媒体教同龄人如何在肯尼亚和印度建一个有机花园	学生了解冲突解决的本质以及如何启动筹款活动来支持本地的青年计划

资料来源：Asia Society. *Educating for Global Competence*：*Preparing Our Youth to Engage the World*，New York：Asia Society，2011，p.59.

3. 教学目标应与学生共享

高质量的教学设计使得全球素养不仅处于学科、单元、项目的中心地位，也处于教师和学生的中心，学生也应了解教师设定的教学目标与课程、学科目标。此外，亚洲协会认为，这些目标也应与家长、学校的其他成员、学生所在的社区以及其他利益相关者共享，以支持学生全球素养的培养与发展。

（三）采用促进全球素养发展的学生参与方式

教师在高质量的全球素养教学中应设计学习体验，鼓励学生从一个或多个学科的视角思考，并应用概念、方法、工具理解具有全球意义的问题。

在亚洲协会与 OECD 联合发布的报告《为全球素养而教——在快速变革的世界培养全球素养》（*Teaching for Global Competence in a Rapidly Changing World*）中，两个机构共同提出有助于推动全球素养教学效果的教学手段：①结构化辩论：让学生小组为全球议题的对立立场进行辩护，使其深入探究课题，同时发展其沟通和论证能力。②有组织的讨论：由杜克大学的达拉·迪尔多夫（Darla Deardorff）提出，帮助学生表达个人视角，运用证据支持个人观点，并学会倾听，遇到新的合理的信息也愿意主动改变个人观点。③时事学习（learning from current events）：帮助学生了解世界各地的时事，以及这些时事与课堂学习、个人生活、社区生活等的关联。④游戏式学习：要求学生遵守规则，通过团队协作，为有需要的人探索解决方案。⑤项目式学习：这是培养全球素养的重要教学手段，适用于各个年级、年龄、议题和主题，一般以小组形式进行，要求学生开展真实项目的合作。亚洲协会全球教育中心提出了推动项目式学习的 SAGE 框架，其内涵及开展方式如表 7–3 所示，此外该组织还提供了包括农业、商业、健康、法律、安全等多个话题在内的项目式学习的教学案例供教师参考。① ⑥服务式学习：让学生参与并反思一项惠及社区的有组织的活动，以加深对课堂所学课题或视角的认知。②

---

① Asia Society. Projects Organized by Topic，2021-02-07，https：//Asia Society.org/education/projects-organized-topic.

② Asia Society & OECD. Teaching for Global Competence in a Rapidly Changing World，2021-1-23，https：//Asia Society.org/sites/default/files/inline-files/teaching-for-global-competence-in-a-rapidly-changing-world-edu.pdf.

表7–3 SAGE项目式学习

字母含义	学生选择—S (Student choice)	真实体验—A (Authentic experience)	全球意义—G (Global significance)	向真实观众展示—E (Exhibit to a real audience)
教师教学要求	提供合作环境，以便师生明确期望，共担责任，共同主导，让学生熟练掌握技能；给学生选择空间，使其主导学习，深度参与学习	为学生提供各种机会：参与实际情景中专业人士的重要工作（包括确定行动、组织策划团队、研究、筹划、反馈、修改）	让学生将所学知识用于实际生活中的相关议题，培养其思维和行为习惯，以及为解决全球问题而采取有效性的动力	为学生提供机会：向真实听众介绍自己所做的工作，获得重要反馈，从而培养修正和改进工作、提高技能的能力
学生学习要求	选择并确定研究的主题或问题，建立假设，选择项目合作伙伴与指导人员，设计项目方案	在真实情景下体验项目；学生之间进行充分的交流、合作、批判性思考、创新、谈判，尽可能积极使用数字媒体	积极参与，主动思考与反思，构建项目学习内容、过程与全球意义、全球素养提升的关联	向现实生活中的听众展示项目成果，包括但不限于学校成员、家长团体、营利与非营利组织等人员，以及博物馆、图书馆、线上论坛等场景

资料来源：根据相关资料整理。

（四）开展以全球素养为中心的评价

经过设计的教学单元需包含评价环节，以展现学生在全球素养实践中的各方面表现和学习经历。在评价学生工作的多个目标中，如学生的学习习惯、学习投入和学习的深度，教师需将重点放于全球素养的评价上，具体包括检查学生如何通过学科和跨学科的知识来探索世界、探讨具有全球意义的话题、分辨观点、沟通想法以及采取行动。评估在一个学习单元或课程的起始就应开启，当教师邀请学生分享他们对所探究的全球话题的想法和问题时，就已经开始了对学生学习方向、假设和可能误解的评估；评估应在单元或课程的过程中持续进行，教师需在这一过程中对学生的全球素养发展给予长期指导与支持。评价的内容包括学生所写的文章、开展的演示、创造的艺术作品等成果，教师需向学生提出建议来表明其优点和进一步发展的空间。除教师外，学生的学习伙伴、相关学科教师、社区成员、行业专家等不同群体也可共同实施评价与反馈，学生能够形成多角度的全球视角，并且社区成员和专家对学生作品的反馈能够让学生意识到其参与活动的意义已经超出了成绩、考试和课堂，对全球这一概念有更加真切的感知和理解。[1]

此外，基于亚洲协会提出的全球素养教学框架，教师可以采用如表7-4所示教学清单对自身的教学活动进行反思。

表7-4　亚洲协会全球素养教学清单

检查是否适用	标准	评论
在本单元/本项目/本节课中，我是否选择了具有本土或全球意义的话题？		
该话题是否促进了深度参与？		
该话题是否体现了本土或全球意义？		
该话题是否体现了全球意义？		
该话题是否具备了学科或跨学科的基础？		
我是否设计了基于学科的学习成果，并聚焦于全球素养？		
学习目标是否抓住了一门或多门学科的重要知识和技能？		
所学的学习成果是否体现了相关的全球素养？		
学习目标是否与学生和利益相关者分享？		
在本单元/本项目/本节课中，我是否设计了全球素养的表现？		
我设计的全球素养的表现是否包括了使用学科或跨学科知识和技能？		
我设计的全球素养的表现是否聚焦于特定的全球素养？		
我设计的全球素养的表现是否连接了本土与全球？		
我设计的全球素养的表现是否促进了个人综合能力的形成？		
在本单元/本项目/本节课中，我是否设计了以全球素养为中心的评价？		
我的评价是否聚焦于全球素养？		
我如何持续地评估学生的学习？		
我的评价如何反馈给学生？		
除了我之外，还有谁对学生的学习进行评价与反馈？		

资料来源：Asia Society. *Educating for Global Competence：Preparing Our Youth to Engage the World*，New York：Asia Society，2011，p.71.

---

[1]　Asia Society. *Educating for Global Competence：Preparing Our Youth to Engage the World*，New York：Asia Society，2011，pp.65-66.

三、亚洲协会全球素养教育的支持举措

自 2003 年以来，亚洲协会的国际研究学校网络制定了一个全面的学校设计框架，以系统地培养学生思考和处理全球问题的倾向与能力。这一框架包含 6 个维度：学校的愿景、使命、文化；学生的学习成功；组织与治理结构；协作关系；专业发展；课程、教学与评估。[①] 这 6 个维度的内容可以整合为以下 3 个层面的支持性举措。

（一）学校：打造融合"全球素养"的文化

为发展学生的全球素养，学校内部应提升全球素养教育的期望、坚定态度、加强传统和价值观。一所学校的愿景或使命宣言确定了其核心价值观以及对学生的期望，同时也为规划和决策提供了重要依据。因此，向学生和教育工作者传递明确的信号，即学校将发展学生的全球素养作为优先事项，是一种使命宣言。

学校的愿景和使命可以促进学校创建包含全球素养的校园文化，尤其可以推动学校在多个方面关注具有全球意义的问题，包括学校走廊上的海报内容，学生与教师在校期间正式与非正式活动的主题等。学校致力于培育核心的全球素养，即探索世界、分辨视角、交流观点、采取行动的能力，评估他们的价值并使学生有时间加以实践。事实上，在全校范围内创建全球素养的文化不仅包括实施以全球素养为核心的教学，它还要求学校创造一种环境，使学生逐渐具备全球素养的思维与行为方式，发展成一种思维与行为习惯。

亚洲协会提出一种方法，可以将学校的使命转化为具体的实践标准与导向，即建立毕业生档案（graduate profile），描述达到毕业要求的学生必须具备的特定知识、技能与性格特点。他不仅列出了期望学生达到何种表现，还明确提出希望学生将来成为怎样的人。当然毕业生档案的设计工作需要教师、学校、家庭、社会的广泛合作，反映他们的理念与理想，因此不同地区、

[①] Asia Society. *Educating for Global Competence*：*Preparing Our Youth to Engage the World*，New York：Asia Society，2011，pp.78-87.

不同背景的学校，其毕业生档案或许存在差异。亚洲协会的国际研究学校网络设计了一种毕业生档案，作为其中的一种方案供学校改编使用（见表7–5）。

表 7–5　国际研究学校网络设计的毕业生档案标准（高中生）

毕业生为进入大学做好准备，他们能够：
·通过完成大学预科、全球化学习课程获得高中文凭，其中要在课程中展示出为大学做好了准备
·有研究、理解和发展有关世界文化或国际相关问题新知识的经验
·学习如何管理自己的学习，通过确定选择、评估机会和组织教育经验，适应全球化社会中的工作和生活
·为高等教育、工作和服务做好准备

毕业生拥有全球化时代所需的知识，他们理解：
·数学是理解世界的普遍途径：用数学的符号、语言和惯例来解决复杂的、真实的问题并表达他们的理解
·关键性的科学概念，参与科学推理，运用科学探究的过程来了解世界，探索解决全球问题的可能办法
·自然地理和人为现象如何影响文化发展以及历史和当代世界事件
·世界重大事件和文化的历史，并利用这种理解来分析和解释当代世界问题
·艺术和文学，并用其观察自然、社会和文化，表达思想和情感

毕业生拥有在全球环境中取得成功的技能，他们：
·具备"21 世纪的文化素养"——精通英语阅读、写作、观看、听说能力，并掌握至少一种世界语言
·通过分析和制定可行的解决方案来解决未知或单一正确答案的问题，展示创造性、复杂思维和问题解决问题
·利用数字媒体和技术，获取和评估来自世界各地的信息，有效地交流、整合和创造知识
·做出健康的决定，增强身体、心理、情感健康

毕业生与世界相联系，他们：
·与不同文化背景的人有效合作，寻找跨文化团队合作的机会
·从多个角度分析和评估全球问题
·了解世界上的人和机构是如何相互联系的，理解国际经济、政治、技术、环境和社会体系在国家和地区之间相互依存地运作的重要性
·接受全球公民的责任，做出道德决策和负责任的选择，为更公正、和平和可持续的世界发展做出贡献

资料来源：Asia Society. *Educating for Global Competence：Preparing Our Youth to Engage the World*，New York：Asia Society，2011，p.79.

当然，在学校构建全球素养支持性文化的过程中，应密切关注学生的发展困境与需要。当学生真正参与探索世界，分辨自己和他人的观点，向不同受众传达想法并采取行动时，他们经常遇到颇具挑战性的想法、令人不安的事实、耐人寻味的意见以及令人兴奋的机会。此时，教育工作者表现出对学生兴趣、世界观与立场的尊重，并邀请学生分享观点、展开讨论，共同解决学生的难题，对于学生在面临困难时的顺利过渡有很大帮助。因此，学校增加"全球素养"维度的期望、态度、价值观和文化，不能停留在对世界文化的了解与欣赏层面，而应落实到保障并促进学生跨文化能力的发展实践中。

为有效支撑学校氛围与文化的打造，学校领导应带领学校的教职工团队深入了解全球素养对每位学生成功的重要性，并思考学校在 21 世纪的使命是什么。管理团队应系统地探索应如何处理具有全球意义的事项，并努力使之成为学校的文化基石，这可以反应在学校的结构、实践以及与校外的人员和机构的关系中。除了校内文化氛围的打造外，学校也应保障课程结构与内容的全球特性，这是校园"全球素养"文化的具象表现以及促进学生发展全球素养的实际载体。

（二）教师：专业学习共同体

教师是发展学生全球素养的关键参与主体，要想让学生获得全球素养的发展，教师自身首先要具备全球素养能力，以及帮助学生发展全球素养的教学能力。对于教师应具备的全球素养标准，亚洲协会在《开阔视野：建立全球素养的课后项目》（*Expanding Horizons：Building Global Literacy in Afterschool Programs*）报告中提出，教育工作者需要掌握与国际内容有关的知识，能够制定适当的教学策略，从多角度进行教学并处理敏感问题；了解国际问题的教师团队更有可能知道如何设计有用的活动来帮助学习者了解世界。[①] 对于那些尚且缺乏全球素养的教师而言，需要一种专业学习共同体推

---

① Asia Society. *Expanding Horizons：Building Global Literacy in After School Programs*，New York：Asia Society，2009，pp.62-64.

动其全球素养水平的提升。教师的专业共同体能够通过专业发展活动学习如何整合有意义的全球内容，以及如何融入全球素养的发展；开展合作课程、体验式学习等活动，丰富教学方式与教育内容；共同开发教师可以在课堂上使用的资源，如书籍、电影、网站等。①

教育工作者这些能力的提升以教师全球素养的发展为动力基础，同时也有赖于环境对他们的支持。这些支持可以从不同层面给予，以促进教师团队形成学习共同体，提升教师团队的整体水平：根据高绩效国家的经验，各国可以利用其教师资格认证制度，与本身已日益全球化的高等教育机构合作，为教师的全球素养制定目标，推动教师培养方案的变革；在学校层面，校长与学校管理者的能力对教师全球素养的提升至关重要，优质的学校领导者应具有支持、评估和发展教师素养的能力，根据教学目标合理地分配资源的能力，以及建立学校与家长、企业等合作关系以支持学校使命的达成与教师发展的能力。②

（三）校外资源的配合与支持

在学生全球素养的培养与发展过程中，家长多样化的语言和文化背景是宝贵的财富。学生了解自己从哪里来，自己背后的文化和身份是什么，有助于支撑他们更好地走向世界，识别自己的全球定位。而学生对自身的认识，对当地社会与文化的认识，在很大程度上来自于父母对其成长的参与。③

企业、大学、博物馆、文化组织，都是支持学生全球素养发展的重要资源。亚洲协会尤其重视企业的作用，认为企业面临的全球性更强，企业能够带给学生全球素养的发展机会也更多，包括财政资源或全球实习机会。

---

① Asia Society. *Educating for Global Competence*：*Preparing Our Youth to Engage the World*，New York：Asia Society，2011，p.85.

② Asia Society. *Educating for Global Competence*：*Preparing Our Youth to Engage the World*，New York：Asia Society，2011，pp.91-93.

③ Asia Society. *Expanding Horizons*：*Building Global Literacy in After School Programs*，New York：Asia Society，2009，pp.20-21.

此外，国家和地方的技术资源也是学生连接全球的重要资源，技术部门可以鼓励使用来自世界各地的信息资源，以帮助教师通过课堂参与国际合作，增加学生参加国际课程和世界语言在线学习的机会，促进学生在网上参与国际项目。例如在美国，国际教育资源网（iEARN）、理解之桥（Bridges to Understanding）、和平便士（Pennies for Peace）、全球儿童（Global Kids）、全球画廊（Taking IT global）、理解世界（World Savvy）等非政府组织正在积极联系年轻人，与全美各地的学校与学区合作。这些机构的资源能够很好地将年轻人与世界相连，支持学生全球素养的发展。①

此外，跨学科学习、教学都需要丰富的素材作为支撑，不仅教师可以进行开发，校外专业团队开发的素材也可以作为教师教学和学生课后活动的资料来源。亚洲协会在不同学科列出一些可供使用的校外团队开发的资源案例，供教师和校外活动开发者使用。英语素养的提升可以通过阅读国际文化与文学作品、撰写国际报道、创建国际图书馆等方式发展；世界语言素养的提升需要社会提供浸入式的语言发展环境，校内外的各种语言资源和人员都可对学生世界语言的学习与锻炼形成支持；科学素养的发展可以通过参加针对年轻人的科学探索活动实现，科学博物馆、科学专家协会、科学基金会等官方组织可以将活动信息发布在网站上，或开发线上互动资源，供学生参加；经济和职业素养的发展最好能通过实地的调研与考察发展，这就需要商业公司与学校、家庭协作，为学生提供在真实环境中观察、探索、实习、反思的机会；艺术素养的发展需要通过与艺术品的接触实现，如观赏、创作和消费艺术，或与艺术家接触对话；体育与游戏也可以发展学生的全球素养，夏季奥运会、冬季奥运会都是学生通过体育运动发展全球素养的重要活动。② 除此之外，各国的社会团体也可根据本土情况与全球素养教育目标制定相应的教学材料，供校内外的教学与项目使用。

---

① Asia Society. *Educating for Global Competence*：*Preparing Our Youth to Engage the World*，New York：Asia Society，2011，pp.93-94.

② Asia Society. *Expanding Horizons*：*Building Global Literacy in After School Programs*，New York：Asia Society，2009，pp.29-59.

第四节　亚洲协会全球素养教育的评价

在不同利益相关者中，全球素养的评价的实施以学校为主，在学校的各行为主体中，又以教师为主。在教师开展的单元教学成果评价之外，亚洲协会还提供了针对不同年级和不同程度的全球素养发展标准，供学校培养与发展学生全球素养做参考。

一、不同年级阶段的评价标准

亚洲协会将学前教育阶段至十二年级划分为 6 个层级，每个层级依据全球素养的 4 个维度制定了相应的评价标准，作为学生的发展标准。亚洲协会指明了每个层级对应的年级以及学生年龄作为参考，其中在低年级阶段，亚洲协会还细分为幼儿园、一年级、二年级共 3 个层次，并分别制定了评价标准。

（一）低年级学生全球素养的发展标准

亚洲协会将幼儿园阶段、一年级和二年级都归为低年级学段，对处于这一阶段的 4—7 岁儿童制定了如表 7–6 所示的全球素养发展标准，作为评价依据。

表 7–6　低年级学生全球素养的发展标准

	探索世界	分辨视角	交流观点	采取行动
幼儿园	·在鼓励和支持下，可以就对社区很重要的问题提问，并可以选择一种资源进一步了解这一问题 ·可以阅读或与他人交谈来解决问题 ·在鼓励和支持下，可以认识到有许多不同的观点	·在鼓励和支持下，可以在课堂中说出对某一问题的看法，可以识别他人不同于自己的观点，可以认识到自己对环境的反应，可以解释其他人对某个想法的感受	·可以通过语言和文字与他人分享我的想法——在鼓励和支持下，能够看着听众，大声而清晰地分享我的想法，以便听众能够理解 ·可以与伙伴或团队合作——在鼓励和支持下，可以轮流发言，并在不懂时提问 ·可以利用资源与教室外的人交流	·可以告诉别人一个问题 ·可以说出如何解决问题

续表

	探索世界	分辨视角	交流观点	采取行动
一年级	·可以就对社区很重要的问题提问，并解释为何这个问题是重要的 ·可以在帮助下选择一种资源进一步了解这一问题 ·可以看书、视频或图片来回答这一问题 ·可以认识到有许多不同的观点，并且每种看法都有原因	·可以说出有关家庭或学校重要问题的看法，并分享关于观点的一个原因 ·可以识别他人不同于自己的观点 ·可以认识到自己对环境的反应 ·可以解释其他人对某个想法的感受	·可以通过语言和文字与他人分享我的想法——能够使用完整的句子，看着听众，大声而清晰地分享我的想法，以便听众能够理解 ·可以与伙伴或团队合作——可以轮流发言，尊敬地同意或不同意，补充同伴的话，请同伴解释他们的想法，与他人一起达成一个目标 ·可以利用资源与教室外的人交流	·可以告诉别人一个问题 ·可以分享自己看法的原因 ·可以给出解决问题的方法 ·可以描述解决问题的计划
二年级	·可以就对社区或世界很重要的问题提问，并解释为何这个问题对许多不同的人都很重要 ·可以在帮助下选择一种资源进一步了解这一问题 ·可以找到并解释有助于回答问题的证据 ·可以选择对重要问题的意见，并通过作者如何解释或描述该问题了解作者的观点	·可以说出有关一个问题的个人观点，并分享关于观点的一个原因 ·能够意识到他人有不同于自己的观点 ·能够识别他人对情况的反应不同于自己 ·知道别人关于某一社区或世界问题的看法	·在鼓励和支持下，知道听众对谈论话题的看法 ·可以通过语言和文字与他人分享我的想法——能够使用完整的句子，看着听众，大声而清晰地分享我的想法，以便听众能够理解 ·可以与伙伴或团队合作——尊敬地同意或不同意，补充同伴的话，请同伴解释他们的想法，与他人一起达成一个目标 ·我可以利用资源与世界各地的人交流 ·在鼓励和支持下，可以描述听众对演讲观点的反应与反馈	·可以确定何时需要改变或改善情况，并分享其原因 ·可以想出不同的方法来做出改变并解释他们如何改善情况 ·可以描述改善情况的行动计划及细节 ·在鼓励和支持下，可以反思计划，包括机会本身及其能否解决问题

资料来源：Asia Society. *Complete Set of Global Leadership Performance Outcomes*，New York：Asia Society，2013，pp.3-6.

在幼儿园阶段，多数标准都允许在鼓励和支持下完成，可见教师和家长在学龄前儿童全球素养的发展中扮演着重要的引导者角色；该标准的具体要求也较为简单、初级，在一定程度上符合学龄前儿童的身心发展特点——"调查世界"要求学生具备了解世界的初步能力，"认识观点"要求儿童发展表达、识别观点的基本素质，"交流观点"要求儿童发展不同形式、在不同场景进行交流的初级技能，"采取行动"在这一阶段只要求儿童在知识层面具有问题解决的方案意识，而未要求儿童采取具体行为。

与幼儿园的儿童相比，一年级学生在4个维度的评价都更看重儿童的独立性，即不在鼓励和支持下可以独立完成任务。在4个维度的具体标准中，"探索世界"增加了儿童对于问题解释能力的适当要求；"分辨视角"提高了对儿童解释观点的要求，由与课堂相关问题扩展为与学校或家庭相关的问题，并要求学生能够说出其看法的一个原因；"交流观点"提高了对儿童观点表达与交流的形式要求，如使用完整的句子、尊敬地表达自己的态度、与同伴互动等等；"采取行动"要求儿童具备更强的设计问题解决方案的能力，但仍未要求儿童采取具体行为。

二年级与一年级相比，对问题认识、表达和行动的复杂性要求提升。"探索世界"扩充了问题提出与资料使用的世界维度，增加了儿童解释问题重要性的难度，要求其能解释为什么这一问题对许多不同的人都很重要，而不是泛泛而谈；"分辨视角"取消了对儿童说明看法的问题域限制，并开始强化儿童区分自己与他人的观点和反应；"交流观点"要求学生在指导帮助下锻炼和发展识别他人看法与反应的初步能力；"采取行动"通过更细致的要求对儿童的问题解决能力提出了更高标准，包括识别解决问题的时机、预期解决方案的结果、描述解决方案的细节、反思解决方案的可行性等。

（二）三年级学生全球素养的发展标准

亚洲协会对8—9岁的三年级学生制定了如表7-7所示的全球素养发展标准。与二年级的标准相比，三年级学生的全球素养标准开始强调更广泛的问题域，涉及到本土、区域乃至全球性问题，在各维度下要求的难度有明显的提升。这一级标准的表述不再是形象的语言、具体的行为，而是具有一定抽象性、概括性的语言，这也是要求的复杂性、多样性提升的表现。

表 7-7　三年级学生全球素养的发展标准

探索世界	分辨视角	交流观点	采取行动
·就本土或区域问题提出广泛的问题，并确定其与全球社会的相关性 ·依赖与当地或区域问题相关的单一资源 ·从与本土、区域或全球问题相关的证据中提供基本观点 ·针对全球性问题，理解并准确重申某一观点，并提供至少一份支持性证据	·表达对情况、事件、问题或现象的基本个人看法 ·认识到其他人、团体或学者的观点与自己不同 ·认识到人们对情况、事件、问题或现象的不同反应方式 ·识别对情况、事件、问题或现象的其他观点	·确定听众对某一主题的整体看法 ·使用基本的语言和非语言沟通技巧进行沟通和协作 ·以一种基本的方式应用所提供的资源，如技术或媒体，与来自不同背景的个人进行交流 ·广泛观察听众的反应和/或反馈	·确定改善情况、事件、问题或现象的具体需求 ·基于对情况、事件或问题的基本理解提出假设性行动 ·确定为解决本土、区域或全球问题而可能采取的具体个人或合作行动，无论该计划是否可能改善情况 ·反思拟议行动和倡导改进的一般适当性

资料来源：Asia Society. *Complete Set of Global Leadership Performance Outcomes*，New York：Asia Society，2013，p. 8.

　　与二年级相比，三年级的标准在"探索世界"上增加了问题提出的难度，要求学生能够就本土或区域的所有问题提问，而非局限于某些重要问题，此外还要识别其提出的问题与全球社会的相关性连接，在资源的搜集方面，学生需形成从证据中提炼观点的初步能力，并发展能够理解并重申他人观点的准确转述能力；"分辨视角"不再局限于特定的问题，而是拓宽至某个情况、事件、问题或现象，识别他人与自身不同的观点与反应方面，也随着对问题范围的拓宽而要求提升；"交流观点"对学生与听众的互动能力、从其反应中摄取信息并归纳梳理观点的能力要求更高；"采取行动"要求学生对于行动的背景给予更多关注，如需改善的情况的具体需求，并且开始让学生构思可以采取的具体行动。

　　（三）五年级学生全球素养的发展标准

　　亚洲协会对 9—11 岁的五年级学生制定了如表 7-8 所示的全球素养发展标准。这一标准较三年级学生的标准而言，能力要求有进一步提升。

表7-8　五年级学生全球素养的发展标准

探索世界	分辨视角	交流观点	采取行动
·就本土、区域或全球问题提出问题，并确定其对全球社会的意义 ·选择并使用一些本土资源来确定解决全球问题的证据 ·提供与全球问题相关证据的准确观点 ·针对全球性问题，根据某一来源的证据提出观点	·表达个人对情况、事件、问题或现象的看法 ·识别其他人、团体或个人的观点 ·识别观点如何影响不同的人对情况、事件、问题或现象的反应 ·识别对情况、事件、问题或现象的其他观点，并为该观点提供合理的理由	·解释听众对某一主题的看法 ·使用适合大多数听众的语言和非语言策略或行为进行沟通和协作 ·利用所提供的资源，如技术和媒体，与来自不同背景的个人进行交流 ·观察听众的反应和/或反馈，并对沟通选择提出相关改变	·确定改善情况、事件、问题或现象的具体需求，以及合理的个人回应 ·根据感知到的潜在影响提出假设行动 ·描述一个合理的计划，以改善当地、区域或全球局势的方式，针对当地、区域或全球局势采取单独或合作行动 ·反思拟议行动和倡导改进的可能有效性

资料来源：Asia Society. *Complete Set of Global Leadership Performance Outcomes*，New York：Asia Society，2013，p.16.

　　"探索世界"要求学生能够自主选择并使用资源作为支撑观点的证据，并进一步要求学生能够根据证据提出准确的观点，而不仅仅是基本的观点；"分辨视角"不仅要求学生能够认识到观点的不同，还要其能够识别他人的不同观点是什么，以及这些观点如何导致其不同的反应，在识别对某一情形的其他观点时，还需解释这一观点的合理性；"交流观点"在学生能够认识到听众不同观点的基础上，要求其解释听众的观点，为进行有效沟通，学生被要求采用适合大多数听众的交流沟通方式，并根据听众的反应调整其沟通方式，学生利用资源的能力也有更高要求；"采取行动"初次对学生构建的行动方案解决问题的有效性提出了一定要求，如在方案设计环节增加对方案潜在影响的分析，学生描述的行动计划需考虑到方案的实际效果等。

　　（四）八年级学生全球素养的发展标准

　　亚洲协会对12—14岁的八年级学生制定了如表7-9所示的全球素养发展标准。在这一层级的标准中，"探索世界"不仅要求学生确定问题并构建其全球意义，还要求学生选取的问题具有可研究性，并为问题的全球意义提供合理的原因；此外，该标准首次提到对学生从证据中梳理观点、确定立场的能力要求；"分辨视角"与上一级标准呈现出的明显不同在于，学生"识别观点"的标准提高至"总结观点"的标准，此外，也从观点与背景因素关系的特定角度对学生分析不同观点原因的能力提出要求；"交流观点"标准的很大不同在于，要求学生对于听众的回应进行预测，此外与不同背景的人进行交流的资源不限于提供的特定资源，而是学生自主选择的适当的资源；"采取行动"的最大不同在于，首次要求学生参与到改善情况的具体行动中去。

表 7-9　八年级学生全球素养的发展标准

探索世界	分辨视角	交流观点	采取行动
·就本土、区域和/或全球问题提出可研究的问题，并提供其对全球社会有意义的一般原因 ·选择并使用各种资源来确定解决全球问题的相关证据 ·分析和整合证据以制定对全球问题的回应 ·根据证据确定其反应的特定立场，该立场反映了对问题的部分理解	·对情况、事件、问题或现象表达清晰的个人观点 ·总结其他人、团体或学者的观点，这些观点可能不同于自己的观点 ·总结观点如何影响不同的人对情况、事件、问题或现象的反应 ·识别对情况、事件、问题或现象的其他观点，并与背景因素（如获取知识、技术或资源）建立联系	·预测具有特定视角的特定听众将如何回应传达的信息 ·通过使用适当的言语和非言语行为、语言和策略进行沟通和协作，展示对特定听众的理解 ·选择和运用适当的资源，如各种世界语言的技术和媒体，与背景不同的个人进行交流和合作 ·观察听众的反应和/或反馈，并对沟通选择提出适当改变	·参与解决某一情况、事件、问题或现象的合作行动 ·根据证据和潜在影响制定行动计划 ·针对本土、区域或全球局势采取单独或合作行动，以适当的方式改善局势 ·反思拟议行动和倡导改进的有效性

资料来源：Asia Society. *Complete Set of Global Leadership Performance Outcomes*，New York：Asia Society，2013，pp.24-25.

（五）十年级学生全球素养的发展标准

15—16 岁的十年级学生，其全球素养发展标准如 7-10 所示。在这一层级的标准中，"探索世界"要求学生能够使用国内和国际资源作为证据，并首次要求学生根据证据对全球性问题得出结论；"分辨视角"的标准与八年级学生的标准差别不大；"交流观点"对学生沟通方式的要求更加细致，包括要求学生的沟通策略适应特定的听众、对听众的反应做出具体和有针对性的沟通策略变化等，且沟通的对象从不同背景的人扩展到各式各样的人，这其中将不只限于人们的背景不同，还包括其立场、观点、主张的不同；"采取行动"在这一层级不仅注重采取行动本身，在关注行动方案评估与反思的同时，也增加了对学生在行动前察觉行动机会、行动中评估行动的价值、行动后描述行动结果的能力的关注与要求。

表 7–10　十年级学生全球素养的发展标准

探索世界	分辨视角	交流观点	采取行动
·就本土、区域和/或全球问题提出可研究的问题，并解释其对全球社会的意义 ·选择并使用多个国际和国内资源，以确定解决全球问题的相关证据 ·分析和整合证据以形成对全球问题的有力支持 ·根据证据确定立场，并对全球性问题做出合理结论	·对情况、事件、问题或现象表达清晰的个人观点，确定该观点的影响来源之一 ·解释其他人、团体或个人不同于自己的观点 ·识别和描述视角如何影响人们对情况、事件、问题或现象的理解和反应 ·解释对情况、事件、问题或现象的各种观点或理解，并对获取知识、技术或资源等背景要素进行反思	·预测具有特定视角的特定关重将如何理解传达的信息，并调整沟通方式以满足其特定需求 ·通过使用适合特定听众的言语和非言语行为、语言和策略进行沟通和协作，展示对特定听众的理解 ·选择并运用适当的资源，如技术和媒体，与各种各样的人进行沟通和协作 ·对听众反应和/或反馈进行准确、具体的观察，并对沟通选择提出具体、有针对性的改变	·识别个人或合作行动的机会，以尝试改善情况、事件、问题或现象的现状 ·基于证据评估方案、行动计划及感知到的潜在影响 ·单独或合作执行文化适切且可能改善本土、区域或全球现状的计划，评估行动的价值 ·反思自身行动和倡导改进的有效性和适当性，描述行动的结果，并注意到对未来行动和倡导的影响

资料来源：Asia Society. *Complete Set of Global Leadership Performance Outcomes*，New York：Asia Society，2013，pp.34-35.

（六）十二年级学生全球素养的发展标准

16—18 岁的十二年级学生，其全球素养发展标准如 7–11 所示。与前一级标准相比，"探索世界"要求学生能够从广泛的资源中确定对某一问题的最重要证据，对学生提出问题、做出回应、确定立场的能力要求也更高；"分辨视角"不仅增加了对学生解释个人观点的要求，也提出了学生能够解释视角如何影响人们互动的能力要求；"交流观点"将听众由特定视角拓展为不同视角，由个人拓宽至集体，并强调改进沟通的行为对达到改进沟通目的的有效性；"采取行动"与上一级要求的最大不同在于，要求学生创造行动的机会，这一标准真正促进学生发展为积极参与全球问题的解决与改善的行动者。

表 7-11　十二年级学生全球素养的发展标准

探索世界	分辨视角	交流观点	采取行动
·就本土、区域和／或全球问题提出具体的可研究问题，并解释其对全球社会的意义 ·选择并使用各种国际和国内资源，以确定和衡量解决全球问题的最重要证据 ·分析、整合和评估证据以对全球问题做出一致、有力的回应 ·根据证据确定明确的立场，并对全球性问题得出合理的结论	·表达并解释对某一情况、事件、问题或现象的明确而具体的个人观点，并描述该观点的影响来源 ·解释其他人、团体或学者的观点并与自身观点相区分 ·解释视角如何影响人与人之间的互动以及对情境、事件、问题或现象的理解 ·解释不同的背景（如获取知识、技术和资源）如何影响对情况、事件、问题或现象的观点和理解	·预测不同视角的听众将如何理解传达的信息，基于此满足不同听众的需求 ·通过使用适合特定听众的言语和非言语行为、语言和策略进行沟通和协作，展示对不同听众的理解 ·选择并运用适当的资源，如技术和媒体，与不同的个人和群体进行有效的沟通和协作 ·对听众的反应和／或反馈进行准确、具体的观察，并做出适当的改变，从而改进沟通	·识别并创造个人或合作行动的机会，以尝试改善情况、事件、问题或现象的现状 ·通过评估以前的方法、不同观点和／或潜在后果，根据表明潜在影响的证据，评估备选方案和行动计划 ·单独或合作执行符合文化适切且极有可能改善本土、区域或全球现状的计划，评估行动的影响 ·反思自身行动和倡导改进的有效性和文化适宜性，诚实地描述行动的结果以及对未来行动和倡导的影响

资料来源：Asia Society. *Complete Set of Global Leadership Performance Outcomes*，New York：Asia Society，2013，pp. 45-46.

二、不同发展水平的评价标准

在三年级至十二年级的 5 个层级中，亚洲协会还列出了每个维度发展标准的 4 个程度。在此以十二年级学生全球素养标准中的交流观点维度为例，表 7–12 所示为这一年级全球素养发展的不同程度标准。可以看出，亚洲协会制定的程度标准在每一个维度都有最低底线，并且标准由低到高体现了全球素养由简单到复杂且细致的高要求。

7–12　十二年级学生全球素养"交流观点"维度发展的不同程度标准

评价维度	出现（emerging）	发展（developing）	精通（proficient）	高级（advances）
理解多样的受众	预测具有特定视角的特定受众将如何对传达的信息做出反应	预测具有特定视角的特定受众将如何理解所传达的信息；运用这种理解来调整沟通方式以满足受众的特定需求	预测具有不同视角的受众将如何理解所传达的信息，运用这种理解来满足不同受众的需求	准确理解不同受众的独特视角及其对他们理解沟通信息的影响，运用这种理解来满足不同受众的需求
与不同的人沟通	通过使用大体适合特定受众的言语和非言语行为、语言和策略进行沟通和协作，展示对特定受众的理解	通过使用适合特定受众的言语和非言语行为、语言和策略进行沟通和协作，展示对特定受众的理解	通过使用适合特定受众的言语和非言语行为、语言和策略进行沟通和协作，展示对不同受众的理解	通过熟练有效地使用针对特定受众定制的口头和非口头行为、语言和策略进行沟通和协作，展示对不同受众的准确而详细的理解
使用技术和媒体	选择并应用适当的资源，如技术和媒体，与来自不同背景的个人进行沟通和协作	选择并应用适当的资源，如技术和媒体，与各种各样的人进行沟通和协作	选择并应用适当的资源，如技术和媒体，与不同的个人和团体进行有效的沟通和协作	选择并熟练应用适当的资源，如技术和媒体，与不同的个人和团体进行专业的沟通和协作
反思沟通的有效性	观察受众的反应和／或反馈，并提出适当的沟通选择改变：信息、策略或资源	对受众的反应和／或反馈进行准确、具体的观察，并对沟通选择提出有针对性的改变：信息、策略或资源	对受众的反应和／或反馈进行准确、具体的观察，并对可能改进沟通的沟通选择进行适当的改变：信息、策略或资源	根据受众的反应和／或反馈，评估沟通选择的有效性，并做出有针对性的改变，从而明显改善沟通

资料来源：Asia Society. *Complete Set of Global Leadership Performance Outcomes*，New York：Asia Society，2013，p.53.

　　亚洲协会出于"为促进美国和亚洲人民之间更广泛和更深入的了解做贡献"的机构使命，在其服务两地文化交流的过程中，结合教育发展与文化理解的需要，提出了全球素养概念以及一套全球素养教育方案设想。整个方案以其对全球素养内涵的分解为基础，在教育目标设定、教学方式选择、评价标准制定方面，均从探索世界、分辨视角、交流想法、采取行动四个子维度展开，并且注意从学校文化、教师、校外资源三方面打造全球素养教育的支持性举措。其突出特色在于对"全球"的理解包含地理与文化双重纬度，以及评价标准结合学生的发展规律进行分层，可操作性强。但由于不同学科的全球素养发展目标、教学资源与方式还需教师自行探索，因此亚洲协会的方案在实践中对学科教师的综合素质要求较高。

第八章 美国全球素养教育

从目前世界范围的教育改革看，全球素养教育顺应了全球化时代发展趋势，是各国核心素养或关键能力的重要组成维度。美国作为一个"移民国家"，较早关注并实施了全球素养教育。进入新世纪以来，美国全球素养教育更表现出了系统性的设计和实践，在理论、政策与实践方面取得了较为丰富的经验。

第一节 美国全球素养教育的历史发展

"全球素养"这一概念是美国于1988年最早提出的。[①] 在该年发布的《为全球素养而教：国际教育交流咨询委员会报告》中，美国提出了"全球素养"的概念，要求在高等教育领域帮助学生增强与世界的联系、理解世界的变化、有效参与全球劳动力市场的竞争。[②] 为全面了解全球素养教育的历史发展，本节从其产生背景和发展历程两方面进行分析。

---

① 唐丽芳、杨芸艺：《全球素养教育：国际动向与我国的发展方向》，《外国教育研究》2019年第4期。
② 张蓉：《培养教师的全球素养：美国的举措及启示》，《南京师范大学学报》（社会科学版）2018年第6期。

一、美国全球素养教育产生的背景

综合而言，美国全球素养教育的产生主要源于世界联系日益紧密需要培养世界公民等五大背景。目前，美国的全球素养教育已经超越单纯的教育政策，成为美国参与全球竞争与治理、维系全球领导地位和国家安全的国家战略。

（一）世界联系日益紧密需要培养世界公民

当今世界正处于全球化时代，人们联系日益密切，政治、经济、贸易互相依存，文化相互影响，这无疑对这个时代的人提出了相应的素质要求并进一步对全球素养教育提出了要求。例如，跨国交流与商务活动已日益成为大中型企业日常事务的一部分，企业随之需要招录具备娴熟全球化能力的员工。①

1923 年，美国全国教育协会（The National Education Association）在旧金山主办了世界教育大会（World Conference on Education）。时任大会主席奥古斯都·托马斯（Augustus Thomas）在发言中指出："今天的公民必须是世界的公民。他必须了解世界，知道这个世界正在发生着什么，知道如何用和世界相关的语言解释世界。"②

随着全球化浪潮的推动，人们也逐渐开始意识到，单一型外语人才无法满足联系日益紧密的世界的需要，且外语人才培养不应只集中于高等教育领域。作为全球素养教育的早期形式，国际理解教育③随之开始在美国中小

---

① 徐瑾劼、张民选：《美国国际教育发展战略（2012~2016）评述》，《外国教育研究》2014年第 2 期。

② 王涛：《二战前的国际教育——教育国际化的起源与发展》，《外国教育研究》2008 年第 11 期。

③ 全球胜任力（即全球素养，同一名词的不同译法，引者注）的内涵，可以回溯至联合国教科文组织长期倡导且已为国内基础教育界所广泛熟知的国际理解教育（education for international understanding），从 20 世纪向 21 世纪过渡进程中国际理解教育发展为全球素养教育。见赵中建《从国际理解教育到全球胜任力教育》，《上海教育科研》2019 年第 7 期。

学课程中扩充。① 其中，美国与世界的联系就是美国中小学国际理解教育三大主要内容之一。美国公民以多种方式与全球议题和不同文化裹挟在一起，学生必须了解美国与世界的历史与当代联系。②

（二）多元文化社会需要培养公民的理解与交往能力

作为世界最大的移民国家，美国是一个多元文化的社会。根据 2020 年 11 月美国皮尤研究中心（Pew Research Center）发布的美国移民人口统计报告，2018 年美国移民人口达到了 4480 万人，约占世界移民总数的 1/5 和美国人口的 13.7%。③ 在这种情况下，培养美国公民相互理解、尊重彼此的不同文化传统并与彼此进行沟通、交往和合作的能力就显得尤为重要。

一方面，面对移民社会及由此带来的多元文化社会中不可避免的"区别""偏见"问题，必须要通过教育培养公民对多元文化的开放态度、改变自身的传统观念与思维等。例如，美国学者哈雷（John Eugene Harley）就提出"通过培养学生的'国际思维'（International Mind）克服民族主义的傲慢情绪，消除对其他民族抱有的偏见"。④

另一方面，从基数庞大的移民者而言，他们无疑也需要通过全球素养教育来适应他们所来到的多元文化社会。为此，学校也将承担相应的责任：让学生做好应对差异性和复杂性的准备；为青年在多元文化共存的新环境中做好准备；管理这种复杂性，如培养关系、有效沟通、共同努力、重视差异并从中受益。⑤ 同时，随着移民不断涌入，如何能够在尊重本土文化的基础上，通过加强对移民子女的教育，给予他们"身份"的认同，缩小本地学生

---

① 吕晓爽：《美国中小学国际理解教育研究》，硕士学位论文，华中师范大学教育学院，2019 年，第 11—16 页。

② 吕晓爽：《美国中小学国际理解教育研究》，硕士学位论文，华中师范大学教育学院，2019 年，第 20—24 页。

③ 佚名：《皮尤发布最新美国移民人口报告》，2020 年 10 月 28 日，见 https://new.qq.com/rain/a/20201028A024KK00。

④ 王涛：《二战前的国际教育——教育国际化的起源与发展》，《外国教育研究》2008 年第 11 期。

⑤ 吕晓爽：《美国中小学国际理解教育研究》，硕士学位论文，华中师范大学教育学院，2019 年，第 9—11 页。

与移民子女的成绩差异，亦是多元文化背景下教育改革亟待解决的命题。[①]

（三）全球化问题的出现需要培养人的应对与解决能力

随着社会的发展、全球化进程的加快，人权、环境、核扩散、人口迅速扩增、疾病蔓延、气候变暖、财政危机、社会不平等加剧、极端主义出现等超越国界的全球性问题日益凸显。

对此，今天的学生不仅需要具备丰富的知识和理解能力去处理这些跨边界问题，而且他们也必须学会和来自全世界的同伴积极对话，以共同应对这些全球性挑战。[②] 正如全美州立学校首席教育官理事会（The Council of Chief State School Officers，CCSSO）及亚洲协会（Asia Society）所认为的那样，全球化带来了许多问题，其中许多问题既是本地的，也是全球性的，应对这些问题需要未来的公民能够深刻理解全球性问题的本质并与世界各个角落里的其他公民共同协作解决。[③] 这一点也在美国致力于全球素养教育的全国性非政府组织"世界智慧"（World Savvy）所提出的全球素养框架（详见本章第二节第二部分）中得到了体现。

从现实来看，全球性事务、议题与挑战也成为了美国中小学国际理解教育三大主要内容之一。[④] 归根结底，这些措施都是为了通过教育让学生应对复杂的全球性问题、提高人类集体福祉做好准备。

（四）维系全球领导地位需要培养全球竞争与治理能力

作为世界超级大国，美国各级各类教育本身的一个重要目的就在于培养能够参与全球竞争与治理的国际化人才。例如，今天的学生需要跟全世界的同龄人竞争就业机会，这些就业机会要求先进的知识和超越常规的技能。

[①] 徐瑾劼、张民选：《美国国际教育发展战略（2012~2016）评述》，《外国教育研究》2014年第2期。

[②] 马毅飞、谭可：《美国国际教育政策的战略走向——基于〈美国教育部2012—2016国际战略〉的分析》，《现代教育管理》2015年第6期。

[③] Veronica Boix Mansilla，Anthony Jackson，*Educating for Global Competence：Preparing Our Youth to Engage the World*，New York：Asia Society，2011.

[④] 吕晓爽：《美国中小学国际理解教育研究》，硕士学位论文，华中师范大学教育学院，2019年，第20—24页。

"在当今美国，每五个工作岗位中就有一个是与国际贸易紧密联系的，多元化知识背景的人才在国际市场上日益发挥着更加重要的作用。"① 因此美国教育部提出，学生要想在这样的环境里获得成功，就需要表现出更高的学业水平，具备理解和尊重他国多元文化以及与世界交流互动的能力。②

在 21 世纪全球经济竞争和地缘政治气候中，美国高层次精英更意识到，如果美国想继续担任世界领导者的角色，必须让全体国民适应时代的发展，具备参与世界的能力，为未来社会做好准备。③

为此，美国教育部在其使命说明中就明确说道："我们的使命是通过实施卓越的教育、确保平等的机会来促进学生的成就并为全球竞争力做准备。"④ 2012 年美国联邦教育部国际事务办公室发布了教育国际化战略报告——《通过国际教育与国际参与制胜全球》(*Succeeding Globally Through International Education and Engagement* (2012—2016))，报告中第一个战略目标就是提升全美学生的全球素养。2018 年 11 月，美国联邦教育部在更新后的教育国际化战略报告中重申美国致力于在这个相互联系又充满竞争的世界让每一名学生都能做好准备，并进一步详细阐述了美国国际教育战略的三大目标：提高所有学生的全球和文化素养；向其他国家学习；与其他国家一起加强美国教育。

（五）巩固符合美国利益的世界和平与维护国家安全需要增进国际理解

美国实施全球素养教育的另一个重要目的在于希望借此进一步增进国际理解，巩固世界和平、维护国家安全。二战结束后，联合国、世界银行和经济合作与发展组织等国际组织极力促进国家间的团结协作。其中以美国

---

① 马毅飞、谭可：《美国国际教育政策的战略走向——基于〈美国教育部 2012—2016 国际战略〉的分析》，《现代教育管理》2015 年第 6 期。

② 马毅飞、谭可：《美国国际教育政策的战略走向——基于〈美国教育部 2012—2016 国际战略〉的分析》，《现代教育管理》2015 年第 6 期。

③ 吕瑶爽：《美国中小学国际理解教育研究》，硕士学位论文，华中师范大学教育学院，2019 年，第 11—16 页。

④ U.S. Department of Education. Overview and Mission Statement，2020-05-21，https：//www2.ed.gov/about/landing.jhtml.

为首的同盟国开始将目光放在 K–12 教育运作上并采用联合国赞助项目的形式开展，如联合学校项目网络（Associated Schools Project Network）自 1953年以来通过会议和任务的形式将 180 多个国家的 9000 多个教育机构连接起来，促进和平、可持续发展、文化间对话和全球平等。①

到了 20 世纪 50 年代，美苏冷战的国际环境引起了决策者对美国国家安全的担忧，联邦政府在高等教育领域和外语学习方面投入资金。苏联卫星上天以后，美国教育部于 1958 年颁布了《国防教育法》，在第六条款中赞助开展了创建区域中心，研究世界不同区域等多项国际理解教育活动。1961 年，美国国会通过的《相互教育和文化交流法》（又称《富布莱特—海斯法案》）为教育和文化交流项目提供了资金支持，其中就包括为 K–12 阶段教师的出国项目和海外研讨会项目划拨差旅费。与《国防教育法》第六条款一样，这些项目也强调区域学习和外语发展。②

2001 年发生的"9·11 事件""使全球化挑战、国际研究和教育对美国国家安全的重要性，在一个极度恐怖的瞬间变得具体化"。美国需要拥有更多具备全球素养的公民以及更多熟知世界各个地区的国际专家。因此，美国教育部提出，公民意识和全球意识对于理解美国自身以及国际关系都是不可或缺的，而外语技能和区域专业知识对国家防护、国土安全和法律执行更是必不可少的。③

二、美国全球素养教育的发展历程

全球素养教育虽然是一个新的概念，但从内容和形态而言，其在美国并不是新生事物。事实上，作为全球素养教育的早期形式，国际理解教育在

---

① 吕晓爽：《美国中小学国际理解教育研究》，硕士学位论文，华中师范大学教育学院，2019 年，第 11—16 页。

② 吕晓爽：《美国中小学国际理解教育研究》，硕士学位论文，华中师范大学教育学院，2019 年，第 11—16 页。

③ 马毅飞、谭可：《美国国际教育政策的战略走向——基于〈美国教育部 2012—2016 国际战略〉的分析》，《现代教育管理》2015 年第 6 期。

很早之前就广泛存在于美国中小学教育中。① 从国家政策目标定位和教育理念转变这个维度来看，美国尤其是基础教育层面的全球素养教育从 1946 年至今主要经历了以下三个阶段：②

(一) 培养精英外语人才和区域问题专家 (1946—1966 年)

二战结束后，以美国与苏联为首的两大军事集团之间开始对峙，争夺世界霸权，冷战序幕拉开。美国为了称霸全球，急需与其他国家进行文化上的广泛和深入交流，输出美国式价值观。1946 年，杜鲁门总统正式签署了《1946 年富布莱特法案》(*The Fulbright Act of 1946*)，标志着美联邦政府对国际教育和文化交流的正式介入。后续的《史密斯—蒙特法》(*Smith-Mundt Act*, 1948)、《国家科学基金会法案》(*The National Science Foundation Act*)、《1961 年富布莱特—海斯法案》(*Fulbright-Hays Act*, *1961*) 均对《1946 年富布莱特法案》进行了修正补充，使得教育交流项目得以延续且扩大了资助范围和对象。

1957 年，太空竞赛使美国萌发出危机感，于是教育领域开始反思，掀起改革浪潮。于是 1958 年颁布实施《国防教育法》(*National Defense Education Act*, 1958)，拨款资助大学开发高质量的科学、数学、外语和地区研究项目，强调了外语教学的重要性。

20 世纪 60 年代中期是肯尼迪和约翰逊执政的时代。为了建立一个全新的世界，普及美国的"伟大社会"，1966 年约翰逊总统签署《国际教育法》(*The International Education Act*)，增加了对研究生层次的国际教育，把资助范围扩展到本科层次，赋予了高校实施各种国际教育计划的自由，旨在增进国际理解、培养世界领导人。

这一时期，美国政府制定了一系列以《1946 年富布莱特法案》《国防教育法》《国际教育法》为代表的政策来培养学生的全球能力，从法律角度为

---

① 吕晓爽：《美国中小学国际理解教育研究》，硕士学位论文，华中师范大学教育学院，2019 年，第 11—16 页。

② 计莹斐：《美国基础教育全球胜任力培养研究》，硕士学位论文，华东师范大学教育学部，2019 年，第 31—35 页。

全球素养的长期培养与稳定投资提供宽松的政策支持和充足的资金保障，发展得以制度化和正规化。然而这一时期以文化、意识形态和价值观输出为主，将教育上升到国家的意志层面，与国家利益和国家安全紧密地联系在一起，以培养精通语言和区域事务、能为国家安全和利益献身的国际专家为主要目的，政治色彩浓厚。

（二）加强基础教育学生语言和文化学习（1967—1999 年）

20 世纪 60 年代和 70 年代，投入东南亚战争使得美国民众反感介入国际事务，加上国内民权运动和反贫困运动的崛起，使美国社会陷入内外交困。这一时期联邦政府的努力在下降，未对全球素养的培养加以重视，培养全球素养的国际教育发展身处"寒冬期"。

20 世纪 80 年代和 90 年代，伴随着信息技术的发展、全球经济的竞争和苏联的解体，美国拥有了较之以前更为强大的资金和技术，其国际教育开始复兴。1988 年，美国国际教育交流协会发表的报告《为全球素养而教》（*Educating for Global Competence*），首次提及"全球素养"这一概念，揭示了提升全球素养的重要性和紧迫性；1990 年《教育交流促进法案》（*Educational Exchanges Enhancement Act，EEEA*）通过，提出扩大美国学生留学的人数，同时吸引外国学生到美国；1991 年，布什总统签署生效《国家安全教育法》（*National Security Education Act*），目标在于"为联邦政府的国家安全部门与机构提供更多受过更好训练的了解世界区域与语言的专家"；1994 年克林顿总统签署的《2000 年目标：美国教育法》（*Goal 2000：An Educate America Act*）和 1996 年美国教育部出台的《外语学习标准：为 21 世纪做准备》（*Foreign Language Learning Standards：Preparing for the 21st Century*）均指出加强基础教育学生语言和文化的学习，以使其能在 21 世纪国际社会成功交流；1995 年，美国教育委员会下属的国际教育委员会发布了《为不断变化的世界而教育美国公民：高等教育国际化的十条基本规则》（*Educating Americans for a World in Flux：Ten Ground Rules for Internationalizing Higher Education*）报告，进一步提出所有毕业生掌握至少一门外语、所有毕业生理解至少一种其他文化等十条基本规则；1998 年，该机构又发布研究报告《为全球素养而教：美国未来的通行证》(*Educating for Global Competence*：*American's Passport to the Future*)，再次呼吁为增强美国在世界范围内的领导者角色，必须加强培养学生的全球素养，确保所有美国人具备全球素养。

这一时期，受国内外局势的影响，对国际化人才的培养遭遇先冷后热的局面，主流价值仍是以培养更多的精英外语人才和区域问题专家，然而美国联邦政府从聚焦高等教育领域逐渐转向关注基础教育，意识到必须加强所有学生语言和文化方面的学习。

（三）普及全球素养培养的国家教育战略（2000 年至今）

进入 21 世纪，教育国际化问题日益得到美国联邦政府的关注。2000 年 4 月 19 日，克林顿总统签署《国际教育执行备忘录》，以维护其世界领导者的角色为根本目的，制定和实施相应的教育国际化战略，主要措施包括鼓励外国学生赴美留学、促进美国学生到国外留学、支持教师与学者以及公民的交流、促进美国院校的国际合作项目和国际化能力项目等。

随后，"9·11事件"的爆发再次使美国社会深刻认识到培养具有"全球素养"的美国人的重要性和紧迫性。对来自不同国家、不同语言、不同文化、不同政治与社会价值观的人的观点缺乏理解，既阻碍人与人之间的交流与合作，又间接威胁到国家安全。于是，美国联邦政府以维护美国国家安全为核心，制定了一系列外语语言政策，培养每一个学生的语言能力和文化能力。在立法层面，参众两院通过的决议和提案达十项之多，这些决议和提案都重视"关键外语"(critical need foreign language) 的学习，强调外语对个人发展与国家安全的支持作用。

从这一时期开始，全球素养的培养目标不仅仅是国际专家，而是转向了全体普通公民。2002 年美国教育理事会颁布《跨越 911：国际教育的综合性国家政策》(*Beyond September 11*：*A Comprehensive National Policy on International Education*)，要求"培养具有全球素养的公民与劳动力"。2012 年美国教育部发布的《通过国际教育与国际参与制胜全球》《全球素养教育：为我们的年轻人融入世界做好准备》《2011—2016 年语言、文化和区域能力战略规划》等政策文件和报告，都在强调全球素养是所有公民必备的技能。这一阶段，全球素养教育上升为国家战略，得以普及。

第二节　美国全球素养教育的理念基础

目前美国学者、社会组织和官方对全球素养的内涵与构成并没有达成一致，但却形成了若干共识。对于全球素养的价值，美国教育部有清晰的认知并明确体现在了国际教育战略之中。它们共同构成了美国全球素养教育的理念基础，推动美国全球素养教育实践不断走向深入。

一、全球素养的内涵：综合素养与特定素养两种理解

目前美国对于"全球素养"的定义并不统一，归纳起来主要有广义和狭义两种[1]，其中以狭义为主。两者的区别在于，前者强调一种综合性的素养，而后者更加指向与全球化时代相关的特定素养。

（一）广义：全球化时代一种综合性的关键能力

按照广义的理解，全球素养即核心素养，是全球化时代对一个人完整而全面素养的表述。目前，代表性观点持有者是"世界智慧"组织，其认为全球素养"指在当今这个联系紧密的世界生活和取得成功所必需的知识、技能和态度。具有全球素养的人是终身学习者、对文化差异有充分的认识、具有理解和思考的多元视角、具有批判意识和比较思维能力，具有问题解决能力，能够接受变化和不确定性，能够理解重要的全球性议题。"[2] 由此可以看出，"世界智慧"将全球素养视为是一种综合性的关键能力，它超越了多元文化、外语能力等特定的全球素养。

---

[1] 唐丽芳、杨芸艺：《全球素养教育：国际动向与我国的发展方向》，《外国教育研究》2019年第4期。

[2] World Savvy. What Is Global Competency，2020-04-19，http://www.worldsavvy.org/global-competence/.

（二）狭义：应对全球化时代应具备的特殊素养

按照狭义的理解，全球素养特指学生应对全球化时代所应具备的特殊素养。

美国 21 世纪技能合作组织（Partnership for 21st Century Skills）于 2007 年发布了著名的 21 世纪技能彩虹图，认为应当在核心课程中渗透全球意识、经济和商业素养、公民素养、健康素养以及环境素养等跨学科主题。[①]

2012 年，全美州立学校首席教育官理事会联合美国亚洲协会发布了《全球素养教育：为我们的年轻人融入世界做好准备》（*Educating for Global Competence：Preparing Our Youth to Engage the World*）报告，提出"全球素养是指理解具有全球性意义的议题并有针对性地采取行动的能力和倾向"[②]。

美国教育部在 2012 年 11 月发布的《通过国际教育与国际参与制胜全球》将全球素养界定为"个体能够在全球日益密切相连的世界上获得成功，并且能够充分参与具有全球影响力的国际事务并且有效发挥作用的知识和技能"[③]。

二、全球素养的结构：三维度与四维度两种划分

关于全球素养的构成或结构，美国亦未达成一致。概括起来，目前美国的社会组织和学者对于全球素养的构成主要有"三维度"和"四维度"两种划分方式[④]，其中后者占据主导。

（一）三维度："世界智慧"的观点

美国学者谢赫特（M. Schechter）和克罗格（K. R. Kroeger）认为全球

---

① Learning Partnership for St Century. Framework for 21St Century Learning，2020-04-20，http://www.p21.org/our-work/p21-framework.

② Veronica Boix Mansilla，Anthony Jackson，*Educating for Global Competence：Preparing Our Youth to Engage the World*，New York：Asia Society，2011.

③ 钟周、张传杰：《立足本地、参与全球：全球胜任力美国国家教育战略探析》，《清华大学教育研究》2018 年第 2 期。

④ 唐丽芳、杨芸艺：《全球素养教育：国际动向与我国的发展方向》，《外国教育研究》2019 年第 4 期。

素养包含知识、技能与态度三个维度。亨特（Bill Hunter）在此基础上完善了二者的理论，在技能维度中增加了跨文化的经历。① 美国非政府组织"世界智慧"大力推进全球素养教育，其将全球素养分为价值观与态度、技能和行为3个维度，这3个维度又建立在全球素养的4个核心理念之上（详见表8–1）。②

表 8–1　"世界智慧"的全球素养框架

核心理念
· 世界大事和全球议题具有复杂性和相互依存性
· 人们自身的文化和历史对理解自己与他人的关系而言非常关键
· 影响复杂多样的全球性力量、事件、状况和议题的条件呈现多元化特征
· 目前的世界体系是由历史的作用力塑造的

价值观与态度	技能	行为
对新的机会、思想和思维方式持开放态度；主动与他人建立友好关系；对身份、文化有自我意识；感知并尊重差异；看重多重视角；不会对不确定和不熟悉的环境感到不自在；能够反思情境以及把我们生命放在更广阔的情境中思考其意义；质疑习以为常的假定；有较强的适应能力并保持认知上的敏感性；同理心；谦恭	构建问题、分析并综合相关证据、得出指向更深层次探究的合理结论，以此作为探究世界的方式；辨识、描述并应用对不同（包括自己和他人的）观念的理解；选择并运用合适的工具及策路与他人有效沟通和合作；主动倾听和参与包容性对话；有熟练的21世纪科技素养；面对新的环境能显示出顺应能力；能够应用批判的、比较的和创造性的思维和问题解决技巧	· 在问题解决和决策过程中寻求并应用对不同视角的理解 · 在探究和证据的基础上形成观念；坚持终身学习与反思 · 勇于承担责仼、采取合作行动；分享知识、鼓励对话 · 将思想、关心和研究发现转化为适当的个体或群体的负责任行为以改善环境 · 与他人协同思考和解决问题

资料来源：周小勇：《全球化时代呼唤全球素养教育》，《全球教育展望》2017年第9期。

（二）四维度：CCSSO与亚洲协会的观点

作为美国著名的智库组织，全美州立学校首席教育官理事会及美国亚

①　刘扬、孔繁盛：《大学生全球素养：结构、影响因素及评价》，《现代教育管理》2018年第1期。

②　World Savvy. What Is Global Competency，2020-04-19，http：//www.worldsavvy.org/global-competence/.

洲协会提出了包含探究世界、分辨不同视角、沟通思想以及采取行动等 4 个维度的全球素养框架，以培养学生的世界认知、多元视角思维、跨文化沟通技能以及采取行动改变现状的意愿和能力。①

表 8–2　CCSSO 全球素养框架

遇过学科和跨学科学习理解世界			
探究世界	分辨不同视角	沟通思想	采取行动
学生能够探究周边环境之外的世界	学生能够分辨自己和他人的视角	学生能够与不同背景的人有效沟通自己的思想	学生能够将他们的想法转化为适当的行动以改善环境
·辨识议题、产生问题并解释其重要性 ·运用多种语言、资源和媒介来辨识并权衡相关的证据 ·分析、整合并综合证据形成清晰的应对方案 ·在有说服力的证据的基础上构建论证方案并得出正当的结论	·认识并表述自己的视角、辨识对这一视角产生影响的因素 ·检视他人的视角并辨识对这一视角产生影响的因素 ·能够解释文化交互的影响 ·能够阐述知识、技术和资源的差别化水平如何影响人们的生活质量和观点	·认识并表述不同的听众对意义的不同理解，这些不同的理解如何影响沟通 ·能够倾听并有效地与不同人群沟通 ·选择并运用适当的工具和媒介与不同的对象打交道 ·反思有效的沟通如何影响在相互依存的世界中的理解和协作	·识别并创造机会为改善环境而采取个人的或协同的行动 ·在充分考虑证据和潜在影响的基础上评估计划或行动方案 ·以创新和符合伦理的方式采取个人或协同行动以改善现状并对拟采取的行动后果进行评估 ·反思自己为改善现状提出倡议和做出贡献的能力

资料来源：周小勇：《全球化时代呼唤全球素养教育》，《全球教育展望》2017 年第 9 期。

　　虽然以上美国不同学者、组织对全球素养的构成看法并非完全统一，但总体而言都包括知识、技能、态度与价值观这 3 个维度，并且"行为"或"行动"这一维度逐渐成为共识，体现出全球素养是一个包含静态素质与动态行动、从深层次的态度与价值观到参与全球化具体情境的知识与技能等多维度的素养结构。

---

① 周小勇：《全球化时代呼唤全球素养教育》，《全球教育展望》2017 年第 9 期。

三、全球素养教育的价值："通过国际教育与国际参与制胜全球"

2012年11月，美国教育部发布了《通过国际教育与国际参与制胜全球》（以下简称《战略》（2012）），报告中第一个战略目标就是提升全美学生全球素养（global competencies）。这一策略自2012年首次制定以来，一直被用来指导教育部的国际活动和参与事务。2018年11月，美国教育部对其国际教育战略进行了更新（Succeeding Globally Through International Education and Engagement：U.S. Department of Education International Strategy Updated November 2018，以下简称《战略》（2018））。关于全球素养教育的价值，从2012年和2018年两份报告的标题中表现得尤为明显，即"通过国际教育与国际参与制胜全球"。下文重点以该战略为例，介绍和分析美国对全球素养教育价值的认识。

（一）"全球素养是所有人必备的技能"

21世纪以来，世界各主要国际组织以及众多国家和地区均提出或实施了适应21世纪知识社会的人才能力框架，描述了21世纪学习者应该具备的关键能力或核心素养，而几乎所有的框架都将全球素养列为关键能力或核心素养的一个重要维度。[1] 在《战略》（2012）中，美国教育部就指出："全球素养不是奢侈品，不是仅针对精英阶层，而是所有人必备的技能。"[2]

在当今全球化背景下，全球素养教育被认为是一种更有前瞻性的教育思想，它关注教育所培养的人能够更好地应对未来的全球学习格局。[3] 因此《战略》（2012）提出，美国国家教育体系的目标是培养能够应对全球发展态势、具有全球竞争力的公民，因此教育不应仅限于传统的读、写、算和科学

① 赵中建：《从国际理解教育到全球胜任力教育》，《上海教育科研》2019年第7期。

② U. S. Department of Education. Succeeding Globally Through International Education：The U.S. Department of Education's International Strategy for 2012-16，2021-11-20，http：//www2. ed.gov/about/inits/ed/internationaled/international-strategy-2012-16.pdf.

③ 唐丽芳、杨芸艺：《全球素养教育：国际动向与我的发展方向》，《外国教育研究》2019年第4期。

能力，还应注重培养批判性和创造性解决复杂问题的能力、参与全球事务的品质和能力、文化意识与全球意识、多语言技能与建立在丰富经验基础上的沟通能力，以及优秀的数学、科学和技术能力等五类能力。[①]

如果说以往全球素养教育主要集中在高等教育领域和精英阶层，那么当其成为"所有人必备的技能"之后，全球素养教育也随之成为各级各类教育的使命与任务。因此，美国全国教育协会进一步指出："在21世纪，全球素养不是一种奢侈品，而是必需品。……全球素养理应成为教育——从基础教育到研究生教育——的核心使命。"[②] 也就是说，全球素养是公民在21世纪应对全球化时代的机遇和挑战所应具备的素养。

(二)"实现学生的发展并为全球竞争力做准备"

美国为什么强调全球素养教育？一个主要的动因在于，通过培养公民的全球竞争与治理能力来保证美国在全球的竞争力并进而维系美国的全球领导地位。

《战略》(2012)首次明确把"国际教育"置于国家安全、战略部署的高度，把国际教育纳入国家对外事务的核心工作框架，统筹布局、协调运作。在全球化、信息化世界发展的大趋势下，国际教育已逐渐成为美国提高其国际竞争力、扩大话语权的重要战略手段之一。[③] 而在《战略》(2018)中，美国教育部更明确提出："美国教育部的使命是通过提供卓越的教育水平、确保平等的受教育机会来实现学生的发展并为全球竞争力做准备。"[④]由此可以看出，美国全球素养教育的战略目标已经超出了育人本身的目标，即培养学生的全球竞争和治理能力与提升美国全球竞争力两大目标并重。

[①]　钟周、张传杰：《立足本地、参与全球：全球胜任力美国国家教育战略探析》，《清华大学教育研究》2018年第2期。

[②]　Van Roekel, *Global Competence Is a 21st Century Imperative*, Washington：NEA, 2014.

[③]　徐瑾劼、张民选：《美国国际教育发展战略（2012~2016）评述》，《外国教育研究》2014年第2期。

[④]　U.S. Department of Education. International Strategy, 2020-05-21, https：//sites.ed.gov/international/international-strategy-2/.

针对当前世界联系日益紧密的现实，美国教育部在《战略》（2018）中重申，该部致力于让学生和国家更广泛地为一个高度互联的世界做好准备："今天，有效的国内教育议程比以往任何时候都更必须致力于培养具有全球和文化素养的公民。"因此，"仅仅关注阅读、写作、数学和科学技能是不够的。当今世界还需要拥有批判性思维和创造力来解决复杂的问题，需要训练有素的沟通技巧，需要掌握多种国家的语言以及高等数学、科学和技术技能。"[1] 美国教育部认为，向学生提供这些技能对以下方面至关重要：（1）帮助个人找到有意义的工作；（2）培养知识渊博、积极参与的公民；（3）增强国家的经济竞争力；（4）加强国家的安全和外交；（5）发展与世界各国的关系。[2] 这非常明显地体现出美国全球素养教育的个体功能和社会功能、本体目的和工具目的并重的特征。

第三节　美国全球素养教育的实践路径

对于全球素养教育这项系统工程，美国从培养目标、课程体系、教学方法以及支持性措施等方面全面着手，建构了较为全面和配套的实践路径，为全球素养教育提供了清晰的思路和有力的保障。

一、培养目标："实现学生的发展并为全球竞争力做准备" [3]

前文已述，"美国教育部的使命是通过提供卓越的教育水平、确保平等的受教育机会来实现学生的发展并为全球竞争力做准备。"[4] 因此，"实现学

---

[1]　U.S. Department of Education. International Strategy，2020-05-21，https：//sites.ed.gov/international/international-strategy-2/.

[2]　U.S. Department of Education. International Strategy，2020-05-21，https：//sites.ed.gov/international/international-strategy-2/.

[3]　U.S. Department of Education. International Strategy，2020-05-21，https：//sites.ed.gov/international/international-strategy-2/.

[4]　U.S. Department of Education. International Strategy，2020-05-21，https：//sites.ed.gov/international/international-strategy-2/.

生的发展并为全球竞争力做准备"可视为美国全球素养教育的培养目标，而根据美国教育部发布的《战略》（2018），美国的国际战略又分为三个相互关联的具体目标，它们分别是：提高学生的全球和文化素养、与其他国家相互学习、参与教育外交。

（一）提高所有美国学生的全球和文化素养

全球和文化素养是个人在当今相互关联的世界中取得成功所需的，充分参与和处理具有全球意义的问题的知识和技能。随着时代的发展，未来职业不仅需要劳动者具备必要的知识和娴熟的技能，同时还需要具备理解世界、参与世界的能力。此外，理解、处理全球性事务以及在多元文化社会中沟通、合作与对话也对全球和文化素养提出了要求。[①] 因此，美国教育部指出，学生需要具备批判性思维、沟通、社会情感和语言技能，以便与美国和世界各地的伙伴进行有效合作[②]，培养全球和文化素养也随之成为美国教育的目标。

在全美州立学校首席教育官理事会和亚洲协会倡导下，美国成立了全球化能力工作小组。该小组对具有全球化能力的个体进行了描述，主要包括：能够运用知识与技能，超越自身所限的环境洞察世界；认识并理解自己及他人的观点与看法；能够有效地向不同的听众表达自己的观点并能将这些观点及看法恰当地落实到行动中。值得一提的是，不同于一些国家只在少数学业优良的精英学生中培养全球化能力，美国教育部把全球和文化素养看作一项普及的能力，把其视为每一名学生，无论其学业成绩好坏、家庭经济背景如何，都要掌握的必要技能。[③]

培养全球和文化素养有多种方式，美国教育部既指出了基于艺术、公

---

① 徐瑾劼、张民选：《美国国际教育发展战略（2012~2016）评述》，《外国教育研究》2014年第 2 期。

② U.S. Department of Education. International Strategy，2020-05-21，https：//sites.ed.gov/international/international-strategy-2/.

③ 徐瑾劼、张民选：《美国国际教育发展战略（2012~2016）评述》，《外国教育研究》2014年第 2 期。

民、地理、历史和世界语言等学科课程的路径，同时认为社会情感学习、实践学习、海外学习和研究的机会以及虚拟交流也可以使学生获取与全球素养相关的知识、技能和视角。[①] 从现实来看，这些路径和方式已经进入到美国全球素养教育的实践和操作层面（详见下文）。

（二）向其他国家学习并与其他国家一道加强美国的教育

与其他国家或地区讨论改善教与学的政策和做法，并酌情在美国应用这些经验和教训，是美国教育部为加强美国教育所做的重要努力。

美国教育部前部长贝西·德沃斯（Betsy DeVos）认为："作为美国人，我们可以向其他国家学习很多东西，以及他们如何为学生成功的生活和事业做好准备。仅复制其他方法是不够的。但是有远见的州和学区应该注意世界各地行之有效的创新做法，并考虑如何在我们国家中使用它们。"[②] 在作为美国教育部部长的首次国际访问中，德沃斯访问了瑞士、荷兰和英国，并对这些国家的学生如何接受教育进行了了解。

通过与多边组织和个别国家的伙伴关系，美国教育部正在更深入地研究其他国家的做法以及如何在美国应用这些做法。同时，美国教育部还正在推动就职业和技术教育、学徒制、教师素质和个性化学习等共同感兴趣的教育议题进行积极对话。美国教育部的高级官员还进行战略性的海外访问——访问学校，会见教师、学生、教育政策制定者和专家，并经常接待来自其他国家的教育政策制定者和专家的访问。

为了确定相对优势和劣势的领域并使用这些信息来指导美国教育，美国教育部支持将美国教育与其他国家的教育进行比较。同时，美国教育部认为这是一项共同的努力，即美国不仅要向其他国家学习，而且要与其他国家分享美国的经验与教训。

[①]　U.S. Department of Education. International Strategy，2020-05-21，https：//sites.ed.gov/international/international-strategy-2/.

[②]　U.S. Department of Education. International Strategy，2020-05-21，https：//sites.ed.gov/international/international-strategy-2/.

为此，美国向经济合作与发展组织（OECD）年度教育概览（EAG）①出版物提供专业知识和数据，该出版物对 OECD 国家在各种重要教育指标上进行了比较，例如教育成就、投资于教育的财政和人力资源、获得和参与教育的机会以及学习环境和学校组织。

此外，美国还定期参加国际教育评估和调查并由国家教育统计中心（NCES）在美国实施这些评估。具体而言，这些评估和调查包括 TALIS（国际教学调查）、PISA（国际学生评估计划）、PIAAC（国际成人能力评估计划）、TIMSS（国际数学和科学学习动态）和 PIRLS（国际阅读素养学习进展）（详见表 8–3）。2018 年，美国首次参加了新的 IELS（国际早期学习研究）和 ICILS（国际计算机和信息素养学习）。

表 8–3　美国参与的国际评估和调查

研究	对象和内容	时间
TALIS （国际教学调查）	七、八、九年级教师及校长	每 5 年，美国参加了 2013 年和 2018 年
PISA （国际学生评估计划）	15 岁的学生，阅读、数学和科学素养评估	从 2000 年开始，每 3 年一次
PIAAC （国际成人能力评估计划）	16—65 岁的成年人，在技术含量高的环境中进行识字、计算和问题解决方面的评估	自 2011 年起，每 10 年更新一次，2014 年和 2017 年增加了对美国数据的收集
TIMSS （国际数学与科学学习动态）	四年级和八年级学生，数学和科学评估；十二年级学生也在 2015 年进行了评估	自 1995 年开始，每 4 年一次
PIRLS （国际阅读素养研究进展）	四年级学生，阅读素养评估	自 2001 年开始，每 5 年一次

资料来源：U.S. Department of Education. International Strategy, 2020-05-21, https：//sites.ed.gov/international/international-strategy-2/.

① 《教育概览》（EAG）是一份年度报告，允许包括美国在内的一些国家追踪一些重要教育问题的进展。它涵盖广泛的主题，包括参与幼儿计划、公立学校教师的工资和工作时间、高中毕业率、教育成就和就业结果。EAG 报告提供了经合组织和选定的非经合组织伙伴国家有关教育的最佳可比数据。EAG 于每年的 9 月发布。

通过这些研究，不仅可以了解美国在学生和成人表现方面与其他国家相比的情况，而且还可以了解美国学生在关键学科领域以及学习环境方面所知道和能做的事情，以及个人的技能如何与其工作经验和工作之外的经验相联系。

（三）开展积极的教育外交以推进美国的国际优先事项

教育外交是美国参与的一个重要组成部分，它不仅建立了与其他国家的友好关系，而且为与其他国家的定期、积极接触提供了途径。美国教育部认为这种软外交有助于国家安全、美国作为国际领袖的信誉，并最终有助于国家的繁荣。正如德沃斯所指出的："我们与世界各国人民和政府沟通和理解的能力是外交的重要组成部分。教育和交流的软外交有助于我们建立支持全球稳定和国家繁荣的联系。我们能够而且必须为未来做好准备。"[1]

为此，美国教育部几乎通过其所有国际活动来支持外交。通过与世界各地的政府官员、决策者、研究人员、教育工作者、学生和其他专业人员建立良好的关系，在教育问题上发挥领导作用，与其他美国政府机构合作，并与其他国家相互学习，美国教育部正在促进全球稳定与进步，进而促进国内外的世界一流教育。

首先，美国教育部在双边基础上与个别国家、多边组织（如亚太经济合作组织、美洲国家组织和经合组织）和多边论坛（如美洲和二十国集团首脑会议）一起处理与教育有关的问题。在这些活动中，美国教育部与对应机构合作，分享最佳做法和经验教训，以改善国内外教育。美国教育部还参与审查和编写宣言、决议和报告。

其次，与教育外交有关的还有美国教育部在学术和专业流动问题上的工作。除此之外，美国教育部还参与了欧洲信息中心网络（European Network of Information Centres，ENIC），该网络促进各国对教育资格的承认。作为 ENIC 的一部分，美国教育部向其他国家的同行提供有关美国教育的信

---

[1]　U.S. Department of Education. International Strategy，2020-05-21，https：//sites.ed.gov/international/international-strategy-2/.

息，以促进国外对美国学位的承认，为有兴趣在国外工作或继续深造的美国受教育者提供指导，并回答那些非美国学位人士关于自己的学位如何用于在美国工作或学习的询问。

再次，作为国际访客领导计划（International Visitor Leadership Program，IVLP）的一部分，美国教育部还定期接待关键领域的访客。这项计划通过为新兴领导人提供机会亲身体验美国的政治、经济、社会和文化生活，并在美国人和其他国家的团体之间建立持久的联系，有助于加强美国与其他国家的关系。美国教育部估计，自 IVLP 成立以来，这些新兴领导人中已有 565人成为政府首脑。[①] 此外，美国教育部还接待了政府高级官员，他们前来与美国教育部部长和其他高级官员接触，以便了解美国教育方面的当前举措，并分享有关其国家教育制度和政治状况的信息。美国教育部平均每年接待来自 140 多个国家的 1200 多名访客。[②]

此外，自 2000 年以来，美国教育部还与国务院合作，通过一年一度的国际教育周，宣讲国际教育在美国和世界各地的重要性和益处。

二、课程体系：三位一体的全球素养教育课程体系

从美国经验来看，它主要通过专门课程、学科课程和跨学科课程三种路径来实施全球素养教育，形成了三位一体的全球素养教育课程体系。

（一）专门的"全球素养"课程

所谓专门的"全球素养"课程，是指基于本土、全球和跨文化议题所设置的专门课程。美国在 1966 年通过了《国际教育法》，其中宣称"在促进国家间的相互理解与合作中，有关其他国家的知识是最重要的"。在此期间，美国全球教育咨询小组甚至以国际贸易的眼光要求从幼儿园到中学都开设"全球教育课"，把它列入学校的总课程之中，旨在使学生无论在何时接触到

---

① U.S. Department of Education. International Strategy，2020-05-21，https：//sites.ed.gov/international/international-strategy-2/.

② U.S. Department of Education. International Strategy，2020-05-21，https：//sites.ed.gov/international/international-strategy-2/.

其他文化时，都能以一种不含偏见的态度来观察、接受和评论。①

在课程内容选择上，美国基础教育坚持两条主要的标准：其一，学习内容具有全球和本土意义。具体而言，主要有四个特质：（1）使学生能够深度参与的；（2）具有明确的全球和本土联系的；（3）具有重要全球意义的；（4）基于学科和跨学科知识与方法的。其二，学习内容紧跟时事热点。与其他知识领域相比，全球素养的培养需要参与有争议的热点问题讨论。学生可以通过媒体等途径了解当地和全球动态，探索复杂和有争议的全球问题。对当前事件主题的讨论和学习实际上也为学生提供了在课堂外与父母和其他成年人参与政治问题辩论的机会。通过谈论所学到的知识，学生在成人的对话中对起初的想法进行验证并进一步思考，也会更理性、更熟练地参与地区、社会甚至是国家、国际的事务。②

在课程内容组织上，依据全球素养教育目标，一般以主题方式建构内容。课程主题会涉及一系列范围广泛的全球性重大问题，同时还关注教师和学生对于问题的持续态度和基本理解。课程主题包括净水、饥饿与贫穷、女性教育、资源保护、环境与可持续、人口增长、人权、传染病等。通过这些主题的学习，学生有机会利用跨学科的知识来探索科学、环境等要素，探索人口、政治和经济等方面的知识。③

除了专门课程，为了提升国民的全球素养，美国各级各类学校还组织了专门项目和活动。例如，哥伦比亚特区公立学校（District of Columbia Public Schools，DCPS）海外留学项目为八年级和十一年级符合要求的学生提供夏季短期全球旅行。该项目始于 2016 年，不以家庭背景和平均分为基准选拔学生免费参与，旨在帮助学生在这个日益多元化的社会中取得成功

① 吕晓爽：《美国中小学国际理解教育研究》，硕士学位论文，华中师范大学教育学院，2019 年，第 11—16 页。

② 计莹斐：《美国基础教育全球胜任力培养研究》，硕士学位论文，华东师范大学教育学部，2019 年，第 56—58 页。

③ 唐丽芳、杨芸艺：《全球素养教育：国际动向与我国的发展方向》，《外国教育研究》2019 年第 4 期。

做好准备。项目结束后，学生还需要在学校和社区中进行行程分享，与更多人共享全球体验。[1] 此外，美国通过富布莱特—海斯项目（Fulbright-Hays Program）等的大力支持和资金的大量投入，迅速发展和扩大了美国大学生和研究生出国留学的规模。[2]

（二）学科课程中的全球素养渗透

学科课程中的全球素养渗透即借助于艺术、英语、数学、科学、社会科学、世界语言等学科课程承载和渗透适当的全球素养内容。

1. 社会科学学科

由于全球素养教育主要关注国际社会的互动和政治领域，所以对全球素养教学的尝试侧重于社会科学科目[3]，而社会科学科目也被认为是最适合进行全球素养教育的课程之一。社会科学课程为学习具有全球意义的主题提供了许多机会：对同一时期的历史进行比较，帮助学生更清晰地了解本国及世界的历史；考察一种地形和气候，帮助学生建构环境生态意识；了解文化的发展和互动，帮助学生理解一个社会的结构及其价值观。[4] 因此，美国学校将包括历史、地理、政治、经济、社会等内容的社会科学科目视为全球公民身份的基石。以《2011 年密西西比州社会科学学习框架》为例（见表 8-4），该框架由国内事务、全球事务、公民权利 / 人权、经济和文化等 5 个基本内容组成，课程序列则从自己或家庭逐渐扩展到了世界。[5]

---

[1]　吕晓爽：《美国中小学国际理解教育研究》，硕士学位论文，华中师范大学教育学院，2019 年，第 26 页。

[2]　楚琳：《全球化背景下美国国际理解教育改革策略的新发展》，《外国教育研究》2009 年第 10 期。

[3]　计莹斐：《美国基础教育全球胜任力培养研究》，硕士学位论文，华东师范大学教育学部，2019 年，第 48—52 页。

[4]　计莹斐：《美国基础教育全球胜任力培养研究》，硕士学位论文，华东师范大学教育学部，2019 年，第 48—52 页。

[5]　计莹斐：《美国基础教育全球胜任力培养研究》，硕士学位论文，华东师范大学教育学部，2019 年，第 48—52 页。

表 8-4　密西西比州社会科学学习框架

年级	课程主要内容
幼儿园	自己／家庭
一年级	家族／学校
二年级	学校／附近地区
三年级	社区／地方政府
四年级	密西西比州研究／地区
五年级	从前哥伦比亚时代到殖民时期的美国历史
六年级	世界地理和公民意识
七年级	从史前时代到文艺复兴时期的世界历史
八年级	从探索时期到重建时期的美国历史
九年级	密西西比州研究／经济；或世界地理导引／经济；或后重建时期至今的美国历史
十年级	文艺复兴时期至今的世界历史
十一年级	后重建时期至今的美国历史；或世界地理导引／经济
十二年级	美国政府／世界地理导引；或密西西比州研究／美国政府

资料来源：计垒斐：《美国基础教育全球胜任力培养研究》，硕士学位论文，华东师范大学教育学部，2019 年，第 48—52 页。

2. 艺术学科与数学学科

作为美国著名的智库组织，全美州立学校首席教育官理事会联合美国亚洲协会开发的学科课程与全球素养的课程统整方案，提出了基于学科课程的全球素养矩阵模型，提供了开发全球素养课程的直接依据。[1] 对于艺术学科，其全球素养教育目标被定位为"识别、观察和解释各类国内外视觉艺术或表演艺术、表演素材和艺术思想，并确定其与全球重大议题的相关性"，"审视不同个人、团体和流派的生活经历如何影响他们的艺术视角和艺术感知力以及他们的艺术经历又如何影响其世界观"，"反思在相互依赖的世界

---

① 李新：《学生的全球胜任力：内涵、结构及其培养》，《教育导刊》2019 年第 4 期。

中，艺术是如何影响理解与合作的"。① 而作为一种全球性语言，数学学科可以让学生通过使用人口增长、经济发展、健康数据和气候变化等有关重大全球问题的真实数据来学习数学。②

3. 语言学科

语言及相关国家和地区的文化是形成全球素养的重要基础：其一，语言是国际多元社会中进行成功交流的工具。为达到能在多元文化社会中进行跨语言和跨文化的了解、沟通和交流，语言特别是外语就成了重要的交际工具。其二，加深学生对本国文化和外国文化的理解和洞察力。人们在多元文化社会中运用外语进行交际，既能获得所学语言的文化知识，又能了解该国的政治、经济、信仰以及风土人情等，还能加深对本国文化的理解并通过比较两种文化增强对不同文化的洞察力。其三，对比两种语言和文化。对比和运用两种语言和文化不仅能提高学生在多元文化社会中得体地运用外语的能力，还能提升学生用多元文化看世界的能力和批判性思维的能力。

进入 21 世纪，面对全球经济和文化发展的全球化、多元化趋势，美国再次调整外语教育政策，2006 年修订的《21 世纪外语学习标准》（*Standards for Foreign Language Learning in the 21st Century*）使美国外语教育步入历史新时期。该标准的指导思想是："语言和交际是人类经验的核心。美国必须培养学生能够在多元社会的语言和文化中进行交际的能力。所有学生必须在继续保持英语水平的基础上，掌握至少一门现代外语或古典外语。来自非英语母语国家的学生也必须有机会提高他们的母语水平。"③

（三）跨学科融合课程中的全球素养实施

所谓跨学科模式就是以全球素养为核心，从各个学科领域中选取有关

---

① 唐丽芳、杨芸艺：《全球素养教育：国际动向与我国的发展方向》，《外国教育研究》2019年第 4 期。

② 唐丽芳、杨芸艺：《全球素养教育：国际动向与我国的发展方向》，《外国教育研究》2019年第 4 期。

③ 常利：《美国〈21 世纪外语学习标准〉及其对我国高校英语教学的启示》，《教育观察》2014 年第 19 期。

全球素养内容的主题，将其组合一体，打破不同学科原来的界限，发展出一门独立的课程，如环境教育课程和人权教育课程。①

在全球素养教育实施中发现，单一学科的学习对于理解环境可持续发展、人口增长、经济发展、全球冲突与合作、健康和人类发展、人权、文化认同及文化多样性等全球问题远远不够，需要在跨学科的学习或者真实的情境中学习并运用相关的知识和技能。②

当学生整合来自两个或多个学科的知识、思想和方法来准确和灵活地理解世界、解释现象、解决问题时，他们会对学科的观点做加深或补充理解，克服思维方式的局限性。③ 例如，作为高中课程改革的先行者和风向标，美国菲利普斯·安多佛中学（Phillips Academy Andover）积极推进跨学科课程建设。在 2020—2021 学年，该校共开设了 324 门课程，其中 45 门是跨学科课程。在这些跨学科课程中，就有不少致力于全球素养教育，其中的"身份认同"系列课程就是典型。安多佛中学作为一所寄宿制精英高中，生源十分多样，因此特别注重对学生"身份认同"的培养来传递公平与公正的价值观念。针对"身份认同"这个大概念，该校共开设了 12 门课程。以"李小龙：种族、身份和哲学探索"（Bruce Lee：An Exploration of Race，Identity，and Philosophy）课程为例，其既通过探索李小龙的个人生活和思想发展历程，分析东西方哲学是如何形塑李小龙的武术基础，影响李小龙在道德和审美层面的"解放"之路，又通过考察李小龙在美国社会所面对的机会和遭遇的偏见，并结合当下美国社会对种族和身份的讨论研究亚裔美国人的历史。④ 很明显，该课程融合了哲学、历史学和社会学等多个学科的视角，对多元社会中的身份认同问题进行了综合思考。

① 李新：《学生的全球胜任力：内涵、结构及其培养》，《教育导刊》2019 年第 4 期。
② 唐丽芳、杨芸艺：《全球素养教育：国际动向与我国的发展方向》，《外国教育研究》2019 年第 4 期。
③ 计莹斐：《美国基础教育全球胜任力培养研究》，硕士学位论文，华东师范大学教育学部，2019 年，第 52—56 页。
④ 熊万曦、李淑惠：《美国高中跨学科课程的开发与实施——以菲利普斯·安多佛中学为例》，《教师教育研究》2021 年第 5 期。

三、教学方法：项目教学法等多种教学方法并举

从美国基础教育的情况看，其全球素养教育除了常规的教学方法外，还有项目教学法、有组织的讨论与结构化辩论、服务性学习、比较教学法等具有一定特殊性的教学方法。

（一）项目教学法

项目教学法（project-based learning，PBL）是美国学校广泛采用的教学方法，适用于不同的年龄、年级和主题。就全球素养教育而言，它主要有以下积极作用：其一，在知识与技能的层面，基于全球问题的 PBL 使学生理解具有全球性意义的重大问题，基于小组的合作能提升学生的推理和合作技能，解决现实问题，培养高层次的思维技能。[①] 其二，在价值观与态度层面，为了有效合作、提高效率，学习者很快会意识到他们需要互相尊重、协商，保持同理心。[②] 例如，有礼貌地进行交流并善于倾听他人的观点无疑是项目学习中非常必要的品质。其三，在行为层面，项目学习以问题为导向，可以培养个体利用团队解决现代社会复杂问题的行动力。当然，这些作用的实现需要教师遵循以下四点原则：给予学生选择项目的权利；向学生提供课外现实世界中具有全球素养的人完成项目的真实经验；所选的项目主题应该具有全球重大意义；学生应该有机会向真正的受众展示项目成果。[③]

（二）有组织地讨论与结构化辩论

有组织地讨论（organized discussions）是全球素养教学的常见方法，即讨论发生在全球各地的时事新闻，并将它们与课堂主题联系起来。[④] 通常，

---

① 冯愉佳：《美国基础教育中全球胜任力培养研究》，硕士学位论文，上海师范大学教育学院，2020 年，第 32—33 页。

② 计莹斐：《美国基础教育全球胜任力培养研究》，硕士学位论文，华东师范大学教育学部，2019 年，第 58—63 页。

③ 唐丽芳、杨芸艺：《全球素养教育：国际动向与我国的发展方向》，《外国教育研究》2019 年第 4 期。

④ 唐丽芳、杨芸艺：《全球素养教育：国际动向与我国的发展方向》，《外国教育研究》2019 年第 4 期。

教师使用具有讨论价值、可以引发思考的视频、图像或文本，引导学生表达观点、参与讨论。课堂讨论本质上是一种互动，反思性对话促使学生主动倾听并回应同伴所表达的观点。通过在课堂上交换意见，学生了解到问题特别是全球性问题并不是只有唯一答案，学会了解其他人持有不同观点的背后原因并反思自己的信仰与价值观。① 当然，个体也会在这个过程中实现自身观点的修正。

结构化辩论（structured debates）是一种特殊的课堂讨论形式。为了让学生能够深入探讨一个话题，学生被分成两组，一组支持一组反对，双方进行辩论，从而提高学生对全球问题的认识，了解相关问题的多种观点，掌握沟通和辩论的技巧。② 为了提高学生对全球和跨文化问题的认识，最合适的话题是那些没有"正确"答案的主题，它们既可以允许学生创造性地阐释自己的论点，又便于教师对证据和逻辑的质量进行评价。③

（三）服务性学习

服务性学习（service learning）一直是美国中小学教育的重要组成部分。它将社区服务与学术研究相结合，是学生利用课堂上学到的知识服务社区，同时通过实际经验丰富学习，进而培养多种全球技能的学习过程。服务性学习让年轻人参与到积极的决策过程中，并在与国际应用联系起来时，帮助学生看到他们的行动与紧迫的全球问题之间的联系，发展和增强他们的全球公民意识，增强学生从多个角度看待世界的能力。服务学习不同于社区中其他类型的教育实践和志愿服务，它与课程密切相关，通过服务学习，学生不仅"服务于学习"，而且在应用学习成果中"学会服务"，帮助学生在学习和行动之间建立联系，以解决当地问题。例如，学生帮助捡拾当地河流的垃圾，

---

① 计莹斐：《美国基础教育全球胜任力培养研究》，硕士学位论文，华东师范大学教育学部，2019年，第58—63页。

② 唐丽芳、杨芸艺：《全球素养教育：国际动向与我国的发展方向》，《外国教育研究》2019年第4期。

③ 计莹斐：《美国基础教育全球胜任力培养研究》，硕士学位论文，华东师范大学教育学部，2019年，第58—63页。

但服务学习项目要求他们还需要了解垃圾来自何处并考虑导致污染等全球问题的根本原因。① 服务性学习可包括义工活动、参与宣传活动或直接为社区成员提供服务。作为一种教学方法，服务学习包括准备、服务、反思和庆祝4个基本部分。②

（四）比较教学法

了解不同地区的文化及其差别是全球素养教育的重要内容，比较教学法也随之成为全球素养教育的重要方法之一。有目的的比较可以提升学生解释所研究的现象并提出有创造性的解决方案的能力。进一步来说，以问题为引导的比较能取得好的比较效果。当然，高质量的问题是比较的前提，否则比较只能停留在表面。具体而言，比较教学法主要有以下四个步骤：（1）有目的的比较通常以问题为出发点；（2）结合理论创建比较模型；（3）以模型引导不同案例相关要素之间的比较；（4）通过其中的相似点和不同点启发学生的理解。③ 从2002年美国全球教育论坛发布的"国际理解教育检核表"（见本章第四节）来看，"如何比较和对比不同文化观点并尝试理解这些差异"已成为国际理解教育检核的重要标准。

四、支持性措施：多主体合力推动全球素养教育

政府与非政府组织、各级各类学校都是美国全球素养教育的重要推动主体，目前联邦立法、政府搭台、学校推进、非政府组织支持的多平台合力培养模式日渐形成④，为全球素养教育提供了有力保障。

---

① 计莹斐：《美国基础教育全球胜任力培养研究》，硕士学位论文，华东师范大学教育学部，2019年，第58—63页。
② 冯愉佳：《美国基础教育中全球胜任力培养研究》，硕士学位论文，上海师范大学教育学院，2020年，第33—35页。
③ 冯愉佳：《美国基础教育中全球胜任力培养研究》，硕士学位论文，上海师范大学教育学院，2020年，第35—36页。
④ 计莹斐：《美国基础教育全球胜任力培养研究》，硕士学位论文，华东师范大学教育学部，2019年，第4页。

（一）政府：全方位支持

从联邦政府到地方政府，美国政府层面表现出对于全球素养教育的全方位支持。具体来说，联邦政府与州政府对全球素养教育的支持主要表现在以下几个方面：

1. 制定政策法规和战略目标

美国注重全球素养教育，颁布了一系列具有内在继承性和发展性的相关政策与法规，这些政策法规包括 1946 年的《富布莱特法》、1958 年的《国防教育法》、1966 年的《国际教育法》等系列法律法规（详见本章第一节）。新世纪以来，美国尤其注重通过出台教育国际化战略来推进全球素养教育。其中，2012 年 11 月，美国教育部发布了教育国际化战略报告——《通过国际教育与国际参与制胜全球》，将提高所有学生全球素养作为国际战略的目标之一。2018 年 11 月，美国教育部又发布了《通过国际教育与国际参与制胜全球：美国教育部 2018 年更新国际战略》。为了指导学生如何随着时间的推移发展全球与文化能力，美国教育部通过该战略建立了从幼儿期到中学后教育的全球与文化能力发展框架（见表 8–5）。

表 8–5　发展全球与文化能力以促进公平、卓越和经济竞争力的框架

从幼儿期学习到职业生涯					具有全球和文化素养的个人
	早期学习	小学	中学	中学后	·至少精通两种语言 ·意识到文化之间存在的差异，可以接受不同的观点，并赞赏通过开放的文化交流获得的见解 ·具有批判性和创造性思维，能够运用对不同文化、信仰、经济、
协作与沟通	新兴的社会—情感技能培养——专注于同理心、合作和解决问题	提升的社会—情感技能培养——专注于同理心、观点思考和冲突管理	较强的社会情感和领导技能——强调多文化理解和与不同群体合作	高级的社交情感和领导技能，能与跨文化环境中的人进行有效协作和沟通	
世界和遗产语言	发展英语和其他语言技能	基本精通至少一种其他语言	精通至少一种其他语言	高级熟练——至少能用一种其他语言工作或学习	

从幼儿期学习到职业生涯				具有全球和文化素养的个人
多样化的观点	通过接触不同的文化、历史、语言和观点而产生全球意识	通过不断接触不同的文化、历史、语言和观点加深全球意识	通过课堂、项目、出国留学和虚拟交流等方式加深对当地和全球的知识和理解	高度发展的能力——可以从多种角度分析和思考问题	技术和政府形式的理解，以便在跨文化环境中有效工作，从而应对社会、环境或企业挑战
公民和全球参与	提高对社区和机构的认识	适龄公民参与和学习	具有参与重大公民和全球事务的能力	有能力在广泛的公民和全球问题上进行有意义的参与，并在全球化背景下成功完成自己的学科/专业	·能够在跨文化和国际背景下以专业水平进行工作，并继续开发新技能和利用技术来支持持续性的增长
特定学科知识和理解的基础				

资料来源：U.S. Department of Education. International Strategy，2020-05-21，https：//sites.ed.gov/international/international-strategy-2/.

2. 将全球素养纳入课程标准

为了确保所有学生在高中毕业后都做好成功的准备，美国在 2010 年发布了《州共同核心课程标准》（*Common Core State Standards*），为每个学生从幼儿园到十二年级在数学和英语语言艺术方面提供了明确和一致的学习目标，帮助学生为大学、职业和生活做准备。共同核心课程标准侧重于培养学生成功所需的批判性思维、解决问题的能力和分析能力。41 个州、哥伦比亚特区、4 个地区和国防部教育活动已经自愿采用并正在推进这些标准。例如，《共同核心英语语言艺术标准》要求九年级和十年级的学生能够分析美国重要文件、确定共同的主题和概念。教师可以通过比较来自多种文化的半官方文件的课程或项目来帮助学生达到这一标准。使用这种方法，可以帮助学生学习美国文化的基本思想，同时开始认识到与其他文化的共同点。[①]

---

① 冯愉佳：《美国基础教育中全球胜任力培养研究》，硕士学位论文，上海师范大学教育学院，2020 年，第 47—50 页。

3. 提供各类交流项目及资金支持

多年来，美国教育部一直通过其国际与外语教育办公室（IFLE）支持旨在增加世界语言、地区和国际研究方面的专业知识的项目。目前，IFLE管理大约 7200 万美元用于《高等教育法》第六章授权的国内国际教育项目和《富布莱特—海斯法》授权的海外国际教育项目。这些项目为美国学生、教师、研究人员和管理人员提供了独特的机会，使他们能够熟练掌握世界语言，并掌握使用这些语言的地区的专门知识，为满足美国持续的全球需求做准备。① 此外，出国交流并不是所有学生可以负担得起的，因此美国政府提供财政援助来资助学生的海外学习。例如，国家安全青少年语言计划（National Security Language Initiative for Youth，NSLI-Y）提供以成绩为基础的奖学金，在夏季和学年的浸入式课程中学习较少被学习的外语。肯尼迪—卢格青年交流与出国留学计划（Kennedy-Lugar Youth Exchange and Study Abroad，YES Abroad）提供择优奖学金，供学生出国留学一学年。②

4. 强化教师全球素养要求与培训

美国通过制定或修订教师专业标准，加强了对教师全球素养的要求。例如，国家专业教学标准委员会（National Board for Professional Teaching Standards，NBPTS）在 1989 年公布了政策声明《教师应该知道和能够做什么》（*What Teachers Should Know and Be Able to Do*）并在 2016 年进行了重新修订，提出了优秀教师的专业标准，其中就包括创建体现多元和平等的学习环境，培养学生对个人、文化、宗教和种族差异的尊重等全球素养方面的要求。③ 同时，各州也把全球素养为教师资格认证的一项重要内容。例如，面临持续的经济挑战，密歇根州强调让学生了解和应对全球经济的必要性和

① U.S. Department of Education. International Strategy，2020-05-21，https：//sites.ed.gov/international/international-strategy-2/.

② 冯愉佳：《美国基础教育中全球胜任力培养研究》，硕士学位论文，上海师范大学教育学院，2020 年，第 47—50 页。

③ 冯愉佳：《美国基础教育中全球胜任力培养研究》，硕士学位论文，上海师范大学教育学院，2020 年，第 47—50 页。

价值。为此，密歇根州立大学教育学院与该大学的 Title VI 地区研究中心合作，将全球视角和资源注入所有教育专业的课程体系之中。①

5. 推动与各类组织的合作

近年来，美国政府与我国、印度、巴西、西班牙、墨西哥等多个国家签署教育领域的双边协议，进一步巩固国家间的战略伙伴关系，加强国际教育对话；与战略合作国家共同举办教育峰会、研讨会等，针对教育中的关键问题深入商讨解决方案；积极参与联合国教科文组织（UNESCO）、经济发展与合作组织（OECD）等国际组织及国际学生评估项目（PISA）等大型国际教育评估项目，明确本国教育的优势和劣势领域，引入优质教学资源，学习他国先进经验。② 为此，美国政府还积极推动各级各类学校加强国际交流。具体来说，美国基础教育一方面通过合作办学、师生互访、建立海外学校等方式，加强国际教育资源的合作与共享，拓宽学生的国际视野；另一方面通过网络虚拟学校、"慕课"、翻转课堂等满足学生个性化、多样化、定制化、国际化的发展需求，极大地调动了学生发展全球素养的积极性和主动性。③

（二）社会：非政府组织助力

在美国全球素养教育发展中，全美州立学校首席教育官理事会、亚洲协会、"世界智慧"等非政府组织从理论研究、实践指导以及项目资源和资金支持等方面做出了重要贡献。

1. 提供理论与实践指导

近年来，美国涌现了许多从事全球素养理论与实践研究的相关机构与组织，为美国全球素养教育做出了重要贡献。代表性组织及其主要贡献包括：（1）亚洲协会。作为美国和亚太地区最具影响力的亚洲政策研究及教育

---

① 计莹斐：《美国基础教育全球胜任力培养研究》，硕士学位论文，华东师范大学教育学部，2019 年，第 69—72 页。
② 计莹斐：《美国基础教育全球胜任力培养研究》，硕士学位论文，华东师范大学教育学部，2019 年，第 3 页。
③ 计莹斐：《美国基础教育全球胜任力培养研究》，硕士学位论文，华东师范大学教育学部，2019 年，第 69—72 页。

文化机构，亚洲协会 2011 年发布了《为全球素养而教：为我们的年轻人融入世界做好准备》，将全球素养分为观察世界、识别观点、沟通思想和采取行动 4 个维度。2016 年 9 月亚洲协会成立了"全球教育中心"（Center for Global Education at Asian Society），并将全球素养定义为"理解具有全球意义的议题并有针对性地采取行动的能力"。① (2) 全美州立学校首席教育官理事会。该组织将知识、技能、态度以及行动能力称为全球素养并提出了包含探究世界、分辨不同视角、沟通思想以及采取行动等 4 个维度的全球素养框架。(3)"世界智慧"。它开发了全球素养框架，在全球素养核心理念之上将全球素养分为价值观与态度、技能与行为等 3 个维度。(4) VIF 国际教育机构（VIF International Education）。它开发了一套基础教育阶段各年级全球素养教育的指标体系，为教师将全球素养融入课堂实践提供了框架性指导。②

2. 提供项目资源

虽然美国政府、学校层面都向学生提供全球素养教育项目，但多是在学年中、课堂中并且存在竞争机制，数量有限。在这种情况下，社会机构提供校外项目可以让更多的孩子有机会接触到世界，增进对于世界的认知和理解。例如，全球孩子（Global Kids，GK）在合作学校和其总部提供各种各样的日间和课外活动以及丰富的暑期学习活动。项目通过互动和体验的方式，教育青年了解重要的国际和外交政策问题，为城市学生提供公民和全球参与的机会。目前 GK 为纽约市、华盛顿特区的数百名地区青年服务。此外，美国的社会机构还与学校紧密合作，提供一系列服务和项目，以推进学校的目标，实现机构的使命，培养积极主动的全球公民，让学生在这个瞬息万变的世界中积极参与并取得成功。例如，全国青年领导委员会（the National Youth Leadership Council）35 年来通过为学区、教室、课外项目和其他一切活动提供高质量、有活力的服务性学习内容，改变了课堂，赋予了

---

① 唐丽芳、杨芸艺：《全球素养教育：国际动向与我的发展方向》，《外国教育研究》2019 年第 4 期。

② 冯愉佳：《美国基础教育中全球胜任力培养研究》，硕士学位论文，上海师范大学教育学院，2020 年，第 47—50 页。

教师权力，吸引了学生。①

　　3. 提供资金支持

　　美国的社会组织与机构不仅为学校提供丰富的全球素养项目，还通过捐赠、贷款和奖学金来支持学校的特定项目或学生。例如，朗维尤基金会（Longview Foundation）自 1966 年以来一直帮助美国年轻人了解世界地区和全球问题。2017 年，为让特区公立学校（DCPS）的教师和学生了解华盛顿的全球影响力并让他们在全球社区中发现新的地方，朗维尤基金会向 DCPS 捐款 20000 美元。② 除了全国和地区性的非政府机构，美国地方的非政府组织也在积极推进全球素养教育。以马萨诸塞州为例，马萨诸塞州全球教育组织（Global Education Massachusetts，GEM）③ 致力于协调商业和教育领导者、分享国际教育的最佳实践，以进一步推动马萨诸塞州的政策举措。马萨诸塞州国际研究所分别在 2006 年和 2007 年的会议上向 Shrewsbury 和 Burlington 学区颁发了 1000 美元的奖金，用于展示"在学校中发展国际关注的最大进步和持续努力"。朗维尤基金会、高盛基金会和亚洲协会认可马萨诸塞州国际研究所在马萨诸塞州所做的工作，授予该州 25000 美元的国际教育卓越奖。④

　　（三）学校：践行与落实

　　各级各类学校是落实全球素养教育的专门机构，发挥着基础性的、不可替代的作用。因此，美国联邦政府与州政府越来越多地将权力下放到学校，学校以及校长的影响也变得越来越重要。⑤ 除了通过专门课程、学科课

---

① 冯愉佳：《美国基础教育中全球胜任力培养研究》，硕士学位论文，上海师范大学教育学院，2020 年，第 47—50 页。

② 冯愉佳：《美国基础教育中全球胜任力培养研究》，硕士学位论文，上海师范大学教育学院，2020 年，第 47—50 页。

③ 前身为马萨诸塞州国际研究所（Massachusetts Institute for International Studies，MIIS）。

④ 计莹斐：《美国基础教育全球胜任力培养研究》，硕士学位论文，华东师范大学教育学部，2019 年，第 66—68 页。

⑤ 计莹斐：《美国基础教育全球胜任力培养研究》，硕士学位论文，华东师范大学教育学部，2019 年，第 64—66 页。

程和跨学科融合课程等形式，美国学校还通过以下方式积极推动全球素养教育。

1. 创建全球素养教育的愿景与使命

在全球化时代，一批美国学校将自身定位于国际化学校，创建了全球素养教育的愿景和使命。以华盛顿国际学校（Washington International School，WIS）为例，该校是一所非营利的私立学校，现有 900 名学生，提供从学前到十二年级富有挑战性的国际课程和丰富的语言课程。[①] 其使命是成为一个典型的学习社区，这个社区因差异而变得丰富，因探究而获取新知，因融入世界而全球化。核心价值观有三个，其中之一是"全球视角"——学生学习两种或两种以上的语言，接受不同的文化和观点，并有能力和信心在复杂的世界中发展。[②] 在这种定位、使命和价值观的引领和要求下，该校学生除了数学、科学、语言、文学、社会科学和艺术方面的学术研究外，还学习如何成为全球公民。[③]

2. 营造全球素养教育的文化氛围

为了促进学生参与和互动，美国学校还积极营造全球素养教育的文化氛围：在物质文化方面，致力于打造国际化的外部标志，如展示各个国家的旗帜、全球板块分布图；在活动文化方面，举办文化博览会或国际食品日等系列活动，围绕具有全球意义的问题展开讨论等。例如，作为美国历史最悠久的汉语沉浸式全日制学校，中美国际学校（Chinese American International School）面向来自不同种族、经济、语言背景的 3—14 岁学生，提供幼儿园至八年级的一贯制小班化教学，其办学宗旨是通过英语、汉语两种语言与文化的沉浸式学习，拓宽学生的视野，培养品学兼优的国际化人才。为此，该校努力为学生营造汉文化的氛围，不仅开设了中国音乐、书法、舞蹈等几十

---

① Washington International School. Who We Are，2022-03-03，https：//www.wis.edu/about/who-we-are.

② Washington International School. Mission，2022-03-03，https：//www.wis.edu/about/mission.

③ Washington International School. Who We Are，2022-03-03，https：//www.wis.edu/about/who-we-are.

门独具特色的兴趣课程，每年还举办多次庆祝中国节日的大型晚会，而每年一次的汉语朗诵比赛和汉语演讲比赛也为学生提供了施展才华的舞台。①

3. 推动教师全球素养培训

除了中小学，高校也积极参与到全球素养教育的研究和师资培养、培训等事务中。以美国亚洲协会与哥伦比亚大学师范学院的全球素养证书项目（Global Competence Certificate，GCC）为例。项目课程体系包括作为基础的专业教育课程、作为支撑的通识教育课程和作为应用的实践教育课程。课程打破学科界限，倡导合作学习，通过课程学习、实地参与和同行对话保障全球素养学习的系统性和整体性，提高教师综合素质。② 这为推动教师专业发展、提升教师全球素养发挥了有力的推动作用。

第四节　美国全球素养教育的评价

评价是全球素养教育的重要组成部分，对于保障全球素养教育质量具有重要作用。目前，美国中小学的全球素养教育评价体系已经较为完善，表现为具有明确的评价目标和规则、评价一直持续进行、评价对象全面等方面。③ 从评价方式而言，美国并没有全国统一的全球素养教育评价模式，但一般都将形成性评价与总结性评价相结合并以前者为主。

一、形成性评价为主

学校需要对学生的学习进行形成性评估，以考查学生全球素养的掌握情况并进一步推动学生的全球素养学习。在形成性评价的背景下，经常使用

---

① 张蓉：《学做世界公民：中美中学生国际理解观比较研究》，科学出版社 2015 年版，第 110—112 页。
② 计莹斐：《美国基础教育全球胜任力培养研究》，硕士学位论文，华东师范大学教育学部，2019 年，第 64—66 页。
③ 吕晓爽：《美国中小学国际理解教育研究》，硕士学位论文，华中师范大学教育学院，2019 年，第 36—39 页。

量表评价、档案袋评价、表现性评价等方式。① 在曾担任经合组织 PISA 框架的顾问达拉·迪尔多夫（Darla Deardorff）看来："形成性评估为教师和学生提供全球胜任力培养过程的反馈，比终结性评估更为重要。"② 下面以 2002 年美国全球教育论坛发布的"国际理解教育检核表"进行重点介绍。③

2002 年，美国全球教育论坛发布了国际理解教育检核表（表 8–6 为部分问题类型）。这份检核表是教师、课程开发人员、学校行政人员和州教育部门检验国际理解教育工作质量的自我评估工具，也是美国中小学国际理解教育开展形成性评价的工具。检核表中针对教师教学的部分围绕国际理解教育中的全球议题、全球文化和全球联系三大主题展开，同时在三大主题下共设置 9 个问题，每个问题下有不同数量的具体问题。和问题对应的回答用 4 个等级确定，1 为最低级，4 为最高级。这三个主题通过对学生知识领域、技能领域和参与领域方面具体问题的测试，可以帮助教师了解学生的国际理解成就水平、检验教学效果，还可以通过学生日常生活相关问题确定国际理解教育的基本思想。

表 8–6　国际理解教育检核表（部分）

学生对于全球议题、全球文化、全球联系知识的了解	用等级回答			
	1	2	3	4
1. 全球议题（知识领域）——学生知晓哪些全球问题？了解的程度如何？				
a. 学生能意识到全球性问题的存在并在影响他们的生活吗？				
b. 学生在很长一段时间内深入研究过全球议题吗？				
c. 学生能意识到全球议题是相互关联、复杂且富有挑战性、不断发生变化的吗？				
d. 学生能意识到可以扩展和深化所拥有的全球议题的信息和知识，并需要继续查询全球议题的形成来源和产生影响的信息吗？				

① 冯愉佳：《美国基础教育中全球胜任力培养研究》，硕士学位论文，上海师范大学教育学院，2020 年，第 38—41 页。

② 经济与合作发展组织、亚洲协会：《为全球胜任力而教——在快速变革的世界培养全球胜任力》，胡敏、郝福合译，北京师范大学出版社 2019 年版，第 26 页。

③ 吕晓爽：《美国中小学国际理解教育研究》，硕士学位论文，华中师范大学教育学院，2019 年，第 36—39 页。

续表

学生对于全球议题、全球文化、全球联系知识的了解	用等级回答		
2. 全球文化（技能领域）——学生如何学习全球文化？			
a. 学生知道如何分析和评估某种文化中的重大事件和趋势吗？			
b. 学生知道如何审视世界各地的文化，并认识到它们与美国生活的内在联系吗？			
c. 学生知道如何比较和对比不同的文化观点，并尝试理解这些差异吗？			
d. 学生知道如何审视其他文化的共性和多样性吗？			
e. 学生知道如何能用满足该种文化成员的方式陈述关切、立场或价值而又不产生歧义吗？			
3. 全球文化（参与领域）——学生如何提高理解他人的能力？			
a. 学生能欣赏其他文化的研究吗？			
b. 学生能包容文化多样性吗？			
c. 学生尝试过与来自不同文化背景的人交流吗？			
d. 学生赞同所有人类文化都享有普遍的权利吗？			
e. 学生利用机会学习另一种语言及文化吗？			
4. 全球联系（知识领域）——美国和世界是如何联系在一起的？			
a. 学生能确定并表述出他们如何在历史、政治、经济、技术、社会、语言和生态领域与世界联系在一起吗？			
b. 学生是否了解全球互联并不一定是良性的，它在美国既有积极影响，也有消极影响？			
c. 学生知道并理解美国自二战后在国际政策和国际关系中发挥的作用吗？			
5. 全球联系（参与领域）——学生如何通过全球联系探索民主公民身份？			
a. 学生重视民主进程参与吗？			
b. 学生的歧义容忍度如何？			
c. 学生阅读报纸、杂志和书籍，听取跨文化和国际主题相关的广播和电视节目吗？他们能对媒体传播的信息做出积极的答复吗？			

资料来源：吕晓爽：《美国中小学国际理解教育研究》，硕士学位论文，华中师范大学教育学院，2019年，第36—39页。

另外，检核表中对于学校课程是否真正融入了国际理解相关内容，提出了以下9项指标：（1）学校课程是否反映了民族和种族的多样性？（2）阅读方案是否纳入全球各地的重要文学作品，尤其是美国社会中少数族群的作品？（3）社会科课程是否让学生有机会接触其他文化？讨论其他文化与世界的关系，以及影响他们生活的全球性议题？（4）艺术课和音乐课中是否反映了美国民族和种族的多样性？（5）学校是否给学生提供学习世界语言及其文化的机会？（6）健康和科学方面的课程是否纳入了全球议题？（7）校历中是否纳入具有世界性意义的重要事件？（8）教师和行政人员是否有参与课程设计和进行专业发展的机会，以便在学校课程中纳入全球视野？（9）学校是否提供机会，促进学生与其他文化或国家接触？由此可见，《国际理解教育检核表》不仅是对学生的形成性评估，而且也是对学校的自我评估。

二、总结性评价为辅

事实上，以标准为基础的总结性评价在测量对全球素养至关重要的学习方面十分重要，但这些评估需要视为学生成就抱负的"底线"，而不是"天花板"。[1] 下面以美国 12 个州或地区开展的国际理解教育证书项目为例进行重点介绍。[2]

国际理解教育证书是由学校、学区或州颁发的文凭，以表彰那些在全球经济和相互关联的世界中获得生活和工作所需的知识和技能的毕业生。它为中学生提供了一种再认证，表明学生获得了卓越的全球素养并展示出非凡的国际理解水平。美国有 12 个州或地区开展了国际理解教育证书项目，但是名称各有不同，例如伊利诺伊州的全球学者项目（Global Scholar Program）、佐治亚州的国际技能文凭（International Skills Diploma）、威斯康星州的国际理解教育成就证明（Global Education Achievement Certificate）。尽管每个州的国际理解教育证书要求并不相同，但几乎所有的《国际理解教育证书》都具备以下特征：

（1）全球课程：学生需要修习全球课程，无论是混合学科或项目式学

---

① 冯愉佳：《美国基础教育中全球胜任力培养研究》，硕士学位论文，上海师范大学教育学院，2020 年，第 38—41 页。

② 吕晓爽：《美国中小学国际理解教育研究》，硕士学位论文，华中师范大学教育学院，2019 年，第 36—39 页。

习，还是基于能力开展的教学，必须达到一定的要求。例如：佐治亚州的证书要求，在被划定为聚焦国际性的课程中，学生至少需要修习 4 个学分，国际经济学、世界 / 非美国历史、世界地理都属于此类课程，而华盛顿州不仅对修习课程门类做出了要求——4 门全球性课程，还对课程的精通程度划定了界限——每门课平均得分（GPA）不得低于 2.5。

（2）全球经验：学生需要参加服务性学习、旅行、实习或其他可以获得直接性全球经验的项目。华盛顿州提供的选项如下：国际领域内的实习经历；25 小时的全球性服务活动；至少一周的浸入式全球性体验；三年聚焦全球性的课外活动；以当地为基础的交流活动并完成反思报告。只要完成其中两项即表示完成了全球参与。

（3）全球素养的证明：美国各州的国际理解教育证书规则目的都是培养学生的全球素养，使他们获得更深刻的国际理解并取得显著成效。例如，伊利诺伊州的学生要接受全球绩效评估，评估要求学生开展调查并采取行动以改善全球关系，华盛顿州则对涉及评估的每一门课程都做了最低均分要求。正常情况下，学生在修习了相关全球课程并获得相应学分、参与了社区或国家间的交流活动获得全球经验之后，可以向学校、地区或州一级的教育机构申请国际理解教育证书，申请时需要提交相关证明报告。

总的来看，美国实施国际理解教育证书的州或地区都为学生提供了丰富的国际理解教育课程和教学以及项目。目前很多州都在努力为所有高中毕业生提供这样一份证明，帮助他们在这个关联日益紧密的世界做好准备。当然，并不是所有学区和高中都有资格颁发国际理解教育证书。它们必须开设符合证书要求的课程，然后向地区或州申请颁发合格证的资格，通过相关审核后才可以着手对学生进行评定并遵循相关流程颁发证书。如佐治亚州成立了专门的国际技能文凭委员会，每年都会对所有课程进行审查，更新符合国际技能文凭目标的课程并列出佐治亚州教育部认可的有资格颁发证书的学校名单。

第九章　英国全球素养教育

21 世纪以来，人类社会开始步入一个新的纪元：全球化 3.0。[①] 由全球化衍生或与之相关的教育概念也是不断丰富，如全球教育、国际教育、教育国际化、国际理解教育与多元文化教育、世界公民教育与全球公民教育、环境教育、发展教育与可持续发展教育、和平教育、未来教育、全球素养与全球胜任力等。其中，全球素养教育引发了国际社会日益广泛的关注，并逐渐成为各国教育改革关注的一大方向。经济合作与发展组织（Organization for Economic Co-operation and Development，OECD）在《PISA 全球素养框架：赋能青年创建包容、可持续的世界》（*PISA Global Competence Framework：Preparing Our Youth for an Inclusive and Sustainable World*）中提出，"全球素养"（Global Competence）是一种多维度的能力，即能够审视当地、全球或跨文化的问题，能够理解并欣赏不同的世界性的观点，能够有效地参与跨文化的互动，能够为人类的共同福祉与社会的可持续发展而采取负责任的行动。[②] 英国全球素养教育已走过 90 余年的发展历程，是全球素养教育世界图景的重要组成。进入新世纪，英国将"全球维度"（Global Dimension）作

---

① ［美］托马斯·弗里德曼：《世界是平的：21 世纪简史》，何帆等译，湖南科学技术出版社 2006 年版，第 11 页。

② OECD. PISA Global Competence Framework：Preparing Our Youth for an Inclusive and Sustainable World，2020-12-12，https：//www.oecd.org/pisa/Handbook-PISA-2018-Global-Competence.pdf.

为推行全球素养教育的一大特色理念，为英国全球素养教育实践提供了更为开阔、丰富的理念空间。

第一节　英国全球素养教育的历史发展

英国全球素养教育的历史一般可追溯至 20 世纪 30 年代，由此相继经历了约四个发展阶段：孕育阶段（20 世纪 30—60 年代）、萌芽阶段（20 世纪 70—80 年代）、成型阶段（20 世纪 90 年代—20 世纪末）、深化阶段（21 世纪以来）等。在不同的历史发展阶段，英国对于培养"全球素养"的提法亦有差异，相继产生"世界公民"（World Citizenship）教育、"世界学习"（World Studies）、"全球公民"（Global Citizenship）教育、"全球维度"（Global Dimension）等理念或实践。①

一、孕育阶段（20 世纪 30—60 年代）

20 世纪 30 年代至 60 年代，世界还未完全从第一次世界大战的创伤中自愈，就再次受到大萧条的重创。1939 年，第二次世界大战爆发。1945 年，伴随战争的结束，冷战阴霾又开始笼罩在全世界上空。然而，在动荡、阴暗的另一面，也可以看到民权运动的蓬勃兴起与持续发展，和平教育、多元文化教育、发展教育等思潮影响日益广泛。英国在第一次世界大战中，国力已受重创，时隔未久，又经历第二次世界大战，逐步失去了世界霸主的地位。两次世界大战，英国虽为战胜国，但非最大受益国。在此背景下，受国际与国内局势的影响，英国意识到让本国民众认识世界、参与世界的必要性，开始关注如何培养本国公民的世界意识及适应能力，着力推动"世界公民教育"发展。

1934 年，英国成立了公民教育协会（The Association for Education in

---

① David Hicks. Ways of Seeing：The Origins of Global Education in the UK，2020-07-10，https：//www.researchgate.net/publication/285370403_Ways_of_Seeing_The_origins_of_global_education_in_the_UK.

Citizenship，AEC），提出通过公民教育培养学生对现代世界的认识能力。①
同年，英国文化教育协会（British Council）成立，成为英国最具影响力的
促进国际教育与文化交流的非政府机构之一。②1939 年，英国成立了世界
公民教育委员会（Council for Education in World Citizenship，CEWC），提
出为建设促进人类幸福的世界共同体而努力。③1942 年，乐施会（Oxford
Committee for Famine Relief，Oxfam）成立，强调培养学生积极参与世界
的能力，增强学生国际理解意识。④1945 年，《联合国教育、科学及文化
组织组织法》（*UNESCO's Constitution*）在英国伦敦通过，1946 年联合国
教育、科学及文化组织（United Nations Educational，Scientific and Cultural
Organization，UNESCO）成立，同年成为联合国专门机构，对英国以及世
界各国彼此之间增进理解与合作产生了深远影响。

　　总体来看，这一阶段奏响了英国开展全球素养教育的序曲，民间社会
机构相较于政府而言率先做出了探索，但有关理念提法尚待明确，实践行动
亦较为零散。

二、萌芽阶段（20 世纪 70—80 年代）

　　20 世纪 70 年代至 80 年代，国际上冷战盛行。1973 年，英国加入欧洲
共同体（European Communities）。1979 年，玛格丽特·撒切尔（Margaret
Thatcher）开始执政。当时英国国内陷入严重的经济衰退，社会矛盾日益尖
锐，撒切尔夫人实行严格的货币政策与紧缩的财政政策，削减政府开支与过
多的福利开支，包括削减对教育的投入，最终实现了重振英国经济的目标。

---

①　The Association for Education in Citizenship. Education for Citizenship in Elementary Schools，
　　转引自张家军《英国公民教育演变的经验与启示》，《贵州师范大学学报》（社会科学版）
　　2015 年第 6 期。
②　British Council. About Us，2019-11-11，https：//www.britishcouncil.org/about-us.
③　孙南南：《英国中小学国际教育的历史嬗变与战略动向》，《比较教育研究》2015 年第
　　11 期。
④　李文晶：《英国中小学国际理解教育课程研究》，硕士学位论文，南京师范大学教育科学
　　学院，2018 年，第 24 页。

在此背景下，尽管英国学界提出了"世界学习"（World Studies）与"全球教育"（Global Education）等理念并付诸实践，但并未能获得英国政府足够的重视，部分政治右翼势力甚至指责其是将政治带进课堂。然而，不可否认，该时期英国各类研究机构为增进本国公民认知与理解世界所做出的贡献仍具有开创性意义。

1968年，英国伦敦教育研究院（London Institute of Education）的詹姆斯·亨德森（James Henderson）创造性地提出"世界学习"这一术语。[①]1973年，英国"同一个世界基金会"（One World Trust）发起了"世界学习计划"（The World Studies Project，WSP），该项计划主持人罗宾·理查德森（Robin Richardson）是当时英国全球教育领域颇具影响力的理论家与实践家。1973年至1980年，"世界学习计划"为中学阶段的教师、教师教育工作者、课程开发者等创造性地举办了一系列会议与活动，强调学习者中心、态度与技能发展、世界意识等；同时，该计划相继出版了《为了世界社会变化而学习：反思、行动与资源》（*Learning for Change in World Society：Reflections，Activities and Resources*）、《争论与抉择：变化世界中的学校》（*Debate and Decision：The School in a World of Change*）、《从理念到行动：引领变化世界的课程》（*Ideas into Action：Curriculum for a Changing World*）等三部著作，奠定了英国全球教育的理论基础。[②]1976年，罗宾·理查德森以背景、问题、价值、行动为要素，每一项要素延展出不同的主题分支及子分支，构建了全球教育的维度模型（见表9-1），具有开创性意义。[③]

①　David Hicks. Ways of Seeing：The Origins of Global Education in the UK，2020-07-10，https：//www.researchgate.net/publication/285370403_Ways_of_Seeing_The_origins_of_global_education_in_the_UK.

②　David Hicks. Ways of Seeing：the Origins of Global Education in the UK，2020-07-10，https：//www.researchgate.net/publication/285370403_Ways_of_Seeing_The_origins_of_global_education_in_the_UK.

③　David Hicks. Ways of Seeing：The Origins of Global Education in the UK，2020-07-10，https：//www.researchgate.net/publication/285370403_Ways_of_Seeing_The_origins_of_global_education_in_the_UK.

表 9-1　"全球教育"维度模型

要素	分支	子分支
背景	·人类思想 ·沟通 ·结构与制度	·无知、偏见、"原罪"等 ·教育、大众媒介等 ·国内、国际的政治、经济等
问题	·贫穷 ·环境破坏 ·暴力 ·压迫	·营养不良、疾病等 ·污染、消耗、土壤流失等 ·战争、军备、恐怖主义等 ·少数民族、女性等
价值	·个人价值 ·理想社会	·物质需求、自我实现等 ·经济发展、生态平衡、和平、公正等
行动	·自上而下的政策层面 ·地方层面	（略） （略）

资料来源：David Hicks. Ways of Seeing：The Origins of Global Education in the UK，2020-07-10，https：//www.researchgate.net/publication/285370403_Ways_of_Seeing_The_origins_of_global_education_in_the_UK.

　　罗宾·理查德森卸任之后，西蒙·费舍尔（Simon Fisher）接任，与大卫·希克斯（David Hicks）共同主持了"世界学习 8—13 岁计划"（The World Studies 8-13 Project），将"世界学习"课程拓展到了新的教育阶段。1980 年至 1989 年，"世界学习 8—13 岁计划"开发了一系列课堂教学资源与教师手册，并与当时 50 个地方教育当局进行了合作；"世界学习 8—13 岁框架"（World Studies 8-13 Framework）建立的"知识""技能""态度"课程目标体系，较为明确地阐述了全球教育的基本结构及特征：（1）知识维度：强调描述、解释、评价"我们与他人""富人与穷人""和平与冲突""我们的环境""世界的未来"；（2）技能维度：强调探究、沟通、理解、批判性思考、政治技能；（3）态度维度：强调人类尊严、好奇心、对他者文化的欣赏、同理心、公平与正义。[1]

---

[1]　David Hicks. Ways of Seeing：The Origins of Global Education in the UK，2020-07-10，https：//www.researchgate.net/publication/285370403_Ways_of_Seeing_The_origins_of_global_education_in_the_UK.

20 世纪 80 年代，大卫·塞尔比（David Selby）与格雷厄姆·派克（Graham Pike）在英国约克大学创建"世界学习教师培训中心"①（World Studies Teacher Training Centre，WSTTC），自发与中学展开合作，对英国各地教育政策的制定与实施也产生了重要影响。1988 年，大卫·塞尔比与格雷厄姆·派克出版著作《全球教师，全球学习者》（*Global Teacher，Global Learner*），提炼出"全球性"（Globality）的 4 个维度：（1）空间维度（The Spatial Dimension）：即关注当地或全球的相互依赖性；（2）时间维度（The Temporal Dimension）：即关注探索可替代性的未来；（3）问题维度（The Issues Dimension）：即关注需要引起注意的全球问题的范围；（4）人类潜力维度（The Human Potential Dimension）：即关注探索整体学习的问题。②

总体来看，这一阶段可视为英国全球素养教育发展的开端。尽管受到政治保守派与右翼势力的阻碍，但在英国不同研究机构及其研究者的积极推动下，各地方教育当局已参与其中，全球素养教育的内涵要义与实践路径愈发清晰。

三、成型阶段（20 世纪 90 年代—20 世纪末）

20 世纪 90 年代至 20 世纪末，苏联解体，冷战结束，世界格局向多极化发展。1993 年，欧盟成立。1997 年，英国新工党成为执政党，托尼·布莱尔（Tony Blair）成为英国工党历史上最年轻的首相，以"教育，教育，还是教育"（"Education，Education，Education"）作为鲜明响亮的口号，拉开了"第三条道路"式的英国改革序幕。在此背景下，英国"全球公民教育"（Global Citizenship Education，GCED）的发展迎来崭新机遇。

---

① "世界学习教师培训中心"后更名为"全球教育中心"（Centre for Global Education）；20 世纪 90 年代，大卫·塞尔比与格雷厄姆·派克移居加拿大，在多伦多大学创办了全球教育国际学会（International Institute for Global Education）。

② David Hicks. Ways of Seeing：The Origins of Global Education in the UK，2020-07-10，https：//www.researchgate.net/publication/285370403_Ways_of_Seeing_The_origins_of_global_education_in_the_UK.

　　1997 年，英国政府提出两项教育议程：要求教师通过规范性教学提高学生的学业成就标准；同时，要求教师通过鼓励辩论与讨论的教学方式培养学生成为日益全球化社会的积极公民。① 同年，乐施会发布《全球公民课程》（*A Curriculum for Global Citizenship*），详细说明了全球公民课程所包含的"知识与理解力"（Knowledge and Understanding）、"技能"（Skills）、"价值观与态度"（Values and Attitudes）的"三维"目标体系。②1998 年，英国资格与课程局（Qualification and Curriculum Authority，QCA）发布报告《公民教育与学校民主教学》（*Education for Citizenship and the Teaching of Democracy in Schools*）③，在首份报告的基础上，提出了关于学校公民教育框架的详细建议，强调在英国、欧洲、全球发生深刻变化的背景下在学校中进行公民教育的必要性，确立了公民教育在学校教育中的不可分割性与优先性。特别地，该报告进一步明确了学校公民教育框架所包含的学习成果框架（Framework of Learning Outcomes）及其基本要素关系，为学校开展全球公民教育提供了更有效的指导。④

　　总体来看，这一阶段可视为英国全球素养教育发展的成熟期。英国政府对其予以了充分的重视，将全球素养培养与公民教育相融合，明确了培养全球公民的政策目标，并协同民间社会机构，共同推动全球素养教育从边缘走向中心。

四、深化阶段（21 世纪以来）

　　21 世纪以来，全球化进程加速，人类能够且需要在大数据时代的"地球村"相互依存，共同把握机遇或面对亟待解决的问题。英国政府各项

---

①　郑彩华：《英国中小学课程中的国际与全球维度及启示》，《基础教育》2012 年第 9 期。

②　David Hicks. Ways of Seeing：The Origins of Global Education in the UK，2020-07-10，https：//www.researchgate.net/publication/285370403_Ways_of_Seeing_The_origins_of_global_education_in_the_UK.

③　该报告也被称为《科瑞克报告》（*The Cricket Report*）。

④　Qualifications and Curriculum Authority. Education for Citizenship and the Teaching of Democracy in Schools，2020-09-22，https：//dera.ioe.ac.uk/4385/1/crickreport1998.pdf.

政策的"全球性"维度空前突显：2001 年，英国苏格兰行政院（Scottish Executive）发布文件《国际展望：教育年轻苏格兰人了解世界》（*An International Outlook：Educating Young Scots about the World*），提出：在文化多元化与国际化不断加强的社会，年轻人需知晓国际或全球的问题，学会欣赏文化的多样性，学会向在反种族主义社会的他者学习，发展通过反思表达信念的能力，能够依据客观的标准作出判断，并在职业、社会、文化、政治等方面扮演积极的角色。[1]2004 年，英国教育与技能部（Department for Education and Skills, DfES）发布白皮书《将"世界"纳入世界一流教育：教育、技能与儿童服务的国际战略》（*Putting the World into World-class Education：An International Strategy for Education，Skills and Children's Services*），指出当今世界我们与他人之间的相互影响力前所未有，为此，教育改革应确立三大关键目标：帮助儿童、年轻人与成年人适应全球化的社会生活与工作；参与国际合作，实现共赢；尽可能发挥教育、培训、高校科研对海外贸易和外来投资的积极作用等。[2]2006 年，英国财政部（HM Treasury）、国际发展部（Department for International Development, DfID）发布政策文件《世界教室：发展教育中的全球伙伴关系》（*The World Classroom：Developing Global Partnerships in Education*），旨在为全球范围的学生建立联系的桥梁。其指出，全球各学校之间的伙伴关系有助于学生交流思想、理解不同的文化，基于相互信任与尊重发展一种有益的关系，并能够帮助学生打开视野，成为好的全球公民。[3]2007 年，英国创新、大学与技能部（Department for Innovation，Universities and Skills）发布政策

---

[1]　Scottish Executive. An International Outlook：Educating Young Scots about the World，2020-08-02，https：//dera.ioe.ac.uk//7947/.

[2]　Department for Education and Skills. Putting the World into World-class Education：An International Strategy for Education，Skills and Children's Services，2020-10-18，https：//dera.ioe.ac.uk/5201/.

[3]　HM Treasury & Department for International Development. The World Classroom：Developing Global Partnerships in Education，2020-12-01，https：//inee.org/resources/world-classroom-developing-global-partnerships-education.

文件《世界级技能》(*World Class Skills：Implementing the Leitch Review of Skills in England*)，指出 21 世纪英国的繁荣将取决于人们是否可以得到机会、鼓励、支持，以最大限度地发展他们的技能或能力。①2009 年，英国商务、创新与技能部（Department for Business，Innovation and Skills）联合文化、媒体与运动部（Department for Culture，Media and Sport）发布报告《数字英国》(*Digital Britain*)，指出构建 21 世纪的全球化数字知识经济对于英国未来的繁荣至关重要。② 2013 年，英国商务、创新与技能部联合教育部（Department for Education，DfE）发布政策文件《国际教育战略：全球增长与繁荣》(*International Education Strategy：Global Growth and Prosperity*)，指出教育正处于全球化的早期阶段，各种形式的国际教育对英国来说均是巨大的机会。③ 同年，英国文化、媒体与运动部发布政策文件《连接、内容与消费者：英国增长的数字平台》(*Connectivity，Content and Consumers：Britain's Digital Platform for Growth*)，强调了英国全球数字平台建设的 4 个方面，即世界水平的网络连接、举世瞩目的创新内容、用户安全、使用费用等。④ 2019 年，英国政府发布教育国际化战略政策文件《国际教育战略：全球潜力，全球增长》(*International Education Strategy：Global Potential，*

---

① Department for Innovation，Universities and Skills. World Class Skills：Implementing the Leitch Review of Skills in England，2020-07-18，http：//www.eauc.org.uk/sorted/files/world_class_skills_final.pdf.

② Department for Business，Innovation and Skills & Department for Culture，Media and Sport. Digital Britain，2020-06-16，https：//assets.publishing.service.gov.uk/government/uploads/system/uploads/attachment_data/file/228844/7650.pdf.

③ Department for Innovation，Universities and Skills & Department for Education. International Education Strategy. Global Growth and Prosperity，2020-07-29，https：//assets.publishing.service.gov.uk/government/uploads/system/uploads/attachment_data/file/340600/bis-13-1081-international-education-global-growth-and-prosperity-revised.pdf.

④ Department for Culture，Media and Sport. Connectivity，Content and Consumers：Britain's Digital Platform for Growth，2020-07-30，https：//assets.publishing.service.gov.uk/government/uploads/system/uploads/attachment_data/file/225783/Connectivity_Content_and_Consumers_2013.pdf.

Global Growth），着眼全球，大力发展教育出口产业。① 在此背景下，英国愈发关注培养公民的全球素养，通过出台一系列政策举措（见表9–2），创造性提出并不断发展教育的"全球维度"（Global Dimension），协同社会多方的支持，在校内与校外、课内与课外产生了广而深的影响力。据由英国国际发展部资助的2010年研究报告《北爱尔兰课程的全球维度：学校的方法、教学与学习》（*Global Dimension in the Northern Ireland Curriculum：School Approaches，Teaching and Learning*）显示：英国一些学校已开展了相关的、有价值的工作，受访的学校教师大多认为"全球维度"与教与学高度相关，受访的学生认为在学校中对全球议题的学习对其如何看待全球问题产生了最重要的影响。②

表 9–2　21 世纪以来英国全球素养教育有关政策一览

发布年份	政府部门	文本名称
2000 年	英国教育与就业部	《开发学校课程的全球维度》
2001 年	英国苏格兰行政院	《国际展望：教育年轻苏格兰人了解世界》
2003 年	英国国际发展部	《全球学校伙伴计划》
2004 年	英国教育与技能部	《将"世界"纳入世界一流教育：教育、技能与儿童服务的国际战略》
2005 年	英国教育与技能部	《开发学校课程的全球维度》
2006 年	英国财政部、国际发展部	《世界教室：发展教育中的全球伙伴关系》
2007 年	英国资格与课程局	《全球维度进行中：学校课程规划指南》
2007 年	英国教育与技能部	《课程审视：多样性与公民》
2008 年	英国儿童、学校与家庭部	《开发学校全球维度的重要提示》

① HM Government. International Education Strategy：Global Potential，Global Growth，2020-03-16，https：//www.gov.uk/government/publications/international-education-strategy-global-potential-global-growth.

② Ulrike Niens，Jackie Reilly. Global Dimension in the Northern Ireland Curriculum：School Approaches，Teaching and Learning，2020-11-10，https：//www.centreforglobaleducation.com/sites/default/files/.

续表

发布年份	政府部门	文本名称
2008 年	英国威尔士儿童、教育、终身学习与技能部	《可持续发展与全球公民教育：学校的共识》
2009 年	英国国际发展部	《共同探索：中等教育课程的全球维度》
2010 年	英国国际发展部	《北爱尔兰课程的全球维度：学校的方法、教学与学习》
2013 年	英国教育部	《国家课程》
2013 年	英国国际发展部	《"全球学习计划"》
2018 年	英国国际发展部	《通过全球学习联结教室计划（2018—2021 年)》

资料来源：笔者根据英国政府官网相关内容整理。

　　总体来看，这一阶段英国全球素养教育的理念与实践均获得了更为深入的发展。英国政府在其中扮演的角色更为显性与积极，特别是教育的"全球维度"的提出，为全球素养教育的发展开辟了更为独立、鲜明的政策话语空间；多部门、多行业的跨界合作，为全球素养教育的发展予以了及时响应与充分支持。

第二节　英国全球素养教育的理念基础

　　英国全球素养教育发端于 20 世纪 30 年代对本国公民世界意识的培养。在之后的发展历程中，尽管英国并未明确使用"全球素养教育"的提法，但是与"全球素养教育"有关的概念层出不穷，共同构成了英国全球素养教育的理念基础，并推动英国全球素养教育实践不断走向深入。

一、全球素养的内涵

（一）"全球维度"

　　"全球维度"，是 21 世纪以来英国开展全球素养教育的核心理念，能够集中反映英国文化语境下"全球素养"的内涵。"全球维度"，广义而言，是指探究世界的相互关联性。① 作为英国政策话语中一个具有"节点"意义的概念②，"全球维度"以"全球化转向"（Global Turn）串联起了公民教育、环境教育、发展教育等理念，以其包容而丰富的内涵，指引英国全球素养教育的新发展。

"全球维度"，是由英国教育与就业部（Department for Education and Employment，DfEE）于 2000 年在行动建议文件《开发学校课程的全球维度》（*Developing a Global Dimension in the School Curriculum*）中首次提出。该文件建构了"全球维度"的概念，展示了如何将"全球维度"融入国家课程、校本课程与更广泛的学校生活。发展教育的"全球维度"，即：（1）学校所教授的内容由国际性与全球性的事务所决定；（2）关注并尝试解决当地与全球层面的诸如可持续发展、相互依存与社会正义等问题；（3）围绕"全球维度"，建构知识、发展技能、培养态度。五年后，英国教育与技能部联合其他部门与非政府组织发布文件《开发学校课程的全球维度》（*Developing the Global Dimension in the School Curriculum*）。与 2000 年英国教育与就业部发布的《开发学校课程的全球维度》相比，该文件主要新增了在基础阶段（Foundation Stage）③ 融入全球维度的说明，并介绍了相关的实践及案例。④ 上述两份政策文件确立的"全球维度"的理念，至今仍是英国推行全球素养教育的重要支撑。

---

① Reboot the Future. What Is the Global Dimension，2020-09-25，https：//globaldimension.org. uk/about/what-is-the-global-dimension/.

② Greg Mannion，Gert Biesta，Mark Priestley，Hamish Ross. The Global Dimension in Education and Education for Global Citizenship：Genealogy and Critique，2020-09-22，https：//www.researchgate.net/publication/232963754_The_Global_Dimension_in_Education_and_Education_for_Global_Citizenship_Genealogy_and_Critique.

③ 基础阶段，是在 2000 年 9 月被确立为英国学制的一个特定阶段，主要面向 3—5 岁的儿童开展教育。

④ Department for Education and Skills. Developing the Global Dimension in the School Curriculum，2020-09-22，https：//globaldimension.org.uk/wp-content/uploads/old//documents/gdw_developing_the_global_dimension.pdf.

1．"全球维度"体现在课程教学维度的全球化

《开发学校课程的全球维度》（2000 年）、《开发学校课程的全球维度》（2005 年）针对基础阶段、关键阶段 1—4（Key Stages 1—4）① 的课程科目与全球维度的融合给予了具体的说明与指导，并提供了丰富的资源支持。

2007 年，英国资格与课程局发布《全球维度进行中——学校课程规划指南》（*The Global Dimension in Action*：*A Curriculum Planning Guide for Schools*），与《将"世界"纳入世界一流教育：教育、技能与儿童服务的国际战略》（2004 年）与《开发学校课程的全球维度》（2005 年）互为支撑，对"全球维度"进行了更为明确的界定与说明，同时引入 14 个学校开展全球素养教育的详实案例资料，旨在帮助教师反思所教课程的全球维度的构建情况并为其教学提供进一步的资源支持。②

2009 年，英国教育慈善机构发展教育协会（The Development Education Association，DEA）联合英国国际发展部等部门发布指导手册《共同探索——中等教育课程的全球维度》（*Exploring Together*：*A Global Dimension to the Secondary Curriculum*），提出了"成功的学习者""自信的个体""负责任的公民"三大目标，详细说明了在艺术与设计、公民教育、设计与技术、英语、地理、历史、信息通信技术、数学、现代外语、音乐、个人社会与健康教育（PSHE）、体育、宗教教育、科学等 14 个学科课程中如何运用重要概念、过程、论述及跨学科等方式来开发"全球维度"。③

2013 年，英国教育部发布新的国家课程（National Curriculum）。该文

---

① 关键阶段，是经 1988 年《教育改革法（1988 年）》（*1988 Education Reform Act*）确立，以配合国家课程的首次引入。其中，关键阶段 1，主要面向 5—7 岁的学习者；关键阶段 2，主要面向 7—11 岁的学习者；关键阶段 3，主要面向 11—14 岁的学习者；关键阶段 4，主要面向 14—16 岁的学习者。

② Qualifications and Curriculum Authority. The Global Dimension in Action：A Curriculum Planning Guide for Schools，2020-09-23，https：//globaldimension.org.uk/wp-content/uploads/old//documents/qcda_global_dimension_in_action.pdf.

③ The Development Education Association & Department for International Development. Exploring Together：A Global Dimension to the Secondary Curriculum，2020-09-25，https：//globaldimension.org.uk/wp-content/uploads/old//documents/gdw_exploring_together.pdf.

件设定了 1—4 关键阶段所有学科课程的学习方案和学习目标（其中大部分学科课程于 2014 年 9 月开始实施）。① 修订后的国家课程不会像旧的课程那样强调学科之间的联系，而是要求必须在具体的课程中建立与全球维度、可持续发展的联系。如设计与技术、地理、个人社会与健康教育等课程均涉及构建多样性、相关性、情境性的知识体系，强调其是赋予学习以全球维度的关键；公民教育课程强调发展学生的批判性思维能力，培养其社会责任意识，也能够成为融合全球维度的范例。

2. "全球维度"体现在学校建设维度的全球化

《开发学校课程的全球维度》（2000 年）首先提出建设"整体学校"（Whole-school），以进一步发展教育的"全球维度"。所谓"整体学校"，是指学校不仅要在课程中融入、贯穿"全球维度"，也要使"全球维度"与整个学校的风气融为一体，即实现"全球维度"与学校生活的全面融合、渗透。此外，该文件提出发展"学校联系"（School Linking），即支持本国学校与经济欠发达国家的学校建立联系，从而对发展议题获得更为生动的理解。②

2008 年，英国儿童、学校与家庭部（Department for Children，Schools and Families，DCSF）发布《开发学校全球维度的重要提示》（*Top Tips to Develop the Global Dimension in Schools*），为学校全方位开发全球维度提出了 10 条建议：从全球视角探讨本地热点议题；以学校运作的方式寻找全球维度；找出学校的购买行为对其他国家的影响；使用全球教学资源教授课程；了解其他组织所能提供的地区性与全国性的支持；关注联合国儿童基金会和联合国其他机构的工作；考虑将本校与其他运行在不同文化的学校建立联系；留出时间用作专业发展和反思；在自我评价表中凸显全球维度的工作；保持乐观，提升行动力。③

---

① Department for Education. National Curriculum，2020-10-14，https：//www.gov.uk/government/collections/national-curriculum.

② Department for Education and Employment. Developing a Global Dimension in the School Curriculum，2020-09-23，https：//dera.ioe.ac.uk/6152/7/globald_Redacted.pdf.

③ Department for Children，Schools and Families. Top Tips to Develop the Global Dimension in Schools，2020-09-25，https：//globaldimension.org.uk/wp-content/uploads/old//documents/gobal_dimension_top_tips.pdf.

同年，英国威尔士儿童、教育、终身学习与技能部（Department for Children, Education, Lifelong Learning and Skills, DCELLS）发布文件《可持续发展与全球公民教育——学校的共识》（*Education for Sustainable Development and Global Citizenship: A Common Understanding for Schools*），强调了建设"整体学校"对于可持续发展与全球公民教育的必要性：可持续发展与全球公民教育不是一门独立的学科，不是一系列分散的观念或主题，不局限于教室，不单单是学校中某一位教师的责任，也不是向学习者仅仅传递一套答案；可持续发展与全球公民教育需要帮助学生应对未来的全球性挑战与国际竞争，培养学生世界观去识别所处世界的复杂性与关联性，鼓励学生关心自身、彼此与共处的环境并在学校、社区与全球范围扮演积极的角色。①

2013 年，英国教育部发布新的国家课程（National Curriculum），特别指出，在初等教育阶段，政府建议课程时间约占学校每日的三分之二左右，这意味着学校享有自由发展校本课程，并可结合主题日活动与"整体学校"计划来培养学生的全球素养。②

"全球维度"的提出，为国家课程与校本课程的实施以及学校建设赋予了崭新的视角与鲜活的生命力，旨在为不同背景、年龄、水平的个体提供了解与探索世界异同的广泛机会。

（二）"英国性"

与"全球维度"相呼应，英国政策文本中也强调了"英国性"的概念。

所谓"英国性"（Britishness），一般是指作为英国人的状态、品质或特征。2007 年，英国教育与技能部发布白皮书《课程审视：多样性与公民》

---

① Department for Children, Education, Lifelong Learning and Skills. Education for Sustainable Development and Global Citizenship: A Common Understanding for Schools, 2020-07-23, https://hwb.gov.wales/storage/eaf467e6-30fe-45c9-93ef-cb30f31f1c90/common-understanding-for-school.pdf.

② Reboot the Future. Curriculum Info, 2020-09-25, https://globaldimension.org.uk/ classroom/ curriculum-info/.

（*Curriculum Review*：*Diversity and Citizenship*），回应了一个日益激烈的争论，即当前英国社会处理有关种族、宗教、文化、身份认同、价值观等问题时是否采用了一种满足全体学生需求的方式，并明确了多元化教育对英国在 21 世纪成为一个具有凝聚力的社会至关重要。为此，该文件提出在关键阶段 3—4 发展一个新的教育内容，即"身份认同与多样性：共同生活在英国"，以更为全面地理解"英国性"，为学生探索自身与当地社区的关系提供机会，帮助学生能够在更广泛的英国社会中找到自己的位置并对他人的个性予以尊重和欣赏，进而能够在全球化背景下理解英国的价值观。[①]

"英国性"与"全球维度"看似矛盾，实则互为补充，进一步丰富了英国"全球素养"的内涵维度——全球素养培养，需要融合更广阔的视域，也需要明确本国的方位。

综上，英国"全球素养"的内涵构成，为其全球素养教育目标体系与内容体系的建立也分别奠定了基础：着眼于"素养"，全球素养的内涵折射的是一种能力结构，即强调个体在"知识""技能""态度"等方面的综合发展；着眼于"全球"，全球素养的内涵实际搭建了一种学习框架，即聚焦各类全球性问题的深入学习。

二、全球素养的价值指向

英国政策文本中提出的"全球维度"的八组关键概念（Key Concepts）[②]，集中体现了新世纪以来英国全球素养教育的价值指向。

（一）全球公民（Global Citizenship）

"全球公民"概念，强调获得成为负责任的全球公民所需的、关于概念与制度的知识、技能与理解。具体包括：培养通过媒体和其他渠道评估信息

---

① Department for Education and Skills. Curriculum Review：Diversity and Citizenship，2020-07-23，https：//dera.ioe.ac.uk/6374/7/DfES_Diversity_&_Citizenship_Redacted.pdf.

② Department for Education and Skills. Developing the Global Dimension in the School Curriculum，2020-07-09，https：//globaldimension.org.uk/wp-content/uploads/old//documents/gdw_developing_the_global_dimension.pdf.

和对全球问题的不同观点的技能；了解制度、宣言和公约，以及团体、非政府组织和政府在全球问题中的角色；发展对关键决策的制定方式和地点的理解；认识到青年人的观点和关切很重要并应得到倾听，以及如何采取负责任的行动来影响全球问题；在个人和社会层面上认识到地方和国家问题和决策的全球背景；理解语言、地点、艺术、宗教在自身和他人身份中的作用等。

（二）社会公正（Social Justice）

"社会公正"概念，强调理解社会公正对于可持续发展与提升大众福祉的重要性。具体包括：重视社会正义，了解社会正义对于确保社会内部和社会之间所有人的平等、正义和公平的重要性；认识到权力和资源获取不平等的影响；认识到行为对人们的生活既有预期的后果，也有非预期的后果，认识到知情选择的重要性；培养采取行动的动机和承诺，为一个更加公正的世界做出贡献；挑战种族主义和其他形式的歧视、不平等和不公正；理解并重视机会均等；了解过去的不公正如何影响当代的地方和全球政治。

（三）可持续发展（Sustainable Development）

"可持续发展"概念，强调理解在不破坏环境的前提下保持与提升生命质量的必要性。具体包括：认识到地球上的一些资源是有限的，因此必须由我们每个人负责地使用；理解社会、经济和环境领域之间的相互联系；考虑可能的和更好的未来，以及如何实现后者；意识到经济发展只是生活质量的一个方面；认识到排斥和不平等阻碍所有人的可持续发展；相互尊重；认识到可持续资源使用的重要性——反思、减少、修复、再使用、回收——以及从可持续管理来源中获取材料。

（四）多样性（Diversity）

"多样性"概念，强调理解并尊重差异性，并将其与共通的人性相联系。具体包括：在普遍人权的背景下欣赏世界各地的异同；理解尊重文化、习俗和传统差异以及社会是如何组织和管理的重要性；培养对世界各地的各种人群和环境的敬畏感；评估生物多样性；了解环境对文化、经济和社会的影响；了解关于全球问题的不同观点，以及身份如何影响观点和视角；理解偏见和歧视的本质，以及如何挑战和战胜它们。

（五）价值观与理解（Values and Perceptions）

"价值观与理解"概念，强调发展对于全球代表性议题的批判性评价，并鉴别其对于人们态度与价值观的影响。具体包括：理解人们有不同的价值观、态度和认知；理解人权的重要性和价值；培养看待事件、议题、问题和观点的多角度和新方法；质疑和挑战假设和认知；理解媒介在影响观念、选择和生活方式等方面的力量；理解人们的价值观会影响他们的行为；使用不同的议题、事件和问题来探索儿童和年轻人自己的价值观和看法以及其他人的价值观和看法。

（六）相互依存（Interdependence）

"相互依存"概念，强调理解人、地域、经济与环境在全球范围的紧密关联性，以及选择与事件在全球产生的影响。具体包括：理解全球化的影响，以及所做的选择在不同层面（从个人到全球）产生的影响；认识到他人的生活与儿童、年轻人自己的生活之间的联系；理解不同文化和思想（政治、社会、宗教、经济、法律、技术和科学）对彼此的影响，并认识到相互依存的复杂性；理解世界是一个全球社区，以及作为一个公民意味着什么；理解英国所采取的行动、选择和决定如何对其他国家人民的生活质量产生积极或消极的影响。

（七）冲突解决（Conflict Resolution）

"冲突解决"概念，强调理解冲突的性质及其对发展的影响，以及解决冲突、促进和谐的必要性。具体包括：了解当地、国内和国际冲突的不同例子以及解决它们的不同方法；理解在冲突情况下，其他人会有选择和后果；理解对话、宽容、尊重和同理心的重要性；培养沟通、倡导、谈判、妥协和合作的技能；认识冲突可以作为一个潜在的创造性过程；理解种族主义的一些形式以及如何应对；理解冲突可以影响当地和全球的人、地点和环境。

（八）人权（Human Rights）

"人权"概念，强调知晓人权，特别是《联合国儿童权利公约》。具体包括：重视我们共同的人性、普世人权的意义；理解全球背景下的权利和责任，以及全球和本地之间的相互关系；理解在不同情况下存在相互竞争的权利和责任，了解在当地和全球范围内人权被剥夺和被要求的一些方式；理解将人权作为挑战种族主义等不平等和偏见的框架；了解《联合国儿童权利公约》《欧洲人权宣言》和《人权法案》在英国的法律地位；理解人权的普遍性和不可分割性。

第三节 英国全球素养教育的实践路径

当前，英国全球素养教育已形成多方参与、协力推进的实践路径：英国政府多部门与各地方教育当局对于全球素养培养均给予了充分的重视，以政策举措为主导力量，强调培养积极的全球公民；英国学校，特别是义务教育阶段的学校，在实施国家课程的同时，运用学校所拥有的自主权，不断丰富全球素养教育的实践样态；英国非政府组织，包括研究机构与社会团体等，曾在前期发挥了主力作用，当前在呼应国家政策的基础上，继续为全球素养教育的开展提供专业指导与实践资源，推动政策理念的实现。

一、全球素养教育的培养目标

在英国全球素养教育发展的不同阶段，政府、学界或其他组织机构分别提出过不同的培养目标。

20世纪80年代，大卫·塞尔比与格雷厄姆·派克在著作《全球教师，全球学习者》（*Global Teacher，Global Learner*）中概括出全球教育的五项目标：（1）系统意识（Systems Consciousness）：能够系统全面的思考；（2）观点意识（Perspective Consciousness）：能够辨别不同的世界观；（3）健康星球意识（Health of Planet Awareness）：能够了解人类星球的状态；（4）参与意识与意向（Involvement Consciousness and Preparedness）：能够选择并行动；（5）过程意识（Process Mindedness）：能够理解学习的持续性。[1]

---

[1] David Hicks. Ways of Seeing：The Origins of Global Education in the UK，2020-07-10，https：//www.researchgate.net/publication/285370403_Ways_of_Seeing_The_origins_of_global_education_in_the_UK.

1997 年，乐施会发布《全球公民课程》(*A Curriculum for Global Citizenship*)，全面、详细阐述了英国全球公民课程的目标体系，意义显著。如表 9–3 所示，该目标体系包括"知识与理解力""技能""价值观与态度"等 3 个维度，并在每个维度包含了不同的发展关键词及其具体的能力表征。

表 9–3　英国全球公民课程目标体系

目标维度	目标描述
知识与理解力 (Knowledge and Understanding)	·和平与冲突：能够理解历史与当下的冲突及其调和与防御 ·社会公平与正义：能够理解不同社会之间的不公平与不公正；具备有关人类基本需求、权利与全球公民责任的知识 ·全球化与相互依存：能够具备有关世界及其事件的知识；了解不同国家、权力关系、制度之间的联系；理解全球问题的复杂性 ·可持续发展：能够认识到地球资源的有限性、稀缺性与不合理利用的情况；理解可持续发展在全球的迫切性 ·多样性：能够理解不同社会的文化与其他多样性；理解他人如何丰富我们自身；理解偏见的本质并知道如何战胜它
技能（Skills）	·批判性思考：能够以开放与批判的方式评价观点与信息；能够改变他人的观点，挑战他人的假设，最终做出合乎道德的判断 ·挑战不公平与不公正：能够识别任何形式的不公平与不公正并选择合适的行动 ·有效地论证：能够找到信息并理性、清晰、有说服力地呈现 ·合作与解决冲突：能够共享并学会与他人有效合作；客观地分析冲突并找到多方可接受的解决方案
价值观与态度（Values and Attitudes）	·同理心：能够置身理解世界上其他人的感受、需要、生活；能够感知共同的人性、需求、权利；具有同情的能力 ·自我身份认同与自尊：能够感知自我价值与个性 ·信念：能够认识到个体可以通过行动改善处境并有意愿参与、行动 ·对环境的关注与对可持续发展的承诺：能够尊重并关注地球环境生态及其生物；考虑下一代的需求并采取负责任的行动 ·对社会公平与正义的承诺：能够对全球问题具有兴趣并关注；为建设更公平、公正的世界而做好准备 ·评估并尊重多样性：能够欣赏个体差异性，给予其平等地位，学会相互学习

资料来源：David Hicks. Ways of Seeing：The Origins of Global Education in the UK，2020-07-10，https：//www.researchgate.net/publication/285370403_Ways_of_Seeing_The_origins_of_global_education_in_the_UK.

　　进入 21 世纪，英国政府提出"全球维度"的概念，以期通过赋能教育使学习者胜任全球化时代的工作与生活——"教育在帮助儿童和年轻人认识到他们作为这个全球社会公民的贡献和责任，并为他们配备技能，以作出知情的决定和采取负责任的行动等方面起着至关重要的作用。在教学中融入'全球维度'意味着可以在地方问题和全球问题之间建立联系，还意味着年轻人有机会：批判性地审视自己的价值观和态度；欣赏世界各地人民之间的相似之处，重视多样性；了解他们当地生活的全球背景；发展使他们能够对抗不公正、偏见和歧视的技能。这些知识、技能和理解使年轻人能够作出明智的决定，以便在全球社会中发挥积极作用。"① 特别地，对于国家课程与"全球维度"的融合，尤为强调通过了解和理解英国多元化社会的精神、国家、欧洲、联邦和全球文化遗产，以帮助学习者培养认同感，发展其对自己与不同的信仰和文化的知识、理解和欣赏力，确保其在个人、国家和全球层面上对可持续发展做出承诺等。②

　　具体而言，英国在基础阶段实施的"全球维度"融合课程的总目标为：(1) 为儿童提供各种各样的（学习）经历，以鼓励和支持他们开始在生活经验的不同部分之间建立联系；(2) 促使儿童开始意识到其与他人的关系，以及其所属的不同社区，例如家庭和学校；(3) 促使儿童开始意识到民族、地区、文化、语言和宗教的多样性；(4) 促使儿童开始理解公平，关心他人和环境的需要，并对他人的需求和观点保持敏感。③

　　英国在关键阶段 1—4 实施的"全球维度"融合课程的总目标为：(1)

---

① Department for Education and Skills. Developing the Global Dimension in the School Curriculum，2020-07-24，https：//globaldimension.org.uk/wp-content/uploads/old//documents/gdw_developing_the_global_dimension.pdf.

② Department for Education and Skills. Developing the Global Dimension in the School Curriculum，2020-07-24，https：//globaldimension.org.uk/wp-content/uploads/old//documents/gdw_developing_the_global_dimension.pdf.

③ Department for Education and Skills. Developing the Global Dimension in the School Curriculum，2020-07-24，https：//globaldimension.org.uk/wp-content/uploads/old//documents/gdw_developing_the_global_dimension.pdf.

在关键阶段 1（Key Stage 1），学生开始认识到自身的价值与他人的价值；认识到自身是作为广阔世界的一部分，也收获对一系列不同文化与地方的认识；了解全人类均有相同的基本需求，但在如何满足需求方面存在差异。(2) 在关键阶段 2（Key Stage 2），学生发展超越其个体经验的理解力，构建关于更广阔世界的、不同社会与文化的知识；了解世界上地区之间、人与人之间的相似性与差异性，以及世界的不平等；培养社会正义感与道德责任感，开始理解自身的选择能够影响全球与当地的事务。(3) 在关键阶段 3—4（Key Stages 3&4），学生发展对自身作为全球公民角色的理解，拓展更广阔世界的知识；增进理解诸如贫穷、社会正义与可持续发展等议题；认识到采取行动为后辈改善世界的重要性；能够批判性地评析所获得的信息，挑战歧视与不公正的案例。①

综上，英国全球素养教育的培养目标整体经历了由抽象到具化的转变，也完成了由一维（"意识"）到多维"知、情、意"的拓展。

二、全球素养教育的课程体系

英国全球素养教育并未设置独立的课程，而是采用融合课程模式，强调在各级、各类课程中融入"全球维度"。

（一）基础阶段（Foundation Stage）的全球素养教育融合课程体系

在基础阶段的融合课程体系中，主要包含 6 个发展维度，分别是"个人、社会与情感""沟通、语言与读写能力""数学（素养）""世界知识与理解力""体格""创造力"等；具体到每一项发展维度，列举说明了学习者的学习内容、方式或途径、能力目标等（见表 9-4）。

---

① Department for Education and Skills. Developing the Global Dimension in the School Curriculum，2020-07-24，https：//globaldimension.org.uk/wp-content/uploads/old//documents/gdw_developing_the_global_dimension.pdf.

表 9-4　英国全球素养教育融合课程体系（基础阶段）

发展维度	发展要求
个人、社会与情感	·儿童通过图片和照片来考虑特定情况下的人，以及他们是否高兴、悲伤、饥饿或孤独 ·儿童观看来自世界各地其他孩子的照片，讨论我们都需要什么，比如爱、家、朋友、食物、水、安全和住所 ·儿童聆听并讨论来自不同国家的故事，关于对与错、他人的需求以及我们如何互相帮助等问题 ·儿童谈论他们因为不同的原因去过的地方，例如度假、娱乐、宗教或拜访亲戚，并讨论对这些地方的感觉。这些讨论可能是由诸如旅行票或金钱之类的物品引发 ·儿童可以参与再使用、修复和回收材料，而不是把它们扔掉。看看回收玩具或用"垃圾"做玩具可能会激发学习 ·教学人员鼓励儿童尝试不同文化的活动，对比差异和相似之处，例如，与文化和宗教传统有关的食物选择 ·儿童通过故事等来讨论因外貌而欺凌他人的不公平
沟通、语言与读写能力	·儿童聆听并谈论来自世界各地的故事，以及关于公平和环境等话题 ·儿童模仿教学人员积极、反歧视的语言 ·在冲突情况下，教学人员鼓励儿童考虑他人的感受，并提出适当的推进方法。通过讨论照片、故事以及通过木偶，他们也会在没有直接卷入冲突的情况下这样做 ·儿童谈论他们的行为如何影响他人，并考虑如果他们采取不同的行动可能会发生什么 ·儿童听到一系列的语言，这些语言是由儿童或与他们有联系的人说的。社区语言是有价值的。教学人员可向儿童介绍一系列书面剧本和双语书籍
数学（素养）	·在讨论数字的时候，儿童会分享他们在不同语言中对数字的不同体验 ·儿童参与来自不同国家的数数游戏，数数来自世界各地的物品 ·儿童观看展示一系列文化如何使用数字、形状和图案的照片和图画
世界知识与理解力	·儿童探索来自世界各地的照片、书籍和工艺品，并对当地和世界其他地方的人与地方之间的异同进行思考。通过故事、音乐、舞蹈、食物以及使用服装、厨具、符号和玩具进行的角色扮演，教学人员向儿童介绍一系列文化和宗教 ·儿童学习可持续的园艺实践（如堆置肥料），并认识到保护环境的重要性 ·当儿童在照片或视频中看到遥远的"陌生人"时，教学人员可以鼓励他们基于共同或熟悉的经历来想象其生活方式：食物、兄弟姐妹、玩具和游戏。换言之，既要强调差异，也要强调相似之处 ·儿童进行角色扮演（如扮演一位旅行社代理）以探索不同的地方是什么样的并在地图和地球仪上找到这些地方。在这一过程中，儿童可以使用小册子、图片和自己的度假照片

续表

发展维度	发展要求
	·主题法（如去学校的旅程、在学校做什么或吃的食物等）也可以有助于谈论在其他国家的生活
体格	·儿童从不同的文化中玩游戏和学习舞蹈，从中展现相互依赖和促进合作 ·儿童购买、准备和品尝食物，讨论它是什么样子以及它来自哪里 ·儿童讨论水和水的用途，理解清洁饮用水的重要性，知道有些人要走很长的路才能找到清洁饮用水。儿童可能会讨论他们学校的饮用水政策 ·儿童比较所需与所想。例如，需要干净的饮用水和想要一个新玩具
创造力	·儿童参加来自不同地方的音乐、舞蹈和游戏（活动）。家长/照顾者分享他们自己的歌曲和工艺品 ·儿童使用来自不同文化和国家的图案、纺织品和设计

资料来源：Department for Education and Skills. Developing the Global Dimension in the School Curriculum，2020-07-24，https：//globaldimension.org.uk/wp-content/uploads/old//documents/gdw_developing_the_global_dimension.pdf.

（二）关键阶段（Key Stages 1—4）的全球素养教育融合课程体系

在关键阶段 1—4 的融合课程体系中，涉及到"核心科目"课程与"基础科目"课程两大类。其中，"核心科目"课程包括英语、数学、科学三门，每一门课程在不同关键阶段的学习内容与目标衔接递进（见表 9-5）。

表 9-5　英国全球素养教育"核心科目"融合课程体系（关键阶段 1—4）

课程科目	关键阶段 1 （5—7 岁）	关键阶段 2 （7—11 岁）	关键阶段 3—4 （11—16 岁）
英语	·内容：阅读小说或非小说类的文学创作，了解其他国家的人口、地域与文化 ·目标：学生能够加深对自己和他们所生活的世界的认识和理解	·内容：阅读从各种文化和传统中提取的故事、诗歌和文本，如日记、自传、报纸和杂志，所有这些都可以包含全球维度；参与关于时事议题的讨论和辩论，并使用戏剧探索他人的经历 ·目标：学生能够更多地了解他们自己的身份、这个世界以及他们在其中的角色。	·内容：学习媒介，阅读来自不同文化和传统的小说和非小说 ·目标：学生能够批判性地评估他们的所见所闻；学会认识和挑战关于发展中国家的新闻报道中的刻板印象和偏见；通过文学发展对全球问题的理解力

续表

课程科目	关键阶段1 （5—7岁）	关键阶段2 （7—11岁）	关键阶段3—4 （11—16岁）
数学	·内容：在不同的情境中使用数字，探索不同文化背景下的数字模式、谜题、游戏 ·目标：学生能够学会欣赏各种文化中数学的独创性。	·内容：发展对数学普遍性的理解 ·目标：学生能够了解哪些文化对数学的发展和应用做出了贡献	·内容：学习数量、代数、几何、空间、测量与数据处理；认识到数学在技术领域的应用之广泛 ·目标：学生能够使用数学作为与世界各地的年轻人交流的语言；运用数学技能来解释与国际债务和公平贸易等时事、国际和全球问题有关的统计数据
科学	·内容：认识到任何人维持生存均需要食物与水 ·目标：学生能够了解人类需求的普遍性	·内容：学习更多关于人类共同的生命过程，以及生物和环境需要被保护的方式 ·目标：学生能够理解科学在全球技术发展中所起的作用	·内容：了解人类对世界的影响以及多样性和保护的必要性；探究可能影响科学理论被接受程度的文化背景；认识到科学中存在使用来自世界许多地方的数据的机会 ·目标：学生能够欣赏科学的国际性以及来自世界各地的科学家所做的贡献；提出在全球范围内使用科学技术所产生的益处、缺点和一些伦理问题

资料来源：Department for Education and Skills. Developing the Global Dimension in the School Curriculum，2020-07-24，https：//globaldimension.org.uk/wp-content/uploads/old//documents/gdw_developing_the_global_dimension.pdf.

　　"基础科目"课程种类多样，包括"设计与技术""信息通信技术""历史""地理""艺术与设计""音乐""体育""个人社会与健康教育""公民教育""宗教教育""现代外语"等；对于每一门课程在不同关键阶段的学习内容与目标的表述具体而明确，具有较强的指导性（见表9–6）。

表9-6　英国全球素养教育"基础科目"融合课程体系（关键阶段1—4）

课程科目	关键阶段1 （5—7岁）	关键阶段2 （7—11岁）	关键阶段3—4 （11—16岁）
设计与技术	·内容：了解不同文化背景的人的不同需求，并开始辨别满足这些需求的方式 ·目标：学生能够发展对于他人需求的同理心	·内容：学习设计和制造产品，并评估不同的产品是如何创作的 ·目标：学生能够学会思考来自不同文化和不同地方的人们使用他们设计的产品的需求；学习如何利用技术来改善世界，为社会发展做出贡献	·内容：探究科技对社会发展以及儿童和年轻人自身生活的积极和消极影响 ·目标：学生能够发展对可持续发展的社会、环境、经济方面的理解，并探究改善世界的方法
信息通信技术	·内容：从多种渠道收集信息 ·目标：学生能够获取关于不同文化与地区的信息	·内容：学习使用各种信息通信技术工具（如电子邮件、视频会议）和信息源来支持创作 ·目标：学生能够探索信息通信技术的潜力，以便更多地了解来自不同文化和国家的人们并与之交流；探索信息通信技术如何改变不同文化和国家的人们的生活	·内容：使用信息通信技术有效地共享和交换信息，并与其他人共同开展和评估他们的创作；批判性反思信息通信技术对自己和他人生活的影响，并考虑到所涉及的社会、经济、政治、法律、伦理和道德问题 ·目标：学生能够与其他国家的年轻人交流，在广泛社区与文化中获取想法和经验并分享所学；理解信息通信技术对所有国家的重要性及其所带来的机遇和挑战
历史	·内容：了解英国和世界其他地方重要人物的生活和过去发生的事件 ·目标：学生能够欣赏来自世界各地的人们对英国历史的重要贡献	·内容：了解英国社会和更广阔世界的社会、文化、宗教和种族多样性，并在这些社会之间建立联系；了解过去社会中男人、女人和孩子的日常生活 ·目标：学生能够在不同国家的事件之间建立联系，并比较自己国家与其他国家的人们在过去的生活；通过了解过去的冲突，能够对当前的问题有更深刻的认识	·内容：了解世界历史的一些关键方面，并发展对不同社会和文化事件之间的联系的理解；进行两次世界学习，一次是学习1900年之前（的历史），一次是学习1900年之后（的历史） ·目标：学生能够探讨造成世界贫困、冲突和迁徙的一些原因；在学习贸易、奴隶制、帝国、殖民主义和英联邦的过程中引入全球视角；学会从不同立场去欣赏事件的不同观点

续表

课程科目	关键阶段 1 （5—7 岁）	关键阶段 2 （7—11 岁）	关键阶段 3—4 （11—16 岁）
地理	·内容：开始意识到自己对人、对地方、对环境的感受，并对更广阔的世界有了认识 ·目标：学生能够开始理解他们和他们生活的地方如何与世界其他地方联系在一起	·内容：比较自己与其他国家的人的生活；了解环境变化和可持续发展 ·目标：学生能够认识到地方如何适应更广泛的地理环境以及如何相互依存；了解如何改善环境，以及有关地点和环境的决策如何影响未来生活质量	·内容：研究世界不同地区的人口、地域、环境以及不同的经济发展状况 ·目标：学生能够欣赏价值观和态度的作用，包括他们自身，并对有关援助、相互依存、国际贸易、人口和灾害等时事议题有更深入的理解
艺术与设计	·内容：讨论并开始从不同文化和传统中理解艺术、工艺和设计的异同 ·目标：学生能够欣赏丰富的多样性、多元化或是艺术、设计，并扩展其不同文化知识	·内容：比较不同文化和传统中所使用的思想、理论和方法；了解在这些文化与传统（领域）创作的艺术家、工匠和设计师的多样化的角色 ·目标：学生能够体验来自不同文化的艺术家、工匠和设计师使用的理论和方法；更多了解这些人创作的背景；运用所学指导自己创作	·内容：分析和评价思想、信仰和价值观如何在一系列文化和艺术传统中体现，获得来自西欧与更广阔世界的艺术家、工匠和设计师的多样化的目的与受众的知识与理解力；探究在不同文化中创作的艺术家以何种方式创作图像、符号与物件来传递意义 ·目标：学生能够扩展对于各种文化的知识，学会欣赏艺术家、工匠和设计师角色的丰富性与多样性，并评估在更广阔世界中艺术与设计的目的和观众的连续性与变化性
音乐	·内容：聆听和回应来自不同文化的音乐，开始识别和比较风格，同时熟悉来自不同国家的乐器和音乐传统 ·目标：学生能够对多元文化传统产生兴趣并对其予以重视	·内容：学习不同文化与传统的音乐；演奏音乐；使用来自不同文化的乐器 ·目标：学生能够开始欣赏并认识到各种音乐传统如何相互影响	·内容：学习并鉴赏不同时期、不同文化的音乐 ·目标：学生能够了解当代流行音乐的根源，发展更强的自我认同感

续表

课程科目	关键阶段 1 (5—7 岁)	关键阶段 2 (7—11 岁)	关键阶段 3—4 (11—16 岁)
体育	·内容：玩简单的游戏，创作和表演来自不同文化的舞蹈 ·目标：学生能够学会与他人合作，欣赏游戏、运动和舞蹈在各种文化中的作用	·内容：了解不同文化和传统的游戏、运动和舞蹈，并学会团队合作 ·目标：学生能够理解不同的舞蹈形式对彼此的影响，并对合作的价值予以欣赏	·内容：玩耍和改编不同的游戏，创作、表演和准备汲取了一系列的文化和传统（元素）的舞蹈；参加全球性的体育运动，通过节日和世界范围的比赛增进普遍的交流 ·目标：学生能够通过游戏、运动和舞蹈来发展对一系列文化的历史和社会背景的理解
个人社会与健康教育			·内容：了解刻板印象和偏见的影响，以及如何果断地挑战它们；学会认识到友好在人际关系中的重要性；获得更多关于社会和文化问题的知识和理解 ·目标：学生能够增强自信心与同理心
公民教育	·内容：了解自己是社区的一员，对自己、他人以及共处的环境具有权利和责任；了解自己和他人的感受，意识到他人的观点、需求和权利；开始认识到自己可以在社区中发挥积极的作用 ·目标：学生能够发展对人权普遍性理解，并开始认识到自己属于更广阔的社区；能够开始发展自己的移情能力	·内容：讨论和辩论时事话题，包括全球问题和事件；学习理解他人的经历，认识英国宗教和种族身份的范围，承认并挑战偏见和刻板印象 ·目标：学生能够发展一种作为世界范围的社区成员的意识，理解世界上存在有广泛的文化与身份认同，但是均具有共同的人性	·内容：了解英国的权利与责任、政府与民主、社会的多样性；了解英国多样性的起源和影响，以及英国与全球机构和国家之间重要的政治、社会、文化和经济关系；讨论一系列道德与社会问题，包括种族主义与偏见，了解在一个宽容和民主的社会中尊重和理解的重要性和必要性；考虑不同于自己的观点和经历，探讨当地的行动如何对国际和全球问题产生影响 ·目标：学生能够成为见多识广的公民，理解世界是一个全球性社区；了解全球治理，探讨与人权、难民、移民和可持续发展有关的问题；欣赏政治、社会与文化的多样性，并具备挑战种族主义和偏见的技能；发展对局部性、全球性问题的兴趣，并就所关心的问题有意愿采取行动

续表

课程 科目	关键阶段 1 （5—7 岁）	关键阶段 2 （7—11 岁）	关键阶段 3—4 （11—16 岁）
宗教 教育	·内容：了解自己所在社区和世界各地的人们具有不同的信仰体系，并认识到他们的相似性 ·目标：学生能够开始尊重不同观点	·内容：了解世界主要的宗教以及每位个体的重要性 ·目标：学生能够欣赏自己所处的社会和世界各地的宗教多样性；了解与环境有关的各种宗教信仰以及宗教如何影响人们生活	·内容：了解和学习世界各地人们的信仰 ·目标：学生能够促进其精神、道德、社会、文化的发展，增强其作为全球社区一部分的意识；考虑宗教和信仰对全球问题以及权利和责任的看法
现代 外语	（无）	·内容：开始学习英语以外的一门语言，并了解使用这种语言的国家和社区的文化；认识到许多英语单词在其他语言中有词根 ·目标：学生能够领会语言之间的相互影响，并发现其可能具有的共同特点；欣赏自己所处的社会和世界各地的语言多样性；尝试发展对非英语母语的个体的积极态度	·内容：使用来自不同国家和社区的材料提高自身的文化意识；这些国家可以包括更广泛的世界范围内使用这种语言的地方，比如，讲法语的西非、讲西班牙语的中美洲和南美洲、讲德语的纳米比亚；获得机会以与这门外语为母语的个体直接接触，并可以使用合作学校提供的专题材料；可能获得机会学习　种非欧盟官方创作语言的语言，比如，乌尔都语、阿拉伯语或孟加拉语 ·目标：学生能够通过语言学习不同文化与关于时事问题的观点，发展对非英语母语的个体的积极态度

资料来源：Department for Education and Skills. Developing the Global Dimension in the School Curriculum，2020-07-24，https：//globaldimension.org.uk/wp-content/uploads/old//documents/gdw_developing_the_global_dimension.pdf.

三、全球素养教育的教学方法

英国全球素养教育在教学实践中发展了一系列多样而适切的教学方法，包括儿童哲学教学法、议题中心教学法、积极学习教学法、批评性思维教学法、室外学习教学法等。①

（一）儿童哲学教学法

儿童哲学（Philosophy for Children，P4C）是在英国全球素养教育教学实践中广泛应用的教学法之一，其起源于 20 世纪 60 年代的美国，创始人是哥伦比亚大学教授马修·李普曼（Mathew Lipman）。马修·李普曼创立儿童哲学教学法的初衷是对当时大学生的讨论水平感到失望，由此他提出学生应该从更小的年龄开始学习推理与逻辑。经 60 多个国家的教学实践证明，儿童哲学教学法不仅影响认知，而且对情感、社会、道德发展也有影响。②

运用儿童哲学教学法组织哲学对话主要包括开篇、构建对话、结语等三大步骤（见表 9–7）：开篇环节，主要涉及到话题的导入、倾听与回应；构建对话环节，是核心步骤，强调使用一定的语言技巧，鼓励合作与批判性思考；结语环节，主要是对整个对话的过程进行反思、总结、评估，并尝试延伸对话的意义。

表 9–7　儿童哲学教学法哲学对话组织步骤

三大步骤	九分步骤
开篇 （First Words）	邀请一位或几位开场；邀请其给出对于问题的最先的答案或是分享一次经历
	引入其他人回应，"释义并邀请"（'paraphrase and invite'）；回头检查并说明哪些有用
	仔细倾听宏大的概念、观点和谈论要点；分享并强调更有成效的观点
构建对话 （Building Dialogue）	鼓励合作式的讲话：使用构建对话的语言："who can response to""follow""build on""add""agree"等
	邀请批判性的回应：询问"谁不同意""谁有不同的观点、反例、替代方案"等

① Hannah McGough，Frances Hunt. The Global Dimension：A Practical Handbook for Teacher Educators，2020-08-24，https：//discovery.ucl.ac.uk/id/eprint/1474180/1/franhunthannahpracticalhandbook.pdf.

② Reboot the Future. Philosophy for Children，2020-06-26，https：//globaldimension.org.uk/philosophy-for-children-p4c/.

续表

三大步骤	九分步骤
	提出对自身的挑战：使用理性的语言来提问和拓展思维，如"这个例子怎么样?""一样吗?""不同吗?""总是吗?""好?""坏?""重要吗?"等
结语 (Last Words)	鼓励反思：要求做一个总结，关于任何思想上的变化或是将被破除的思想
	评估：邀请人们思考重要的概念、问题和争论是什么；思考问题是否得到了回答；思考是否生成了标准
	考虑下一步：询问如何把主题向前推进；询问还需要讨论什么；询问我们怎样才能将这些想法付诸行动

资料来源：Society for the Advancement of Philosophical Enquiry and Reflection in Education ①. 3 Steps in Facilitating Philosophical Dialogue，2020-09-25，https：//archive.sapere.org.uk/Default. aspx？tabid=289.

　　在英国全球素养教育教学实践中，教育者将儿童哲学教学法作为有力的工具，重点在于为学习者创设被倾听、被尊重、被重视的环境；鼓励学习者质疑或提出具有全球意义的问题，理解世界的多元性与复杂性；发展学习者必要的自我意识、价值观与态度，促使学习者学会倾听、推理、合作、移情以及独立的思考、有效的行动。② 具体而言，在课堂上，教育者会提供与全球议题有关的"刺激物"（图片、故事、新闻、活动等），这些"刺激物"的呈现特征与各学段学习者的整体发展水平相匹配；学习者将围绕"刺激物"来提出问题，并自主投票决定下一步共同讨论的问题。正是基于这种开放的、即时生成的、可持续的课堂，学习者获得了接触复杂的全球议题的机会。在此之前，这些全球议题通常被认为是超过学习者发展水平的、难以引入课堂的内容；通过采用儿童哲学教学法，将质疑、问询、提问的空间交由

---

① 英国教育哲学探究与反思促进会成立于1992年，是英国支持儿童哲学发展的全国性慈善机构。

② Hannah McGough，Frances Hunt. The Global Dimension：A Practical Handbook for Teacher Educators，2020-08-04，https：//discovery.ucl.ac.uk/id/eprint/1474180/1/franhunthannahpracticalhandbook.pdf.

学习者创造，学习者反而对全球议题表现出了更为浓厚的兴趣，也展现出了孩童时期特有的哲学"潜能"，反之也可能促进教育者对全球议题的新认识。

（二）议题中心教学法

议题中心教学法（Issues-centered Approach）也是在英国全球素养教育教学实践中广泛应用的教学法之一。议题中心教学法，源自美国社会科教育学会（National Council for the Social Studies，NCSS）于 1996 年出版的社会议题教学手册①，亦被称为"议题为本方法"（Issue-based Approach）或"议题导向方法"（Issue-oriented Approach），是指以争论性议题为课程核心，教师综合相关学科知识，运用多样教学法，将议题的正、反不同观点呈现给学生的一种教学方式。②

在英国全球素养教育语境下，较多使用"争议议题"（Controversial Issues）这一概念，强调教育者围绕全球性的"争议议题"展开教学，以提升学习者的全球素养。所谓"争议议题"，一般包括如下特征：唤起强烈的情感和观点；影响人们生活所处的社会、文化、经济和环境；处理价值观和信仰问题，并能够区分出个体、社区、社会之间的观点；涉及的内容通常具有复杂性，没有明确的"答案"（因为人们往往根据自己的经历、兴趣、价值观和个人背景对这些问题持有强烈的观点）；涉及的问题可以对地方、国家和全球社会产生不同规模的影响；涵盖一系列广泛的主题，如人权、性别平等、移民和气候变化等；能够随地点和时间而变化，可能长期存在，也可能最近发生，如，一项议题可能在某个国家具有冲突性，但在另一个国家已被广泛接受。③

"争议议题"教学对学习者思维技能的提升，主要体现在能够促进学习者在信息处理、推理、探究、创造性思维与评价等方面能力的发展（见表

① 白雪：《议题中心教学法在〈政治生活〉教学中的研究》，硕士学位论文，南京师范大学教师教育学院，2017 年，第 19 页。

② 刘美慧：《议题中心教学法的理论与实际》，《花莲师院学报》1998 年第 8 期。

③ Oxfam. Teaching Controversial Issues：A Guide for Teachers，2020-04-29，https://policy-practice.oxfam.org.uk/publications/teaching-controversial-issues-a-guide-for-teachers-620473.

9–8）。

表 9–8 "争议议题"教学促进思维技能发展的维度及目标

发展维度	具体目标
信息处理（Information Processing）	·收集、整理、分类、排序、比较、对比信息 ·在不同的信息之间建立联系
推理（Reasoning）	·论证观点与行动 ·作出推论 ·使用恰当的语言来解释观点 ·使用证据来支持决定
探究（Enquiry）	·询问相关的问题 ·计划研究什么以及如何研究 ·预测结果与反应 ·探究理论与问题 ·测试结论 ·提炼理念与观点
创造性思维（Creative Thinking）	·产生和拓展想法 ·提出可能的假设 ·使用想象力 ·寻找可替代的结果
评价（Evaluation）	·评价所读、所听、所做，以判断自己和他人工作或想法的价值 ·不轻信所有信息的表面价值 ·对自己的判断具有信心

资料来源：Oxfam. Teaching Controversial Issues：A Guide for Teachers，2020-04-29，https：//policy-practice.oxfam.org.uk/publications/teaching-controversial-issues-a-guide-for-teachers-620473.

具体而言，教育者使用"争议议题"进行全球维度教学时，可考虑扮演承担义务者、客观者或学者、"魔鬼"拥护者、拥护者、公正主持者、利益宣称者等多种角色（见表 9–9），并遵循一定的基本规则：（1）一次只允许一个人讲话——避免打断；（2）尊重他人的观点；（3）挑战思想，而不是人；（4）使用恰当的语言——避免有冒犯性的评论；（5）允许每个人表达自己的观点，以确保每个人都能被倾听和尊重；（6）邀请年轻人给出其拥有特定观点的理由；（7）可根据议题的敏感性，将班级分为与性别或经历相关的小组，以确保一定的保密性，并为不太自信的年轻人表达观点创造压力较小的空间。①

表 9–9　教育者在"争议议题"教学中的角色类型及行为

角色类型	角色行为
承担义务者 (Committed)	教师可以自由地分享自己的观点，让年轻人来挑战，从而清楚地表明这种角色可能会导致有偏见的讨论
客观者或学者 (Objective or Academic)	教师解释了所有可能的观点，但没有说明自己的立场
"魔鬼"拥护者 (Devil's Advocate①)	教师不顾及自己的观点，故意采取相反的立场，这种方法有助于确保覆盖所有观点并挑战现有的信念
拥护者 (Advocate)	教师提出所有可能的观点，然后通过陈述自己的立场和理由得出结论
公正主持者 (Impartial Chairperson)	通过年轻人的发言或发表的材料，教师要确保所有的观点都能被表达出来；教师促进但不陈述他们自身的立场
利益宣称者 (Declared Interest)	教师陈述自己的观点，以便年轻人能够判断以后（可能出现）的偏见，然后尽可能客观地呈现所有的立场

资料来源：Oxfam. Teaching Controversial Issues：A Guide for Teachers，2020-04-29，https：//policy-practice.oxfam.org.uk/publications/teaching-controversial-issues-a-guide-for-teachers-620473.

如下是将"可持续发展"（Sustainable Development）作为一项"争议议题"，针对 11—14 岁学习者开展的教学案例（见表 9–10），具体列举了教学目标、教学资源、教学环节设置等：

表 9–10　"可持续发展"争议议题教学案例

目标	鼓励学习者使用分析和信息处理技能，探索当地行动对全球事件的影响。	资源	从杂志、报纸或网络上打印出有关环境问题（如洪水）的文章的影印本。

---

① Oxfam. Teaching Controversial Issues：A Guide for Teachers，2020-04-29，https：//policy-practice.oxfam.org.uk/publications/teaching-controversial-issues-a-guide-for-teachers-620473.

② "Devil's Advocate"是指为了引发争论而拥护不太被接受的理由的人。

续表

1. 将学习者分成两人一组或三人一组，给每组一篇文章，请学习者在小组中讨论并回答右侧问题	·这个问题对你所在地区的人们有何影响？ ·这个问题如何影响世界各地的人们？ ·这个问题对女性和男性的影响有不同吗？ ·这个问题对富人或穷人的影响更大吗？ ·这个问题是如何影响自然环境的？ ·导致这个问题的原因是什么？ ·对于世界各地的人来说，导致这个问题的原因相同吗？ ·解决这个问题的办法是什么？ ·世界各地的人都有相同的问题解决方案吗？ ·当某件事发生在世界的某个地方时，它会影响到其他地方的人吗？ ·这个问题如何成为一个全球性问题？
2. 请每一组将他们的想法反馈给班里的其他人，这些回答可以作为接下来课堂讨论的基础	

资料来源：Oxfam. Teaching Controversial Issues：A Guide for Teachers，2020-04-29，https：//policy-practice.oxfam.org.uk/publications/teaching-controversial-issues-a-guide-for-teachers-620473.

（三）教学法在地理课程融合"全球维度"中的综合应用

培养学习者的"全球素养"已成为英国关键阶段 1—4 核心科目与基础科目的重要教学目标。各个课程科目融入"全球维度"的方式不同，对应的教学案例也丰富多样。其中，地理课程具有融入"全球维度"的内在要求与独特优势，且已形成较为成熟的课程开发体系，是英国全球素养教育融合课程的一类范例。

英国鼓励教师在教学中从批判性思维、创造性思维、未来思维、情感智力等 4 个方面发展全球化语境下学生的地理思维（Geographical Thinking），并帮助学生探索自己的价值观与世界观；强调教师在将"全球维度"融入地理课程时，注意课程内容与教学方法的不可分割性，引导学生置身于复杂、尚无明确答案的学习环境，创设课堂的"争论文化"（Culture of Argument），而非"应答文化"（Answer Culture）。[①]

---

① The Geographical Association. How Do We Teach the Global Dimension，2020-10-13，https：//www.geography.org.uk/How-do-we-teach-the-Global-Dimension.

　　具体而言，教师在设计地理课程的"全球维度"时，需充分考虑下述要素：（1）价值观与态度方面：是否帮助学习者探索了自身涉及与他人、当地、全球关系方面的价值观？是否帮助学习者理解了价值观如何影响其对全球环境、人权、相互依存等问题的观念与态度？是否代表了不同群体的需求与价值观？是否避免了刻板印象？是否挑战了歧视？（2）技能方面：是否帮助学习者发展了地理思维（包括批判性思维、创造性思维、未来思维等）？是否帮助学习者发展了决策与问题解决技能？是否使学习者更有效地促成改变？是否帮助学习者发展了沟通与论证技能？（3）知识与理解方面：是否与真实的人与地点联系？是否避免了泛泛其谈，以确保内容基于现实？是否在当地和全球的经济、社会、政治与环境问题间绘制了联系？是否展示了全球议题与学习者自身经历的联系？是否有助于对"全球维度"八组关键概念的理解？（4）整体性方面：是否包含了来自"南方"的声音与观点？是否承认了任何固有的偏见？是否采取了举措以避免强加的共识？是否认同有些问题并没有明确的解决方案？是否鼓励了探索、参与与行动？是否尊重了学生及他人的人权？①

　　如下是英国中学地理课程融合"全球维度"教学的一个实施案例②：首先，在学习东非国家肯尼亚之前，教师请学生填写了一份关于肯尼亚的问卷，通过展现问卷结果，引导学生审视自身对于非洲生活的刻板印象。接着，学生讨论了他们关于非洲的信息从何而来，以及为什么形成了这些刻板印象。大多数学生通过反思得出，是慈善机构与灾难报告提供的非洲信息影响到了自身对于非洲刻板印象的形成。在课堂导入环节结束之后，教师与学生利用乐施会提供的各种资源（包括影片、书籍、地图和照片等）一同开始探究：真实的非洲是怎样的。如，学生利用提示便签及时记录思考的线索，并借此审视追问这些资源包含的细节；教师请学生将照片分为两组，一组是

---

① The Geographical Association. A Planning Toolkit for the Global Dimension in Geography，2020-10-13，https：//www.geography.org.uk/download/prglobaltoolkit.pdf.

② Reboot the Future. Identifying Stereotypes through Images，2020-10-13，https：//globaldimension.org.uk/casestudy/identifying-stereotypes-through-images/.

在英国拍摄的照片，另一组是在内罗毕拍摄的照片（其实均拍摄于内罗毕）。上述课堂活动均对学生已有的非洲刻板印象进行了挑战。在课堂尾声，教师又请学生填写了一份问卷，以了解学生对肯尼亚的看法是否有所改变。据问卷结果反馈，所有的学生均认为这样的课堂学习打破了其原先持有的刻板印象。

四、全球素养教育的支持性措施

英国全球素养教育的有效实施有赖于政府、学校、社会第三方等的协作，特别是一些非政府组织在英国全球素养教育发展进程中扮演着积极的角色。由于英国全球素养教育采用融合课程模式，给予了各位一线教师灵活而富有创造性的教学空间，也为其有效教学带来了一定的挑战。为了促使一线教师充分施展教学智慧，英国各界参与建设了开放式的全球素养教育教学支持平台，囊括了丰富的教学资源与案例，成为英国开展全球素养教育的一大优势。

（一）建设"全球维度"网站，共享共建教学资源

"全球维度"网站（https：//globaldimension.org.uk/），是由英国政府支持、英国慈善基金会"重启未来"（Reboot the Future）负责运行管理。该网站充分发挥了互联网时代的传播优势，在英国强化教育的"全球维度"进程中扮演着积极的角色。该网站汇集了各类出版者的丰富成果与详细案例，用以支持、指导教师自主开发课程的"全球维度"。该网站致力于建设成为"全球维度"的"一站式商店"，对资源按照课程科目、话题（见表9-11）、学段、出版者等版块予以分类，为教师开展全球素养教学提供便捷服务。目前，该网站已包含900余种收费或免费的资源，且仍在不断更新。为确保资源的质量，已包含的资源采用统一的标准，主要有：能够与学校课程联系；增加技能与知识，从而理解当地、国家与全球事务之间的关系；聚焦"全球维度"八组关键概念中的一个或多个；促进积极的价值观与态度的形成，鼓励积极参与、合作、尊重文化多样性、民主公民等观念的发展；挑战成见、

歧视和社会排斥，促进社会包容；提供主动学习的机会等。①

表 9–11　英国全球素养教育融合课程话题库

主题大类	话题组成
经济类	全球化、援助与救济、企业职责、债务、就业、能源、公平贸易、农业、渔业、工业、技术、旅游业、贸易、交通、城镇等
政治类	国际关系、脱欧、联合国与国际组织、欧盟、政府、竞选、殖民主义、法制、民主、和平 & 冲突 & 安全、军火贸易等
社会类	全球公民、相互依存、多样性与融合、社会正义、千禧年发展目标、人口、种族、宗教、黑人历史、慈善、欺凌、歧视、童工、儿童权益、儿童士兵、犯罪、同情心、艺术、文化、残疾、饥荒、时疫、灾难、移民与难民、干旱、平等、教育、名人、节日、性别、艾滋病、社区、家庭与无家可归者、人权、认同、图像 & 价值观 & 观念、媒介、社会媒体、语言、游戏与玩具、贫穷、乡村、奴隶制、奥林匹克运动会等
环保类	可持续性、可持续发展、动物保护、生物多样性、气候变化、衣物、环境、食品、健康卫生、自然资源、废料、水资源等

资料来源：Reboot the Future. Resource Quality，2020-09-25，https：//globaldimension.org.uk/about/resource-quality/.

（二）建立"全球思考"机构，搭建多方协作桥梁

"全球思考"机构（Think Global）的创立可追溯至 1983 年。20 世纪 80 年代，"全球思考"是作为一个联结地方发展教育中心（Development Education Centres）②的国家网络而存在。20 世纪 90 年代，"全球思考"将主要的发展慈善机构③以及其他企业、工会、学校和大学等组织纳入联盟，成为了发展教育协会（Development Education Association）。进入 21 世纪，"全球思考"这一名称正式确定，"全球思考"网络进一步扩展——将教育工作

---

① Reboot the Future. Resource Quality，2020-09-25，https：//globaldimension.org.uk/ about/resource-quality/.

② 这些地方发展教育中心目前也是"全球思考"的一类成员。

③ 这些机构包括：乐施会（Oxfam）、行动援助组织（ActionAid）、拯救儿童组织（Save the Children）、基督教援助组织（Christian Aid）和天主教海外发展机构（CAFOD）等。

者个体也纳入其中，目前已有约 12000 名教育工作者加入。① 此外，该机构的发展定位也已更加明确：其以"建设对每个人都公正和可持续的世界"为愿景，以"促使每个人能够理解和批判性思考全球议题，激励并鼓励大家为了公正和可持续的世界而采取行动"为任务，倡导"合作、勇气、创新、诚信、质量、尊重、责任"的价值观，以期实现"年轻人乃至世界各地的人都能理解并受到驱动与鼓励就全球议题采取行动"的长远目标。②

"全球思考"机构是英格兰全球学习（GLP-E）联盟领导小组的一员，同时也是威尔士全球学习（GLP-W）联盟领导小组的一员。"全球思考"机构邀请政策决策者、实践参与者一同加入，共建全球学习智库。目前，"全球思考"机构的成员包括有："发展教育中心"（Development Education Centres）、"发展、教育、环境与人权非政府组织"（Development，Education，Environment and Human Rights Non-government Organisations）、"青年工作机构"（Youth Work Bodies）与众多教育工作者等。

"全球思考"机构承担或促成的项目包括：（1）与英格兰东北和伦敦的两个中心（Hub）合作，探究影响年轻人生活的关键议题。这项研究涉及 300 名学生（年龄在 11—17 岁）及其教师，分布在 8 所学校，旨在进一步了解年轻人对多样性、身份认同和极端主义的认识以及有关的全球问题等，以帮助年轻人了解如何应对所面临的全球挑战，增强社会的凝聚力。③（2）与来自克罗地亚、斯洛文尼亚、意大利的合作伙伴共同启动"开始改变"（Start the Change）项目。该项目由欧盟"伊拉斯谟＋"计划资助，为期两年，旨在了解年轻人对身份认同和极端主义的看法，支持教育者与学习者为建设更具有凝聚力的社会而采取行动。④（3）游说并运营"全球维度"网

① Think Global. Our History，2020-11-18，https：//think-global.org.uk/about-us/our-history/.

② Think Global. Annual Review 2016-2017，2020-08-14，https：//think-global.org.uk/wp-content/uploads/2017/10/TG_AR_201617FINALWeb.pdf.

③ Think Global. Annual Review 2016-2017，2020-08-14，https：//think-global.org.uk/wp-content/uploads/2017/10/TG_AR_201617FINALWeb.pdf.

④ Think Global. Annual Review 2016-2017，2020-07-14，https：//think-global.org.uk/wp-content/uploads/2017/10/TG_AR_201617FINALWeb.pdf.

站，使其发展成为英国首要的教师全球资源网站。① （4）运营"全球青年行动"（Global Youth Action）项目，直接吸引 2000 多名青年参与全球青年工作。② （5）主持"让贫困成为历史"（Make Poverty History）运动的学校小组，邀请全国数百所学校参与该运动。③ （6）生产和销售获得巨大成功的全球记事板，制作了配套的图片教学资源以及一种时事通讯《全球》（Global）。④ （7）建立"学习非洲"（Learning Africa）网站，提供专门针对学校的资源和信息。⑤ （8）代表英国国际发展部管理拨款，支持全球学习，为全国 120 多个项目提供超过 250 万英镑的资助。⑥ （9）每年表彰帮助年轻人成为未来优秀全球公民的教育工作者，为其颁发全球教育者年度奖项（Global Educator of the Year Award，GEYA）。⑦ （10）与英国皇家统计学会合作开发面向中小学教师的"现实世界数学"（Real World Maths）培训模块、SMSC（Spiritual，Moral，Social and Cultural Development）培训课程等。⑧

（三）开展"全球学习"项目，延展联结学习空间

"全球学习"（Global Learning），是指通过教育让个体具备所需的技能与能力，以帮助世界实现更加公正和可持续的发展。

"全球学习"的历史可追溯至 20 世纪 70 年代，那时的"全球学习"通常被称为"发展教育"（Development Education）（这个术语至今仍在使用）。随着慈善机构意识到为欠发达国家的发展项目筹集资金并不是解决贫困的根本方式，"全球学习"的影响力越发增强。通过"全球学习"，可以对欠发达

---

① Think Global. Our History，2020-11-18，https：//think-global.org.uk/about-us/our-history/.

② Think Global. Our History，2020-11-18，https：//think-global.org.uk/about-us/our-history/.

③ Think Global. Our History，2020-11-18，https：//think-global.org.uk/about-us/our-history/.

④ Think Global. Annual Review 2016-2017，2020-07-14，https：//think-global.org.uk/wp-content/uploads/2017/10/TG_AR_201617FINALWeb.pdf.

⑤ Think Global. Our History，2020-11-18，https：//think-global.org.uk/about-us/our-history/.

⑥ Think Global. Our History，2020-11-18，https：//think-global.org.uk/about-us/our-history/.

⑦ Think Global. Annual Review 2016-2017，2020-07-14，https：//think-global.org.uk/wp-content/uploads/2017/10/TG_AR_201617FINALWeb.pdf.

⑧ Think Global. Annual Review 2016-2017，2020-07-14，https：//think-global.org.uk/wp-content/uploads/2017/10/TG_AR_201617FINALWeb.pdf.

与全球贫困的原因有更深入的了解，从而更好地采取行动。1978年，英国海外发展部（Ministry for Overseas Development）首次承认"发展教育"的必要性，并将其定义为"增进理解世界范围的社会、经济、政治情况的思想与行动的过程，特别是理解与欠发达相关的议题及其背后的原因"。①

2013年至2017年，英国国际发展部资助了一项"全球学习计划"（Global Learning Programme，GLP），由英格兰地区、苏格兰地区、威尔士地区、北爱尔兰地区各自负责该计划的运行。"全球学习计划"更新了2003年英国国际发展部与剑桥教育基金会等联合资助的"全球学校伙伴计划"（Global School Partnership Program，GSP），旨在帮助中小学和特殊学校教师针对发展和全球问题进行有效的教学和探究，从而更好地为学习者提供了解世界的机会，助力学习者提升全球意识与胜任力。得益于免费课程、资源、培训和资助的到位，"全球学习计划"已建立起一个全国性的学校网络。据统计，截至2017年3月，英格兰地区的6356所学校、威尔士地区的382所学校均参加了"全球学习计划"；② 截至2018年，英国已有超过10000所学校参加了该计划，且反响积极。③

2018年，英国国际发展部联合英国文化教育协会推出了新的资助项目"通过全球学习联结教室计划（2018—2021年）"（Connecting Classrooms through Global Learning Programme 2018—2021），取代了"全球学习计划"以及由英国文化教育协会和英国外交、联邦与发展办公室（Foreign, Commonwealth and Development Office）之前合作的项目"通过全球学习联结教室"。④ 新项目由英国文化教育协会牵头，通过向学校提供资助，找寻、选拔具有组织全球学习经验的学校来领导当地的学校集群，旨在为英国和发

---

① Think Global. Our History，2020-11-18，https：//think-global.org.uk/about-us/our-history/.

② Think Global. Our History，2020-11-18，https：//think-global.org.uk/about-us/our-history/.

③ Oxfam. Global Learning Programme，2020-09-25，https：//www.oxfam.org.uk/education/get-involved/global-learning-programme/.

④ Oxfam. Global Learning Programme，2020-09-25，https：//www.oxfam.org.uk/education/get-involved/global-learning-programme/.

展中国家的学习者提供关于全球议题的学习与行动的机会。该项目计划通过如下 6 个方面发展学习者的关键可迁移技能：(1) 为英国学校与发展中国家学校之间的合作项目提供资助；(2) 为英国和发展中国家的教师和学校领导提供专业发展培训；(3) 建立在线合作伙伴关系，并可获取教学和学习资源；(4) 在学校与教师层面进行认证和奖励；(5) 在政策层面进行宣传与推广；(6) 对上述方面进行监管与评价等。[1]

综上，尽管英国全球素养教育实践已取得丰硕成果，但是也应看到，现阶段英国推行全球素养教育仍亟待解决三组矛盾：

一是全球性与民族性的矛盾。英国是由英格兰、威尔士、苏格兰与北爱尔兰等部分组成，各部分具有相对独立的行政区划体系。面对较为复杂的民族情况，英国的全球素养教育与地方的民族认同教育、国家主义教育仍需进一步协调关系。例如，当前大约有三分之二的苏格兰人认为自己仅仅是苏格兰人，而非英国人。[2] 英国全球素养教育指向于培养全球公民，而全球公民首先应对自己的民族与国家均有全面的认识，否则就缺失了全球视野的一个基本方位。

二是国家与区域的矛盾。近年来，英国与欧盟的关系日趋紧张。2013 年，时任英国首相戴维·威廉·唐纳德·卡梅伦（David William Donald Cameron）首次公开提及脱欧公投（Brexit）。2015 年，英国女王宣布"欧盟公投法案"，正式确认英国脱欧公投。2016 年，全民公投以 51.9% 支持、48.1% 反对决定离开欧盟。2019 年 3 月 29 日，英国正式脱欧。英国加入欧盟，是区域一体化、经济全球化发展的选择；英国脱欧，将面对来自区域、全球的多种挑战。英国在提出培养全球公民之前，提出的是培养欧洲公民。发展与欧洲区域的关系仍应是英国适应全球化进程不可或缺的一种途径。

三是政策主导与学校自主的矛盾。英国具有地方自治的传统，国家政

[1] British Council & Department for International Development. Connecting Classrooms through Global Learning Programme 2018-2021，2020-06-10，https://www.government-online.net/connecting-classrooms-through-global-learning-programme/.

[2] 杨小翠：《英国全球公民教育的实施现状与挑战探析》，《比较教育研究》2013 年第 10 期。

府对教育缺乏控制力，各地的学校享有很大的自主权。在 20 世纪 90 年代之前，受到不同党派政治的影响，全球素养教育尚未得到英国政府的重视，主要依赖非政府组织与各地教育部门合作推动，并涌现出了具有国际影响力的全球教育理论与实践家，以理论引领实践，成果颇丰。20 世纪 90 年代之后，特别是进入 21 世纪以来，英国政府在全球素养教育中的角色缺位逐步补齐，颁布了一系列政策，修订了国家课程。在未来，英国全球素养教育仍需进一步加强政策导向，为学校自主开展的全球素养教育实践提供支持与保障，并引导更多的利益相关方有序地参与其中。

第四节　英国全球素养教育的评价

英国全球素养教育的实践方式是多样的，既包括教室内的"融合课程"教学，也包括教室外的"整体学校"建设，还包括学校外的"全球学习"各类项目。与之相对应，英国发展了较为全面的全球素养教育评价路径。

一、课程评价

1998 年，英国资格与课程局发布报告《公民教育与学校民主教学》(*Education for Citizenship and the Teaching of Democracy in Schools*)，在首份报告的基础上，提出了关于学校公民教育框架的详细建议，强调了在英国、欧洲、全球发生深刻变化的背景下在学校中进行公民教育的必要性，确立了公民教育在学校教育中的不可分割性与优先性。特别地，该报告明确了公民教育框架所包含的"学习成果框架"(Framework of Learning Outcomes) 及其基本要素关系。[1]

"学习成果框架"主要对公民教育的目标与目的、主线、基本要素等三方面进行了说明（见表 9–12）；其中，作为基本要素的"关键概念""价值

---

[1]　Qualifications and Curriculum Authority. Education for Citizenship and the Teaching of Democracy in Schools，2020-09-22，https://dera.ioe.ac.uk/4385/1/crickreport1998.pdf.

观与性格品质""技能与资质""知识与理解力"之间也具有一定的结构关系，并需要通过关键阶段1—4以发展性与序列性的方式来实现发展（见图9-1）。

表 9-12　英国公民教育学习成果框架

主要内容	说明
目标与目的	·确保和增加与参与性民主的性质和实践相关的知识、技能和价值 ·加强对权利和义务的认识，以及培养学生成为积极公民所需的责任感 ·建立起参与当地和更广泛社区对个人、学校和社会的价值 ·必须了解地方和国家的民主体制、做法和宗旨，包括议会、理事会、政党、压力团体和自愿机构的工作 ·展示在英国和欧洲的背景下，正式的政治活动如何与公民社会相联系，并培养公众对世界事务和全球问题的意识和关注等
主线	·社会和道德责任（公民的基本先决条件） ·社区参与 ·政治素养
基本要素	·关键概念 ·价值观与性格品质 ·技能与资质 ·知识与理解力

资料来源：Qualifications and Curriculum Authority. Education for Citizenship and the Teaching of Democracy in Schools，2020-09-22，https://dera.ioe.ac.uk/4385/1/crickreport1998.pdf.

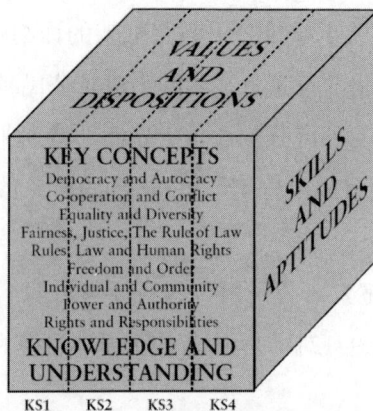

图 9-1　英国公民教育学习成果框架的基本要素关系

资料来源：Qualifications and Curriculum Authority. Education for Citizenship and the Teaching of Democracy in Schools，2020-09-22，https://dera.ioe.ac.uk/4385/1/crickreport1998.pdf.

"学习成果框架"的提出，对于英国全球公民教育实践具有重要的指向意义："学习成果框架"，是公民教育和学校学习广泛框架的一部分，揭示了良好的公民教育在学校可能是什么样子，并提供了成功实施公民教育的基础。"学习成果框架"试图从公民教育的目标和宗旨出发，更加清楚地说明公民教育需要什么以及如何通过学校内、外的机会来实现，力求确保实现学校公民教育教学与以社区为中心的学习活动对于学生、教师、学校、整个社会的益处。具体而言，学习成果框架的作用包括：可以使教师更加清楚如何开展公民教育教学；可以使学生明确学习方向；可以为评估学生学习进展提供更坚实的基础；可以为学校协调现有的教学方法和学习机会，并与当地社区建立积极联系奠定更好的基础。

贯穿于"学习成果框架"的是六大指导原则：一是"广度与平衡"，即扩大和深化学生在上学期间应获得的教育经验的范围和质量。二是"一致性"，即在概念、价值观和性情、技能和资质、知识和理解以及教育经历的范围等方面，为学生提供一致的公民教育权利。三是"连续性与进展性"，即确保学生学习的连续性和进展性，并进一步发展学生在每个关键阶段获得的概念、价值观和性情、技能和资质以及知识和理解等。四是"相关性"，即在社会、道德、文化、政治和经济环境下，处理学生现时和未来的需求和利益，促进学生对教学、学校和社会的积极态度的发展。五是"质量"，即在充分考虑不同的资质、能力和环境的情况下，激励教师并帮助学生达到最高的优秀标准。六是"可获得性与包容性"，即确保所有学生都有机会参与有效的公民教育的所有教学、活动和体验。①

二、学校评价

2000 年，英国教育与就业部在《开发学校课程的全球维度》中提出建设"整体学校"（Whole-school）。所谓"整体学校"，是指学校不仅要在课

---

① Qualifications and Curriculum Authority. Education for Citizenship and the Teaching of Democracy in Schools，2020-09-22，https：//dera.ioe.ac.uk/4385/1/crickreport1998.pdf.

程中融入"全球维度",也要使"全球维度"与整个学校的风气融为一体,即实现"全球维度"与学校生活的全面融合。[①]"整体学校"建设已成为英国"全球学习计划"推行的重要路径之一,对于在学校中实现最大化的全球学习成果以及推动学校更广范围的改进具有积极意义。[②]

2019 年,英国推出了"整体学校框架"(Whole School Framework),用于支持学校发展全球学习成果,推进"全球维度"与学校教育的深度、全面融合。"整体学校框架"共包含 4 类 12 项标准(见表 9–13),并与 SMSC[③]成果挂钩,用以具体说明如何在全校范围嵌入"全球学习"。[④]

表 9–13　英国"整体学校框架"

学校领域	标准	说明
学生成就	P1	学生通过一系列的科目和话题领域来发展他们对全球知识主题的理解
	P2	学生通过全球学习发展高质量的学习技能,用以支持他们的读写、计算与沟通能力提升
	P3	学生通过全球学习活动更好地为过渡与工作做好准备
SMSC 成果		学生通过参与式活动发展他们的学习和社交技能
教师实践	T1	教师对自己的全球知识(储备)充满信心,并运用支持学生技能和价值观发展的教学方法
	T2	教师有能力在课堂和课外支持学生发展积极的全球公民意识
	T3	教师使用有效的跨课程规划技能来提供连贯的全球学习经历

---

① Department for Education and Employment. Developing a Global Dimension in the School Curriculum,2020-09-21,https://dera.ioe.ac.uk/6152/7/globald_Redacted.pdf.

② Global Learning Programme. Whole School Framework,2020-02-18,https://files.globaldimension.org.uk/wp-content/uploads/2019/02/12154553/Whole_School_Framework_2-1.pdf.

③ "SMSC"是"Spiritual,Moral,Social,Cultural"的首字母缩写组合,代表精神、道德、社会与文化的发展。英国教育标准局(Ofsted)将其置于学校发展的核心,重视评估学校为学生提供精神、道德、社会与文化教育的有效性。

④ Global Learning Programme. Whole School Framework,2020-02-18,https://files.globaldimension.org.uk/wp-content/uploads/2019/02/12154553/Whole_School_Framework_2-1.pdf.

续表

学校领域	标准	说明
SMSC 成果		教师支持学生的道德发展、探究与辩论技能
行为与关系	B1	全球学习帮助学校社区的价值观发展，支持（建立）积极关系
	B2	全球学习支持对多样性和文化差异的积极态度
	B3	通过全球学习活动，学生的声音在整个学校得到倾听
SMSC 成果		学校社区探索并重视文化多样性
领导力与社区	L1	学校领导使用有效的规划来嵌入一种学校的愿景，即让学生为（在）一个全球相互依存的世界（生活）而做好准备
	L2	全球学习帮助创建了一个丰富而有回报的专业发展项目
	L3	全球学习支持家长、社区团体以及当地、全国性、全球性的机构来更好地参与
SMSC 成果		更好地理解社区传统、相互依存、身份认同

资料来源：Global Learning Programme. Whole School Framework，2020-02-18，https：// files.globaldimension.org.uk/wp-content/uploads/2019/02/12154553/Whole_School_ Framework_2-1.pdf.

如下是英国两所学校建设"整体学校"的案例：

案例一：英国城市斯劳（Slough）的一所小学，为回应印度城市德里（Delhi）一所学校的请求，创建了一种伙伴关系。斯劳这所小学90%以上的学生均是南亚裔，这种学校间的伙伴关系可以帮助这些英国学生与其文化根源保持联系，同时也使教师能够更为密切地关注这些学生的文化背景，更好地了解他们的习俗与文化。通过利用互联网和邮件等方式，"一对一"的联系得以建立，参与其中的学生与教师均收获了全球视角，并且创设了一种持续性的对话氛围。[①]

案例二：伦敦北部的一所特殊学校是英国学校集群的一部分，与加纳的小学、特殊学校、中学集群相联系。这些学校之间通过使用信息通信技

---

① Department for Education and Skills. Developing the Global Dimension in the School Curriculum，2020-06-24，https：//globaldimension.org.uk/wp-content/uploads/old// documents/gdw_developing_the_global_dimension.pdf.

术（ICT）进行沟通。参与其中的教师与学生通过对话、交流以及学校间的影像交换，彼此了解了不同地域的、较为真实的学校生活。这种伙伴关系也促进了对各科课程的学习。上述学校也因此获得了由英国国际发展部提供的"全球学校合作资助金"（Global Schools Partnership Grant）。①

三、项目评价

2011 年，《全球学习成果测评》（*Evaluating Global Learning Outcomes*）由"全球思考"机构联合慈善机构评估服务处（Charities Evaluation Service，CES）、英国国际发展援助处（UK aid）联合发布，作为评价跨文化、环境与发展教育等项目进展的指南，旨在促进批判性与创造性思考、对待差异的自我意识与开放思维、对于全球议题与权力关系的理解、乐观主义与建设更好世界的行动。② 该文件主要介绍了"CES 测评法"③（CES Approach）及其在全球学习成果测评中的应用。

（一）"CES 测评法"的基本过程

"CES 测评法"是一种混合式的方法，基于运用明确的宗旨和目标作为评价的基础，同时酌情运用其他方法，以满足项目的情况与评价的需求。"CES 测评法"强调：将监测、评估与规划过程联系起来，以便在项目开始时（作为基准）和整个项目生命周期收集数据，使其成为一个整体而不是一个附加部分；最好在项目开始时就设定宗旨、目标、产出和结果；选择适当的定量和定性指标来收集监测数据；使用各种工具（如问卷、访谈、焦点小组等）收集监测信息；将数据收集整合到教育过程中，以自我反思促进个

---

① Department for Education and Skills. Developing the Global Dimension in the School Curriculum，2020-06-24，https：//globaldimension.org.uk/wp-content/uploads/old//documents/gdw_developing_the_global_dimension.pdf.

② Charities Evaluation Services，UK aid，Think Global. Evaluating Global Learning Outcomes，2020-06-24，https：//think-global.org.uk/wp-content/uploads/2011/04/ Evaluating-global-learning-outcomes.pdf.

③ "CES"（Charities Evaluation Services），是英国一个独立的慈善评估服务机构，成立于1990 年。

人学习和项目评估；在整个监测和评估过程中，尽可能多地让利益相关者参与；使用统计数据和定性信息报告过程、产出和结果；灵活处理意料之外和预料之中的事情、积极的和消极的事情等；利用信息学习和改进，并对利益相关者负责。①

　　"CES 测评法"自评周期始于需求评价，以此为基础，依次包括确立宗旨、明确目标、建立指标、实施检测、反思评估、反馈调整等环节的循环（见图 9-2）。

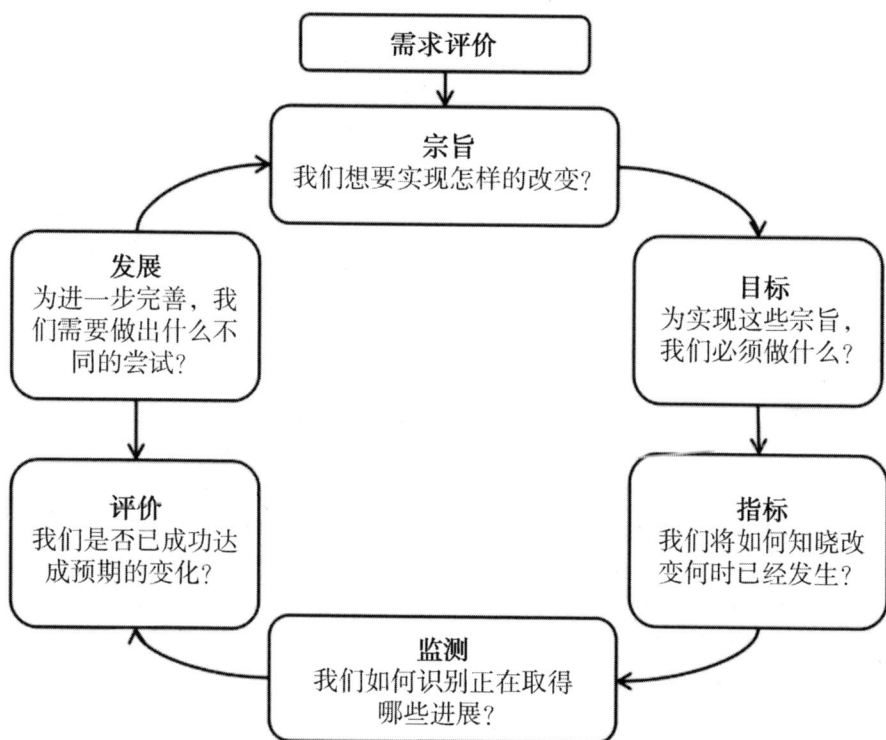

图 9-2　"CES 测评法"自评周期（The CES Self-evaluation Cycle）

资料来源：Charities Evaluation Services，UK aid，Think Global. Evaluating Global Learning Outcomes，2020-06-24，https：//think-global.org.uk/wp-content/uploads/2011/04/Evaluating-global-learning-outcomes.pdf.

---

① Charities Evaluation Services，UK aid，Think Global. Evaluating Global Learning Outcomes，2020-06-24，https：//think-global.org.uk/wp-content/uploads/2011/04/ Evaluating-global-learning-outcomes.pdf.

由上可知，"宗旨"与"目标"在测评中占据着核心地位，关系着测评的方向与效度。"CES测评法"规划三角模型（见图9-3）是一种厘清测评"宗旨"与"目标"关系的实用工具：确立总体宗旨，需要考虑的是"影响"（Impact）；确立具体宗旨，需要考虑的是"成果"（Outcomes），即预期通过交付"输出"而实现的变化等；明确目标，需要考虑的是"输出"（Outputs），即为实现目标而计划产出的一系列具体活动、服务或产品等。①

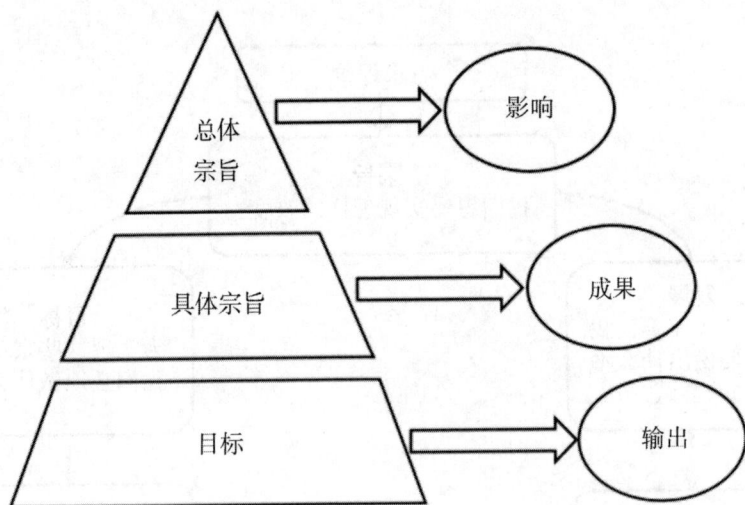

图9-3 "CES测评法"规划三角模型（The CES Planning Triangle）

资料来源：Charities Evaluation Services, UK aid, Think Global. Evaluating Global Learning Outcomes, 2020-06-24, https://think-global.org.uk/wp-content/uploads/2011/04/Evaluating-global-learning-outcomes.pdf.

（二）"CES测评法"的应用案例

运用"CES测评法"可以用来实现对"全球学习计划"相关成果的监测与评估，提高全球学习项目的测评效度。全球学习的核心是知识、态度与行动的变化，但这些变化往往也是最难以测评的，"CES测评法"在这一方

① Charities Evaluation Services, UK aid, Think Global. Evaluating Global Learning Outcomes, 2020-08-24, https://think-global.org.uk/wp-content/uploads/2011/04/ Evaluating-global-learning-outcomes.pdf.

面具备相对的优势。如下是运用"CES 测评法"对"全球学校计划"① (The Global Schools Project) 进行测评分析的主要过程：

首先，应用"CES 测评法"规划三角模型分析"全球学校计划"测评的总体宗旨、具体宗旨与目标，明晰该测评的预期影响、预期成果以及计划输出的活动、服务或产品等（见图9–4）。

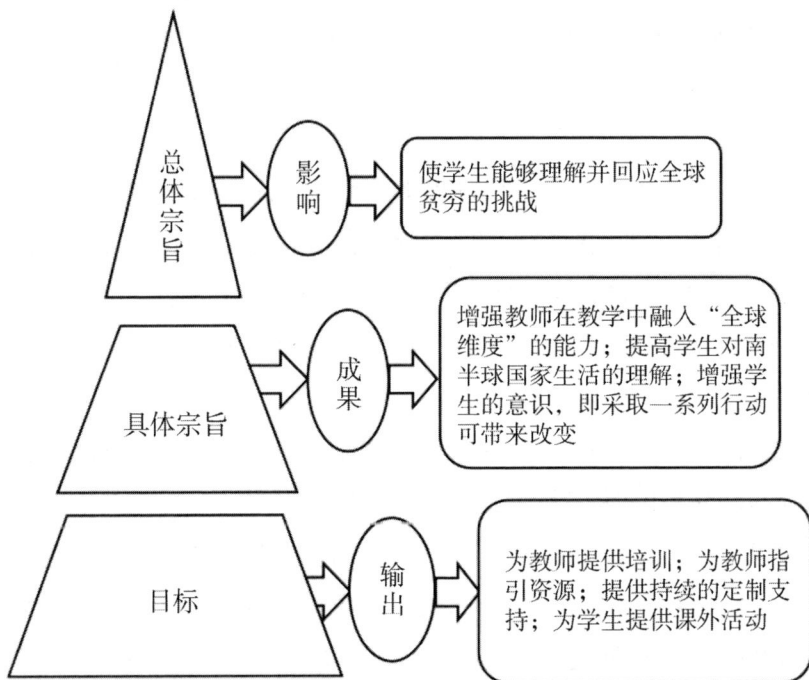

图 9–4 "CES 测评法"规划三角模型在"全球学校计划"测评中的应用

资料来源：Charities Evaluation Services，UK aid，Think Global：Evaluating Global Learning Outcomes，2020-07-04，https://think-global.org.uk/wp-content/uploads/2011/04/Evaluating-global-learning-outcomes.pdf.

第二，进一步识别、分析在对"全球学校计划"测评过程中的"成果"与"输出"分别是什么以及如何相联系（见表9–14）。

① "全球学校计划"由一个总部设在英国的小型非政府组织运营。该组织在学校中开展工作，以支持11—16岁的学生学习全球议题。

表9-14 "全球学校计划"测评输出与成果表

计划提供什么（输出）	预期发生什么（成果）
为教师开设一系列关于全球维度的工作坊	教师在教学单元和教学计划中为学生提供更多学习全球贫困问题的机会
为年轻人创办一个全球公民课后俱乐部	更多的年轻人以积极的全球公民的身份采取批判性的、明智的行动

资料来源：Charities Evaluation Services，UK aid，Think Global. Evaluating Global Learning Outcomes，2020-08-22，https：//think-global.org.uk/wp-content/uploads/2011/04/Evaluating-global-learning-outcomes.pdf.

在对测评"成果"的分析过程中，可以分别考虑教师与学生两类群体，同时也应关注可能产生的过渡性的学习成果（Intermediate Learning Outcomes）。如图9-5所示，展示了教师如何通过参加全球维度工作坊（"输出"）来逐步做到能够在教学中为学生提供更多学习全球贫困问题的机会（"成果"）。

第三，建立"全球学校计划"测评指标体系，包括成果指标（Outcome Indicators）与输出指标（Output Indicators）等。①

成果是指促成的变化或收益，成果指标则是用来说明这种变化或收益已经发生的线索。如表9-15所示，通过为年轻人创办一个全球公民课后俱乐部（"输出"），以期使更多的年轻人以积极的全球公民的身份采取批判性的、明智的行动（"成果"），而通过考量年轻人在俱乐部或其他场所采取的行动次数、类型、频率等（"成果指标"）旨在反映"成果"所蕴含的预期变化是否已经发生。

① Charities Evaluation Services，UK aid，Think Global. Evaluating Global Learning Outcomes，2020-08-14，https：//think-global.org.uk/wp-content/uploads/2011/04/Evaluating-global-learning-outcomes.pdf.

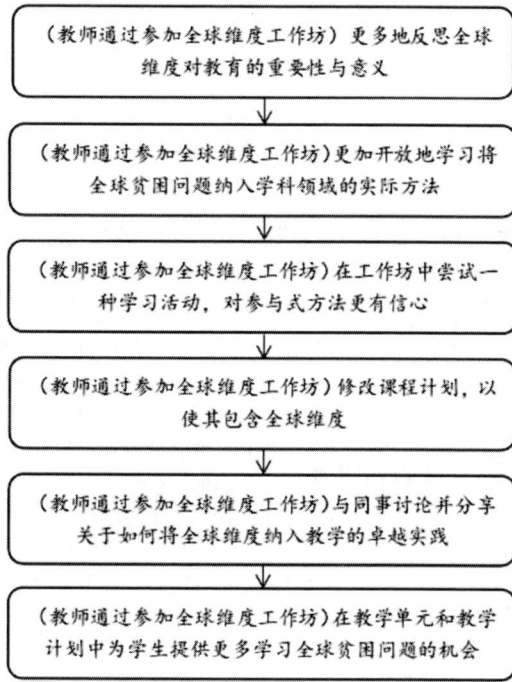

图 9-5 "全球学校计划"测评中的教师过渡性学习成果

资料来源：Charities Evaluation Services，UK aid，Think Global. Evaluating Global Learning Outcomes，2020-08-14，https：//think-global.org.uk/wp-content/uploads/2011/04/Evaluating-global-learning-outcomes.pdf.

表 9-15 "全球学校计划"测评成果与成果指标表（以全球公民课后俱乐部为例）

成果（包括过渡性成果）	成果指标
年轻人更多地意识到全球相互依存性	·对"全球相互依存性"的理解程度 ·举出自己生活中相互依赖的例子的能力
年轻人将自己视为改变的推动者	·对促成改变的机会的认识程度 ·对采取行动的自信程度
更多的年轻人以积极的全球公民的身份采取批判性的、明智的行动	·在俱乐部中采取的行动次数 ·在俱乐部外采取的行动次数 ·采取行动的类型 ·采取行动的频率

资料来源：Charities Evaluation Services，UK aid，Think Global. Evaluating Global Learning Outcomes，2020-07-09，https：//think-global.org.uk/wp-content/uploads/2011/04/Evaluating-global-learning-outcomes.pdf.

输出是指为实现目标而计划产出的一系列具体活动、服务或产品，输出指标则是用来说明上述活动、服务或产品的运作及进展情况，包括数量、可及性（Accessibility）、质量、费用等维度。如表 9–16 所示，展现了考量教师全球维度工作坊与年轻人全球公民课后俱乐部运行情况的主要维度。

表 9–16 "全球学校计划"测评输出与输出指标表

输出	输出指标
为教师开设一系列关于全球维度的工作坊	· 工作坊或俱乐部会议的次数 · 工作坊或俱乐部会议的时长 · 工作坊或俱乐部会议的频率 · 参加者的数量 · 参加者的概况 · 在工作坊或俱乐部会议中的活动类型细目
为年轻人创办一个全球公民课后俱乐部	

资料来源：Charities Evaluation Services，UK aid，Think Global. Evaluating Global Learning Outcomes，2020-07-22，https：//think-global.org.uk/wp-content/uploads/2011/04/Evaluating-global-learning-outcomes.pdf.

最后，需要将"全球学校计划"测评成果指标转化为一系列的问题项或陈述项，从而为收集、分析、报告、反馈测评信息做好准备。[①] 例如，创办年轻人全球公民课后俱乐部的预期成果之一是使更多年轻人以积极的全球公民的身份采取批判性的、明智的行动，根据其对应的指标，可设置一些更为细致的问题："你是否能够列举今天做过的 5 件事，将你和世界上的其他人或地方联系起来？""你是否有信心成为积极的全球公民？""你是否知晓'全球相互依存性'的含义？"等。

综上，英国全球素养教育形成了三类评价路径：（1）针对课程的评价：英国于 1998 年出台的"学习成果框架"，为学校更好地开展全球素养教学实践提供了标准与保障。（2）针对学校的评价：英国于 2019 年提出的"整体

① Charities Evaluation Services，UK aid，Think Global. Evaluating Global Learning Outcomes，2020-07-11，https：//think-global.org.uk/wp-content/uploads/2011/04/ Evaluating-global-learning-outcomes.pdf.

学校框架"，为推进"全球维度"与学校教育的深度、全面融合提供了方向与参照。（3）针对更广泛的项目的评价：英国于 2011 年发布的《全球学习成果测评》，为评价跨文化、环境与发展教育等全球学习有关项目的进展提供了指南与案例。

第十章　加拿大全球素养教育研究

　　由经济合作与发展组织（OECD）发起的国际学生评估项目（PISA），于 2018 年在阅读、数学和科学等核心学科领域之外，新增了全球素养测评，27 个国家和地区参加了全球素养测评，加拿大即为其中之一。结果显示，加拿大 80% 的学生在全球素养方面达到或超过 2 级水平（基准线），仅低于位于第一名的新加坡（84%）。而在加拿大内部，所有省份学生的全球素养得分均高于 PISA 的世界平均水平，其中得分最高的省份为阿尔伯塔省（565），其次是安大略省（559）和魁北克省（556）。[①] 这充分表明加拿大的中学生具有较高的全球素养水平。本章尝试探究加拿大基础教育在培养学生全球素养方面取得的成就。但是由于加拿大是由 10 个省和 3 个辖区组成联邦制国家，宪法规定教育管理权归各省所有，每个省份和辖区在人口、地理环境、政治、文化、语言和教育上存在巨大的差异，显示出独有的特征。因此，本研究将重点放在作为加拿大经济中心和教育中心的安大略省，探讨安大略省的全球素养教育的理念及实施情况。

---

① CMEC. Measuring Up：Canadian Results of the OECD PISA 2018 Study：The Performance of Canadian 15-Year-olds in Global Competence，2021-03-21，https：//www.cmec.ca/Publications/Lists/Publications/Attachments/412/PISA2018_GC_Highlights_EN.Pdf.

第一节　加拿大全球素养教育的发展历程

随着世界形势的发展变化，众多国际组织和主权国家开始关注全球素养教育的理念与实践。但是无论在名称还是内涵上都没有达成共识。与经济合作与发展组织（OECD）从狭义角度将全球素养等同于"国际素养"不同，加拿大对全球素养的界定更多是从广义的角度将其等同于"核心素养"，这是由加拿大独特的经济社会环境决定的。本研究按照加拿大（尤其是安大略省）基础教育对全球依存的关注，以及基础教育从基础素养（比如读写能力和算术能力）向高阶素养转变的思路进行梳理。

一、早期对全球依存教育的关注（二战后—2000 年）

1867 年英国议会通过《英属北美法案》，加拿大自治领的地位得以确立。《1871 年法案》（*Act of 1871*）的制定与实施，使得公共教育制度开始在加拿大各地区形成。在 20 世纪初期，随着加拿大民族意识的进一步加强，他们迫切希望提高自己的国际声誉，逐渐步入世界强国之列。可以说，这一时期指导加拿大基础教育改革的基本理念是"提高加拿大的全球经济竞争力"。在国外教育思想和理论（比如裴斯泰洛奇、赫尔巴特、福禄贝尔）等的影响下，加拿大的初等教育模式基本成型。第二次世界大战之后，教育改革被认为是保持加拿大在世界经济排行榜前列的必要因素，安大略 1962 年罗伯特的教育重组（Robarts Reorganization of Education）就是为了满足高度工业化社会对教育的复杂需求而进行的。

20 世纪 60 年代末期，随着大众媒介的推进和工业化国家经济的繁荣发展，以及接受教育的青年人口规模的增加，全球依存教育（Education about global interdependence）开始出现。1968 年安大略的《霍尔—丹尼斯报告》（*Hall-Dennis Report*）对"全球依存教育"进行了阐述，并声称教育应促进所有国家之间的理解、宽容和友爱，并促进联合国的活动，认为教育有一个重要的使命，就是对学生进行有关核战争威胁、加拿大在国际事务中的作用、空气和水污染以及世界人口增长等问题的教育。① 虽然《霍尔—丹尼斯报告》提到致力于全球教育和国际理解的重要性，但它没有就在安大略课程或其教育目标中如何实施这种全球教育范式提供具体建议。

20 世纪 70 年代早期，全球的高失业率、石油危机，以及日本在世界贸易中的崛起，使得安大略更加重视教育和经济持续繁荣之间的关系。于是加拿大采取了"回归基础"（back to basics）的教育改革，确保学生获得足够的就业能力。具体举措是在高中文凭中增加必修学分的数量，试图通过标准化的教育改革来应对全球变革。1980 年，安大略省教育部组建了一个战略规划任务小组（Strategic Planning Task Group，SPTG），它的使命是探讨"将影响安大略省未来 5—20 年教育的战略问题"。SPDG 将 80 个关切的问题进行了环境分析，并最终呈现在《面向 2000 年》（*Towards the Year 2000*）的报告中。该报告认为，教育必须预测并适应全球变革，因此需要重新考量安大略的教育目标。世界范围内文化和人口的变革、环境的变化、新的就业技能的需求以及妇女在社会中身份地位的改变，都将对安大略的教育政策产生影响。

1987 年的拉德万斯基报告（The Radwanski Report）是第一个成功地阐明安大略省需要应对全球变革的政策文件。指出"在新的知识密集型全球经济中开展有效竞争……受到良好教育的雇员是我们最重要的战略武器"。拉德万斯基认为，由于"我们生活在一个相互依存日益加深的世界"，教育也应包括对加拿大和世界的历史和地理的学习。② 该报告的最大贡献在于，首次将安大略教育的关注点从职业教育和为工作做准备转向了"全球关切"（global concern）。1988 年，安大略政府发布了《在新的全球经济中竞争》（*Competing in the New Global Economy*）的报告，强调了科学和技术对工业

---

① Ontario Department of Education，*Living and Learning：The Report of the Provincial Committee on the Aims and Objectives of Education in the Schools of Ontario* [*the Hall-Dennis Report*]，Toronto：Newton Publishing，1968，p.67.

② G. Radwanski，*Ontario Study of the Relevance of Education and the Issue of Dropouts*，Toronto：Ontario Ministry of Education，1987，pp.47-52.

和教育的国际竞争力的重要性；1990 年又发布了《新的全球经济中的人才和技能》（*People and Skills in the New Global Economy*），该报告进一步强调教育与全球竞争力之间的关系。

1995 年哈里斯（Mike Harris）政府执政，将教育改革的重点转向了教育的标准化，并消减省级教育财政。其根本目的是通过消减教育委员会和教师联合会的权威，从而加强对省级教育的集权。但是 1999 年，该届政府在九—十年级的课程文件略微提及了对全球事务的关注，比如，在法语课程中，提出"提高对其他文化的宽容与尊重"等。在《安大略中学九—十二年级：课程和文凭要求》（*Ontario Secondary Schools Grades 9—12：Program and Diploma Requirement*，1999）中进一步提出，安大略的高中教育项目的"设计"是为了让学生拥有"在 21 世纪过上满意且富有成效的生活"所需的知识和技能。①

二、面向 3Rs② 的"硬技能"教育改革（2000—2014 年）

随着其他国家制定教育改进战略，安大略必须考虑教育在全球化背景下的作用。自 2000 年以来，加拿大在国际学生评估项目 PISA 中的阅读成绩一直停滞不前，数学成绩自 2003 年以来不断下降。③ 令人担忧的是，与成绩最好的学生相比，成绩最差的学生的分数下降得更快，导致了更大的成绩差距。④ 因此，加拿大各省和地区，必须采取措施改变这一现状。在麦坚迪（Dalton McGuinty）领导下的安大略中小学改革于 2003 年开始，发起的"学生成功 / 完成到 18 岁的学业战略"（The Student Success/Learning to

① Ontario Ministry of Education and Training. Ontario Secondary Schools Grades 9-12：Program and Diploma Requirements，2021-09-22，http：//govdocs.ourontario.ca/node/15059.

② 该术语创造于 19 世纪初，指的是学校教育的三个基本技能：阅读（reading）、写作（writing）和算术（arithmetic），因三个词语中均包含字母"r"而得名。

③ OECD. Canada – Country Note –PISA 2018 Results，2021-02-22，https：//www.oecd.org/pisa/publications/PISA2018_CN_CAN.pdf.

④ OECD. Canada – Country Note –PISA 2018 Results，2021-02-22，https：//www.oecd.org/pisa/publications/PISA2018_CN_CAN.pdf.

18 Strategy，SS/L18）旨在帮助中学生毕业，并实现他们的教育和职业目标。该战略有 5 个关键目标：(1) 提高省级毕业率；(2) 降低辍学率；(3) 支持所有学生取得积极成果；(4) 为学生提供新的学习机会；(5) 利用学生的优势和兴趣，为学生提供有效的小学到中学的过渡。① 该战略的两个核心部分包括旨在提高读写和算术能力的创新项目和教学，如双学分和体验式学习，以及来自学生成功团队（Student Success Teams）的更个性化的支持。② 2004 年安大略省启动了读写和算术战略（literacy and numeracy strategy），以提高学生的阅读、写作和算术水平。该战略的目标是，到 2008 年春季，使 75% 的六年级学生的读写能力和算术能力达到预期水平。2003 年，只有 55% 的学生达到了这一目标。此外，只有 60% 的学生能够在 4 年内高中毕业，而预期目标是到 2010 年在 4 年内使 85% 的九年级学生毕业。③ 随着学生学业成绩和毕业率的提升，民众对安大略教育改革的满意度进一步提高。新一届政府决定在已有改革的基础上进一步拓展原有战略。于是，安大略教育部于 2008 年又发布了《成就每一个学生：振兴安大略教育》（*Reach Every Student：Energizing Ontario Education*），改革重点之一便是提高学生学业成绩，即在更深和更广的层面上推进读写和算术能力的培养，包括六年级 75% 学生达到省级标准，持续在高中阶段推进创新，达到 85% 的毕业率。④

　　虽然改革的初衷在于提高读写能力和算术能力，但在改革过程中这些学术能力（academic skills）被概念化为 21 世纪人际交往能力培养的基础。⑤

① Directions Evidence and Policy Research Group. The Ontario Student Achievement Division Student Success Strategy Evidence of Improvement Study，2021-09-25，http：//www.edu.gov. on.ca/eng/research/EvidenceOfImprovementStudy.pdf.

② Ontario Ministry of Education. Reaching Every Student：Energizing Ontario Education，2021-08-22，https：//michaelfullan.ca/wp-content/uploads/2016/06/13396078200.pdf.

③ Ben Levin，Avis Glaze，Michael Fullan. "Results Without Rancor or Ranking Ontario's Success Story"，*Phi Delta Kappan*，Vol.90，No.4（2008），pp. 273-280.

④ Ontario Ministry of Education. Reach Every Student：Energizing Ontario Education，2021-09-22，https：//michaelfullan.ca/wp-content/uploads/2016/06/13396078200.pdf.

⑤ C21 Canada. Shifting Minds：A 21st Century Vision of Public Education for Canada，2021-06-21，https：//www.c21canada.org/wp-content/uploads/2012/11/Shifting-Minds-Revised.pdf.

此外，随着改革的推进，读写能力和算术能力的定义开始转变，包括比基本素养（basic competency）更广泛的技能（skills）。读写能力（literacy）被描述为一种联系和个人成长的工具，它涉及批判性思维、想象力、解决问题的能力和社会正义感。算术能力（numeracy）被定义为推理、解决问题、学习和表达的框架。① 2008 年安大略省教育部又推出了"寻找共同的根基：安大略学校 K– 十二年级的品格培养"（The Finding Common Ground：Character Development in Ontario Schools，K-12）项目，提出品格教育包括头脑教育和心理教育，要特别关注学生品格的培养，这需要学生、家长、教师、校长等各方面人士的共同努力。② 该项目由安大略省教育部与读写与算术能力秘书处（Literacy and Numeracy Secretariat）共同发起，认为帮助学生成功是教育系统的基本职责，但是学生的成功不是单方面的，而是多方面的。除了学业成就之外，必须培养学生的品格，为他们在社会中扮演积极、富有成效和负责任的角色做好准备。通过品格培养项目（character development initiative），政府解决了学生成功所需的互补且同等重要的方面，将重点放在培养学生作为学习者、作为个体、作为公民、作为学校和更广泛的社区的积极参与者的素养。

三、面向 21 世纪的"软技能"教育改革（2014 年—　）

随着科技的迅速发展和经济全球化的推进，自动化、颠覆性技术和全球化加速了工作场所的变革步伐，新的职业以及社会的运作方式都出现了巨大的创新。越来越多的人开始从讨论"工作"转向讨论"技能"（skills）或"素养"（competencies）。③ 许多人认为，韧性、情绪稳定性、灵活性、

---

① Ontario Ministry of Education. Reaching Every Student：Energizing Ontario Education，2021-07-22，https：//michaelfullan.ca/wp-content/uploads/2016/06/13396078200.pdf.

② Ontario Ministry of Education. Finding Common Ground：Character Development in Ontario Schools K–12，2021-06-14，http：//www.edu.gov.on.ca/eng/policyfunding/memos/june2008/FindingCommonGroundEng.pdf.

③ David Gyarmati，Janet Lane and Scott Murray. Competency Frameworks and Canada's Essential Skills，2021-11-13，https：//ppforum.ca/wp-content/uploads/2020/07/Competency-Frameworks-PPF-Nov2020-EN.pdf.

适应性以及其他软技能，对于个人驾驭工作和职业变化、参与持续学习以及应对变化至关重要。但是，对这些技能和素养的分析、描述和评估仍然很不一致。一些国家的研究机构倾向于使用"21st century skills"或者"21st century learning"（比如，ATC21S，P21）、而 OECD 则使用"key competencies"的术语。2016 年联合国教科文组织的可持续发展目标提出："到 2030 年，确保所有学习者获得促进可持续发展所需的知识和技能，除此以外，包括通过教育促进可持续发展和可持续生活方式、人权、两性平等、促进和平与非暴力文化、全球公民身份以及对文化多样性和文化对可持续发展的贡献的认识。"OECD 则在《面向包容世界的全球素养》（*Global Competency for an Inclusive World*，2016）中正式提出全球素养的概念。

与这一国际大环境相适应，加拿大基础教育紧随"读写能力和算术能力"这些"硬技能"改革之后的则是一项软技能（soft skills）改革，以保证国家经济建设的有效运行。但是这些必要的技能和素养是什么？雇主、应聘者甚至是教育服务提供者们并没有达成共识。安大略省首先意识到安大略的毕业生将面临一个比历史上任何时候竞争更加激烈、全球联系更加紧密、技术更加密集的世界，为了让学生做好准备，让学生过上充实的生活、成为有生产力的公民，并在迅速变化的、基于知识的、由技术驱动的经济中茁壮成长，安大略省的个人和机构合作共同探讨未来安大略的学习者需要的技能（skills）和知识（knowledge）。安大略政府在来自教育系统内外部利益相关者反馈的基础上，最终于 2014 年形成了新的愿景报告《实现卓越：安大略省教育的新愿景》（*Achieving Excellence：A Renewed Vision for Education in Ontario*），并将"追求卓越""确保公平""提升福祉"和"提高公共自信"作为未来教育改革的基本目标。为了支持这些目标，安大略于 2015 年启动了深度学习运动（deep learning movement），作为深度学习运动的首席咨询专家，福兰（Michael Fullan）和斯科特（Geoff Scott）将品格（character）、公民意识（citizenship）、合作能力（collaboration）、沟通能力（communication）、创造力（creativity）、批判性思维（critical thinking）作为深度学习的学习结果（learning outcomes），也即"6C"框架①。此后，在国际形势的驱动下，安大略省教育部与加拿大教育部长理事会（Council of Ministers of Education Canada，CMEC）和助理副部长咨询委员会（Advisory Committee of Assistant Deputy Ministers of Education，ACDME）共同探讨泛加拿大 21 世纪素养/全球素养框架，以及各省采用该框架的方法，并于 2016 年发布了《走向界定 21 世纪素养：基础讨论文件》（*Towards Defining 21st Century Competencies for Ontario 21ST Century Competencies：Foundation Document for Discussion*）。该文件将批判性思维和问题解决能力（critical thinking and problem solving），创新、创造和创业精神（innovation，creativity，and entrepreneurship），沟通能力（communication），协作能力（collaboration）等 6 个维度纳入"全球素养/21 世纪素养"（global competencies/21st century competencies）范畴，形成了泛加拿大全球素养的初始框架，并将全球素养/21 世纪素养界定为"帮助儿童和青年充分发挥其潜力的知识、技能和特质——是读写和算术等重要基础素养以及其他学科的核心学习之外的额外素养。"② 这个非规范性的参考框架为全球素养整合进教育系统指明了方向，并帮助各省和地区的决策者、学校领导人、教育工作者和社区将全球素养能力纳入教育系统中。

2016 年，加拿大各省教育部长在第 105 次 CMEC 会议上明确表达了 6 个全球素养的维度，并将全球素养作为加拿大教育系统帮助学生应对未来复杂和不确定的政治、社会、经济以及生态领域快速变化的一种泛加拿大的努力，明确地回答了"学生需要什么样的技能、态度、知识和价值观来茁壮成长和塑造他们的世界"这一问题。2017 年，泛加拿大全球素养框架（Pan-Canadian Global Competencies）出台。2020 年 1 月 22 日，加拿大 13 个省的

---

① Michael Fullan & Geoff Scott. *New Pedagogies for Deep Learning Whitepaper*，Washington，2014，pp.6-7.

② Ontario of Ministry of Education. Towards Defining 21st Century Competencies for Ontario 21ST Century Competencies：Foundation Document for Discussion，2021-07-29，https：//ocea.on.ca/wp-content/uploads/2018/02/21cl-21stcentury competencies.pdf.

教育部长们一致通过了"泛加拿大全球素养框架",该框架将用于修订加拿大所有省份的课程、教学和评估。该框架的出台是加拿大中小学教育的一个巨大里程碑,开创了一个教学的新时代,使得加拿大所有省份都有一个共同教育目标,为全球素养教育提供了明确的定义和指导方针,这些素养将指导未来加拿大从幼儿园到十二年级的教育。

第二节　加拿大全球素养的理念基础

目前,很多国家也明确将全球素养纳入课程体系,但是用来指称全球素养的术语多种多样,比如 21 世纪学习技能(21st-century learning skills),"大学和职业准备"(college and career readiness)、核心素养(core competencies)、新基础技能(new basic skills)、高阶思维(higher order thinking)或者下一代学习(next-generation learning)等。① 全球素养之所以得到这么多国家的青睐,得益于全球的教育领导者们将其作为让学生应对当前和未来复杂且充满挑战社会的基础。加拿大在借鉴相关国际组织对全球素养的研究以及加拿大社会实际的基础上,界定了富有加拿大特色的全球素养内涵及框架。

一、泛加拿大全球素养的内涵

界定"全球素养"的内涵,首先必须明确"素养"的内涵。全球素养作为 21 世纪核心素养的一个重要维度,必然具有核心素养所具有的基本特征。为了定义这些素养,已经进行了相当多的研究。尽管不同国际组织、国家或地区之间存在差异,但研究者们似乎一致认为,全球素养可分为三个主要领域:认知领域、人际关系领域和个体内在领域(如图 10–1 所示)。认知素养包括各种形式的思维和创造力,人际交往素养是有效和公平地与他人交

---

① Ontario of Ministry of Education. Towards Defining 21st Century Competencies for Ontario 21ST Century Competencies:Foundation Document for Discussion,2021-07-29,https://ocea.on.ca/wp-content/uploads/2018/02/21cl-21stcentury competencies.pdf.

往所需要的技能，个体内在素养包括所有与自信和自我效能相关的属性。在教育中，人际关系和个体内在素养通常被称为社会和情感学习（social and emotional learning，简称 SEL）；在工作中，它们通常被称为软技能（soft skills）。

图 10–1　组成 21 世纪素养的三大核心领域

资料来源：National Research Council. *Education for Life and Work*：*Developing Transferable Knowledge and Skills in the 21st Century*，Washington D.C.，2012.

基于已有的研究基础，结合本国国情，加拿大教育部长理事会（CMEC）认为，在泛加拿大的背景下对学生的全球素养给出一个清晰的定义，对于支持未来在各省和地区教育系统中培养和测量这些素养是绝对必要的，并最终将"全球素养"界定为一套包罗万象的相互依赖的、跨学科的、适用于本地和全球的各种情境的态度、技能、知识和价值观。① 它们为学习者提供满足"生活、工作和学习中不断变化和发展的需求；在社区内积极响

① Council of Ministers of Education，Canada（CMEC）. Pan-Canadian Global Competencies：Backgrounder，2020-04-20，https：//static1.squares pace.com/static/5af1e87f5cfd79c163407ead/t/5c6597f353450a15233b6e7c/1550161912721/Pan-Canadian+Global+Competencies+Backgrounder_EN.pdf.

应；了解不同的观点；并在具有全球意义的问题上采取行动"①的能力，并将全球素养置于算术能力和读写能力之上，认为全球素养的培养有助于读写和算术等基础能力的提升，读写和算术等基础能力也是全球素养培养的基础。

二、泛加拿大全球素养框架

结合全球素养的内涵界定，CMEC 进一步提出了泛加拿大全球素养框架，从 6 个维度分解了泛加拿大的全球素养所应具有的能力结构，分别为批判性思维和问题解决能力（critical thinking and problem solving），创新、创造力和创业能力（innovation、creativity and entrepreneurship），学会学习 / 自我意识和自我导向（learning to learn/self-awareness and self-direction），合作能力（collaboration），沟通能力（communication），全球公民意识和可持续发展能力（global citizenship and sustainability）。该框架的目标是使加拿大学生成为本土和全球的终身学习者和积极公民。值得注意的是，CMEC 认为这 4 个泛加拿大素养是随着时间不断发展的一个发展性概念。泛加拿大全球素养框架的具体内容如下所示②：

1. 批判性思维和解决问题的能力

批判性思维和解决问题的能力指的是通过获取、处理、分析和解释信息来处理复杂问题并作出明智的判断和决定。参与认知过程以理解和解决问题的能力，包括作为一个建设性和反思性的公民发挥自己潜力的意愿。当处于有意义的、真实的、真正的体验中的时候，学习就会更加深刻。具体表现为：

学生能够通过采取具体步骤、设计以及管理项目来解决有意义的、真

---

① CMEC. Pan-Canadian Global Competencies：Backgrounder，2020-04-20，https：//www.globalcompetencies.cmec.ca/s/Pan-Canadian-Global-Competencies-Backgrounder_EN-5xy5.pdf.

② CMEC. Pan-Canadian Global Competencies：Backgrounder，2020-04-20，https：//www.globalcompetencies.cmec.ca/s/Pan-Canadian-Global-Competencies-Backgrounder_EN-5xy5.pdf.

图 10-2 泛加拿大全球素养框架

资料来源：CMEC. Pan-Canadian Global Competencies：Backgrounder，2020-04-20，https：//www.
globalcompetencies.cmec.ca/s/Pan-Canadian-Global-Competencies-Backgrounder_EN-5xy5.
pdf.

实的、复杂的问题；

学生能够参与一个解决问题的调查过程，通过获取、处理、解释、综合和批判性分析信息作出明智决定；

学生能够通过建模、制造关联，并迁移他们在一个情境中习得的知识应用于其它情境，包括在真实世界的应用；

学生能够建构、关联以及应用知识于生活的所有领域，包括学校、家庭、工作、朋友以及社区；

学生能够分析社会、经济和生态系统的功能和相互关系。

2. 创新、创造力和创业精神

创新、创造力和创业精神指的是将想法转化为行动以满足社区需要的能力。通过完善概念、想法或产品为解决复杂的经济、社会和环境问题提供最新办法的能力，包括领导能力、承担风险、独立思考以及通过调查研究试验新的策略、技术或观点。创业思维和能力则包括以可持续的方式专注于建立和扩展一个想法。具体表现为：

学生能够制定和表达有洞察力的问题和意见，以产生新的想法；

学生能够为复杂的经济、社会和环境问题提供解决办法，或以多种方式满足社区的需要，包括：通过创造性的过程来提升概念、想法或产品，能够在思考和创造中承担风险，通过探索性的研究进行发现，并用新的技术或策略来假设和试验；

学生能够在一系列的创造性过程中表现出领导能力、主动性、想象力、创造力、自发性和独创性，并以创业精神激励他人。

3.学会学习/自我意识 & 自我导向

学会学习/自我意识和自我导向指的是在学习过程中意识到并展示自己的行为，包括培养能够支持动机、毅力、弹性以及自我调节的倾向，相信自己的学习能力，需要结合自我计划、自我监督，还需要具备对过去、现在和未来以及实现未来目标的潜在行动、策略、最终结果的自我反思能力。自我反思和对思考的反思（元认知）可以在一个不断变化的世界中促进终身学习能力、适应能力、幸福感和可迁移能力的培养。具体表现为：

学生能够了解学习过程（元认知）（比如，独立、目标设定、动机），并相信自己具有学习和成长的能力（成长型思维）。

学生能够自我调节，从而成为终身学习者，并反思他们的思想、经验、价值观和批判性反馈，以促进他们的学习，学生还能够监督各自的学习进展情况。

学生在加拿大背景下培养各自的身份认同（例如，出身和多样性），并考虑他们与环境的联系；他们培养情绪智商来理解自己和他人；他们可以通过认知历史来理解现在并走向未来。

学生能够培养个人、教育和职业目标，并坚持不懈地克服挑战以实现目标；他们能够适应变化，表现出适应逆境的能力。

学生培养自己的运动能力，了解如何以及为何参加运动活动，并对健康和积极的生活持积极态度。

学生管理他们生活的各个方面，包括身体、情感（关系、自我意识）、精神和心理健康等。

4. 合作能力

合作能力包括认知（包括思维和推理）、人际关系和个体内在素养的相互作用，这些能力是有效和合乎道德地参与团队活动所必需的。在不同的情境、角色、群体和视角中，不断增加的多样性和技能深度被应用于共同构建知识、意义和内容，并在物理和虚拟环境中与他人互相学习。具体表现为：

学生能够通过建立积极和相互尊重的关系，培养信任，以及以合作的方式参与团队活动；

学生能够通过共同构建知识、意义和内容，向他人学习并为他人的学习做出贡献；

学生能够在团队中承担各种角色，尊重不同的观点，识别不同的知识来源，包括本土的学习方式；

学生能够以敏锐和建设性的方式解决分歧和处理冲突；

学生与各种社区／团体建立网络，并适当地使用一系列技术与他人合作。

5. 沟通能力

沟通能力包括在不同的情境中针对不同的受众、基于不同的目的接收和表达意义（例如，阅读和写作、观看和创作、听和说）。有效的沟通越来越多地涉及了解当地和全球的观点、社会和文化背景，以及适当地、负责任地、安全地利用各种媒体来适应和改变自己的数字足迹。具体表现为：

学生能够通过不同的媒介，以口头和书面的形式在不同的环境中进行有效的沟通；

学生能够使用适当的数字工具进行交流，创造积极的数字足迹；

学生能够提出有效的问题来获取知识，倾听理解各种观点，表达自己的意见，并维护自己的见解；

学生能够学习各种语言，包括本土语言，并了解语言文化的重要性。

6. 全球公民意识和可持续发展能力

全球公民意识和可持续发展能力包括反思不同的世界观和视角，理解和解决对于当代相互联系、相互依存和可持续发展的世界至关重要的生态、社会和经济问题。它还包括获得积极参与的公民精神所需的知识、动机、性情和技能，懂得欣赏人和观点的多样性，有能力为所有人设想一个更美好、更可持续的未来并为之努力。具体表现为：

学生能够了解生态、经济和社会的力量，以及它们之间的相互联系，并了解它们如何影响个人、社会和国家；

学生能够采取行动并做出负责任的决定，以支持所有人现在和将来的生活质量；

学生能够辨识歧视，并能够促进公平、人权和民主参与原则的实施；

学生能够了解加拿大原住民的传统、知识、历史，欣赏他们在历史上和当代对加拿大做出的贡献，并能够意识到寄宿学校的遗留问题；

学生能够向不同的人学习，并与不同的人一起学习，发展跨文化的理解，了解影响个人、社会和国家的力量；

学生参与地方、国家和全球的行动以产生积极的影响；

学生能够以一种负责、包容、可持续和道德的方式为社会、地方、国家、全球以及虚拟社区的文化做出贡献；

学生作为公民以安全和对社会负责的方式参与各种网络。

三、安大略省全球素养框架

较之于 CMEC 对全球素养的界定①，安大略省教育部更倾向于使用"可迁移能力"（transferable skills）来表述全球素养。培养"可迁移能力"意味着"为了迁移的学习"（learning for transfer），即将一个情境中习得的知识应

---

① Council of Ministers of Education. Pan-Canadian Global Competencies：Backgrounder，2021-10-11，https：//static1.squarespace.com/static/5af1e87f5cfd79c163407ead/t/5c6597f353450a152 33b6e7c/1550161912721/Pan-Canadian+Global+Competencies+Backgrounder_EN.pdf.

用于新情境的能力。安大略省教育部认为随着工作的日益自动化，科学技术的飞速进步，以及全球经济发展的现实，学生们需要为工作的灵活性，以及全球化和数字时代的工作和公民生活做好准备。具备可迁移的能力和终身学习的意愿，将有助于学生更好地应对这些新的社会现实，并成功地驾驭和塑造自己的未来。

在国际研究、雇主需求信息以及与泛加拿大全球素养框架的基础上，安大略省教育部辨识出了 7 个能够帮助学生为未来做好准备的素养类别，分别为批判性思维和问题解决的能力（critical thinking and problem solving）、创新、创造和创业意识（innovation，creativity，and entrepreneurship）、自我导向的学习（self-directed learning），沟通能力（communication）、合作能力（collaboration）、全球公民和可持续发展能力（global citizenship and sustainability）、数字素养（digital literacy）。这 7 个素养大类囊括了学生随着时间的推移可以获得的广泛的可迁移能力的框架。与泛加拿大全球素养框架相比，二者基本一致，但安大略全球素养框架增加了"数字素养"的维度。安大略省可迁移能力（全球素养）框架如下所示①：

1. 批判性思维和问题解决能力

批判性思维和问题解决能力指的是通过定位、处理、分析和解释相关和可靠的信息来解决复杂的问题，从而做出明智的判断和决定，并采取有效的行动。批判性思维使人认识到，解决问题可以对世界产生积极的影响，这有助于发挥人的建设性和反思性公民的潜力。当学习发生在真实和有意义的现实世界情境中的时候，学习就会深化。具体指的是：

学生参与调查过程，包括定位、处理、解释、综合和批判性分析信息，以解决问题和做出明智的决定。这些过程涉及批判性、数字化和数据素养；

学生能够确定和分析问题、创建计划、安排行动、实施计划，来解决有意义和复杂的现实问题；

---

① Ontario Ministry of Education. Transferable Skills，2021-09-20，https：//www.dcp.edu.gov. on.ca/en/program-planning/transferable-skills/introduction.

学生们能够发现模式，建立联系，并将他们从一种情境中学到的知识迁移到另一种情境，包括其在现实世界中的应用；

学生能够建构知识，并将其应用到生活的各个领域，比如学校、家庭、工作、朋友，重点是在社区中建立联系并理解彼此的关系；

学生能够分析社会、经济和生态系统的功能和相互联系。

2. 创新、创造力和创业精神

创新、创造力和创业精神支持将想法转化为行动以满足社区需求的能力。这些能力包括提升概念、想法或产品，为复杂的经济、社会和环境问题提供创新性的解决方案。培养这些能力包括愿意承担领导角色，承担风险，在试验、研究、探索新的策略和方法的背景下进行独立的、非常规的思考。创业思维能够理解建立和扩大可持续性增长想法的重要性。具体表现为：

学生能够形成和表达有洞察力的问题和意见，以产生新颖的想法。

学生为复杂的经济、社会和环境问题提供解决方案，或以多种方式满足社区的需求，包括：通过创造性的过程提升概念、想法或产品；在他们设计解决方案的思考和创造过程中承担风险；在探究的过程中发现并试验新的策略或技术。

学生在一系列创造性过程中表现出领导力、主动性、想象力、创造力、自发性和独创性，并以合乎道德的创业精神激励他人。

3. 自我导向的学习

自我导向的学习指的是意识到并管理自己的学习过程。包括支持动机、自我调节、毅力、富有韧性的性格的培养；拥有相信自己学习能力的成长心态，结合策略的使用来规划、反思和监控目标实现的进展，并审视下一步可能的步骤、策略和结果；能够利用自我反思和对认知的认知（元认知）来支持终身学习能力、适应能力、幸福感以及学习在不断变化的世界中的迁移能力的培养。具体表现为：

学生能够学会对自己的思考和学习过程进行反思，并相信自己的学习和成长能力（成长型思维）。他们能够培养自己设定目标、保持动力和独立工作的能力。

自主学习的学生更容易成为终身学习者。他们反思自己的想法、经验、价值观，回应批评性的反馈，以促进学习。他们也会监控自己的学习进度。

学生能够在加拿大多元的社会背景下培养身份认同感。

学生培养情绪智商是为了更好地理解自己和他人，建立健康的人际关系。

学生能够学会通过考虑过去来理解现在，并以一种更明智的方式接近未来。

学生能够制定个人的、教育的和职业的目标，并坚持不懈地克服挑战以实现目标。他们学会适应变化，并表现出面对逆境的韧性。

学生能够管理自己的认知、情感、社交、身体和精神等方面，以促进他们的心理健康和整体福祉。

4. 合作能力

合作能力包括认知（思考和推理）、人际关系和个人内在素养的相互作用，这些素养是与他人有效地、合乎道德地合作所必需的。这些能力随着应用不断深化，用途越来越广泛，在涉及各种角色、群体和观点的物理及虚拟情境下，与他人共同构建知识、意义和内容。具体表现为：

学生能够通过建立积极和尊重的关系、培养信任、富有诚信的合作，来成功地参与团队协作。

学生能够向他人学习，并在共同构建知识、意义和内容的过程中为他们的学习做出贡献。

学生能够在团队中扮演不同的角色，尊重不同的观点，认同不同来源的知识，包括本土的认知方式。

学生能够以敏锐和建设性的方式处理分歧和管理冲突。

学生能够与各种社区／团体互动，并适当地使用一系列技术来促进与他人的合作。

5. 沟通能力

沟通包括在不同的语境中，以不同的受众和目的接收和表达意义（例如，阅读和写作，观看和创造，听和说）。有效的沟通越来越需要了解当地和全球的视角以及社会和文化背景，并适当地、负责任地、安全地使用各种媒介，来创建积极的数字足迹。具体表现为：

学生能够通过各种媒介在不同的情境中进行有效的口头和书面交流。

学生能够使用适当的数字工具进行交流，并创造积极的数字足迹。

学生能够提出有效的问题来获取知识；倾听所有的观点、并确保这些观点被倾听；表达并维护自己的观点。

学生能够学习各种语言，包括本土语言，了解语言文化的重要性。

6. 全球公民意识与可持续发展能力

全球公民意识和可持续发展能力包括理解不同的世界观和视角，以便有效地解决各种政治、环境、社会和经济问题，这些问题对在当今这个相互联系和相互依存的世界中可持续地生活至关重要。它还包括获得参与公民活动所需的知识、动机、性格和技能，以及对世界上人和观点多样性的欣赏。它要求有能力设想并努力为所有人创造一个更美好、更可持续的未来。具体表现为：

学生能够了解当今世界的政治、生态、经济和社会力量，它们之间的相互联系，以及它们如何影响个人、社区和国家。

学生能够做出负责任的决定并采取行动，以支持现在和未来所有人的生活质量。

学生能够认识到歧视的存在，并推动公平、人权和民主参与的原则的实施。

学生能够认可本土人民的传统、知识和历史，欣赏他们对加拿大历史和当代的贡献，能够认识到寄宿学校的遗留问题。

学生能够从向不同文化和背景的人学习，培养跨文化理解。

学生能够参与地方、国家和全球活动，为世界带来积极的改变。

学生能够以负责任、包容、可持续和合乎道德的方式为社会、地方、国家、全球和虚拟社区的文化做出贡献。

学生作为公民能够以安全和对社会负责任的方式参与各种团体和在线网络。

7. 数字素养

数字素养指的是以安全、合法和合乎道德的方式利用技术解决问题的能力。随着数字化和大数据在现代世界中的作用日益扩大，数字素养也意味着拥有强大的数据读写能力（data literacy skills）和使用新兴技术的能力。具备数字素养的学生能够认识到在一个相互关联的数字世界中生活、学习和工作所带来的权利、责任以及机遇。具体表现为：

学生能够选择并使用恰当的数字工具进行合作、交流、创造、创新和解决问题。

学生能够理解如何管理和规范学生对技术的使用，以支持他们的心理健康和福祉。

学生能够使用数字工具来定义和规划数据搜索、数据收集，并识别相关的数据集。他们能够以各种方式分析、解释、图形化或"可视化"数据，以解决问题并提供决策信息。

学生能够表现出探索和使用新的或不熟悉的数字工具和新兴技术（如开源软件、wikis、机器人、增强现实）的意愿和信心。学生能够理解不同的技术是如何联系在一起的，并认识到它们的优点和局限性。

学生能够通过尊重、包容、安全、合法和合乎道德的方式参与社交媒体和在线社区来管理他们的数字足迹。学生能够了解自己在个人信息方面的权利，知道如何保护自己的私隐和安全，同时也尊重他人的私隐和安全。

学生能够分析和理解科技进步对社会的影响，以及社会在科技发展中的作用。

四、加拿大全球素养的基本特征

通过对比泛加拿大全球素养框架和安大略可迁移能力框架可以发现，二者存在极大的一致性。从内涵和框架来看，加拿大全球素养体现出如下基本特征：

第一，全球素养具有跨学科性。CMEC 界定的全球素养，是建立在扎实的算术和读写素养基础之上的，致力于培养学生应对复杂和不可预测的未来，为快速变化的政治、社会、经济、技术和生态环境做好准备。它不仅包括有关世界和全球化的知识和跨文化交际的能力，还包含了知识、技能、态度和行为等多个维度，体现出明显的通用性和跨学科性。正如 CMEC 宣称的，"我们越来越认识到，全球素养可以通过为学生配备必要的工具来适应不同的情况，并成为终身学习者，来促进深度学习。这些关键的素养是相互依赖的和跨学科的，可以在多种情况下发挥作用。"①

第二，全球素养具有全球性。加拿大从更广义的层面将全球素养等同于核心素养，但是这并不能抹杀它的"全球性"特征。它的根本目的是让学生为全球公民身份②、行动和互动做准备。当今地方、区域和国家最突出的问题往往与全球经济、环境、社会或政治动态密不可分，因此学生有必要了解这些问题产生的复杂的外部环境，并对当地和全球的挑战作出反应，理解他们之间的相互联系，并在沟通和协作的基础上采取负责任的行动。基于素养的教育能够帮助弥合知识与行动之间的差距。

第三，全球素养框架是不断变化发展的。全球素养（global competencies）是一个复杂的素养集合。每一个素养本身的内涵是发展变化的。比如合作能力，就是一组越来越复杂的能力。与先前对合作的能力要求相比，21世纪的工作者"除了面对面的合作，越来越多地通过与世界另一端的同事之间的互动来完成任务，而他们可能从未见过面。因此，尽管合作在本质上是长期存在的，其重要性也在不断增加，但作为 21 世纪的一种技能，它比工业时代的内涵更复杂。"③时代的变化正在改变素养的性质，旧的素养会以新

---

① CMEC. Pan-Canadian Global Competencies：Backgrounder，2021-11-14，https：//www.cmec.ca/Publications/Lists/Publications/Attachments/401/Pan-Canadian%20Global%20Competencies%20Backgrounder_EN.pdf.

② Government of Ontario. Towards Defining 21st Century Competencies for Ontario：Foundation Document for Discussion，2021-07-04，http：//www.edugains.ca/resources21CL/About21stCentury/21CL_21stCenturyCompetencies.pdf.

③ Chris Dede. Comparing Frameworks for 21st Century Skills，2021-06-30，http：//sttechnology.pbworks.com/f/Dede_（2010）_Comparing%20Frameworks%20for%2021st%20Century%20Skills.pdf.

的内涵被整合到一个更为复杂的框架之下，全球素养亦是如此。

第三节 加拿大全球素养教育的实施路径

现代教育的目标之一就是帮助学生为未来生活做好准备。虽然我们不能预测未来，但我们知道它将是复杂的和不可预测的。学生需要掌握应对快速变化的社会、文化、政治事件的技能。在安大略省，全球素养也即可迁移技能（transferable skills）越来越被研究者和雇主们认可为学生在未来这个相互连接的世界中取得成功的必要因素。自 2014 年探索全球素养的内涵及实施路径以来，安大略已经积累了丰富的经验。

一、设计具有综合性的课程结构

对学生全球素养（可转移能力）的培养并不是孤立存在的，而是作为所有课程学习的一部分。这就需要将全球素养整合进整个课程体系，而不是简单地增加更多新的内容或替换旧的内容。所以，培养全球素养成为所有课程都需要承担的责任。当全球素养被纳入现有课程体系之后，学科领域的界限就被打破，这也意味着所有教师都需要为全球素养的培养负责。事实上，安大略中小学所有年级所有学科的学习都会部分地根据学生将所学知识应用或迁移到熟悉或新的环境中的能力进行评价。

在课程设置上，安大略中小学为学生提供了广泛的学科课程和跨学科课程（见表 10–1）。学科课程如数学、语言、科学等能够培养学生的基础素养，而跨学科课程如加拿大和世界研究、跨学科研究、科技教育、社会科学和人文科学等，则着力于培养学生的高级能力。以"社会科学和人文科学"课程为例，它包括公平研究、家庭研究、社会科学总论、哲学和世界宗教等 5 个组成部分。尽管这些科目彼此差异很大，但它们都系统地探讨了个人如何影响家庭、社区、文化、机构和社会，致力于培养学生的学科探索以及批判性素养、问题解决能力、理解自我和他人、本土和全球思维。而"科技教育"课程的重点是培养学生通过技术进行创造性的工作。通过培养一定的科技素养，安大略的学生可以进一步提高他们在中学后学业或工作中取得成功的能力。

表 10-1 安大略省九—十二年级课程设置

课程	组成部分
艺术	舞蹈；戏剧；综合艺术；媒体艺术；音乐；视觉艺术
商业研究	商业基础；商业功能；财务；创业意识；数字素养；软件制作；软件设计；商务沟通、信息通信技术的伦理及问题
加拿大和世界研究	社会研究；历史；地理；公民
古典与国际语言	拉丁语和希腊语；古典文明；国际语言
计算机学习	理解计算机；编程导论；计算机与社会
合作教育	与课程相关的合作教育；通过合作教育创造机会
英语	口语交流；阅读与文学学习；写作；媒介学习
英语作为第二语言	听说；阅读；写作；社会文化素养和媒介素养
法语作为第二语言	听力；口语；阅读；写作
原住民，梅蒂斯人和因纽特人研究	原住民、梅蒂斯人和因纽特文化的表达；加拿大的原住民、梅蒂斯人和因纽特人；当代原住民、梅蒂斯人、因纽特人问题与展望；英语：理解当代原住民、梅蒂斯人和因纽特人的声音；加拿大原住民、梅蒂斯人和因纽特人的世界观和志向；全球背景下的当代原住民问题及展望；加拿大原住民、梅蒂斯人和因纽特人治理
就业指导和职业生涯教育	职业学习；学习策略；发现职场；高级学习策略；设计你的未来；领导力和同伴支持；职场导航
健康与体育教育	积极生活；运动能力；健康生活
跨学科研究	理论与基础；研究过程与方法；实施；评价；影响与后果
数学	数学导论；数学原理；数学基础；函数；函数及其应用；高级函数；微积分和向量；数据管理的数学基础；工作和日常生活中的数学；大学数学基础等
母语	口语表达；阅读；写作
科学	科学调查技巧与职业探索；生物；化学；地球与空间科学；物理；环境科学；自然科学
社会和人文科学	公平研究；家庭研究；社会科学总论；哲学；世界宗教
科技教育	通信技术；计算机技术；建筑技术；绿色产业；发型设计和美学；卫生保健；酒店和旅游；制造技术；工艺设计；运输技术

资料来源：根据安大略省教育部官网（http://www.edu.gov.on.ca.）相关资料整理而成。

二、实施创新性的学习模式

教育目的以及学生培养目标的转变要求教学方式的变革。通过变革传统的工业化时代的学习方式，让学生从知识被动的接受者，成为学习的积极参与者，才能帮助他们培养 21 世纪所需的技能、知识及素养。在具体实践中，安大略采用了一系列创新性的教学方法，比如：

（一）体验式学习（Experiential Learning）

21 世纪学生的学习已经拓展到课堂以外。有研究表明，体验式学习（exper-iential learning）有助于培养 21 世纪素养。"通过提供真实学习（authentic learning）的机会，让学生主动参与，培养合作能力，满足个人兴趣，使学生在舒适区以外拓展视野。"① 代表性的体验式学习包括实习、田野学习、志愿服务等，除此之外，安大略的体验式学习项目还包括：

1. 学校—工作计划（school-work program）。该项目通过帮助学生更多地了解他们将来可能从事的行业，接触到他们可能不知道甚至不考虑的行业，使他们在教育和职业道路上做出更明智的决定，让他们观摩课堂内的学习是如何应用于工作场所，从而培养必要的工作场所技能，这样他们才能成功地过渡到就业市场。让学生有机会探索不同的职业选择，培养他们的技能将有助于他们为明天的工作做准备。

2. 全球项目（Global Projects）。全球项目将世界各地的教师和学生联系在一起，相互学习，一起探讨有意义和具有相关性的问题和想法。安大略省多个学区参与到开展全球联系项目中来。比如：通过"数字人类图书馆"（Digital Human Library）项目，世界各地的专家在虚拟网络空间与学生分享他们的教育项目、知识、技能和经验，从而丰富课堂教学，并为教师提供支持。国际教师与资源网络（International Educator and Resource Network）是一个创立于 1988 年的非营利性组织，由 140 多个国家的 3 万多所学校和青

---

① Andrew Furco. The Community as a Resource for Learning：An Analysis of Academic Service-Learning in Primary and Secondary Education，2020-11-29，http：//dx.doi.org/10.1787/9789264086487-en.

年组织组成，使教师和学生能够利用互联网和其他通信技术与本国和世界各地的同龄人一起参与有意义的学习项目。"学遍全球"（Taking IT Global, TIG）项目，一方面使年轻人能够理解当前世界面临的最严峻的挑战并采取相应的行动，另一方面帮助教师通过解决现实世界的问题来培养深度学习素养。"教室里的 Skype"（Skype in the Classroom）则是一个网络社区，数千名教师在 Skype 上通过改革性的学习方式激励下一代成为世界公民。

3. 社区关联体验式学习（Community Connected Experiential Learning）。这种学习方式为学生提供主动参与（当地、国家或全球）社区的机会，可以帮助学生将习得的知识应用于实践，并从经验的反思中学习（如图 10-3 所示）。社区关联体验式学习中，学生是经验的积极参与者，而不仅仅是观察者。学生无论是在体验过程之中，还是在体验之后，通过一个结构化的反思过程，可以培养新的技能、态度和思维方式。最后，学生通过应用新获得知识和技能，为当前和未来的决策和行动提供信息。

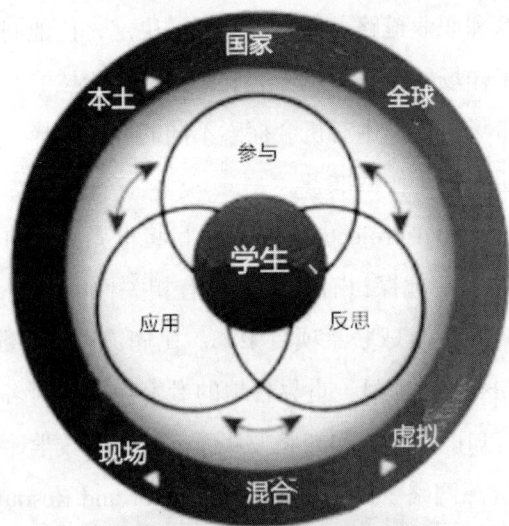

图 10-3 社区关联体验学习模式

资料来源：EduGAINS. Experiential Learning (Looking Deeper)，2021-10-09，http：//ilr-ria.cforp.ca/ILR/connections/interface.html.

（二）探究性学习（Inquiry-based Learning）

探究性学习能够更好地支持学生成为有思想、有活力、能合作、能够参与各自探究的创新型的学习者，并帮助他们在不断变化的世界茁壮成长。所谓探究性学习指的是将学生的问题、想法和观察置于学习体验中心地位的教与学的方法。教师在整个教学过程中扮演着积极主动的角色，通过在课堂上营造一种任何想法都需要经受挑战、考验、重新定义和不断改进的学习文化，从而推动学生从好奇的状态转变为理解和质疑的状态。指导该教学模式的基本理念是教师和学生应该分担学习的责任。对学生来说，这一学习过程通常涉及对一个问题的开放式调查，要求他们参与循证推理并创造性地发现问题和解决问题。对于教师而言，这一过程是关于响应学生的学习需求，知道何时以及如何推进学生探究。教师和学生共同构建学习经验，分担学习规划、评估和学业进步的责任。[①] 所以，教师在整个学习过程中扮演着"煽动者"的角色，学生则扮演着"响应式学习社区成员"的角色。

（三）数字化学习（Digital Learning）

数字化学习指的是有效利用技术进行的各种学习或教学实践。它的应用范围极其广泛，包括混合和虚拟学习、基于游戏的学习、访问数字化内容、本地和全球合作、积极参与网络社区、利用技术进行联系—协作—策划—创造、学习的多模式展示、使用数字工具提供和接受反馈等。

三、提供高质量的教师专业发展路径

有效教学依赖于高质量的教师专业发展。"专业学习（professional learning）的目标是不断提高实践水平。教师的学习与学生的学习直接相关。"[②] 给予教

---

① Michael Fielding. *Beyond Student Voice*：*Patterns of Partnership and the Demands of Deep Democracy*，2021-04-11，https：//www.researchgate.net/publication/278124043_Beyond_Student_Voice_Patterns_of_Partnership_and_the_Demands_of_Deep_Democracy.

② Michael Fielding. *Beyond Student Voice*：*Patterns of Partnership and the Demands of Deep Democracy*，2020-04-11，https：//www.researchgate.net/publication/278124043_Beyond_Student_Voice_Patterns_of_Partnership_and_the_Demands_of_Deep_Democracy. Ontario College of Teacher. Professional Learning Framework for the Teaching Profession，2021-06-07，https：//www.oct.ca/-/media/PDF/Professional%20Learning%20Framework/framework_e.pdf.

师合适的专业发展能够帮助他们更好地理解如何提高教学，从而更有利于深度学习环境的营造。安大略教育部高度重视教师的专业发展（Educator professional learning），教师专业发展的内容主要集中在培训教师新的教学方法、如何进行描述性反馈评价、如何使用技术辅助教学实践三个方面。比较典型的专业学习机会包括：针对新教师的正式培训计划、教师学习新学科领域的额外资格认证项目、指定的专业学习日、与外部组织进行的非正式学习机会等。[1] 安大略教育部还为经验丰富的教师提供了"教师学习和领导力项目"（Teacher Learning and Leadership Program），为教师提供参与基于项目的专业学习机会。

（一）合作性专业探索（Collaborative Professional Inquiry）。也可以称之为基于探索的专业学习，或者合作性教师探索。随着对专业学习认知的发展，安大略改变了专业实践中传统的立场，认为"合作探究有可能为教育带来深刻而重大的改变。将教育工作者聚集在一起进行探究，可以随着时间的推移持续关注教师的学习和实践发展，并最终为学生带来收获。"[2]

（二）合作教学（Co-Teaching）。这是一种非正式的专业学习安排。在这种学习安排中，拥有不同知识、技能和才能的教师定期共同负责设计、实施、监控和 / 或评估一个班级的课程（如两周、每月或每学期）。合作教学是一个较新的术语，其目的是让教师群体通过对学生作业的共同观察和分析，提高教师的教学水平，以及教师对学生思维和学习的理解，从而使教师能够以合作解决问题的方式参与教学。合作教学通过在课堂上提供更多的信息以促进教学，还包括教师之间分享专业知识，对课堂上发生的事情作出反应，并在课堂上使用适当的策略进行干预。这是一个尊重教师从课堂生活和工作中获得的非正式知识的过程，并突出使学生参与学习的策略。

---

[1]　Ontario Ministry of Education. Teacher Excellence-Unlocking Student Potential Through Continuing Professional Development，2021-08-16，http：//www.edu.gov.on.ca/eng/general/elemsec/partnership/potential.htm.

[2]　Ontario Ministry of Education. Collaborative Inquiry in Ontario，2021-09-10，http：//www.edu.gov.on.ca/eng/Literacynumeracy/inspire/research/CBS_CollaborativeInquiry.pdf.

（三）专业学习社群模式（Professional Learning Communities，简称PLC）。专业学习社区模式在安大略省已经得到了广泛的应用，其重点是关注教育工作者的共同学习，终极目的是提高学生成绩。虽然关于 PLC 的概念和实践多种多样，但专业学习社群表现为被学习的愿景相互激励的一群人，他们相互支持以实现这些学习愿景。一个专业学习社群主要包括如下要素：确保所有学生都能学习、结果导向、人际关系、协同探究、领导力、信念与有效实践的结合。① 对于 PLC 而言，重要的是教职员要承担起所有学生成功的责任，而不仅仅是他所在班级或年级的学生。在承担了这一责任后，PLC 进一步探索如何在各个年级实现课程期望，并共同决定如何改变教学需求，以满足所有年级学生的特定需求。

（四）导师制模式（Mentoring）。学校内部的支持性辅导对教师发展至关重要。虽然有些人可能认为导师制只适用于初入职场的教育者，但越来越多的研究正在强调各个层次的导师制作为一种强大的专业学习模式的价值。在安大略，新教师入职计划（New Teacher Induction Program，简称 NTIP）支持这种专业学习模式，但可以吸引有经验的教师参与这种辅导关系。导生关系可以被认为是经验丰富的教师和新手之间一对一的帮助关系，在这种关系中，导师为日常课堂组织和管理课程规划等教学实践提供建议和指导，同时也是给予情感和心理支持的朋友。导师们都是那些经验丰富的、愿意讲述他们的教学和学习经验的故事以帮助别人的人。有效的导师往往愿意承担风险，并且乐意将自己的局限以及教学知识的不足表现出来。沙伦·费曼–尼姆塞尔（Sharon Feiman-Nemser）和米歇尔·B·帕克（Michelle B. Parker）将导师的身份总结为"本土向导""教育伙伴""变革的代理人"。② 因为师

---

① The Literacy and Numeracy Secretariat. Professional Learning Communities：A Model for Ontario Schools，2020-10-11，http：//www.edu.gov.on.ca/eng/literacynumeracy/inspire/research/PLC.pdf.

② Sharon Feiman-Nemser and Michelle B. Parker. Mentoring in Context：A Comparison of Two U.S. Programs for Beginning Teachers，2020-11-12，https：//files.eric.ed.gov/fulltext/ED346091.pdf.

徒关系是一种双向的关系，导师和被指导者都通过这种关系成长和发展，成功的师徒关系可以经历一个成熟的转变，即指导者变成被指导者，被指导者变成被指导者。

（五）辅导模式（Coaching）。辅导是一种双方为了实现特定的学习目标而建立的一种关系。教师专业发展的辅导模式涉及教师们就如何提高学生学习和学业成就的问题，展开协作、改进、反思、研究、拓展思路并解决问题的整个过程。在这个过程中，教师和教练（coach）是相互尊重的、共同支持学生学习的伙伴关系。辅导有很多种形式，主要包括认知辅导（cognitive coaching）、以内容为中心的辅导（content-focused coaching），教学辅导（instructional coaching）以及同伴辅导（peer coaching）四类。"认知辅导"是一种认识到元认知的优势及其在培养独立学习中作用的教学方法。在认知辅导中，认知教练（cognitive coach）扮演着促进者的角色，通过使用提问策略帮助"门徒"实现教学规划、反思和问题解决。因此，"对话"在认知辅导中扮演着重要的角色。在"以内容为中心的辅导"中，教师和教练共同规划、实施并反思课堂教学。这种合作模式旨在为教师提供针对具体情境的援助，重点关注的是教学内容、教学实施和学生学习。"教学辅导"旨在帮助教师了解经过研究验证的实践如何为教师们面临的问题提供有效的解决方案。因此，教学教练关注的焦点是教师的课堂教学实践，从而帮助教师实现课堂教学的有效改进。"同辈辅导"是一个包括共同规划、观察和反馈的专业学习过程。学校同辈辅导团队的成员共同决定课程规划、教学材料开发、学生学习反馈信息收集等。当一组教师互相观察，实施教学的一方就是"教练"，而被观察的一方则是接受辅导的一方。总的来讲，无论辅导属于哪种模式，学校的教练（coaches）都有两个共同点：第一，他们的使命是成为教师学习的一部分，并帮助教师们应用能够提高所有学生学业表现的新知识和技能；第二，教学教练（instructional coaches）每天的大部分工作时间都是在学校和教室里与老师们直接接触。所以，他们的角色较为复杂，既是教师又是领导者，既是变革的推动者又是促进者。①

（六）虚拟专业学习（Virtual Professional Learning）。安大略电子社区网站（e-Community Ontario website）为安大略教育者提供了很好的协作环境，在这里他们可以与全省的同行就各种专业学习主题进行交流和分享。参与该电子社区的教师可以分享如何最好地将电子学习整合到他们的课程中去；就如何将新颖的和创新的想法补充进教学寻求同行的意见；讨论最佳实践；参与专业发展研讨会等活动；通过网络广播（webcasts）和其他媒介访问白皮书、研究材料和专业发展支持材料；存储文件并与其他社区参与者共享；访问安大略和其他司法管辖区的电子学习项目的网页；在进行 HTML 编码的条件下创建自己的博客和网页；使用其他有用的电子工具如在线讨论、聊天、日志等，并从中获得启发。

四、提供资金、数字化工具等资源支持

（一）整合数字化科技辅助教学改进

已有研究表明，科技可以促进学生的学习，并帮助学生掌握 21 世纪素养。第一，科技可以提高学生的参与程度和成就感。科技可以为学生提供实时数据，模拟真实世界的情境学习，并且可以帮助学生将学习与个人兴趣结合起来。这些都有助于激发学生学习内在动机，使学生更加积极地参与学习，而且当学生能够将自己所学与社区（世界）真实情境结合起来的话，将有助于提高学生的学习成就感。在安大略省，虚拟教具是数字学习资源之一，通过省级虚拟学习环境，所有学校都可以访问。学生能够使用虚拟操作，增强现实和其他数字工具和资源，通过分析现实世界的情况，掌握抽象的原则和技能。② 第二，可以帮助评价学生的学习表现。技术可以支持

---

① Ontario Ministry of Education. Improving Student Achievement in Literacy and Numeracy：Job-Embedded Professional Learning，2021-07-01，http：//eworkshop.on.ca/edu/pdf/Mod42_prof_learn.pdf.

② Chris Dede. The Role of Digital Technologies in Deeper Learning，2020-12-29，https：//files.eric.ed.gov/fulltext/ED561254.pdf.

对学习的评价，提供实时的评估信息，加深我们对学生学习收获和挑战的理解。安大略省 21 世纪创新研究项目表明，技术促进了评估实践，特别是作为学习的评价（assessment as learning）和为了学习的评价（assessment for learning）。透过科技捕捉学生的提问、询问及学习示范，为教师在规划教学及解决学生需要时提供参考。第三，科技可以促进沟通与协作。比如在线学习师生以及同辈群体之间的思想和有效实践的沟通，在互动中学生可以构建自己的知识体系。

（二）打造创新性的学习空间

全球素养强化了学习的社交属性，这就意味着传统学习空间（单独的成排的桌子）无益于学生对学习的理解和改善。安大略很多学区开始探索空间对学习的影响。他们希望重新定义学生参与的空间，使学生能够更有利于协作、沟通和创造力的培养。这些空间即可以是物理空间，也可以是虚拟空间。创新性的物理学习空间主要包括：①合作空间。这可以通过在学校或教室创建不同的允许学生聚在一起的工作区域来实现。这些空间可以是专用的建筑空间，也可以是没有明确定义的灵活区域。②白板上的空间。白板或非永久性的垂直表面经常被用来鼓励协作和学习演示。白板为学生提供了一个实验他们的思考的无风险空间。③座位上的空间。灵活的座位可以让学生在需要的时候协同工作，也可以独立工作。提供座位的选择可以为不同的学习风格和需求提供开放性的环境。④桌面上的空间。为学生提供不同高度的桌面设计是支持差异化的一种方式。学生可以根据各自的需要选择站着或坐着学习。这些物理学习空间的设计都为学生提供了灵活的学习环境，促进了体验式学习、合作以及人与人之间的联系与互动。

许多学区正在试验创新的虚拟环境。与物理空间一样，虚拟空间注重开发支持学生积极参与学习过程的空间。各学区正在利用省级虚拟学习环境（virtual learning environment，VLE）、谷歌教育应用程序（Google apps for education，GAFE）和 Office 365 等创建这些空间。虚拟创新性空间包括在线社区、虚拟社区或增强现实（augmented reality，AR）。虚拟创新空间利用技术为学生创造联系和协作的空间，它们为超越物理空间的学习创造了丰富的环境。

（三）设置专门机构提供资金支持

2017 年，为了整合全球素养，安大略教育部宣布了一个新的创新学习基金（Innovation in Learning Fund，ILF），进行每年 1000 万加元的持续投资，用于促进学习和教学方面的创新以支持学生的全球素养的培养，并专门设置了孵化与设计科（Incubation and Design Branch）进行资金支持。ILF 每年提供标准拨款 109000 加元给各个学区，23200 加元给各个学校，并规定 50%以上的年度拨款用于教师专业发展，剩余的拨款用于创新项目，科研（以支持或者测量转变），建立伙伴关系（如教师网络、与非营利组织合作）以扩大和系统化地促进深度学习和全球素养的教育创新等。①

通过 ILF，每个学区委员会、学校管理当局每年都会获得一笔拨款，为教师们提供专业发展机会，帮助教师增进能够培养学生深度学习和全球素养的学习经验，实施能够帮助学生培养深度学习和全球素养的教学创新项目。除此之外，教育部还通过全方位的资源投入支持 21 世纪的学习者，包括通过学生助学金（Grants for Student Needs，GSN）的形式为技术提供资助，为每个学校董事会提供技术赋能的教与学的联系以及虚拟学习环境，并投资升级更新宽带，以改善全省学校的网络接入。

第四节 加拿大全球素养教育的评价

教学方法的改革需要教学评价改革的支持。新的教学模式（如翻转课堂、混合学习、协作解决问题、探究、跨学科项目、沉浸式仿真模拟、数字教学平台）也对评估提出了新的要求。PISA 2018 对全球素养的评价包含了两个要素，一个是关于"全球理解"的认知测试，包括背景知识和与全球和文化间的问题解决能力相关的认知技能；另一个是收集关于全球问题的意识

---

① Ontario Ministry of Education. The Innovation in Learning Fund：A Guide to Implementation，2020-10-17，http：//www.edugains.ca/resources21CL/InnovationLearningFund/ILF_Guide_2017_AODA.pdf.

和态度的自我报告信息的问卷，这依然延续的是终结性评价的思维模式。终结性评价可以提供关于学生学习的信息，结合其他数据来源和具体情况，有助于就教育方案的实施和调整做出较为明智的决定。但是全球素养教育具有个性化的本质特征，意味着需要学生和教育者共同开发符合学生发展的评价，这种评价通常是以学生为主导的，是个性化的、也是形成性的，这就对传统的终结性评价提出了挑战。对全球素养的评价应包括认识、社会—情感和行为方面，评价的形式也可以多种多样，但是这需要建立在多样化的学习证据的基础上，比如学生档案、简介、学生作品集、经验学习、项目、研究项目、论文、报告、行为观察和（自我）报告等。在安大略，教育质量和问责局（Education Quality and Accountability Office，简称 EQAO）在全省范围内实行标准化的读、写和数学测试，但是这种标准化的测试模型更多关注的是记忆和理解能力，无法体现出对批判性思考、探究以及问题解决能力的评价。为了纠正标准化测试对全球素养教育的阻碍，加拿大安大略省在 2010 年印发的《走向成功：安大略省的学校评价、评估和报告》（*Growing Success: Assessment, Evaluation, and Reporting in Ontario Schools*），对评估和评价做了清晰的阐述，明确提出评估和评价的主要目的是促进学生的学习，强调通过评估获得的信息不仅可以帮助教师判断学生在达成每一年级课程期望目标时表现出的优点和不足，还可以指导教师调整课程和教学方法以符合学生的需要，进而评估课程和教学的总体效能。

一、课堂教学评价的策略与方法

加拿大的中小学鼓励教师运用形成性评价对学生学习进行评价。形成性评价（formative evaluation）指的是"对学生日常学习过程中的表现、所取得的成绩以及所反映出的情感、态度、策略等方面的发展"做出的评价，是基于对学生学习全过程的持续观察、记录、反思而做出的发展性的评价。其目的是"激励学生学习，帮助学生有效调控自己的学习过程，使学生获得成就感，增强自信心，培养合作精神"，是相对于总结性评价（summative evaluation）而言的。形成性评价和总结性评价的划分会让人误认为评价方式与搜集证据的方法有关。所以，安大略省进一步将其补充为"为了学习的评价"（Assessment for Learning）、"作为学习的评价"（Assessment as Learning）和"关于学习的评价"（Assessment of Learning）。其中，"为了学习的评价"是用来对未来教学进行决策使用的，而"关于学习的评价"则是用来汇报和记录过去的学习。[①] 所以说，较之于如何搜集证据，如何使用这些证据信息显得更为重要。以提高学生学习为目的的评价即被视为"为了学习的评价"和"作为学习的评价"。作为"为了学习的评价"的一部分，教师为学生提供学业改进的描述性反馈和适当的指导。教师通过帮助所有学生培养独立、自主的学习能力来参与实施"作为学习的评价"，这些学生能够设定个人目标，监控自己的进步，决定下一步如何进行，并能够反思自己的思维和学习。这就需要教师和学生在整个评价中实现各自身份的转变。在传统评价范式中，教师被视为评价过程的促进者，决定学习目标和评价标准，评价学生在学习周期中的成就。但是在新型的评价范式中，教师和学生在学

表 10-2　评价的目的属性以及评价信息的使用

课堂评价的目的	评价的属性	信息的使用
"为了学习的评价"：是一个寻找和解释证据的过程，供学习者和他们的老师使用，以决定学习者在他们的学习中处于什么位置，他们需要去哪里，以及如何最好地达到这一目标	诊断性评价：发生在教学开始之前，以便教师可以确定学生是否准备好学习新知识和技能，以及获取他们的兴趣和学习偏好的信息	收集的信息被教师和学生用来确定学生已经知道什么，学生针对知识和技能的总体和具体的期望能做什么，从而帮助教师规划差异化和个性化的教学和评价，并与学生一起制定合适的学习目标
	形成性评价：在教学过程中经常进行，学生仍在获取知识和实践技能	收集的信息被教师用来监督学生达到整体和具体的期望的进展情况，以便教师可以提供及时和具体的描述性反馈给学生，支持学生进一步的学习，并根据学生的需求进行分类指导和评价

---

① 　Wynne Harlen. "On the Relationship Between Assessment for Formative and Summative Purposes", in *Assessment and Learning*, *John Gardner* (*ed.*), Los Angeles，CA：Sage Publications，2006，p.104.

续表

课堂评价的目的	评价的属性	信息的使用
"作为学习的评价"：重点是明确培养学生自我评价的能力，但教师需要给予并提供外部的、结构化的机会，让学生进行自我评价	形成性评价：在教师的指导、建模与支持下，频繁地发生在正在进行的教学过程中	收集的信息被学生用来为同辈群体提供反馈（同辈评价），监督他们向着各自的学习目标进步（自我评价），调整各自的学习路径，反思各自的学习进程，设定各自的学习目标
"关于学习的评价"：是公开的关于学生学习情况的陈述或象征。它通常会对影响学生未来的关键决策做出贡献	总结性评价：在学习结束或临近结束的时候发生，或用来为未来的教学提供信息	收集的信息被教师用来在特定的时间点总结学习情况。这一总结被用来判断学生基于已有标准的学习的质量，并给予一定的价值判断，为学生、教师、家长以及其他群体就学习成绩进行沟通交流提供依据

资料来源：Ontario Ministry of Education. Growing Success：Assessment，Evaluation，and Reporting in Ontario Schools，2020-09-30，http：//www.edu.gov.on.ca/eng/policyfunding/growsuccess.pdf.

习过程中是合作关系，他们各自在学习目标的制定、评价标准的开发、给予和接受反馈、监督学习进展、调整学习策略方面扮演更加积极的角色。在学生不断开发和培养各自的知识和技能，逐渐成长为一个独立学习者的过程中，教师在其中扮演着"引领性学习者"（lead learner）的角色，在赋予学生更多责任的同时提供相应的支持。

二、基于内容标准和表现标准的学业成就评价

安大略省——十二年级的课程包括内容标准和表现标准两个类别。评价与评估将会建立在两个标准之上。

（一）基于内容标准的课程评价

所谓内容标准指的是每个科目的课程期待（Curriculum Expectation），它描述了学生课堂学习、测试以及其他各种各样的活动过程中期待被开发和证明的知识和技能。课程期待主要分为两类：总体期待和具体期待。总体期待描述的是学生在一个学年或一门课程结束时被期待和被证明的整体的知识

和技能情况；具体期待指的是更细节性的知识和技能。二者的总和构成了课程的内容标准（content standards）。

以安大略省九年级《加拿大地理问题》课程为例，该课程关注影响加拿大人的当前地理问题。学生们将利用自己的日常经验，探索与食物和水供应、土地使用竞争、与自然环境的互动以及其他与加拿大可持续生活相关的主题。他们还将培养一种意识，即影响他们在加拿大生活的问题与世界其他地方的问题是相互关联的。在整个课程中，学生将使用地理思维、地理探究过程和空间技术的理念来指导和支持他们的调查。这门课程分为5个部分，分别为"地理调查和技能开发""物理环境中的相互作用""管理加拿大的工业和资源""变化中的人口""宜居社区"。下面将重点介绍第一部分"地理调查和技能开发"部分的课程预期。

表10-3　安大略九年级加拿大地理问题的课程期望

课程内容：九年级　加拿大地理问题——地理调查和技能开发	
总体期望（完成者这门课程后，学生将能）	
1. 地理探究：在研究加拿大地理相关问题时，使用地理探究过程和地理思维的概念 2. 发展可转移技能：在日常生活中应用技能，包括空间技术技能，这些技能是通过对加拿大地理的调查开发出来的，并确定一些对于具有地理背景知识可能是一个优势的职业	
具体期望（完成者们课程后，学生将能）	
地理探究	略
发展可迁移技能	1. 描述地理调查如何帮助他们发展能够迁移到工作世界和日常生活中的技能，包括空间技术技能和安大略技能护照中的基本技能（比如，阅读文本，包括图形文本；协作；口头交流；使用图形、图表或表格；使用电脑；使用地理信息系统（GIS），卫星图；测量与计算；数据分析；决策；规划；组织；数据寻找；问题解决）； 模拟问题：GIS 在帮助您确定您想住在社区中的什么地方方面有多大用处？当你依靠全球定位系统（GPS）来确定方向时，为什么提前计划和了解你所遵循的路线很重要？
	2. 在日常生活中运用地理调查所培养的技能和工作习惯（比如：通过提问来加深他们对问题的理解；在讨论问题时，倾听并考虑他人的观点；与团队协作以确定决策时需要考虑的标准；利用空间技能来确定最佳的旅行路线）

3. 在分析涉及地理问题的当前事件时应用地理思维的概念（比如：确定影响问题重要性的位置因素；确定为问题提供背景的模式和趋势；明确问题中所涉及因素的相互关系；了解一个问题的不同方面和/或关于这个问题的不同观点的影响）以加强他们对这些问题的理解以及他们作为知情公民的身份；模拟问题：为什么理解全球淡水分布的空间意义可以帮助你分析关于外国获取加拿大淡水的争议？如果你正在讨论一个关于气候变化的新闻故事，你可能会考虑哪种模式和趋势？资源利用、环境和目前关于扩大公共交通的争论之间的相互关系是什么？这个问题如何影响你或你的个人选择？基于地理视角的分析将如何帮助您更平衡地理解一个有争议的问题，例如在居民区附近建立一个大型工业设施的建议？
4. 确定哪些职业可能需要地理知识的背景（比如地理信息系统技术员，公园管理员，市政公园或娱乐工作者，林务员，土地测量员）

资料来源：Ontario Ministry of Education. The Ontario Curriculum，Grades 9 and 10；Canadian and World Studies，2020-12-11，http：//www.edu.gov.on.ca/eng/curriculum/secondary/canworld910curr2018.pdf.

（二）基于表现标准的学业成就评价

表现标准则体现在中小学每个学科课程的成绩评定表（achievement chart）中。每个学科的成绩评定表是省级范围的评价标准，是所有教师用作评估和评价学生在特定科目或学科中的预期成绩的框架。它使教师能够根据明确的表现标准和长期收集的大量证据，对学生的学习质量作出一致的判断，为教师、学生和家长提供明确和具体的反馈奠定基础。成绩评定表的价值在于：为所有年级的所有学科课程提供一个通用的评价框架；指导开发高质量的评价任务和工具（包括评价标准）；帮助教师制定教学计划；为学生提供有关省级内容和表现标准的一致和有意义的反馈；建立评估和评价学生学习的类别和标准。

1. 学生成绩评定框架

成绩评定表列出了4类中小学所有年级以及所有科目共有的知识和技能。这些类别有明确的标准，代表了所有科目/课程所具有的4个广泛的知识和技能领域。这4个领域是相互关联的，反映了学习的整体性和关联性。这些分类帮助教师不仅关注学生知识的获取，也关注他们思维、沟通和应用技能的发展。4 类知识和技能的分类是①：

知识与理解：各年级／课程所获得的学科具体内容（知识）及其含义和意义的理解；

思维：对批判性和创造性思维和／或过程的使用；

沟通：通过各种各样的形式传达意义；

应用：在各种情境内部或情境之间通过实用知识与技能建立联结。

2. 学生成绩评定表

在所有的科目和课程中，学生应该被给予多次不同的机会来充分展示他们在 4 类知识和技能方面的课程期望（内容标准）。教师需要确保学生的学习得到均衡的评价。所谓"均衡"意味着成绩评定表上的知识与技能标准都很重要，需要成为所有科目和课程的教学、学习、评价和评估过程的一部分。然而，每个指标对于不同的科目和课程的重要性也是不同的。在评估和评价中对这 4 种类别指标的重视程度应该反映在课程期望和教学实践中。

为了进一步指导教师考核及评价学生的学习，上述评价框架还在具体学科中通过作为课程标准的一部分体现出来。成绩评定表提供了上述考评标准及具体描述。这些标准是定义上述评价类别的知识和技能的子集，它们确定了考核和评价学生表现的各个方面。比如，在英语课程中的"知识与理解"类别中，其标准是"内容的知识"（knowledge of content）和"内容的理解"（understanding of content），分别包括文本形式、风格元素和事实之间的关系等。描述符则指出学生表现的特征，评价和考核重点的特定的标准，如表 10-4 所示。

表 10-4　九—十二年级英语课程的成绩评定表

类别	50%—59%（1 级）	60%—69%（2 级）	70%—79%（3 级）	80%—100%（4 级）
知识与理解：每门课程所获得的学科具体内容（知识）并理解其意义和重要性				

---

① Ontario Ministry of Education. Growing Success：Assessment，Evaluation，and Reporting in Ontario Schools，2020-09-30，http：//www.edu.gov.on.ca/eng/policyfunding/growsuccess.pdf.

类别	50%—59% （1级）	60%—69% （2级）	70%—79% （3级）	80%—100% （4级）
内容知识（比如文本的形式；听说读写评价与展示所使用的策略；文学术语、概念和理论；语言规范）	知道有限的内容	知道一些内容	知道相当多的内容	知道全面的内容
内容理解（比如概念；想法；意见；事实、想法、概念、主题之间的关系）	理解有限的内容	理解一些内容	理解相当多的内容	理解全面的内容
思维：批判性和创造性思维技能和/或过程的使用				
规划技能的使用（比如产生想法；收集信息；专注研究；组织信息）	有限地使用规划技能	有效地使用规划技能	相当有效地使用规划技能	非常有效地使用规划技能
加工技能的使用（比如推论；解释；分析；综合；评价）	有限地使用加工技能	有效地使用加工技能	相当有效地使用加工技能	非常有效地使用加工技能
批判性和创造性思维过程的使用（比如口头对话；研究；批判性分析；批判性素养；元认知；创造性过程）	有限地使用批判性和创造性思维	有效地使用批判性和创造性思维	相当有效地使用批判性和创造性思维	非常有效地使用批判性和创造性思维
沟通：通过各种形式传达意义				
表达并组织思想和信息	有限地组织和表达想法和信息	有效地组织和表达想法和信息	相当有效地组织和表达想法和信息	非常有效地组织和表达想法和信息
通过口头、图表以及书面形式（包括媒介形式）针对不同的和对象进行交流	有限地针对不同群体和目的进行沟通	有效地针对不同群体和目的进行沟通	相当有效地针对不同群体和目的进行沟通	非常有效地针对不同群体和目的进行沟通
惯例的使用，词汇、学科专用术语、通过口头、图表和书面的形式（包括媒介形式）	有限地使用该学科的惯例、词汇和术语	有效地使用该学科的惯例、词汇和术语	相当有效地使用该学科的惯例、词汇和术语	非常有效地使用该学科的惯例、词汇和术语
应用：运用不同的知识和技能在不同的环境中建立联系				

续表

类别	50%—59%（1 级）	60%—69%（2 级）	70%—79%（3 级）	80%—100%（4 级）
在熟悉的环境中对知识与技能（比如识字战略和过程；文学术语、概念和理论）的应用	在熟悉的环境中有限地应用知识和技能	在熟悉的环境中有效地应用知识和技能	在熟悉的环境中相当有效地应用知识和技能	在熟悉的环境中非常有效地应用知识和技能
将知识与技能（比如识字战略和过程；文学术语、概念和理论）迁移到新的环境中	有限的将知识和技能转移到新的环境中	有效地将知识和技能转移到新的环境中	相当有效地将知识和技能转移到新的环境中	非常有效地将知识和技能转移到新的环境中
在不同的情境（文本、个人知识和经验中，其他文本，校外的世界）中内部或之间建立联系	有限地在不同的情境间建立联系	有效地在不同的情境间建立联系	相当有效地在不同的情境间建立联系	非常有效地在不同的情境间建立联系

资料来源：Ontario Ministry of Education. Achievement Chart：English，Grades 9-12，2021-05-11，
　　　　https：//assets-us-01.kc-usercontent.com/fbd574c4-da36-0066-a0c5-849ffb2de96e/d5745254-
　　　　d530-4f9c-8560-5d4d47d7a548/English9-12-AchievementChart.pdf.

这一评定表也界定了学业成就的 4 个层次：1 级是指远低于省级标准的成就。学生展示特定的知识和技能，但效果有限。如果学生想在下一年级在某门学科或课程上取得成功，他们必须在特定的领域取得显著的进步。2 级表示接近标准的成就。学生有效地展示了特定的知识和技能。达到这一水平的学生需要在确定的学习差距上努力，以确保未来的成功。3 级是达到省级业绩标准的成就。该学生有效地展示了特定的知识和技能。成绩达到 3 级的学生的家长可以有信心，他们的孩子将为以后的年级或课程做好准备。4 级是指超过省级标准的成就。该学生展示了特定的知识和技能，具有高度的有效性。然而，4 级成绩并不意味着学生达到了超出该等级或课程规定的期望。

3. 获得评价信息的方式

教师会通过多种途径获取评价所需的信息，包括正式和非正式的观察、讨论、学习对话、提问、会议、家庭作业、小组任务、展示、项目、档案

袋、发展连续（developmental continua）、课堂表现、同辈和自我评价、自我反思、论文和测试等。一——十二年级的学生评价是基于学生在省级课程期望实现程度基础上的。教师须确保学生在成绩表的4个类别中的表现得到均衡的评价。作为"为学习的评价"和"作为学习的评价"的必要步骤，教师需要将教学与评价同时进行规划，并将其与教学无缝结合；学习之初就与学生分享学习目标和成功标准，以确保随着学习的进展，学生和教师对这些目标和标准有共同的理解；使用各种评估策略和工具，收集学生在教学前、教学期间、教学结束时或临近结束时的学习信息；使用评估来指导教学，并帮助学生监控他们的进步，以实现他们的学习目标；分析和解释学习的证据；给予和接收关于学生学习的具体和及时的描述性反馈；帮助学生发展同伴和自我评价的技能。

三、针对"学习技能与工作习惯"的评价

"学习技能和工作习惯"的培养是学生在学校未来工作中取得成功所必需的。它在学生求学早期就已经开始，并随着学习和年级的推进，学生不断发展并巩固他们的学习技能和工作习惯，从而为接受高等教育和进入劳动力世界做准备。但是，在可能的情况下，学习技能和工作习惯的评估，除了可以作为课程预期的一部分之外，不应该作为决定学生成绩的考量指标。分别评价课程期望以及"学习技能和工作习惯"的实现情况，使教师能够向家长和学生提供这两类评价的具体信息。但是健康与体育课（Health and Physical education）与数学课程则例外。比如，健康与体育课程包括了对生活技能（living skills）的期望，而生活技能需要该门课程的主动学习（active learning）、运动能力（movement competence）以及健康生活（healthy living）部分得以实现。所以，学生在这门课程中的学习技能与工作习惯将会被作为这门课程中整体期待的一部分。而学术课程中的数学过程期望也是如此，其期望之一就是要求学生发展和应用问题解决策略，而这一期望的实现需要应用学习技能和工作习惯的某些方面，所以学生学术过程期望的实现则需要作为数学课程学习评价的一部分。事实上，在许多课程领域，课程期望的实现

与"学习技能与工作习惯"都密切相关。明确这些课程期望的重点，并收集证据来评价学生的学业成就，将有助于教师决定是否将学习技能与工作习惯作为对课程期望评价的一部分。

对于每一个技能和习惯，安大略省教育部提供了相关的行为描述，希望能够指导（而不是限制）教师指导和评价学生的学习技能和工作习惯。学习技能和工作习惯的评价包括6个维度，分别是责任心、组织能力、独立工作能力、协作能力、主动性和自我调节能力，每一个维度又可划分为若干行为表现（如表10-5所示）。

表 10-5　学习技能与工作习惯评价表（一—十二年级）

能力	行为表现（学生能够）
责任感 （responsibility）	·学生能在学习环境中承担责任和义务 ·学生能按照商定的时间完成并提交课堂任务、课后作业 ·学生能对自己的行为负责并能管理自己的行为
组织能力 （Organization）	·设计并按照计划和流程完成工作和任务 ·确定优先事项并管理时间以完成任务、实现目标 ·识别、获取、评价和作用信息、技术和资源以完成任务
独立工作能力 （independent work）	·独立监督、评估、修改计划以完成任务，满足目标要求 ·适当利用上课时间以完成任务 ·在最低程度的监督下完成任务
合作 （collaboration）	·在小组中接受各种角色并平等分享 ·对他人的想法、意见、价值观、传统做出积极的回应 ·通过个人和辅助的互动建立健康的伙伴关系 ·与他人合作以解决矛盾，达成共识以实现小组目标 ·分享信息、资源和专业知识以促进批判性思维，解决问题，做出决定
主观能动性 （Initiative）	·为学习找出并执行新的想法和机会 ·展示创新能力，愿意冒险 ·对学生产生好奇和兴趣 ·以积极的态度迎接新的任务 ·为自己和他人的权力做出适当的判断和支持
自我控制能力 （Self-regulation）	·确立个人的目标并监督实现过程 ·根据需要找到说明或帮助 ·对自己的优势、需求和兴趣做出批判性的评估和反馈 ·明确学习机会、选择、策略以实现个人的需求和目标 ·遇到挑战时要坚持不懈并做出努力

资料来源：Ontario Ministry of Education. Growing Success：Assessment，Evaluation， and Reporting in
　　　　Ontario Schools，2020-09-30，http：//www.edu.gov.on.ca/eng/policyfunding/growSuccess.
　　　　pdf.

总的来看，安大略省的学生学业评价实现了从"常模参照评价"
（Norm-referenced）向"标准参照评价"（Criterion-referenced）的方向转变。
这就意味着教师评估和评价学生的学习是参照全省统一的 4 个层级的标准，
而不是与其他学生的学习情况做比较，或通过学生的表现排名，也不是参照
个别教师为自己所教班级制定的绩效标准。但是，在过去，每个老师、每个
学校的评价标准都是不一样的，这就导致结果对所有学生并不总是公平的。
标准参照评价确保全省的中小学生的学习评价可以基于一套明确统一的标
准，从而保证学生学业评价尽可能公平、可靠和透明。

第十一章　澳大利亚全球素养教育

在澳大利亚，全球素养教育通常被理解和称之为全球教育（Global Education），其产生最早可以追溯至 20 世纪 60 年代。受当时以联合国教科文组织发起的国际理解教育运动、英国和北美社会开展的公正与反歧视运动等为代表的国际社会全球素养教育运动的影响，澳大利亚将开展全球素养教育作为一种致力于实现多元文化社会中公正与和平的社会运动而存在，逐渐关注学生国际视野和全球意识的培养。① 与此同时，澳大利亚作为一个多民族国家，因殖民历史和移民国家的特殊背景，其教育国际化、现代化和全球化的发展都较为深入。此后，随着时代发展和教育变革，澳大利亚全球素养教育大约于 20 世纪 80 年代末开始进入教育界主流视野，并在此后 20 余年的发展过程中慢慢融入正规教育系统，演变成为一种以培养学生全球视野、国际理解力、世界共同体价值观以及全球化适应力等为宗旨的教育理念及实践。

第一节　澳大利亚全球素养教育的历史发展

澳大利亚全球素养教育受世界范围内各国全球素养教育发展浪潮的推

---

① R. Reynolds, D. Bradbery, J. Brown, K. Carroll, D. Donnelly, K. Ferguson-Patrick, S. Macqueen. *Contesting and Constructing International Perspectives in Global Education*, Netherlands: Sense Publishers, 2015, pp. 115-124.

动和全球化时代的威胁与挑战而产生。除此之外，澳大利亚全球素养教育的发展也与本国的国家发展战略、社会需求、教育政策以及具体实践密切相关。在发展过程中，澳大利亚全球素养教育先后经历了萌芽时期、成型时期以及深化时期三个发展阶段。

一、澳大利亚全球素养教育的产生背景

全球素养教育在澳大利亚的发展主要受外部和内部两方面因素的影响。从外部看，全球素养教育深受全球化发展的时代浪潮推动；从内部看，全球素养教育与本国的国家发展战略、社会需求以及教育政策等紧密相关，特别是充满了多元文化主义的烙印。

(一) 全球化对澳大利亚融入国际社会提出新挑战

在全球化时代，理解与合作是世界发展的必然趋势。当今世界，经济一体化、政治多元化和文化多样性变成不争的事实，世界各国日益成为一个密切联系的统一体。全球化使社会发展变得日益复杂和多元，个体只有具备广阔的全球视野、深刻的国际理解力和强有力的跨文化能力，才能真正全面且理智地了解世界，成为时代和国家所需的人才。因此，仅仅通过教育传授科学文化知识已经越来越无法适应时代发展的需求，教育内容和教育目标需要更新与重建，还要特别关注个体立足世界全局的全球视野、批判思维、理解力以及创造力等。[①] 世界各国都将从这种新人才及理解与合作的发展方式中受益。

与此同时，面对全球化带来的威胁与挑战，世界各国纷纷在教育领域做出应对措施。为解决各种全球性的问题，以美国、英国、加拿大等为代表的国家纷纷将全球视角融入教育之中。尽管教育的具体表现会因各国历史传统、地理位置、社会和政治结构、经济体制及全球化趋势而有所不同，但教育的普遍目标都是要培养全球化时代的"好公民"。[②] 各国基于扩大学生国

---

① 俞可平：《全球化与新的思维向度和观察角度》，《史学理论研究》2005 年第 1 期。

② R. Reynolds, D. Bradbery, J. Brown, K. Carroll, D. Donnelly, K. Ferguson-Patrick, S. Macqueen. *Contesting and Constructing International Perspectives in Global Education*, Netherlands: Sense Publishers, 2015, pp. 115-124.

际视野、增进国际理解、加强跨文化参与的视角，从教育着手更新人才素养。例如：美国在 20 世纪 90 年代开展的全球素养教育中明确提出要以"一种爱国的方式了解他国和他国文化"；英国、加拿大和日本等国也将国际视角融入本国教育，视为全球化时代"最高级"的人才教育。[①] 除此之外，以联合国为代表的国际组织提出教育是改变世界强有力的武器，倡导教育体系理应充当价值观念的宣传者，以其特有的手段促进和平、民主与合作。[②] 在上述背景下，推动教育的更新和改进以培养新一代更高素质的公民已成为世界范围内的普遍共识。澳大利亚这个以移民众多和多民族为重要特征的国家，十分敏锐地捕捉到了全球化带来的影响，近年来不断发展和完善全球素养教育。

（二）多元文化对澳大利亚发展全球素养教育提出现实要求

作为一个典型的移民国家，全球范围内的移民和当地土著居民共同构成了澳大利亚整个国家的人口。文化多样性是澳大利亚的基本特征，主要表现为移民文化的多样性和土著民族的文化多样性，二者共同构成了以倡导文化认同、社会公正和经济效率为核心的澳大利亚的多元文化主义。多元文化主义在教育中主要体现为强调多样性和包容性，即培养具有多元文化理解能力、社会凝聚力和全球视野的澳大利亚公民。

一直以来，多元文化政策都是澳大利亚的基本国策。澳大利亚的多元文化主要分为两个部分：外部的世界多元文化和内部的种族多元文化。外部的世界多元文化，与经济发展有着密切关系。在采取资本主义的生成方式即大规模工业化后，过去那种地方的和民族的自给自足和闭关自守状态，被各民族的各方面的互相往来和各方面的相互依赖所替代。物质的生成是如此，精神的生产也是如此。各民族的精神产品成了公共的财产。[③] 另一方面，澳

---

① Kenneth A. Tye. "World View：Global Education as A Worldwide Movement", *Phi Delta Kappan*, Vol.85, No.2（2003），pp. 165-168.

② ［伊朗］沙布尔·拉塞克、［罗马尼亚］乔治·维迪努：《从现在到 2000 年：教育内容发展的全球展望》，马胜利等译，教育科学出版社 1996 年版，第 6 页。

③ 黄源深、陈弘：《从孤立中走向世界——澳大利亚文化简论》，浙江人民出版社 1993 年版，第 46 页。

大利亚内部的多元文化则首先作为一种事实，进而成为一种政策出现。随着非英裔欧洲移民人数的大量增加，澳大利亚对亚洲人的态度也发生了改变。20 世纪 50 年代，白澳政策①已开始松动，来自日本、东南亚以及太平洋岛国的移民已不再被禁止进入澳洲。到 1972 年，以惠特拉姆（Edward Gough Whitlam）为总理的工党政府正式废止了基于种族歧视的移民政策。20 世纪 70 年代末期，由于印支半岛的局势而来到澳大利亚的越南和柬埔寨难民大大增加了亚洲人在澳大利亚人口中的比重。这样，澳大利亚政府正式提出了多元文化的概念：国内各民族应当在平等的原则上保持自身的传统文化，并达到共荣共存，共同为澳大利亚的发展而努力。②作为具有丰富移民史和国际化程度高的国家，澳大利亚全球素养教育建立与发展的水平也相对成熟。身处全球化时代，国家间的联系与交流日益密切，这种旨在培养具有国际视野、全球意识及相应行为能力的全球公民的教育理念在澳大利亚中小学教育体系中日益得到关注和重视。

澳大利亚土著居民拥有独特的语言文化和艺术形式，是丰富的民族历史和文化遗产。随着澳大利亚文化多样性的发展，澳大利亚政府对土著民族文化的存在也逐步认可，文化多样性逐步成为澳大利亚社会的重要特征。③

二、澳大利亚全球素养教育的发展历程

澳大利亚全球素养教育的历史一般可追溯至 20 世纪 60 年代，由此相继经历了三个发展阶段：萌芽阶段（20 世纪 60—70 年代）、成型阶段（20 世纪 80—90 年代）以及深化阶段（21 世纪以来）。

---

① 从 19 世纪中期起，澳大利亚各殖民地负责政府就因白人民众的要求，相继制定政策和采取措施，限制乃至禁止非欧洲移民进入，三令五申地驱逐有色人种。从广义而论，"白澳政策"是排斥和歧视有色人种的国家政策；从狭义而言，限制和禁止有色人种移入澳洲乃至驱逐有色人种。

② 黄源深、陈弘：《从孤立中走向世界——澳大利亚文化简论》，浙江人民出版社 1993 年版，第 47—48 页。

③ 杨洪贵：《澳大利亚多元文化主义研究》，西南交通大学出版社 2007 年版，第 71—78 页。

（一）萌芽阶段（20 世纪 60—70 年代）

澳大利亚的全球素养教育萌生于 20 世纪 60 年代澳大利亚政府对全球问题的理解和全球变化的审议与协商，尤其是对消除全球贫困和不平等现象的广泛的国际关注。[①] 自 20 世纪 60 年代起，发展教育（Development Education）在澳大利亚教育中的影响日渐扩大。发展教育源于对社会国际化的关注，其目的是为了促进全球问题被更广泛地理解和对变化做出的承诺，特别是消除全球贫困和不平等现象。[②] 发展教育倡导民众关注全球问题，开展与全球素养教育相关的活动，致力于多元文化和全球素养教育的理论与实践。例如，澳大利亚国际需求组织（International Needs Australia）发起的"就像我一样"（Just Like Me）项目，通过为教师提供教学资源和为学生提供学习资源，致力于发展小学阶段的全球素养教育；澳大利亚国际志愿者（Australian Volunteers International）组织的"全球连接计划"（World Connection Project），旨在给予来自发达国家和发展中国家的儿童与年轻人相互交流的机会，提供以青年为主导的学习活动，使学习者能够积极地参与到全球素养教育之中。[③]

1974 年，澳大利亚发展援助署（Australian Development Assistance Agency，简称 ADAA）在澳大利亚政府的主持下成立。此后，该机构先后于 1976 年和 1995 年更名为澳大利亚国际援助局（Australian International Development Assistance Bureau）和澳大利亚国际发展署（Australian Agency for International Development），致力于支持澳大利亚开展全球素养教育，提高中小学全球素养教育的质量，培养中小学生的全球问题意识和国际理解能力，从而更好地适应全球化时代，成为具有国际素养的合格公民。

---

① Australian Government & AusAID. *Global Perspectives*：*A Framework for Global Education in Australian Schools*，Carlton South Vic：Education Services Australia，2012，p. 2.

② 靳文卿：《澳大利亚中小学国际理解教育课程研究》，硕士学位论文，南京师范大学教育科学学院，2018 年，第 18 页。

③ 靳文卿：《澳大利亚中小学国际理解教育发展历程、特点及启示》，《教育与教学研究》2017 年第 2 期。

　　20世纪70年代，澳大利亚工党政府宣布取消并废除"白澳政策"。此后不久，多元文化政策被提上日程。上述两项政策措施为澳大利亚全球素养教育的发展扫清了障碍。澳大利亚不再是单一的文化背景，而是拥有丰富的多元文化，多元文化政策推动了澳大利亚全球素养教育的迅速发展。由此，澳大利亚也成为全球第一个制定和实施多语及多元文化的英语国家。

　　总的来说，在20世纪60—70年代，澳大利亚的全球素养教育主要侧重于帮助中小学生认识和理解全球问题、倡导和尊重多元文化以及学习和了解其他国家和民族的语言。

　　(二) 成型阶段 (20世纪80—90年代)

　　自20世纪80年代以来，社会公平、贫困以及人权和可持续发展成为影响世界各国发展的主要议题。澳大利亚政府认识到只有培养具有全球意识、全球素养和国际理解能力的公民，才能有效应对上述问题。为此，澳大利亚政府逐渐重视对全球素养教育的研究，强调要培养能够应对全球化发展变化的澳大利亚合格公民。公民教育也随之被提上日程。与此同时，这一时期澳大利亚国内盛行多元文化政策。多元文化政策主要体现在文化特征、社会公正和经济效率三方面：文化特征——澳大利亚人有权在特定的范围内表达和分享各自的文化传统，包括语言和宗教；社会公正——澳大利亚人有权享受平等的待遇和机会，并有权排除因种族、民族、文化、宗教、语言、性别或出生地所造成的障碍；经济效率——国家需要维持、发展并有效利用所有澳大利亚人的技术和才能，无论他们的文化背景如何。[①] 多元文化政策的实施使澳大利亚基础教育学习和教学方面涉及外国文化和土著文化的内容愈发丰富多样。

　　1989年，澳大利亚霍克政府颁布《多元文化的澳大利亚的国家议程》(*A National Agenda for a Multicultural Australia*)，从权利与义务、范围与限制、目标与原则等方面详细地阐述了多元文化政策，从政策层面将多元文化主义

---

① 秦德占：《塑造与改革：澳大利亚工党社会政策研究》，河南人民出版社2009年版，第126—127页。

上升到基本国策的高度。该政策文件在充实了多元文化政策内容的同时，也为澳大利亚全球素养教育的发展铺平了道路。同年，澳大利亚教育理事会通过了《霍巴特宣言》（*Hobart Declaration*），提出发展教育的十大目标。其中，两条涉及全球素养教育，一是形成能够使学生作为澳大利亚民主社会成员参与社会的知识、技能、态度和价值观；二是培养学生理解和尊重包括具有特定文化背景的群体在内的文化遗产。[①]

1993 年，澳大利亚国际发展署出版的《人人享有更美好的世界》（*A Better World for All*）教育手册制定了发展全球素养教育的有关原则，阐述了贫困、不公平现象以及部分发展中国家面临的糟糕现实生活状况等，并以此作为教学活动。此外，该手册还强调了发展多元文化教育的重要性，指出多元文化教育对建立统一性和独立性、实现权力赋予和社会进步以及建立可持续发展的世界等方面拥有巨大的推动作用。[②]

1999 年，澳大利亚全国多元文化咨询委员会（Australian National Multicultural Advisory Committee）发布《新世纪的澳大利亚多元文化主义：趋向包容性》（*Australian Multiculturalism for a New Century：Towards Inclusiveness*）报告。报告指出，"澳大利亚联邦政府强调多元文化政策应包含四个方面：公民的责任、文化的尊重、社会的平等和生产的多样性，期望通过教育帮助学生在以上方面得到改善。"[③] 同年，澳大利亚教育、就业、培训和青少年事务部委员会（The Ministerial Council on Education，Employment，Training and Youth Affairs）在出台的《关于 21 世纪国家目标的阿德莱德宣言》（*The Adelaide Declaration on National Goals for the Twenty-first Century*）中声明，国家的教育目标是帮助澳大利亚青少年变得更加活

①　李复新：《澳大利亚中小学教育十大目标》，《课程・教材・教法》1994 年第 5 期。

②　Australian Government & AusAID. *Global Perspectives：A Framework for Global Education in Australian Schools*，Carlton South Vic：Education Services Australia，2012，p. 3.

③　National Multicultural Advisory Council. *Australian Multiculturalism for A New Century：Towards Inclusiveness*，Canberra：Department of Immigration and Multicultural Affairs，1999，p. 57.

跃，培养具有全球视野和国际理解能力的世界公民。这些目标表明，所有澳大利亚中小学生都要承认并理解信仰、文化、价值观等方面的多样性，拥有参与到所在社区和国际社会并积极做出贡献的能力。①

20 世纪 80—90 年代，澳大利亚全球素养教育的侧重点更多地强调从国际视野的角度出发培养学生的多元文化认同和跨文化理解能力，并开始向培养具有全球视野和社会责任感的国家和全球公民靠拢。

（三）深入发展阶段（21 世纪以来）

21 世纪以来，全球素养教育逐渐以更加明确和具体的方式体现在澳大利亚政府颁布的教育政策文件之中。2002 年，澳大利亚国际发展署发布《全球视角：关于澳大利亚学校全球素养教育的声明》（*Global Perspective：A Statement on Global Education for Australian Schools*）作为全国开展全球素养教育的指导性纲领和文件。该声明明确了澳大利亚全球素养教育的发展目标、核心内容、学习重点和教学过程，并为教师和学生提供教学及学习资源。由此，以跨学科方式培养全球公民的目标在澳大利亚中小学教育的课程框架和教学大纲中得以明确体现。此外，澳大利亚政府和非政府组织还相继出版了多部系列图书，例如：供小学生使用的《走向全球化的我》（*Globalise Me!*）《全球思考》（*Thinking Globally*）以及供中学生阅读的《全球公民养成》（*Developing Global Citizens*）《森林：全球视角》（*Forests：A Global Perspective*）等等，这些通常被认为全球素养教育的系列丛书并且是中小学开展全球素养教育的教学资源。与此同时，越来越多的与全球素养教育相关的教科书相继出版并走进中小学课堂，例如：《"沉默的海啸"：21 世纪全球食物安全》（*A "Silent Tsunami"：Global Food Security in the 21st Century*）《我们在世界的哪里？》（*Where Are We in the World?*）等等。

随着全球化浪潮的深入推进，消除贫困以及改善生态环境逐渐成为 21 世纪国际社会普遍关注的议题。这一时期，澳大利亚全球素养教育的理念、

---

① Australian Government & AusAID. *Global Perspectives：A Framework for Global Education in Australian Schools*，Carlton South Vic：Education Services Australia，2012，p. 3.

内容和方法不断得到补充和完善，相关声明和框架也陆续出台。

2005 年，由澳大利亚政府环境与遗产部门编写的《为了可持续发展的未来而教育：澳大利亚学校环境教育的国家声明》(*Educating for a Sustainable Future：A National Environmental Education Statement for Australian Schools*)，提出了覆盖所有中小学生的可持续发展环境教育的目标、内容及框架，强调可持续发展的重要性。① 同年，澳大利亚教育、就业、培训和青少年事务部发布《澳大利亚学校语言教育的国家声明》(*The National Statement for Languages Education in Australian Schools*)，强调中小学生学习除英语外其他语言的重要性，甚至希望学生熟练掌握多门非英语语种。

2006 年，《公民与公民身份学习的声明》(*The Statement of Learning for Civics and Citizenship*) 指出，公民与公民身份认同教育有助于澳大利亚中小学生形成国家和全球所需的技能、态度以及价值观等。② 同年，澳大利亚教育、就业、培训和青少年事务部在其颁布的《促进澳大利亚青少年在学校了解并参与亚洲的国家声明》(*The National Statement for Engaging Young Australians with Asia in Australian Schools*) 中强调，澳大利亚在 21 世纪需要同亚洲建立良好关系，培养学生具备相关知识、理解力等各方面能力和技巧，了解亚洲人民特别是移民对澳大利亚发展的贡献。

2008 年，《澳大利亚青年教育目标墨尔本宣言》(*Melbourne Declaration on Educational Goals for Young Australians*) 的签署开启了澳大利亚新一轮教育改革。宣言确立的目标之一是追求民主、平等、公正的价值观，培养学生成为具有责任感的澳大利亚公民和全球公民。③ 该宣言的发布使全球素养教

---

① The Australian Government Department of the Environment and Heritage. *Educating for a Sustainable Future：A National Environmental Education Statement for Australian Schools*, Carlton South Vic：Curriculum Corporation，2005，pp. 1-6.

② Education Services Australia. *About Civics and Citizenship Education*，2021-05-12，http：// www.civicsandcitizenship.edu.au/cce/about_civics_and_citizenship_education，9625.html.

③ Ministerial Council on Education，Employment，Training and Youth Affairs. *Melbourne Declaration on Educational Goals for Youth Australians*，Carlton South Vic：Curriculum Corporation，2008，pp. 4-7.

育不仅在学习目标、内容、维度等方面有了更加明确和清晰的定位，并且极大地推动了全球素养教育在澳大利亚基础教育中的普及和飞速发展。

2011年，澳大利亚国际开发署颁布《全球视角下澳大利亚学校全球素养教育的框架》（*Global Perspectives：A Framework for Global Education in Australian Schools*）。该框架是对2002年出台的《全球视角：关于澳大利亚学校全球素养教育的声明》的进一步修订和完善。框架的颁布意味着澳大利亚中小学全球素养教育迈入新的发展阶段，在全球化深入发展的时期为澳大利亚基础教育注入了新的动力。

第二节　澳大利亚全球素养教育的理念基础

澳大利亚全球素养教育的理念基础主要体现在全球素养教育致力于培养的全球素养的维度和全球素养教育内容的结构框架上。

一、澳大利亚全球素养的维度

早在1999年，澳大利亚政府在其颁布的《关于21世纪国家目标的阿德莱德宣言》中就指出，"学校教育应具有社会公正性，所有澳大利亚的中小学生，所有学生都能够理解并承认文化和语言多样性的价值，从而具备相关知识、技能和理解力，为澳大利亚和全球的多样性做出贡献并从中受益。"[1]以此为基础，澳大利亚的全球素养包括以下4个的维度：

（一）态度与价值观（Values and Attitudes）

正如意大利著名教育家蒙台梭利（Maria Montessori）所指出的那样："全球观念能够给予儿童宇宙联结的哲学，使其恰当地认识和看待本土世界。"[2] 因此，态度与价值观是澳大利亚全球素养的价值指向，具体内容主要

---

[1] Australian Government & AusAID. *Global Perspectives：A Framework for Global Education in Australian Schools*，Carlton South Vic：Education Services Australia，2012，p.3.

[2] Margaret Calder. "A Concern for Justice：Teaching Using a Global Perspective in the Classroom"，*Theory into Practice*，Vol.39，No.2（2000），pp.82-87.

包括：(1) 个人认同感与自尊意识；(2) 世界共同体意识；(3) 关心与同情他人的态度；(4) 责任共担以及愿意与他人协同合作完成任务的意识；(5) 维护全人类的权利与尊严；(6) 对多样性和差异保持积极的态度；(7) 学习他人经验的意愿；(8) 对环境的关注以及对践行可持续发展的支持。①

（二）知识与理解 （Knowledge and Understandings）

澳大利亚中小学全球素养教育的最大特点在于教师通过课程较为系统地教授"全球知识"，以确保学生与其他文化进行足够有效的交互。② 因此，知识与理解是澳大利亚全球素养的核心要素，具体内容主要包括：(1) 认识到自身是相互联系世界的一员，以及将对全球问题产生的影响；(2) 认识到人类及社区在社会、政治、经济和环境中的相互联系；(3) 从现实所处情境和全球维度认识、评估全球性问题或事件；(4) 理解生物间的相互依存关系，每个生物都有其价值和可持续性的必要；(5) 认识经济发展在克服贫困和提高生活水平方面的作用；(6) 欣赏多样性及不同文化、价值观和信念体系的贡献；(7) 洞察偏见和歧视的本质及影响，具备挑战这些立场的能力；(8) 熟悉人权的普遍性和不可剥夺性；(9) 认识贫穷的起因、不平等及解决方式；(10) 理解变革的起因、结果及管理变革的策略，(11) 认识冲突的起因和后果以及解决冲突、构建和平的重要性；(12) 认识良好治理的重要性。

（三）技能与过程 （Skills and Processes）

技能与过程是澳大利亚全球素养的关键维度，具体内容主要包括：(1) 合作和共享、外交和协商、谈判和妥协、调解和解决冲突以及获取最新相关知识和现有理解框架相结合的能力；(2) 关键的读写能力，例如思考不同观点的能力，对偏见和刻板印象的批判性意识，分析、判断和处理争议及复杂问题的能力等；(3) 研究和询问的能力：评估和组织信息，例如推断、预测及问题解决能力；(4) 认识管理自然资源的必要性：平衡自然资源的使用

① Australian Government & AusAID. *Global Perspectives*：*A Framework for Global Education in Australian Schools*，Carlton South Vic：Education Services Australia，2012，p. 6.
② 张艳妮：《澳大利亚中小学全球素养教育研究》，硕士学位论文，华中师范大学教育学院，2016 年，第 23 页。

权利与保护环境义务的能力；（5）通过表达观点、形成论点、使用证据促进和改变他人观点的能力；（6）识别不公平现象并运用公正原则对其进行纠错的行动能力；（7）具有同理心，能够洞察个人生活方式和行为习惯对他人及环境产生影响的能力。

（四）行动与参与（Action and participation）

行动与参与是澳大利亚全球素养维度的集中表现，具体内容主要包括：（1）鉴别和研究各种全球行动与参与机会的能力；（2）考虑特定行为对于个人和他人的影响（积极和消极之处）的能力；（3）愿意参与到相关行动之中并为获得理想结果而努力的能力；（4）鉴别参与某种行动可能存在的障碍，并设计策略克服这些障碍的能力；（5）愿意与他人合作并促进、鼓励和重视他人参与意愿的能力；（6）对行动方式进行反思，看到进步并作进一步反思的能力。

二、澳大利亚全球素养教育的结构框架

澳大利亚培养学生全球素养的全球素养教育是基于培养学生全球素养的五大学习主题来实现的，它们分别是相互依存与全球化、自我认同与文化多样性、社会正义与人权、建设和平与解决冲突以及可持续发展的未来。这五大学习主题按照先后顺序及其覆盖程度由浅及深，共同构成了澳大利亚全球素养的结构框架（详见图 11-1）。

（一）相互依存与全球化

相互依存与全球化是澳大利亚全球素养教育的重要内容，它强调理解人们之间复杂的社会、经济和政治关系及变化之间的影响。正如英国学者戴维·赫尔德（David Held）所言，在经济力量和技术力量的推动下，世界正在被塑造成一个共享的社会空间；一个地区的发展将对另一个地区的个人及社会群体产生深远影响。① 所谓相互依存，是指所有元素和包括人类在内的

---

① Shahla Zahabioun, Alireza Yousefy, Mohammad H. Yarmohammadian, Narges Keshtiaray, "Global Citizenship Education and Its Implications for Curriculum Goals at the Age of Globalization", *International Education Studies*, Vol.6, No.1（2013），pp. 195-206.

图 11-1　澳大利亚全球素养的结构框架

资料来源：Australian Government & AusAID. *Global Perspectives*：*A Framework for Global Education in Australian Schools*，Carlton South Vic：Education Services Australia，2012，p.5.

生命形式在文化、环境及社会系统内的相互依存关系，这意味着在一个地方做出的决定会影响到其他地方发生的事情。所谓全球化，本质上是指当人力、商品、资本和思想以更加快速、便捷、低成本地在世界各地流动时，文化、地域、环境和社会制度之间的相互依存关系对于和平、公正和可持续发展便显得至关重要。①

　　相互依存与全球化的具体内容包括：（1）认识到各领域之间相互联系、相互依存和相互影响的现象。这些领域包括文化（如艺术、传媒、体育等）、经济（如全球消费主义、多样化的贸易形式等）、环境（如全球气候变化、能源安全、污染、人口增长、物种保护和海洋保护等）、地理（如资源的分配、使用和管理等）、政治（国际治理、双边与多边关系、和平与安全问题、区域和全球治理以及公民权利等）、宗教（如价值观、跨信仰合作等）、社会

────────────

① Australian Government & AusAID. *Global Perspectives*：*A Framework for Global Education in Australian Schools*，Carlton South Vic：Education Services Australia，2012，p. 8.

（如多元文化主义、移民、旅游、教育、公共卫生和民间联络等）、技术（如新技术对不同区域和国家间的影响、全球通信与商品流动、数字鸿沟等）等各个方面。(2) 学会识别和分析相互依存与全球化的积极和消极影响。例如：不断扩大的全球贸易会为许多参与者带来财富，但同时也会产生更多的不平等现象；新技术的传播使生活变得更加便捷和健康，促进新兴产业的发展，但却也会破坏我们传统的生活方式；旅游业产生经济利益的同时也带来了对当地环境和文化的破坏等等。(3) 确定和相互依存与全球化同在的矛盾趋势。例如：部分社区被排除在全球化进程之外或被边缘化；不断认识和抵制全球化带来的负面影响；国家和地区碎片化，包括主权国家分裂、区域自治和独立运动等。[①]

（二）自我认同与文化多样性

理解和评价自己是对他人进行价值判断的前提，而积极的自我意识能够让个体变得更加开放并接受多样性。通过探索自我认同与文化多样性，学生可以了解本国的文化认同和文化遗产，并将其与不同时代和地域的文化认同和文化遗产相联系。由此，澳大利亚全球素养教育所主张的自我认同与文化多样性可以解读为了解本国或本民族的文化，并对其他国家和民族的文化持开放态度。

自我认同与文化多样性的具体内容包括：(1) 促进积极的认同感和高度自尊心，同时积极尊重他人的权利与自我认同；(2) 认识到不同的信仰体系、价值观和态度会导致不同的行动和行为；(3) 感激不同群体对所在社区的贡献，并通过参与活动促进跨文化理解；(4) 作为地方和国家层面社区的一员以及全球社会的一分子，培养与他人共同的认同感；(5) 能够鉴别并批判性地分析狭隘民族主义或种族中心主义的观点，培养对他人观点和生活的包容性，理解并同情他人，不论其文化或种族背景；(6) 认同并珍视他人在艺术、科学、技术、宗教与哲学、人道主义行动、商业以及教育等领域

---

① Australian Government & AusAID. *Global Perspectives：A Framework for Global Education in Australian Schools*，Carlton South Vic：Education Services Australia，2012，p. 8.

的贡献；（7）培养对不同文化中信仰与实践异同的认识，学会发现和避免文化刻板印象及偏见的产生；（8）探索媒体、信息和通信技术描述全球事件或故事的不同方式，以及这些方式如何对个人的信仰和态度产生影响；（9）在不同文化中进行有效和灵敏的沟通；（10）认识到移民、交流和经济之间依赖性的增加，淡化民族和国家群体之间的界限；（11）探索国家边界变化的本质，它可能导致社会身份认同的本质具有多重性，也可能导致文化差异的形成；（12）理解并促进澳大利亚土著和非土著群体间的和解，并从中获益。①

（三）社会正义与人权

社会正义与人权在澳大利亚全球素养教育中主要表现为理解不平等和歧视带来的影响与维护自身权利的重要性，以及尊重他人权利。一方面，社会正义支持公平公正地对待所有人，任何群体不会因种族、性别、年龄和能力等受到歧视。社会正义的概念以人权、保护公民权利和政治权利的国际承诺以及经济、社会和文化权利的形式加以显现。另一方面，开展有关社会正义与人权的教育能够使学生理解公平对待他人的重要性，特别是意识到在保护他人权利方面的责任。

社会正义与人权的具体内容包括：（1）认识到平等、正义、公平在社会、文化、国家中的重要性；（2）通过调查研究地区和国家内部之间的不平等现象带来的影响，并努力减少这种不平等的方式；（3）了解过去的不公正对当代地区和全球政治的影响，以及我们对此的理解如何随着时间的推移而变化；（4）通过案例研究和统计数据调查在解决贫困和不平等问题方面的进展，例如评估联合国千年发展目标的进展；（5）理解平等与公平之间的区别，评估国际组织在保护人权方面发挥的作用；（6）通过制定策略来调整并在现实中尽量规避无法容忍的歧视（例如种族主义和性别歧视）；（7）强调人权所固有的本质和普遍性，即人权应适用于每一个人；（8）考虑群体的社

---

① Australian Government & AusAID. *Global Perspectives*：*A Framework for Global Education in Australian Schools*，Carlton South Vic：Education Services Australia，2012，p. 9.

会权利（包括土著人等少数群体的权利）以及个人的公民权利、经济权利和政治权利；(9) 理解不同情况下权利和责任可能存在的冲突以及我们需要解决冲突；(10) 探索不同的权利概念，每个人都有责任让他人享有与自己同等的权利，并维护弱势或受压迫的个人和集体的权利和自由。[①]

（四）建设和平与解决冲突

澳大利亚把保持内心平和看作个人应对影响自己及世界的冲突情境时的重要能力，认为具有良好沟通技巧的学生才有能力建立更加和平的未来，尽可能避免暴力并通过协商解决问题，例如共享稀有资源、不同的价值观和权利行使等。[②] 冲突发生于过去、现在和未来，同时也存在于全球、区域、国家、社区、家庭和个人之间。因此，建设和平旨在解决冲突的根源和对过去的不忿，必须涉及促进长期稳定、人类安全和平等的正义。

建设和平与解决冲突的具体内容包括：(1) 探讨和平、安全与合作间的不同概念和实例；(2) 理解在冲突的情境下他人做出的选择和承担的后果；(3) 探索国际冲突与校内或课堂层面冲突的相似性；(4) 认识并调查不同类型的冲突及其形成的原因，以及冲突与暴力对人和环境的影响；(5) 认识消极冲突与积极冲突的差异并对例证进行探讨；(6) 确定并讨论个人、团体和国家如何建立并维持积极的信任关系；(7) 建立一种预防或和平解决冲突的方式，包括倡议、协商、调和、仲裁等；(8) 探讨发展和消除贫困在创造和平与合作条件方面的作用；(9) 了解国际公约，保护成人和儿童免受酷刑和其他残忍的、不人道的或有辱人格的待遇或处罚；(10) 了解建立和平、裁军的多边倡议以及联合国及其机构所发挥的作用；(11) 探讨地区冲突及变化对和平与人权的影响；(12) 了解如何解决经济和社会福利的地区差异，以减少冲突对个人、社区和政府的影响；(13) 了解特定历史冲突和时代冲突及其有争议的观点；(14) 查阅和讨论联合国和澳大利亚对解决冲突与建

① Australian Government & AusAID. *Global Perspectives*：*A Framework for Global Education in Australian Schools*，Carlton South Vic：Education Services Australia，2012，p. 10.

② Australian Government & AusAID. *Global Perspectives*：*A Framework for Global Education in Australian Schools*，Carlton South Vic：Education Services Australia，2012，p. 11.

设和平做出的贡献。①

（五）可持续发展的未来

2005—2015 年，是联合国教科文组织提倡可持续发展的 10 年。早在 2005 年，澳大利亚在其发布的《为了可持续发展的未来而教育：澳大利亚学校国家环境教育声明》中就提出了可持续发展的 4 个方面：生态可持续、社会可持续、经济可持续及政治可持续。现如今，可持续发展的未来在澳大利亚全球素养教育中通常被解释为"了解如何在不降低环境质量或通过减少子孙后代满足自身需求的情况下保障当前的需求。"②

基于此，可持续发展的未来的具体内容包括：（1）对未来保持乐观态度，同时对未来的困难和挑战持有现实的认知；（2）理解人类、生物与自然环境之间的关系；（3）研究全球现象在空间维度的关系及其对自然和人类环境的影响；（4）探索资源利用与环境可持续性，将知识和行动与国家和区域背景相关联；（5）积极参与影响地方、国家、区域和国际决策的机会；（6）关注澳大利亚人及全球土著居民如何与所处环境建立联系以及如何利用稀缺资源，从而以更加可持续的方式生活；（7）探讨澳大利亚政府及人民对发展中国家可持续发展做出的直接贡献；（8）研究各国政府、社区及企业共同保护环境的模式；（9）探讨公民、政府和国际组织如何在当地和全球范围内为可持续发展的未来做出贡献；（10）了解并讨论生态环境、经济、文化、政府与社会持续性之间的关系；（11）对不可持续的实践活动的后果进行预测；（12）研究可持续发展的管理政策。③

---

① Australian Government & AusAID. *Global Perspectives*：*A Framework for Global Education in Australian Schools*，Carlton South Vic：Education Services Australia，2012，p. 11.

② Department of Education，Skills and Employment，Australian Government. What are Global Perspectives？，2021-05-15，https：//globaleducation.edu.au/global-education/what-are-global-perspectives.html.

③ Australian Government & AusAID. *Global Perspectives*：*A Framework for Global Education in Australian Schools*，Carlton South Vic：Education Services Australia，2012，p. 12.

第三节　澳大利亚全球素养教育的实践路径

作为全球社会的重要成员，澳大利亚与整个世界紧密相连，通过政治、经济、文化等纽带不断与世界各国加深联系。因此，让年轻人参与到建设更加美好的共享世界，是澳大利亚发展全球素养教育的当务之急。[1] 全球素养教育是由澳大利亚国际开发署发起的培养全球公民的教育。全球素养教育的核心是使年轻人参与塑造一个更加美好的、共享的未来世界。全球素养教育强调人类社会的统一和相互依存，发展自我意识和欣赏文化多样性，肯定社会正义和人权，以及在不同的时间和地点为可持续发展的未来营造和平氛围并付诸实践。全球素养教育旨在倡导积极的价值观，帮助学生对自己的行为负责并将自己视为全球公民，为建设一个更加和平、公正和可持续发展的世界贡献力量。除此之外，澳大利亚全球素养教育工作者特别强调发展与亚太和印度洋区域邻国的关系。[2] 中小学是澳大利亚全球素养教育的主要实施场所，课程和教学则是其中最为关键的环节。

一、澳大利亚全球素养教育的课程体系

澳大利亚中小学课程提出了核心知识、理解、技能以及对所有澳大利亚学生都很重要的通用能力，规定了所有澳大利亚年轻人的学习内容，是当地年轻人未来学习、成长和积极参与澳大利亚社区建设的基石。全球素养教育在澳大利亚中小学并没有专门的课程，这意味着全球素养教育课程并不是一门单独的学科，而是将注重国际理解的价值观、知识、技能和行动体现在各门课程之中。

---

[1] Australian Government & AusAID. *Global Perspectives*: *A Framework for Global Education in Australian Schools*，Carlton South Vic：Education Services Australia，2012，p2.

[2] Department of Education，Skills and Employment，Australian Government. *What Is Global Education*？，2021-05-12，https：//globaleducation.edu.au/global-education/what-is-global-ed.html.

（一）澳大利亚三大交叉课程中的全球视角

澳大利亚课程中共有三个交叉课程重点涉及全球素养教育（详见表11-1），致力于使学习与学生的生活相关联，解决澳大利亚中小学生面临的各种问题。

表 11-1　澳大利亚三大交叉课程中的全球视角

澳大利亚课程中的重点交叉课程	涉及全球素养教育的学习维度	具体课程内容
澳大利亚土著和托雷斯岛民的历史与文化	·相互依存与全球化 ·自我认同与文化多样性 ·社会正义与人权	·世界各地少数民族群体 ·通过历史、社会和政治的视角观察少数民族群体间的特殊联系和地方文化
澳大利亚与亚洲的联系	·自我认同与文化多样性 ·社会正义与人权	·亚洲人民和国家的传统、文化、信仰体系及宗教多样性 ·与世界各国建立平等、和平的关系 ·有效的地区和全球公民
可持续性	·可持续的未来	·平衡地球上人类生活的社会、政治、经济和环境等方方面面

资料来源：Department of Education, Skills and Employment, Australian Government Australian Curriculum, 2021-05-19, https：//globaleducation.edu.au/teaching-and-learning/australian-curriculum.html.

全球素养教育的框架维度与学习重点具有相关性，适用于中小学各学习领域。澳大利亚课程中的全球视角主要以全球素养教育维度中的态度与价值观为基础，其所秉持的个人认同感与自尊意识、世界共同体意识等理念始终在澳大利亚全球素养教育课程体系中得以体现，并为具体行动与参与奠定基础。因此，澳大利亚课程中的全球视角以全球素养教育维度所强调的态度与价值观为指导，将知识与理解、技能与过程两大维度渗透于艺术、英语、数学、科学等澳大利亚中小学课程各学科之中，共同致力于最后一个维度——行动与参与的实现。

（二）澳大利亚小学学科课程中的全球视野

澳大利亚小学课程中的全球素养教育在不同学科都对学生提出了较为

基本的要求。"了解""描述""学会区分""认识影响因素"等词汇在澳大利亚小学课程中的全球视野一览表中被反复提及，学生可以通过鉴赏艺术品、阅读文本、参与游戏、开展思考与讨论等方式掌握具备全球视野的基本技能（详见表 11–2）。

表 11–2　澳大利亚小学学科课程中的全球视野

艺术	英语	健康与体育教育	语言（除英语）	数学	科学	社会与环境	技术
知识与理解——相互依存与全球化							
探索不同文化和地方的艺术品如何相互影响	阅读一系列口头和书面文本，分析词汇、文学风格和观点	审查影响不同地区人群的健康问题；通过游戏体验相互依赖	认识到不同语言如何相互影响及其存在的共同特征	对比生活方式中空间和测量的相关因素	发现相互联系如何帮助科学知识的发展	通过家庭、商品和媒体，探索人类之间社会、文化、地理和经济的联系	探索不同的物品在方面如何相互影响
知识与理解——自我认同与文化多元性							
探索和识别不同文化的艺术品特征	培养对口头、书面和多媒体文本中表达的不同身份和观点的理解	通过简单的游戏欣赏文化多样性	欣赏澳大利亚和世界各地语言的多样性	学习文化如何创造图案、谜题和游戏；计算、测量和记录时间与空间的关系	考虑人类和文化在科学上的贡献	通过家族史调查澳大利亚与世界各地人民在信仰和文化的异同	探索不同的物品和手制品的设计
知识与理解——社会正义与人权							
探索不同文化和地方艺术作品如何传达特定信息	认识并挑战文本中的偏见和文化刻板印象	探讨其他国家人民的健康状况，包括资源获取不平等带来的影响	通过语言特征理解公平和财富的概念	调查生活经验，例如与学校的距离或不同地方基本生活物品的花费	研究科学对人类生活的积极和消极影响	了解和认识人权的普遍性，区分种族主义、歧视和偏见行为	探究技术克平不现象方法

续表

艺术	英语	健康与体育教育	语言（除英语）	数学	科学	社会与环境	技术
知识与理解——建设和平与解决冲突							
创作庆祝和平建设与冲突解决的艺术品	使用口头和书面文本谈判以应对冲突局势并建设和平	研究解决对人类和环境过度使用和开发的方法	培养跨文化沟通技巧，克服可能出现的误解	使用数量和测量调查资源分配的不公平现象	讨论使用科学知识引起的伦理问题	找出并描述澳大利亚人如何为本国和全球和平做出贡献的例子	了解如何利用技术人改善类生活
知识与理解——可持续发展的未来							
考察各种艺术品，确定在可持续发展的未来方面观点上的异同	提供关于可持续发展的未来的口头和书面的说服性文本	提出解决卫生和体育领域不平等与剥削现象的典型方法	探索关于未来存在的可能性和可能出现的情况	研究各种行动如何提升资源的可持续利用	研究保护多样性的可持续行为和方法	认识过去、现在和未来如何影响人类、文化和环境；了解可持续发展所需要的系统、资源和能源	探索不群使用如何用技术自满足身需求
技能与过程							
通过结对和小组创作艺术作品发展合作并分享技巧	通过倾听、认识观点及形成口头和书面回应发展沟通技巧	通过游戏培养合作技巧	理解如何通过另一门语言呈现不同视角	提出并回答有关数据收集的问题；使用图表、流程图和时间线来组织、展示和解释数据；解决现实生活中的问题	应用相关科学解释性，对全球性问题做出负责任、合乎伦理和知情的决定	发展和应用跨文化理解；用不同的视角表达同理心；展示可持续发展的行为	利用技术全球问题解决方案，从生活发现解决方案 技设计性的方案并实出估方评决案

资料来源：Australian Government & AusAID. *Global Perspectives：A Framework for Global Education in Australian Schools*，Carlton South Vic：Education Services Australia，2012，pp. 14-15.

（三）澳大利亚中学学科课程中的全球视野

随着年级的升高，澳大利亚中学课程中的全球视野对学生的要求也不断提高。澳大利亚中学课程对学生的要求不再仅仅停留在初步的探索、了解及认知等方面，而是要求其具备调查研究问题、解释问题、探索现象背后的深层次因素以及深度思考等能力（详见表 11–3）。

表 11–3　澳大利亚中学学科课程中的全球视野

艺术	英语	健康与体育教育	语言（除英语）	数学	科学	社会与环境	技术
知识与理解——相互依存与全球化							
研究全球化与相互依存对不同文化和社会艺术品的影响	探索和讨论一系列关于不同文化和传统的文本；欣赏主题、技艺和传统，特别是不同文化和人类经验的共性	调查全球卫生问题（疾病、疾病预防、流行病），以及这些问题在国家内部和区域之间的影响	加深对语言和文化之间概念和联系的理解	获取、汇总、解释、呈现有关区域发展与合作的数据	认识到科学的运用如何改变澳大利亚和世界其他国家人民的生活	探索有关人类、地方和思想的历史，认识到过去事件在不同社会和文化中相互依赖性；考虑澳大利亚人对其他亚太地区人群的经济、社会和文化的联系	探讨技术对不同社会发展的积极、消极影响的案例
知识与理解——自我认同与文化多元性							
了解并学会欣赏来自不同文化的传统和当代艺术品	分析媒体如何呈现来自不同文化的人群，识别偏见和利益冲突	研究游戏和体育运动在历史和社会背景下的作用	深化对传统文化和当代文化的理解；将文化理解为一个多面、可变、动态的结构	培养对数学历史的认识，以及不同文化和社会对数学认知的贡献	识别和欣赏不同文化群体在科学发展中的贡献	探讨澳大利亚如何受移民、地理和历史因素的影响，并与其他国家进行比较	认识到世界不同地区内部及之间存在获取技术的不平等现象（例如数字鸿

续表

艺术	英语	健康与体育教育	语言（除英语）	数学	科学	社会与环境	技术
							沟），并探讨原因；了解为解决本地问题可使用的替代性技术
知识与理解——社会正义与人权							
审视不同文化背景下的艺术作品	认识并挑战文本中的偏见和文化刻板印象	了解男女健康和身体发育如何受文化、性别、不平等和贫穷等因素的影响；探讨影响运动呈现的社会公平问题	探索在特定文化中采取社会正义和人权的最符合文化的行动方式	调查和展示其他地方人类群体的生活经历	研究科学如何对发展中国家人民的生活产生积极和消极影响	探讨国际事件如何影响澳大利亚与其他国家和地区的关系；认识到联合国在促进各国人民权利和责任中的作用；研究国际协议如何影响各地生活方式	研究技术如何对发展中国家人民生活产生积极和消极的影响；认识到信息和通信技术对所有人的重要性及其带来的机遇和挑战
知识与理解——建设和平与解决冲突							
检视艺术品如何传达有关缔造和平与解决冲突的意见	使用口头和书面文本谈判以应对冲突局势并建设和平	使用口头和书面文本协商对冲突的回应	调查全球体育节和运动会，评估这些活动对全球了解与合作的贡献	探索解决文化冲突的常见模式，并找到舒适互动的方式	为遭受冲突影响群体的数据创建地图，并用图表呈现	探索医学领域的全球科学合作（例如艾滋病毒／艾滋病）、遗传学（例如人类基	描述从过去的冲突中可以学到什么；调查个人和组织在当代和过去社会中采取的冲

艺术	英语	健康与体育教育	语言（除英语）	数学	科学	社会与环境	技术
						因组计划）、化学和物理	突解决策略
知识与理解——可持续发展的未来							
创作对可持续发展持不同观点的艺术作品，例如伐木、捕鲸或海水淡化工厂	创建一个媒体演示或活动，旨在改变行为实现更可持续的未来	调查在经济和环境限制下提供粮食安全和健康的方法	描述语言和文化如何构建我们对过去、现在和未来的思考	利用数据测试与可持续发展相关的想法和解决方案，并预测未来	认识到对科学的理解会随着时间的推移而改变，不同文化对科学实践可能有不同的看法；检视生态可持续性的方方面面；描述地球或大气表面变化的原因和反应	调查可持续发展对人和环境的影响；研究各国和国际组织如何合作实现可持续的未来	研究和创造使用可再生能源的简单技术，使日常活动变得更加便利
技能与过程							
运用一系列艺术实践创作艺术作品，表达对全球问题的理解和看法	在课堂和论坛中训练关于全球问题写作和演讲的信心；识别、讨论和挑战媒体中简单化的报道、刻板印象和偏见	培养谈判技巧	用语言和不同听众就全球问题进行交流；与其他国家的人群进行口头和书面交流	运用数学技巧解释有关国家和地区的数据和统计资料	应用相关科学解释对全球性问题做出负责任、合乎伦理和知情的决定	使用一系列传统和当代文本进行调查、推理、参与和交流；使用空间工具（地图、照片、卫星图像）分析发展状况	利用互联网搜集、整理和评估其他国家的信息；开发有助于解决全球性议题或问题的设计概要

资料来源：Australian Government & Aus AID. *Global Perspectives：A Framework for Global Education in Australian Schools*，Carlton South Vic：Education Services Australia，2012，pp. 16-18.

二、澳大利亚全球素养教育的实施途径

全球素养教育的实施途径主要体现在教学过程之中。澳大利亚全球素养教育框架的学习重点和维度还为当地学生提供了发展多学科能力的机会，因此，跨学科和基础领域的学习也是最重要的实施途径之一。与此同时，特别活动项目和发展合作活动等也共同构成了澳大利亚全球素养教育的实施途径。

（一）教学与学习过程

开放、包容、公正、公平、负责任和同理心是澳大利亚全球素养教育的主要理念和价值观，因此澳大利亚特别强调教师选择的课堂环境和学习过程将直接对学生的参与度产生影响，教师应努力在提供全球素养教育的过程中成为树立这些品质的榜样。

澳大利亚全球素养教育对教学过程的渗透主要体现在以下方面：（1）包容教室。鉴于优化课堂布局、鼓励学习者之间的互动和交流以及小组合作的重要性，教师在选择教室陈列的物品时，应该倾向于那些能够反映多样性以及有班级所有学生背景的图片，避免性别刻板印象；在展示学习者作品时，教师应确保所有学习者和所有类型的学习都能够体现出来。（2）全员参与。教师要意识到社会压力可能影响性别参与的程度以及在活动或课堂上的角色。因此，不论种族、性别或能力，教师都要确保所有学习者有机会承担不同角色和发言。此外，教师还要确保课堂语言适用于每位学生，包括土著学生和以非英语语言为背景的学生。（3）学生中心式学习。教师应尽可能创建或选择与学习者生活经历相关的活动和材料，并确保调动他们现有的知识和技能；教师应将学习者或其家庭的经历与相关的全球问题和事件联系起来；教师要鼓励决策，支持学习者在其关心的问题上提出问题、讨论、协商和采取行动。(4)探究式学习。所有阶段的探究式学习活动都可以成为探索之旅，这种学习可以产生强烈的目的感、促进批判性思维和合作学习、支持学生对自己的学习负责。（5）经验学习。教师要充分利用学习机会，通过具体的经验（如"动手"经验、教室访客、现场访问等）和真实的任务促进学生积极

地参与学习。与拥有特定知识和技能的人进行讨论有助于发展对不同观点的理解，因此教师应尽可能将互动性融入课堂活动和材料之中，确保沟通的双向性和有效性，并使学生充分表达他们的想法、感受和反应。此外，教师还可以采取角色扮演和模拟的方式帮助学生将自己置身于他人的角色之中，以具体的方式探索不同的视角，加深对复杂问题的理解。（6）合作学习。合作学习是指在两人或小组中，鼓励学习者协商、妥协和一起解决问题。合作性任务有助于提高学生对他人的责任感和反思结果的意愿。为此，教师要积极创造情境，让学生努力追求共同的目标。（7）建立自尊。教师应帮助学生建立积极的自我形象和个人成就感；适应不同的学习风格和需求；设定有挑战性和可实现的目标；鼓励所有学习者参与小组活动和讨论。（8）批判能力。教师可以选择一系列具有传统与当代特点的印刷文本和地图，并开展比较和评价；对比不同文化和不同国家的文本；确定并分析假设；帮助学习者培养批判性思考观点、论点和证据的技能，并发现偏见；为学习者提供机会识别和讨论媒体报道、广告和图像如何影响人们的思维与行动。（9）广度、深度和序列。在学校教育的每个阶段，教师都应仔细考虑每个方面学习的深度和复杂性。由于学生的经历、理解和对问题的感知在学校教育的各个阶段都存在多样性和差异，因此教师应考虑整个学校的课程计划，避免重复学习，并确定适合深入学习的领域。（10）传统与当代资源。教师在教授学习的某些或所有方面时，应积极使用来自其他地区和国家的传统与当代的资源；尽可能与当代澳大利亚和澳大利亚人建立适当的联系（如土著居民、文化多样性）；调动学生对他国问题或事件提供不同的观点；广泛使用资源，避免刻板印象和错误信息。①

（二）跨学科课程学习和基础学习

澳大利亚认为，教师将跨学科领域的知识材料与实践活动进行有效链接，能够使学生在某一学科或领域的知识、价值观和技能在其他学科或领域

---

① Australian Government & AusAID. *Global Perspectives*：*A Framework for Global Education in Australian Schools*，Carlton South Vic：Education Services Australia，2012，pp. 20-24.

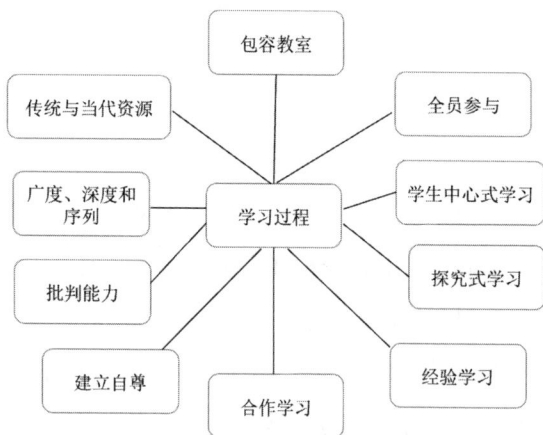

图 11-2　学习与教学过程

资料来源：Australian Government & AusAID. *Global Perspectives*：*A Framework for Global Education in Australian Schools*，Carlton South Vic：Education Services Australia，2012，p. 22.

得到提升和发展。因此，当使用跨课程方法时，教师应确保单元划分与教学方法相辅相成，加强学习重点、价值观和通用技能的学习。例如：一项中年级关于水的调查可以涵盖多个不同学科，具体涉及了解澳大利亚和世界各国如何收集、储存和使用水资源（地理、社会研究、科技），写出安全清洁水的重要性（健康、科学、社会研究），制作关于保护水资源的海报（艺术、英语），学习如何测量和比较水量的多少（数学）。[①]

　　在澳大利亚，很多州和地区或采用"首要学习成果"（Overarching Learning Outcomes）（如西澳大利亚州），或将"基础学习"整合到学习领域之中（如南澳大利亚州、澳北区），从而取代以学习领域为基础的课程结构。重视基础学习会在极大程度上为教师提供开发课程计划的机会，使用教学方法并进行整体性评价，培养学生具备多学科学习的能力。[②]

[①]　Australian Government & AusAID. *Global Perspectives*：*A Framework for Global Education in Australian Schools*，Carlton South Vic：Education Services Australia，2012，p19.

[②]　Australian Government & AusAID. *Global Perspectives*：*A Framework for Global Education in Australian Schools*，Carlton South Vic：Education Services Australia，2012，p19.

(三) 特别活动项目和发展合作活动

特别活动项目是一种以学习者为中心、以调查研究为基础的学习方式，它能够为学生提供参与机会，将兴趣相投的学生联系在一起并带来持久影响。表演和参观是特别活动项目最常见的形式，能为学生带来体验其他文化的机会，并对一些学习重点进行反思。[1] 在澳大利亚，以主题周活动为代表的特别活动项目 (Special Events and Projects) 多聚焦于国际日、每年或近几十年所关注的跨学习领域问题上。

发展合作活动亦是澳大利亚全球素养教育教学过程中的重要组成部分。协作项目和行动研究可以将学生与课堂之外的世界联系起来，学校通过与当地社区团体、大型国家或国际组织以及与其他学校合作开展短期或长期项目等方式建立伙伴关系和联结，培养学生具备终身学习的性格和工作能力，从而获取在单一的学校教育中无法得到的资源。[2]

三、澳大利亚全球素养教育的教学策略

全球素养教育涵盖了很多复杂而有争议的问题。为培养澳大利亚中小学生应对全球问题的知识和技能，教师需要选择一套合适的教学策略 (详见表 11-4)，从而更好地引入全球素养教育的概念和过程，使学生逐步加深理解，并最大限度地提高每个学生的参与热情。

表 11-4 澳大利亚全球素养教育教学策略

偏见 Bias	漫画 Cartoons	争议性问题 Controversial issues	多样性 Diversity
事实和观点 Fact and opinion	跨文化理解 Intercultural understanding	说服性的展示 Persuasive presentations	模拟和网络游戏 Simulation and online games

---

[1] Australian Government & AusAID, *Global Perspectives*: *A Framework for Global Education in Australian Schools*, Carlton South Vic: Education Services Australia, 2012, p19.

[2] Australian Government & AusAID, *Global Perspectives*: *A Framework for Global Education in Australian Schools*, Carlton South Vic: Education Services Australia, 2012, p24.

续表

统计 Statistics	刻板印象 Stereotypes	讲故事 Storytelling	思维技能 Thinking skills

资料来源：Department of Education，Skills and Employment，Australian Government. Teaching Strategies，2021-05-21，https：//globaleducation.edu.au/teaching-and-learning/teaching-strategies.html.

（一）辨识并理解偏见性的活动

澳大利亚认为，人们使用的词语以及对图像和统计数据的解释其实是对自身观点或偏见的洞察，即对世界的看法，而偏见则影响着个体对他人、地方及世界的态度和行为；个体的经历、性别、年龄、阶级、宗教和价值观都会影响偏见的产生，特别是那些对某个问题充满热情的群体通常会公开表达他们的偏见。基于此，全球素养教育致力于帮助澳大利亚中小学生识别书面和可视文本中的偏差，考虑不同的观点，并就偏见如何导致歧视和不平等做出判断。

教师帮助学生理解偏见性的活动主要包含以下内容：（1）组织低年级学生从不同的角度重写著名故事，例如：从狼的角度重写《小红帽》；（2）要求学生就他们经历过的事件撰写个人报告，就学生的描述进行比较，从不同视角展示词语的使用；（3）在教室里创建照片展板，让学生在照片上写下文字标题，并通过标题对不同的视角进行比较；（4）研究关于同一主题的广告或观点，总结语言和图像是如何被使用的，以此确定想要表达的观点；（5）将学生分为不同小组并以小组为单位阅读全球不同媒体对国际事件的描述，要求学生分别找出强调事实和观点的话语，列出报道中的主要问题并与其他组进行比较，以此感受视角如何受到消息来源的影响。①

（二）将漫画融入全球素养教育课堂

澳大利亚把漫画看作挑战思考问题的好方法，通过幽默、讽刺和滑稽

---

① Department of Education，Skills and Employment，Australian Government. Teaching Strategies，2021-05-21，https：//globaleducation.edu.au/teaching-and-learning/teaching-strategies.html.

的表达方式可以帮助学生捕捉新观点，把不同的观点和符号相结合，因此，这些或有或没有字幕的图画十分有意义，可以引发学生思考。

具体来看，教师通过漫画让学生参与全球素养教育课堂的形式主要包括：（1）激发兴趣并让不同文化水平的学生参与进来；（2）挑战对有争议话题的思考；（3）分析历史或当前问题；（4）估测理解和态度；（5）培养视觉素养。[①]

（三）参与争议性问题的讨论

在澳大利亚，争议性问题有时也被称为"热点问题"，主要指存在相互竞争的信仰、文化习俗、价值观和利益以及强烈的分歧和情绪等。参与复杂和潜在争议性问题能够使学生在澳大利亚课程中构建四种一般能力的技能：批判性和创造性思维、个人和社会能力、跨文化理解能力以及道德伦理理解能力。特别强调的是，教师要对引起争议性的话题保持警惕，因为一旦教师对这类问题缺乏必要的知识储备或没有保留足够的课程时间时，课堂冲突便在所难免。然而，具有全球视野的教学不可避免地要涉及到争议性的问题、事件或态度。

教师锻炼学生思维超越固有观点的策略主要包括：（1）建立对争议性问题讨论的基本规则——学生如何参与讨论并陈述观点？什么行为是不能容忍的？当学生意见不一致时，班级该如何做？如果学生感到不受尊重，他们应该如何做？（2）确保学生明确理解争议性政策或事件的背景；（3）使用涵盖多种观点的可靠资源；（4）让学生在有说服力的陈述中识别潜在的价值观或假设，揭开争议的根源，认识问题的复杂性；（5）专注于证据（个人证据或研究证据），在适当的时候引入外部专业知识，鼓励学生研究某一个问题或调查他人意见；（6）了解自身，知晓自身的感受和偏见如何影响对问题的处理。[②]

[①]　Department of Education，Skills and Employment，Australian Government. Teaching Strategies，2021-05-21，https：//globaleducation.edu.au/teaching-and-learning/teaching-strategies.html.

[②]　Department of Education，Skills and Employment，Australian Government. Teaching Strategies，2021-05-21，https：//globaleducation.edu.au/teaching-and-learning/teaching-strategies.html.

（四）重视文化多样性的培养

自我认同与文化多样性是澳大利亚全球素养教育的五大学习重点之一，是内在的价值观教育、公民教育以及更高等层次的课程思维。澳大利亚认为，多样性带来了丰富的思想、行为和态度，个体必须学会珍惜多样性以便共同和谐地生活；通过学习看待、思考和做事的不同方式，个体的思想、行为和态度不断得到丰富但有时也会受主流之外想法或行为的挑战；在重视多样性的课堂上，教师可以听到许多意见，使用各种各样的资源（包括来自世界各地的人）。因此，班级成员应谨慎使用语言，避免偏见和刻板印象，努力理解不同观点背后的思想，竭力反对歧视。与此相对应，教师应培养学生对差异的好奇心，使其接触到不同观点，并提供有效的策略来探索差异。

教师可以通过以下问题帮助学生探索自己的偏见和假设：（1）使用包容性的语言了吗？（当使用"我们""他们"这些词时，人们是如何与这些词联系在一起的？）；（2）是否使用过反映不同文化和观点的资源；（3）是否在积极学习其他文化和观念；（4）是将文化（例如来自亚洲的文化）作为一个整体来指代"西方"，还是将"世界其他地方"作为唯一的另一个整体；（5）是否使用了一系列资源？（例如：其他文化资源和反映澳大利亚人观点的资源）（6）是否能避免对某一特定文化构建"正确"或"错误"的印象。①

（五）区分事实和观点

澳大利亚认为，人们阅读和观看到的很多内容都是事实和观点的混合体。当个体作为积极的全球公民并致力于建设一个更加美好的世界时，区分事实和观点对于评估文本和发展有说服力的观点便十分重要。那么如何区分实施和观点呢？举例来说："教育女童有助于人们摆脱贫困"是一个事实，因为通过收集的证据表明延长接受基础教育的时间有助于女性增加就业机会、提高婚育年龄以及改善她们自身及其子女的健康；而"所有女孩都应该帮助自己的家人"是个人或群体的观点、信仰、判断或感觉，这并不能被证

---

① Department of Education，Skills and Employment，Australian Government. Teaching Strategies，2021-05-21，https：//globaleducation.edu.au/teaching-and-learning/teaching-strategies.html.

明是正确的。

在澳大利亚课程中，从观点中判断事实的能力是一种重要的读写和计算能力。教师可以通过以下活动帮助学生区分事实和观点：（1）读一篇文章或看一份报告，找出哪些陈述是事实哪些是观点；（2）把事实变成观点（认同和不认同的观点）；（3）确定一个可以支持观点的事实；（4）就选定的话题写三个事实和三个观点。①

（六）训练跨文化理解的能力

跨文化理解是澳大利亚课程的七大综合能力之一，有助于个体更加了解本土文化并学习其他文化，如此才能真正参与、分享和合作学习。在澳大利亚，跨文化理解学习的连续体由三个相互关联的组织要素构成：认识文化并培养尊重、与他人互动和移情以及反思跨文化经验并承担责任。因此，跨文化理解首先需要明确个体自身的价值观、态度和信仰，培养开放的精神并尊重多样性。其次，跨文化理解应建立在尊重的关系之上并且是一个长期的发展过程，个体需要了解什么有利于建立尊重关系，而什么样的行为和表现则是冒犯的。最后，跨文化理解还包括适应差异，个体应意识到自身的偏见、歧视和观点，避免使用可能排外或侮辱性的语言。此外，学习一门语言有助于发展跨文化理解，它不仅是一种改善交流的手段，更重要的是在促进全球理解和尊重文化多样性方面发挥着关键作用。

教师可以通过以下方面帮助学生发展跨文化理解能力：（1）培养敏感和有效的沟通技巧，例如：使用包容性的语言、训练谈判技巧、在存在不同观点的情况下争取公平的结果；（2）使用能够呈现不同观点、真实声音和充分背景知识的资源；（3）涉及讨论文化中的价值观、态度和信仰；（4）发展对人权的理解，承认社会有不同的声音并存在不重视他人观点的现象；（5）使用批判性的读写方法，挑战刻板印象，考虑诸如"谁创作了这本书""哪种文化在所问的问题上处于有利地位"等问题；（6）批判性地反思自己的态

---

① Department of Education，Skills and Employment，Australian Government. Teaching Strategies，2021-05-21，https：//globaleducation.edu.au/teaching-and-learning/teaching-strategies.html.

度、信仰和价值观，并学会在一种文化和另一种文化之间搭建桥梁；（7）促进与不同背景的人的接触。①

（七）策划并发表说服性演讲

澳大利亚全球素养教育的核心是培养积极为所有人塑造一个更美好世界的全球公民，这通常包括撰写或陈述论点来说服读者或听众从而改变他们的想法和行为。为了做到这一点，个体需要对特定问题持有很好的理解并接受他人的不同观点，知道如何提出一个强有力的论据来说服读者或听众去思考。

基于此，教师应该：（1）课堂上尽量通过讲故事、幽默的表述、情感性的语言以及重复和短句等方式吸引学生；（2）了解学生的认知和可能持有的观点，与他们取得联系并努力说服；（3）在数据、专家意见、事实和证人陈述等证据的支持下，用清晰的推理发展论点，并对问题提出不同的观点，以论点总结和呼吁或质疑结尾；（4）策划并发表有说服力的演讲活动。例如：检查筹款活动的广告并记录鼓励支持的方法、评估一份有说服力演讲的有效性、用事实和数字提出相反的论点并确立两个相反观点之间的主要差异。②

（八）参加模拟和在线网络游戏

澳大利亚特别重视模拟和在线网络游戏在全球素养教育中的作用，认为模拟和在线网络游戏是邀请参与者了解复杂全球问题的一大视角，有助于培养同理心、形成分析情境中必要元素的能力，并洞察自身的价值观、态度和行为。大部分游戏通常通过键盘来操作，参与者在一个确定或广泛的虚拟环境中扮演一个特定角色，或与编程的替代方案进行单机游戏，或随着时间的推移与世界各地的人展开互动。在所有的游戏中，参与者都会进行谈判、

---

① Department of Education，Skills and Employment，Australian Government. Teaching Strategies，2021-05-21，https：//globaleducation.edu.au/teaching-and-learning/teaching-strategies.html.

② Department of Education，Skills and Employment，Australian Government. Teaching Strategies，2021-05-21，https：//globaleducation.edu.au/teaching-and-learning/teaching-strategies.html.

讨价还价、妥协、实验、冒险、做出选择、与决策后的结果一起生活、获得洞察力、探索感受并发展对形势的理解。

以下是澳大利亚全球素养教育游戏的部分范例:(1)印度村庄取水游戏(Accessing water in Indian village):一场让中年级和高年级学生体验取水可能对生活产生积极和消极影响的角色扮演;(2)水资源冲突游戏(Conflict over Water):一款为高年级学生设计的角色扮演游戏,在肯尼亚和澳大利亚的情景中探索可能导致水资源冲突的情况;(3)食物的力量游戏(Food Force):一款面向中学生关于在危机地区提供食品援助的在线游戏;(4)困惑游戏(Quandary):一款关于中小学生道德决策的网络游戏。[1]

(九)掌握统计等计算能力

澳大利亚把解释数据和做出明智判断作为培养中小学生的数字计算能力的重要手段,认为数据可以用来描述特征(例如,世界上贫困人口的数量),进行比较(例如1990年和2005年贫困人口的数量),找出变量(例如贫困和人均GDP)之间的关系;而良好的计算能力则有助于学生解释和质疑数据,成为有见地的全球公民。

教师被鼓励通过以下方式对学生进行提问:(1)数据测量了什么或代表的是什么;(2)数据没有测量哪些内容或没有代表什么;(3)数字的准确性有多少(例如日期、实际或估计、样本量);(4)平均值得出的结果范围是什么(高值和低值相互抵消);(5)什么因素导致了这种趋势;(6)从数据中可以得出什么关系、趋势或隐藏的结论?这些关系、趋势和结论又会对发展趋势产生何种影响?[2]

---

[1]　Department of Education, Skills and Employment, Australian Government. Teaching Strategies, 2021-05-21, https://globaleducation.edu.au/teaching-and-learning/teaching-strategies.html.

[2]　Department of Education, Skills and Employment, Australian Government. Teaching Strategies, 2021-05-21, https://globaleducation.edu.au/teaching-and-learning/teaching-strategies.html.

（十）挑战刻板印象

澳大利亚强调，发展全球视角的目标是个体不断拓宽对他人的看法，避免基于未经证实的假设或刻板印象行为，这意味着个体要学会认识到应根据个人或群体的年龄、性别、宗教、文化或财富做出假设并发生行为，而不是把个人或群体看作单一结构。

教师帮助学生挑战刻板印象的活动主要包括：（1）使用各种经验、图片、视频、文本和统计数据加深对个人和群体的理解，并探索假设；（2）培养批判性的读写能力和技能，利用批判性的理解来思考和实践行为，从而与其他群体建立更加良好的关系；（3）学会描述，例如：描述一个农民、一个来自中国的人、一个基督徒或一个穷人，回顾描述并考虑：这个描述是否适用于小组中的每个人/描述的想法从何而来/有何证据支持这种描述/描述是积极的还是消极的/其他人描述这些人的方式相似吗/为什么或为什么不/假设如何影响你对他人的行为；（4）找出媒体呈现的卡通人物、图像和有偏见的语言是如何使用刻板印象的，并考虑潜在的原因和可能的结果。①

（十一）讲故事

在澳大利亚看来，人们通过讲故事的方式向孩子灌输文化和价值观，而听故事可以激发儿童的想象力、培养好奇心、提供信息、改变思维、促进和解以及把抽象的概念具体化，因此，讲述和阅读全球主题的故事并且背景设置在其他国家或由不同文化的人写成的故事，为在课程中整合全球视角提供了机会。这种方式使得学生与人物和故事互动，将自己的经历与他人的经历联系起来，并获得看待世界不同方式的见解。

为了更好地讲故事，教师可以采取一些技巧来发展自己的讲故事风格，并培养学生讲故事的能力。例如：教师可以将科技手段运用于讲故事之中，选取视频、音频、照片、图形和网络发布相结合等方式；认真听其他讲述者陈述故事，注意他们是如何吸引观众的、在哪里停顿、何时提供信息、如何

---

① Department of Education，Skills and Employment，Australian Government. Teaching Strategies，2021-05-21，https：//globaleducation.edu.au/teaching-and-learning/teaching-strategies.html.

保持悬念以及如何通过描述和声音赋予角色生命等。在掌握讲故事技巧的基础上，教师可以通过以下领域建立全球性视角：（1）英语：考察叙述形式，阅读和复述，讨论人物观点（例如相似和不同之处，同意或不同意人物观点）、情节发展和主题，识别正义问题，改写结局，用图表展示故事中的人物和 / 或学生自己的世界之间的联系，三级提问（字面理解、深入解释和推理），挑战刻板印象，戏剧化角色扮演，故事地图；（2）地理：观察、记录和描述某个社会或自然环境的模式、问题或议题及其位置 / 效果探索与评价 /分析解决或改善情况的其他方法 / 采取行动实现这些想法；（3）历史：考察社区组织、日常生活、权力和权威，以及人、土地和时间之间关系的潜在主题；（4）数学：呈现和解释数据、模型、空间、测量和概率 / 计算 / 问题解决；（5）艺术：检查和试验插图的色彩效果、文化设计和风格 / 探讨风格的形式和作用 / 用音乐和舞蹈进行伴奏或复述故事。[1]

（十二）培养思维技能

培养一系列思维技能和实践能够使学生处理构成全球素养教育基础的复杂问题和多元视角，训练批判性和创造性思维更是澳大利亚课程的 7 个一般能力之一。为此，澳大利亚政府提供了一系列例如 EdTech Toolbox、Bright Ideas、Cybersmart 等发展思维文化的网站，帮助中小学生获取了更多想法和支持。[2]

第四节　澳大利亚全球素养教育的评价

澳大利亚全球素养教育从目标、内容、过程到方法，特点鲜明且一贯

---

[1] Department of Education，Skills and Employment，Australian Government. Teaching Strategies，2021-05-21，https：//globaleducation.edu.au/teaching-and-learning/teaching-strategies.html.

[2] Department of Education，Skills and Employment，Australian Government. Teaching Strategies，2021-05-21，https：//globaleducation.edu.au/teaching-and-learning/teaching-strategies.html.

相承，通过对各门课程的深入渗透、灵活多样的主题活动方式以及跨学科的途径来贯彻全球素养教育，取得了不错的成效。当然，任何课程都需要评价，只有通过评价才能更好地开展课程并检验教学和学习成效，全球素养教育课程也不例外。然而，澳大利亚的全球素养教育课程并不是一门单独的学科，并且注重国际理解的价值观、知识、技能和行动，因此难以制定标准化的评价方式衡量全球素养教育课程。

一、澳大利亚全球素养教育的评价理念与过程

总的来说，澳大利亚中小学全球素养教育课程的评价理念可以概括为三个方面：（1）以可持续的、终身的未来发展为导向，促进所有学生和谐发展；（2）使学生更深入地理解多元文化和全球化社会的内涵和意义，加强学生对所在国家社会及国际社会的适应性；（3）强调情感态度和价值观，重视参与和行动。

全球素养教育课程的评价过程主要包括：首先，澳大利亚中小学校要根据联邦政府教育部和澳大利亚课程、评估与报告委员会（the Australian Curriculum，Assessment and Reporting Authority，简称 ACARA）制定的总评价标准对全球素养教育课程进行自我评估。在评估过程中，教师、学生及家长等应按照评价原则填写自我评价报告，这是政府教育部门进行评价及开展资助的重要依据；其次，为充分了解执行情况并更好地促进全球素养教育课程的实施，ACARA 和全球素养教育项目委员会（Global Education Project，简称 GEP）派遣专家对澳大利亚各中小学学校进行实地考察，并形成调查报告；最后，组建专业的评估团队，对调查报告展开系统、科学的评估，并最终将评估结果对中小学校进行反馈。

二、澳大利亚全球素养教育的评价内容与方法

学校和课堂是澳大利亚中小学全球素养教育实施的基本场所。因此，澳大利亚全球素养教育的评价主要包含学校和社区、学校课程、课堂以及教师和学生等 4 个层面，每个层面以评价表的方式对不同主体全球素养教育内

容的实施情况进行评价和反馈。学校可以根据评价结果改进全球素养教育的课程设置等方面,教师可以据此改进教学方法和教学过程等,各州和领地教育部门及学校也可根据实际情况进一步调整评价方式或针对各自的全球素养教育内容和教学情况制定相应的评价方式。

(一)学校和社区层面的评价

在澳大利亚,中小学和当地社区之间有着十分紧密的联系。从澳大利亚基础教育的历史发展来看,学校办学经费由各级政府的教育经费拨款和当地社区筹集组成,而社区在学校经费的提供中占较大的比重,同时社区还致力于整合社区教育资源来优化办学条件,增加教育服务功能,满足社区教育需要。[①] 基于此,在中小学全球素养教育课程的实施过程中,学校经常通过与当地以及更广泛的社区的合作来拓展,包括与其他教育机构、地方政府委员会、企业、工业、社区团体和网络机构等建立伙伴关系。在学校和社区的全球素养教育评价中不难发现学校与社区在全球素养教育范畴内的紧密联系。除了对学校在课程和学校项目中融入全球素养教育以及鼓励师生积极参与的评价之外,澳大利亚尤为重视学校与社区在全球素养教育课程实施上的合作。(具体评价内容详见表11-5)

表 11-5　澳大利亚学校和社区的全球素养教育评价

澳大利亚学校和社区	
学校将全球素养教育原则纳入其使命宣言和正式课程文件中	非常有效　　没有效 ├───┼───┤
学校积极支持将全球视角纳入课程和更广泛的学校项目	非常有效　　没有效 ├───┼───┤
学校与当地社区以外的个人和团体建立联系和伙伴关系	非常有效　　没有效 ├───┼───┤
学校促进全体师生的平等参与,并有促进决策的结构和框架	非常有效　　没有效 ├───┼───┤
教师和学生相互鼓励,采取行动解决与正义、贫困、和平和环境等相关的社区和全球问题	非常有效　　没有效 ├───┼───┤

① 牛道生:《21世纪初澳大利亚基础教育发展前景探析》,《比较教育研究》2004年第5期。

续表

每个人都有责任确保他人的行为方式能够促进学校社区的安全与健康	非常有效　　没有效 ├──┼──┼──┤

资料来源：Australian Government & AusAID. *Global Perspectives*：*A Framework for Global Education in Australian Schools*，Carlton South Vic：Education Services Australia，2012，p. 16.

（二）课程层面的评价

在课程层面，全球素养教育的评价注重在中小学课程和学习领域中渗透全球素养教育的全面性和深入性（具体评价方式详见表11-6）。

通过评价表可以发现：第一，课程层面的全球素养教育评价注重对澳大利亚本国地位的认同，体现出澳大利亚中小学全球素养教育课程的核心价值观念，即在身为一名"澳大利亚人"的基础上学做全球公民，在培养具有民族国家凝聚力的国家公民的基础上培养具有竞争力与责任心的世界公民。第二，在评价中注重平等性原则，学校培养对象包含所有背景的学生，包括来自不同文化背景的移民、非英语语言背景学生以及土著居民的学生等等。第三，评价注重全球素养教育培养的核心内容，注重全球素养教育覆盖所有中小学学段和所有学习领域。

表 11-6　澳大利亚课程层面的全球素养教育评价

澳大利亚课程：我们教了什么和学了什么	
课程反映澳大利亚作为地区和国际社会一部分的意识	非常有效　　没有效 ├──┼──┼──┤
课程对所有学生都有很强的相关性，包括土著学生和非英语背景的学生	非常有效　　没有效 ├──┼──┼──┤
课程挑战和反对其他国家和文化的刻板印象	非常有效　　没有效 ├──┼──┼──┤
课程反映出对当地和全球贫困、不公正、冲突和可持续发展的关注	非常有效　　没有效 ├──┼──┼──┤
全球视角影响所有学习领域的教学和学习	非常有效　　没有效 ├──┼──┼──┤

全球视角影响学校教育每个阶段的教学和学习	非常有效　　没有效 ├─┼─┼─┼─┤

资料来源：Australian Government & AusAID. *Global Perspectives*：*A Framework for Global Education in Australian Schools*，Carlton South Vic：Education Services Australia，2012，pp. 26-27.

(三) 课堂层面的评价

在课堂层面，澳大利亚中小学全球素养教育评价注重教学与学习的方法和过程，具体评价方式见表11-7。

在课堂层面的评价中，澳大利亚全球素养教育除了要求对国际理解的内容渗入外，更加注重教学和学习方法的评价，例如：是否充分运用合作学习、相互沟通、谈判协商、参与决策等教学与学习方法。评价还关注在全球素养教育学习中对科技媒体和其他资料来源的使用。除此之外，全球素养教育还十分注重培养学生批判性和创造性思维能力，以及形成积极的价值观和责任心。

表 11-7　澳大利亚课堂层面的全球素养教育评价

澳大利亚课堂：我们怎样教和怎样学	
课堂设置和环境促进了合作互动和有效沟通	非常有效　　没有效 ├─┼─┼─┼─┤
教学和学习活动旨在培养学生的自我价值意识，鼓励他们为自己的学习负责	非常有效　　没有效 ├─┼─┼─┼─┤
学生有机会参与决策、学习谈判和达成共识的过程	非常有效　　没有效 ├─┼─┼─┼─┤
鼓励学生使用多种媒体和其他资源材料进行批判性思考	非常有效　　没有效 ├─┼─┼─┼─┤

资料来源：Australian Government & Aus AID. *Global Perspectives*：*A Framework for Global Education in Australian Schools*，Carlton South Vic：Education Services Australia，2012，p. 27.

(四) 教师和学生层面的评价

在教师和学生层面的评价，全球素养教育注重"教学相长"，具体评价方式见表11-8。在教师和学生层面的评价中，澳大利亚全球素养教育注重教师和学生国际理解观和思维与能力的评价。该层面要求教师与学生共同提高，获得全球公民所具备的素养和能力。

表 11-8　澳大利亚教师和学生层面的全球素养教育评价

澳大利亚全球公民：我们是谁和我们怎样做	
教师和学生以开放的心态学习世界，了解世界如何从社会、文化、政治和环境的角度进行组织	非常有效　　没有效　├───┼───┼───┤
教师和学生都拥有积极的价值观——相信他人的潜力，同情他人的权利，关心环境	非常有效　　没有效　├───┼───┼───┤
教师和学生积极学习跨文化交流、和平解决冲突、展望和为一个更公平和公正的世界做出贡献的技能	非常有效　　没有效　├───┼───┼───┤
教师和学生致力于采取行动，为所有人建设一个更美好的世界，提供未来的希望	非常有效　　没有效　├───┼───┼───┤

资料来源：Australian Government & Aus AID. *Global Perspectives*：*A Framework for Global Education in Australian Schools*，Carlton South Vic：Education Services Australia，2012，p. 27.

　　一直以来，澳大利亚都致力于发展全球素养教育，将培养学生的全球素养视为教育领域的重要任务之一，倡导以人类社会的统一和相互依存、自我意识和文化多样性、社会正义和人权以及可持续发展为核心理念。全球素养作为一个教育术语最早产生于 1988 年①，紧接着 1989 年澳大利亚便在其出台的十大教育发展目标中的两条涉及其中。

　　全球素养教育之所以在澳大利亚兴盛不衰，一方面深受全球化发展的时代浪潮推动，另一方面则源于其多元文化政策的国家发展战略。在全球化时代，推动教育的更新和改革以培养新一代更高素质的全球公民已成为世界范围内的普遍共识。为应对全球化带来的机遇与挑战，澳大利亚积极将全球视角融入教育之中。与此同时，澳大利亚作为一个典型的移民国家，文化多样性是其基本特征，主要表现为移民文化的多样性和土著民族的文化多样性，二者共同构成了以倡导文化认同、社会公正和经济效率为核心的澳大利

---

① Bill Hunter，George P. White，Galen Godbey. "What Does It Mean to Be Globally Competent?". *Journal of Studies in International Education*，Vol.10，No.3（2006），p. 273.

亚的多元文化主义。多元文化主义在教育中主要体现为强调多样性和包容性，即培养具有多元文化理解能力、社会凝聚力和全球视野的澳大利亚公民。尽管全球素养教育在澳大利亚并没有形成一门单独的课程或独立的学科，但这种强调理解和多样性、积极培养全球公民的意识和理念始终贯彻于澳大利亚中小学各门课程之中。

第十二章　日本的全球素养教育

日本全球素养教育的发展状况较为特殊，总体而言，其全球素养教育目标以"分析本土、全球和跨文化问题，理解和欣赏他人的观点和世界观，与不同文化背景的人进行开放、得体和有效的互动，能够为集体福祉和可持续发展采取行动"[1] 为基本内涵，呈现出"国际理解教育""全球教育""异文化间理解教育""多元文化教育""可持续发展教育""发展教育""国际教育"等诸多理念、并行发展的现实局面。具体而言，早期日本全球素养教育主要以国际理解教育为主导，后期不同主体则基于其自身立场和视角提出"全球教育""异文化间理解教育""多元文化教育""可持续发展教育"等理念，为日本全球素养教育的发展奠定了扎实理论基础。鉴于此，本章主要对日本"国际理解教育""全球教育""可持续发展教育"等全球素养教育理念的发展历史、理念基础、实践路径及其评价进行研究，为我国全球素养教育的开展提供一定的经验参考。

第一节　日本全球素养教育的历史发展

日本全球素养教育的历史一般可追溯至 20 世纪 40 年代，第二次世界大

---

[1] 张民选、朱福建：《国际视野下的学生全球胜任力：现状、影响及培养策略——基于 PISA 2018 全球胜任力测评结果的分析》，《开放教育研究》2020 年第 6 期。

战结束后，受联合国教科文组织的影响，在日本民间组织和美国教育使节团的合力推动下，日本政府开始将"学生全球视野与对国际问题的处理能力"纳入教学目标，从最初的国际理解教育，到20世纪90年代前后以全球公民培养为主旨，国际理解教育、全球教育、异文化间教育三足鼎立，再到现今政府主导下的多理念综合发展。日本全球素养教育的发展与日本所面临的国际形势、本国发展需求和全球战略发展格局密不可分①，受不断变化的国际化政策影响，日本的全球素养教育发展前后共经历了三个阶段：国际理解教育阶段（20世纪40年代中期—20世纪80年代晚期），聚焦"全球公民"培养的多理念并行发展阶段（20世纪80年代晚期—20世纪末），政府主导下的综合发展阶段（21世纪以来）。

一、国际理解教育阶段（20世纪40年代中期—20世纪80年代晚期）

日本的国际理解教育始于20世纪40年代，在重返国际社会的动因作用下，日本政府及学界积极响应联合国教科文组织所提出的以"世界和平"为主旨的国际理解教育理念，国际理解教育在联合国教科文组织日本委员会的主导下得到了长足的发展。该局面一直持续至20世纪70年代，以文部省为代表的日本政府开始尝试执掌国际理解教育发展，推动日本国际理解教育向"国际化对策"主导的以解决国内国际化问题为主线的国际理解教育转型，这一政策动向在日本国际理解教育界引发了巨大反响，日本国际理解教育发展进入缓慢发展期，直至临时教育审议会1987年最终咨询报告发布。

（一）与国际社会接轨动因下的国际理解教育

1945年第二次世界大战结束，日本战败，战后的日本不仅在国际社会上处于孤立无援的境地，而且国内社会经济发展亦遭受到严重的破坏，百废待兴。在此背景下，日本的教育迫切需要改革，1946年美国派遣教育使节团前往日本进行教育考察，并在《美国教育使节团报告书》中建议日本成为联合国教科文组织成员国参与国际事务，同时为日本的教育改革设计了具体

---

① 郑彩华：《中小学国际理解教育课程比较研究》，人民出版社2019年版，第181页．

方案。对此，日本民间首先做出反应，一些非政府组织诸如"民间联合国教科文组织俱乐部"等对第二次世界大战进行了深刻反思，并在此基础上积极响应联合国教科文组织所提出的"国际理解与和平文化理念"，"多种民间运动形式的国际理解教育活动于 1949 年始在日本全国范围内迅速展开，有力地推动了日本国际理解教育的发展"。[①]

在联合国教科文组织的积极督促以及日本民间组织的努力推动和影响下，在"改变日本战后被占领状态，扭转二战后日本在国际社会上的负面印象，获得被国际社会承认的独立政治经济地位"战略目标的驱使下[②]，日本政府逐渐意识到响应联合国教科文组织号召、推行国际理解教育的重要性，开始着力于国际理解教育在日本国内的实施：1949 年 6 月，日本政府颁布《文部省设置法》，在文部省中新设"涉外联合国教科文组织科"，主要承担与外务省合作的国际事务、与联合国教科文组织驻日代表部的联络协调、联合国教科文组织理念在日本国内的普及以及联合国教科文组织对日决议的执行等工作；文部省中等教育科则于 1950 年成立"国际理解教育"组，主要负责国际理解教育政策的制定；文部省初等教育科亦在其所负责的刊物《初等教育资料》中发布专刊《特集·国际理解的指导》，这些措施为日本国际理解教育的开展提供了政策指导和资料参考。

（二）以联合国教科文组织倡议为基本遵循的国际理解教育

进入 50 年代后，在美国政府的推动与日本政府的努力下，日本于 1951 年 7 月正式成为联合国教科文组织第 60 个成员国。由此，在联合国教科文组织相关政策的影响下，日本的国际理解教育逐渐形成以联合国教科文组织日本委员会为主导，合作学校为主干的实施体系。1952 年，联合国教科文组织第七届大会正式通过《为在世界共同社会中生存而进行的教育合作实验活动》计划，该计划的目的是要在世界范围内通过教育实验的方式培养国际

---

① Mariko Akuzawa. "Critical Review on Education for International Understanding in Japan：From thePerspective of Civil Society"，*Journal of Education for International Understanding*，Vol.1（Pilot Issue），2005，pp.67-84.

② 郑彩华：《中小学国际理解教育课程比较研究》，人民出版社 2019 年版，第 181 页。

理解与和平的态度，进而将各国实验结果进行国际比较。日本教科文组织全国委员会积极响应该计划，指定东京教育大学附属初中、东京私立和光学园中学、川崎市立田岛中学、广岛大学教育学院附属初中、东京教育大学附属高中、广岛大学教育学院附属高中 6 所中学加入联合国教科文组织联系学校项目，按照其要求开展"国际理解与合作的教育"，并于 1958 年发行《学校国际理解教育指南》，对日本学校国际理解教育的基本理念作出了明确界定，即"维护世界和平、尊重基本人权、理解他国文化和加强国际交流"①。受此影响，日本文部省亦意识到国际理解教育之于学生培养的重要性，分别于 1958 年和 1960 年先后对初中和高中的《学习指导要领》做出了修改，将国际理解教育纳入到普通学校的课程和教学内容中，促推国际理解教育逐渐贯穿至整个中等教育阶段。此后，为进一步推动国际理解教育在普通学校教育中的全面实施，日本文部省又于 1962—1963 年间相继刊发《为实现国际理解而进行的社会教育的相关手册》和《为实现国际理解而进行的社会教育实验》（Ⅰ、Ⅱ），国际理解教育得以融入普通学校社会科的课程和教学。

在 20 世纪 60 年代之前，为重返国际社会，日本高度重视联合国教科文组织所提出的以"和平、民主、相互理解"为主题的"国际理解与合作的教育"理念，按照联合国教科文组织所倡导的内容与模式，以联合国教科文组织合作学校为主体开展国际理解教育，"以联合国教科文组织倡议为绝对遵循，忽视本国发展需要的理解和关注"是该阶段日本国际理解教育的最主要特征。在该阶段，日本的国际理解教育以联合国教科文组织所关注的研究主题为基本方向遵循，概而言之又可划分两个阶段：第一阶段是"人权教育"阶段。1953 年联合国教科文组织提出合作学校计划（UNESCO Associated Schools Project），并将计划研究主题统一界定为"世界人权宣言""妇女权利"和"他国理解"三方面，该阶段日本国际理解教育普遍以"人权教育"为主题，关注点主要包括人权意识提升、消除种族偏见、尊重女性等；第二阶段则是"国家间文化理解教育"阶段，1956 年联合国教科文组织第九届

---

① 郑彩华：《中小学国际理解教育课程比较研究》，人民出版社 2019 年版，第 182 页。

大会正式通过了《东西文化交流重要事业计划》，促使国家间文化相互理解开始得到包括日本在内的世界各国的广泛关注。1958 年，联合国教科文组织及亚洲地区教科书会议在东京召开，会议高度强调"他国理解"的重要性，此后"他国理解"逐渐取代"人权教育"开始成为日本国际理解教育界关注与研究的核心与焦点。

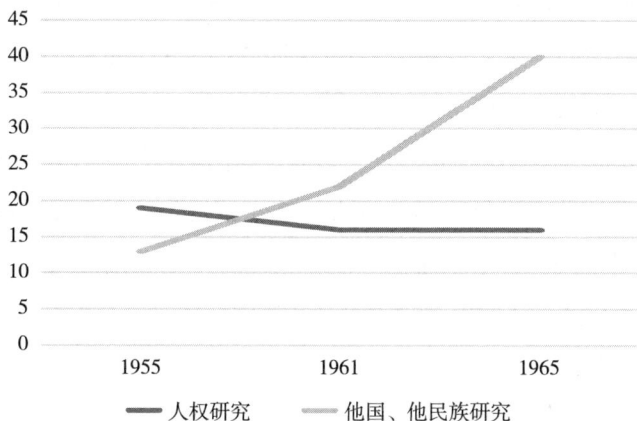

图 12-1　1953—1965 年日本合作学校计划研究主题数量变化趋势

资料来源：中西晃：《国際理解教育の理論的實践的指针の構築に関する總合的研究，平成七年度—平成九年度科学研究費補助金基盤研究成果報告》，1999 年，第 66 页。

（三）培养"面向世界的日本人"的国际理解教育

20 世纪 60 年代美苏冷战对峙进入高峰期，作为美国远东战略版图中至关重要的"反共壁垒"，日本得到了美国强大的经济和政治支持，就此进入经济高速发展时期，逐步踏入世界经济强国行列，成为当时仅次于美国的世界第二大经济强国。随着日本国际经济地位的日益提升，日本进一步加强与世界各国交往和合作的需求日益强烈，希望提升其在国际社会中的政治地位的愿望亦随之增长。为此，日本开始重视在国际舞台上展示日本以及日本人的形象，并通过新政策对各领域施以改造以适应本国国际化的需求问题。在教育领域，主要表现为日本政府不再秉持以联合国教科文组织精神为核心的国际理解教育模式，并提出对世界和平、发展以及日本所处国际地位的新认识。以 1966 年文部省颁布的后期中等教育咨询报告《被期待的日本人形象》为节点，日本政府提出"日本不仅要获得和平，而且要为和平作出贡献""处于东西对峙与南北对立之间"的日本人应该是"认识到日本使命的世界人"是"面向世界的日本人"，指出理想的日本人就是自由的、有个性的、尊重自己的、具有坚强意志的、怀有敬畏心的人，只有成为真正优秀的日本人，才有可能实现成为世界人的梦想。[①]虽然由于在形式和内容两方面所体现出的鲜明民族主义色彩，尤其是"第四章"中关于"真正优秀的日本人应是忠君爱国的日本人"的论调，《被期待的日本人形象》遭到日本舆论界特别是革新派的猛烈抨击，致使其未能获得作为文部省政策依据的地位，亦没有得到正面和全面系统的落实[②]，但日本国际理解教育在新阶段发展的基本方向，即培养"世界中的日本人"却在该报告中得到了充分体现。由此，进入 20 世纪 60 年代后期之后，日本文部省出于国家战略需要，开始尝试控制曾由联合国教科文组织日本委员会执掌的国际理解教育，联合国教科文组织对于日本政府的影响日益缩减，日本国际理解教育的重心逐渐由"严格遵循联合国教科文组织倡议"转向"适应本国国际化发展需求"。

1. 培养"国际社会中的日本人"

1974 年对于日本国际理解教育发展而言是复杂却至关重要的一年，这一年，联合国教科文组织颁布《关于教育促进国际理解、合作与和平及教育与人权和基本自由相联系的建议》（以下简称《1974 建议》），指出国际化时代的到来，呼吁世界各国的青少年要关注人类共同的命运。日本中央教育审议会亦于 1974 年向文部大臣提交了题为《关于教育、学术、文化方面的国际交流》的咨询报告，该报告在引用联合国教科文组织《1974 年建议》前言的基础上明确提出要培养"国际社会中的日本人"，强调在国际化带来的国际国内环境以及国际交流框架下讨论国际理解问题的必要性，指出"随着经济的迅速发展，我国的国际地位日益提高，在国际社会中所发挥的作用亦

---

① 文部省：《後期中等教育の拡充整備について》，2020 年 10 月 18 日，见 http：//www.mext.go.jp/b_menu/shingi/chuuou/toushin/661001.htm.

② 顾明远、梁忠义主编：《世界教育大系——日本教育》，吉林教育出版社 2000 年版，第 577—583 页。

愈加显著。但是过去我们只关注对欧美诸国知识和技术的个别吸收，欠缺综合理解各国文化以及加深外国对我国理解的尝试和努力。这直接导致国民缺少一般性的国际理解和国际合作精神，产生出闭锁的行动方式，特别是随着近年来国际交流活动的频繁进行，国外对我国出现了一些误解和不信任"①。报告将推广国际理解教育视为日本未来教育政策的基本方向，提出"为了培养能在国际社会中生存的日本人，必须全面推进国际理解教育的发展"，将"对本国的认识""培养国民自觉性""对异文化的理解"作为国际理解教育内容，提倡并针对国际理解教育的开展提出了"改善教学内容和教学方法，复兴中小学国际理解教育""加大社会教育领域的国际理解内容，开展具有国际合作精神的教育活动""加大教师的海外派遣机会，增强教师和教育部门负责人的国际化意识""将海外人员子女教育放在国际化战略高度，改善和扩充国际理解"四项政策建议。②

日本中央教育审议会 1974 年咨询报告提出"培养国际社会中的日本人"目标，并在异文化间理解、国际理解框架下提出以"外国教育""国际交流""回国人员子女教育"等国际化政策为主线的课程和教学内容，表明日本逐渐开始背离联合国教科文组织国际理解教育理念，探索"教育国际化"视角下的本土化发展道路。虽然自 1974 年以后，日本曾再度出现小规模的联合国教科文组织合作学校活动复兴的动向，但受国际国内局势影响，日本的联合国教科文组织合作学校活动的发展自 1984 年以后彻底进入停滞期，取而代之的是以"应对国际化带来的国内问题"为目标的国际理解教育。

2. 培养"国际化的日本人"

20 世纪 80 年代是国际化社会初露端倪的时期，日本政府充分认识到，通过对海归国民进行教育和引进国际学生可以提升日本学校的国际化水平，加强本国学生与外国留学生之间的异文化间交流，加深国人对外国的理解。由此，日本政府于 1983 年出台"面向 21 世纪接收留学生 10 万人计划"，提

---

① ［日］天野正治：《多文化共生社会の教育》，玉川大学出版社 2001 年版，第 93 页。

② ［日］西村公孝等：《国际理解教育への道》，中部日本教育文化会 2002 年版，第 26 页。

出至 21 世纪初日本国内留学生数量要达到 10 万人。在"计划"作用下，去往海外生活或是从海外回国定居的人数激增，外籍人士子女和国际留学生数量亦迅速增长，日本国内教育亟待"国际化变革"，"培养国际化的日本人"成为新时代日本各界人士关注的焦点。

在此背景下，日本时任首相中曾根康弘亦于 1984 年成立了一个内阁直属的教育咨询机构——临时教育审议会，主要为新时代背景下日本教育走向提供政策参考。临时教育审议会于 1985 年 6 月提交了关于教育改革的第一份咨询报告——《改革的基本构想》，提出"迎接国际化时代，站在国际化的视点实施教育改革是关系到我国存亡和发展的重要问题"，强调"在今后的教育中，有必要培养学生良好的德行，加深对本国文化和传统的理解。同时，从作为日本人的自觉意识出发，尊重他国的文化，积极充实培养同国际社会的协调能力的措施"。① 此后，临时教育审议会又于 1986 年 1 月和 1987 年 4 月提交了关于日本教育改革的第二、三次咨询报告，多次强调"培养世界中的日本人"这一教育目标的重要性，并围绕"留学生政策、外国高等教育机构的交流、学术研究方面的国际合作、国际理解教育、语言（外语）教育、海外人员子女、回国人员子女教育"的政策模式进行了探讨。②1987 年 8 月，临时教育审议会提交了关于日本教育改革的最终咨询报告，提出"在这一时代如果不去承担同我国的国际地位相称的国际责任，就无法获得新的发展……必须在教育、科研、文化与科学技术的领域中开展国际交流，使国际交流真正具有相互性，并为这些领域的发展作出具有国际影响的贡献。"③对于如何达成该目标，临时教育审议会在咨询报告中提出三点要求：一是必须具备广阔的国际视野，保持日本文化的个性，并能深入理解不同文化的优秀之处；二是在爱国的同时，不能仅仅凭借狭隘的爱国心去判断利弊，而是

① 吕达、周满生主编：《当代外国教育改革著名文献：日本、澳大利亚卷》，人民教育出版社 2004 年版，第 6 页。
② 吕达、周满生主编：《当代外国教育改革著名文献：日本、澳大利亚卷》，人民教育出版社 2004 年版，第 48 页。
③ 姜英敏：《东亚国际理解教育的政策与理论》，高等教育出版社 2017 年版，第 24 页。

要在广阔的国际世界和人类视野中形成鲜明的性格，同时要深刻理解国旗、国歌的意义，并能在学校教育中适当地体现出来；三是深刻理解多样的异文化背景，培养国际交流能力。此外，为了使教育适应时代变化和社会国际化的发展要求，临时教育审议会亦针对日本的国际理解教育提出"建设适应海外归国子女教育的学校""充实和完善留学生引入体制""促进学生对于国际社会的理解""改善外语教学和加强日语教育""进一步加速高等教育面向国际化的改革"等具体改革措施。[①] 较之中央教育审议会 1974 年咨询报告以及临时教育审议会报告，临时教育审议会 1987 年最终咨询报告在要求培养"国际化的日本人"的同时更加强调"日本人的自觉""尊重日本文化和传统"，意味着日本政府对教育政策方向的根本性调整。

从 1974 年到 1987 年，日本国际理解教育的理论发展酝酿了诸多关键问题，日本的国际理解教育在政府政策的大力推行和联合国教科文组织合作学校活动的停滞过程中日益发展、成熟，尤其是日本临时教育审议会 1987 年最终咨询报告于日本教育而言意义重大，甚至被认为是继明治维新和第二次世界大战之后日本的第三次教育大变革。在此之后日本国际理解教育基本完成了由联合国教科文组织国际理解教育理念到国际化对策的国家教育战略的方向性转换。

二、聚焦"全球公民"培养的多理念并行发展阶段（20 世纪 90 年代早期—20 世纪末期）

进入 20 世纪 90 年代以后，日本学界着眼于全球化趋势下的国际国内相关问题提出了一系列观点和主张，国际理解教育、国际化对策教育、全球教育、异文化间教育等教育理念纷纷出现。在此现实局势下，日本政府及学界希望能够群策群力、共同讨论，基于对各理念的精准定位，梳理出本土化的理论体系和框架。在合作中，围绕各项教育理念、目标和内容，日本政府、国际理解教育学会、全球教育学会和异文化理解教育学会四大主体间亦出现

---

① 姜英敏：《东亚国际理解教育的政策与理论》，高等教育出版社 2017 年版，第 24 页。

诸多分歧，我们将这一"诸多理念纷繁错杂，日本全球素养教育在混乱与分歧中徘徊，谋求发展之路"的阶段界定为日本全球素养教育的多理念并行发展阶段。

在该阶段，为促使国际理解教育为本国的国际化发展服务，日本文部省取代联合国教科文组织全国委员会成为了国际理解教育实施的管理机构，1989 年 3 月日本教育课程审议会发布新一版《学习指导要领》，明确提出"要培养优秀的国际人，必须先培养优秀的日本人"，日本国际理解教育政策在兼顾国际化的前提下，重心开始向本土化倾斜。1996 年 7 月，日本第 15 届中央教育审议会提交了题为《二十一世纪我国教育的形态》的咨询报告，报告基于本土化理念，从充实国际理解教育，改善外语教育，改善和充实海外子女、归国子女、外国子女教育等方面探讨日本国际理解教育的发展，明确表达了日本政府面向全球化时代对国际理解教育提出的新要求，即形成对不同文化的理解，确立作为日本人的自我意识，以及培养对外交流与表达的语言能力，使青少年学生成为合格的"世界公民"。[①]1996 年中央教育审议会咨询报告促使日本国际理解教育的主旨从以世界和平、国际胸怀为目标的联合国教科文组织国际理解教育理念，转变为以应对国际化发展为需求的"内需式"理念。此外，为贯彻咨询报告精神，日本文部省于 1998 年修订并实施了"新学习指导要领"，要领要求新设跨学科、综合性、符合学生兴趣的"综合学习时间"，其学习内容涵括国际理解、信息、环境、福利和健康五方面内容，从小学三年级开始在各学年实施，课时数为 105 节。与在联合国教科文组织合作学校中实施国际理解教育不同，"新学习指导要领"所提出的以正式课程为载体实施国际理解教育的规定为国际理解教育在日本中小学的全面普及提供了政策依据，国际理解教育由此成为日本中小学教育的正式内容。[②]

日本国际理解教育学会的学者们则秉承联合国教科文组织在《1974 年

---

① 王威：《日本国际理解教育政策变迁研究》，博士学位论文，北京师范大学教育学院，2008 年，第 67 页。

② 姜英敏：《东亚国际理解教育的政策与理论》，高等教育出版社 2017 年版，第 24 页。

建议》，以及 1995 年《为和平、人权和民主的教育综合行动纲领》中所倡议的"和平文化"精神，聚焦"全球公民培养"，认为国际理解教育即"追求和平的全球公民教育"①，并进而提出"由于所有的人均共同生活在一个地球上"，因此要实施"培养尊重自身和他人的人权、承认以文化并与世界人民共同生存的人的教育"②。可见，日本国际理解教育学会所提倡的国际理解教育是以联合国教科文组织的"培养国际公民"倡议作为思想遵循的，与文部省所推行的以"培养合格国民"为指向的"内需式"国际理解教育截然不同。此外，为巩固自身在日本教育界的地位，该时期日本国际理解教育学会还聚集大批国际理解教育领域权威学者成立研究实践委员会，就国际理解教育的相关议题形成了多份研究报告、调查及实践指导。该委员会的主要贡献包括：一是长期坚持联合国教科文组织的国际理解教育理念，与日本政府的"内需型"理念形成二元对立局面，二者间的争论促使日本国际理解教育领域的诸学者不断进行深入思考，为日本国际理解教育的发展和成熟注入了不竭动力；二是将国际化教育、发展教育、环境教育、可持续发展教育等新理念纳入了国际理解教育的理论框架内，丰富了日本国际理解教育领域的研究范围；三是编写出了大量的个案集、资料集，为日本国际理解教育实践的发展奠定了扎实的基础。

在国际理解教育相关理论与实践蓬勃发展的同时，全球教育亦在日本国内迅速兴起。1993 年 8 月 24 日，81 名关注全球化问题的发起人在国立教育研究所召开了日本全球教育研究会的创立会议暨第一届大会，"全球教育"主张生存在地球社会的人们应正视并协力应对自然灾害的威胁，关注解决发展中国家人口激增、环境污染的全球性问题，作为一种应全球化时代而生的新理念，问世之初便得到广泛关注与迅速发展。1997 年 8 月 8 日，以"全球社会里的'生存力'与教育的课题"为主题的学术大会召开为标志，日本全球教育学会正式成立，并将全球教育界定为以"全球化、相互依赖性愈加

---

① ［日］中村耕二：《多文化共生社会を目指す国际理解教育：21 世紀に求められる地球市民教育》，《言語と文化》2001 年第 5 期。

② ［日］米田伸次等：《テキスト国际理解》，国土社 1997 年版，第 5 页。

明显的世界为前提，培养重视全球的视角、全球的价值，在遇到问题作出决定时能够采取超国家行动的全球公民性为其目的"的教育。① 虽然同样强调全球公民的培养，但与国际理解教育学会不同的是，日本全球教育学会主张应立足于"日本的特殊性需求"和"全球的普遍性需求"之上，培养"不畏惧面对全球性问题，从超越国家/全球的角度秉持'全球伙伴'精神积极参与行动的全球公民"。②

除国际理解教育学会和全球教育学会外，异文化理解教育学会亦是 20世纪 90 年代日本全球素养教育领域的一支重要力量。日本异文化理解教育学会成立于 1981 年，其早期主旨为"通过跨学科研究解决因异文化间接触所产生的相关教育问题"③。进入 20 世纪 90 年代以后，随着国际理解教育学会、全球教育学会的相继成立，研究对象的重叠迫使异文化理解教育学会开始重新考虑自身学科定位。时任会长江渊一公指出："异文化理解教育应是指通过异文化的接触和交流，或者在异文化接触和相互作用作为恒常的结构性条件存在的状况下展开的，与人格形成相关的文化或教育过程。"④ 江渊一公的论断扩大了日本异文化理解教育学会的研究边界，异文化理解教育领域得以用自身理论体系去诠释和辐射其他教育领域，"全球公民的培养"亦成为其关注的焦点。但与国际理解教育学会和全球教育学会的观点不同，异文化理解教育学会的学者主张全球公民培养的核心应是多元文化教育，而在"全球公民"与"合格国民"的定位问题上，异文化理解教育学会则遵循融合立场，认为应同时兼顾到二者属性或者建立多元认同。在异文化理解教育

---

① ［日］佐藤郡衛：《国際理解教育——多文化共生社会の学校づくり》，明石書店 2001 年版，第 24 页。

② ［日］魚住忠久：《21 世紀地球社会の可能性とグローバル教育》，日本グローバル教育学会紀要編集委員会《グローバル教育創刊号》，日本グローバル教育学会 1998 年版，第 15 页。

③ 異文化間教育学会：《異文化間教育学会の趣旨》，2021 年 1 月 15 日，见 http：//www.intercultural.jp/about/index.html。

④ ［日］江渊一公：《異文化間教育学の可能性——学会十五年の回顧と展望》，アカデミア出版会 1996 年版，第 14 页。

学会前任会长小林哲看来，无论是秉持联合国教科文组织"和平文化"理念的日本国际理解教育学会，还是主张超国家理念的日本全球教育学会，其共同的症结均是一味谈论理想而忽视了日本国内目前面临的由于全球化带来的诸多问题，因此必须把异文化理解教育和多元文化教育加入其中，将理想与现实结合起来。①

总而言之，进入20世纪90年代后，日本国际理解教育学会、全球教育学会和异文化理解教育学会三者间围绕"全球公民的培养"这一共同议题，就"全球公民教育"的概念、目标和内容产生了旷日持久的争论，加之"内需式"理念导向下的日本政府与民间三大学会间关于全球公民教育的本质特性与内需前提下的"特殊价值"之争，日本全球素养教育进入多理念并行发展阶段。但亦是在如此"百家争鸣"之局面下，国际理解教育、全球教育、异文化间教育等全球素养教育外延概念在理论及实践方面得到了极大丰富与发展，为面向全球化3.0时代的日本全球素养教育发展奠定了极为扎实的基础。

三、政府主导下的综合发展阶段（21世纪以来）

21世纪是人、财、物、资本、信息空前迅速移动的时期，其移动形态亦变得异常复杂、多元，全球范围内世界各国的相互依存与社会的国际化特征愈加鲜明，个人成为了主角，肤色或东西方的文化差异不再是合作或竞争的障碍，软件的不断创新，网络的普及，让世界各地包括中国和印度的人们可以通过因特网轻松实现自己的社会分工，新一波的全球化，正在抹平一切疆界，世界变平了，从小缩成了微小，环境、能源、人口、和平等问题都不再是某一个国家内部的问题，而成为世界各国共同关注和合作解决的问题，弗里德曼（Thomas Friedman）将之称为"全球化3.0时代"。由此，在全球化大趋势驱使下，日本政府以1999年松浦晃一郎担任联合国教科文组织第

---

① ［日］佐藤郡衛：《国際理解教育——多文化共生社会の学校づくり》，明石書店2001年版，第24页。

八任总干事为契机积极融入国际社会，参与国际事务，同时高度重视日本国际教育的发展。

(一)　日本政府对国内全球素养教育相关理念的统合

2001 年 1 月，日本行政机构结构调整，文部省与科学省合并为文部科学省。合并后，文部科学省便立刻以"融入国际化趋势"为遵循，着手推行改革。国内方面，主要包括在初等、中等教育局新设"国际教育科"，并在国际教育科内设"国际理解教育专员""海外子女教育专员""外国儿童教育专员""日语指导调查专员""外语教育普及室"，借此完成对文部省内散乱的国际化相关职能部门的统合。2003 年，文部科学省发布《平成 15 年度文部科学白皮书》，在"应对国际化"一章中从实施国际理解教育、加强外国语教育、加强海外人员子女教育和海外归国人员子女教育四个方面论述了对"生活在国际社会中的日本人"的培养。2004 年，文部科学省颁布《平成 16 年度文部科学白皮书》，在《平成 15 年度文部科学白皮书》相关内容的基础上提出"培养生活在国际社会中的人才"，并将其归纳为实施国际理解教育、加强外国语教育、加强海外人员子女教育、海外归国人员子女教育以及加强外国学生教育五个方面。由此，可以看出随着日本国民结构的多元化和世界范围内的经济全球化趋势的到来，日本政府内需式的国际教育政策产生了渐进式变化，通过"培养生活在国际社会中的人才"理念实现了对日本国内盛行的国际理解教育、异文化理解教育、全球教育、外国人员子女教育等全球素养教育相关理念的统合，开始注重与全球社会的"完全接轨"。这一点在此后的《平成 17 年度文部科学白皮书》《平成 18 年度文部科学白皮书》《平成 19 年度文部科学白皮书》《平成 20 年度文部科学白皮书》《平成 21 年度文部科学白皮书》中的"完善丰富国际交流与合作"部分均有所体现。

总而言之，进入 21 世纪以来，全球化渗透到世界的各个角落，教育领域国家的壁垒亦被打破，竞争与合作成为国家间的常态，确保日本在全球教育竞争中的优势地位，培养出适应全球化社会、引领时代潮流的人才成为文部科学省教育政策的核心课题。在此背景下，日本政府愈加重视本国的全球化，国际理解教育、异文化间理解教育、国际教育、全球教育等理念亦由此受到日本政府的关注，日本的全球素养教育在日本政府所提出的"培养生活在国际社会中的人才"的背景下大力推行，"政府行政力量的转轨与其对多种教育理念的统合"成为 21 世纪日本全球素养教育发展的首要特征。同时，日本政府在教育政策方向上的转轨亦在一定程度上与日本民间学界的主张相契合，由此在日本政府的有意接触下，日本民间三大学会的理念观点亦悄然发生变化，日本国内长期存在的"日本特殊性"和"地球普遍性"间的二元对立随之得到缓解，民间三大学会的研究方向逐渐向文部科学省所主张的"培养生活在国际社会中的人才"靠拢，日本的全球素养教育进入了新的发展阶段。

（二）官民融合立场下的可持续发展教育

正如上文所述，进入 21 世纪后，日本政府为顺应全球化时代趋势，开始积极参与国际事务。日本政府设立与初等、中等教育局平级的"国际统括官"以应对联合国教科文组织活动等国际教育事务，同时沉寂多年的联合国教科文组织日本委员会与联合国教科文组织合作学校重新启动，联合国教科文组织日本委员会面向联合国教科文组织提交《可持续发展教育 10 年计划（2005—2014）》，并率先在国内的联合国教科文组织合作学校开展可持续发展教育。2002 年 12 月，第 57 届联合国大会进一步根据日本的建议，通过了第 254 号决议，将 2005—2014 年定为"联合国可持续发展教育十年"，该决议草案提名联合国教科文组织为牵头机构，要求制定国际执行计划，并呼吁各国政府考虑各自的执行计划。日本于 2005 年 12 月设立了以内阁官房、外务省、文部科学省、环境省为中心的可持续发展教育开展相关部委联席会，并进一步于 2006 年 3 月制定了《我国的"联合国可持续发展教育十年"实施计划》，该计划的制定标志着日本可持续发展教育的正式展开。此外，为保障可持续发展教育在学校教育中的顺利实施，日本政府分别于 2006 年 12 月与 2007 年 6 月将"尊重生命，珍惜自然，培养有助于环境保护的态度"和"促进学校内外的自然体验活动，培养尊重生命和自然的精神，以及促进环境保护的态度"作为义务教育的基本目标纳入了《教育基本法》。①

2015 年 8 月，联合国教科文组织日本委员会发布了名为《进一步推进教育促进可持续发展》的报告，在回顾"联合国可持续发展教育十年"日本可持续教育发展成果的基础上，发布可持续发展教育的后期推进对策：一是加大可持续发展理念的传播力度；二是在学校教育中进一步深化可持续发展教育实践；三是整理日本可持续发展教育经验为世界各国提供参考。2016 年 5 月，加拿大、法国、德国、英国、意大利、日本、美国在日本冈山县仓敷市召开七国首脑会议，会议最终通过《仓敷宣言》，其中"通过教育实现'社会包容'尊重世界共同价值以应对今天的世界共同面临的贫困、难民、移民、青年人失业、暴力升级等问题""通过教育阻止所有损害人类尊严的暴力，阻止歧视，为实现共生社会，基于共同价值（生命尊重、自由、宽容、民主主义、多元共生、人权尊重等）来培养公民性，通过教育实现文化间对话、促进相互理解、酿生道德意识""培养全球化新时代所需要的资质与能力，包括自主提出新问题以及为解决问题与他人合作、创造新价值、与世界社会保持联系度过美好人生的能力""通过教育国际合作培养对不同想法和价值观的宽容精神，培养建构多元文化共生社会所需要的重要且广博的能力"等内容与可持续发展教育息息相关。②

2016 年 8 月，文部科学省发布《平成 28 年度文部科学白皮书》，在第十章"加强国际交流与合作"的总括部分中，长期使用的"国际理解教育"与"国际教育"被"可持续发展教育"与"联合国教科文组织合作学校活动"代替。③ 作为联结日本与国际的关键纽带，可持续发展教育成为日本国

---

① 王晓茜、张德伟：《日本教育基本法的修改与教育基本理念的转变》，《外国教育研究》2007 年第 7 期。

② 文部科学省：《平成 27 年度文部科学白書——第 10 章国際交流・協力の充実》，2021 年 1 月 3 日，见 https://warp.ndl.go.jp/info：ndljp/pid/11293659/www.mext.go.jp/b_menu/hakusho/html/hpab201601/detail/1376822.htm。

③ 文部科学省：《平成 28 年度文部科学白書——第 10 章国際交流・協力の充実》，2021 年 1 月 3 日，见 https://warp.ndl.go.jp/info：ndljp/pid/11293659/www.mext.go.jp/b_menu/hakusho/html/hpab201701/detail/1398313.htm。

际文教政策的重中之重，日本联合国教科文组织合作学校由此数量骤增，文部科学省亦进一步面对全国各级学校对可持续发展教育的普及进行总体布局与指导，相关教育活动一直持续至今。

日本全球素养教育的发展自20世纪40年代开始，第一阶段以国际理解教育为主导，先后经历了"以联合国教科文组织理念为绝对遵循发展国际理解教育"与"因本国国际化内与联合国教科文组织理念背道而驰，转而探索国际理解本土模式时期"两个时期；第二阶段则是日本全球素养相关理念多元共生的阶段，代表不同主体的国际理解教育、全球教育、异文化理解教育、国际教育等多种理念在日本教育领域同时存在，日本的全球素养教育的发展进入了缓慢甚至停滞阶段，但也是这种大繁荣为21世纪以来日本全球素养教育的发展奠定了基础；第三阶段日本全球素养教育的发展是以日本政府为主导的，为与全球社会接轨，日本政府统合民间学界所主张的国际理解教育、全球教育、异文化理解教育等理念，提出"培养生活在国际社会中的人才"的国际文教理念，同时通过可持续发展教育增强与联合国教科文组织间的联系，探索出兼顾"全球性"与"本土性"的全球素养教育发展道路，即既不可摒弃国际组织理念，又不可忘记"培养国际社会中的日本人"的目标。这一发展理念，是在日本全球素养教育50余年的发展过程中逐步形成的，也是致使至今日本全球素养教育发展出现价值多元化现象的原因，这样的矛盾直接致使不同主体设计出不同目标和内容并将其适用于教育实践的现象，形成日本特殊的全球素养教育理论与实践现状。

第二节　日本全球素养教育的理念基础

在全球化已成必然的时代趋势下，教育国际化成为世界各国发展教育的共识，全球素养教育毋庸置疑是教育国际化开展的基础保障与关键构成。围绕全球素养教育"培养全球公民"的目标理念，日本政府及民间组织提出"国际理解教育""全球教育""异文化间理解教育""多元文化教育""可持续发展教育""发展教育""国际教育"等诸多与其相关的教育理念。虽然上述诸理念的形式、目标和称呼皆有所不同，但其理念内涵均在一定程度上与全球素养教育相契合，为全球素养教育在日本的发展奠定了扎实的理念基础。

一、国际理解教育

日本政府与民间组织均高度重视国际理解教育的发展，但日本政府将国际理解教育定位于国家"国际化对策"框架内的理念则与民间组织所秉承的以世界和平为目的的国际理解教育理念存在严重分歧，从而导致在理论层面，21 世纪的日本国际理解教育出现了两种截然不同的国际理解教育理念相并存的现象，即政府"培养爱国精神前提下的全球化教育"与民间组织的"跨越国境前提下的世界公民教育"的分歧。[①] 在如此现实背景下，日本政府和民间组织分别对国际理解教育理念做出了不同的阐述。

日本政府对于国际理解教育理念的界定是对日本国家权益的集中体现，是日本政府面向 21 世纪时代需求所做出的战略选择，纵观日本政府关于中小学国际理解教育的多项政策文本可知，日本国际理解教育理念是随着日本国家发展的"内需"不断调整和转变的。20 世纪末期以来，全球化的浪潮席卷世界，不同国家、地区之间在政治、经济、文化上的交集越来越多，各国政府均意识到世界正逐渐成为一个整体，只有生活在这个地球上的每一位个体团结合作才能解决这些全球问题。[②] 基于此，日本文部省在 1996 年发布的《面向 21 世纪的我国教育现状》咨询报告中指出面向 21 世纪，应对国际化时代的教育改革方向。该报告重新启用"国际理解教育"一词，并基于本土化理念对"国际理解教育"的内涵做出了新的阐述，提出了 21 世纪推进日本国际理解教育发展的三根支柱，为新时期日本国际理解教育提出了三大目标：一是培养广阔的视野及对异文化的尊重与理解，以及同异文化背景

---

① 姜英敏、于帆：《日本"全球公民教育"模式的理论分析》，《比较教育研究》2013 年第 12 期。

② 滕珺、杜晓燕：《经合组织〈PISA 全球胜任力框架〉述评》，《外国教育研究》2018 年第 12 期。

的人们共同生活的能力；二是为了更好地做到国际理解，首先要确立作为日本人以及作为个人的自我；三是在国际社会中，要做到既尊重对方的立场，又能够表达自己的想法和意愿，需要培养外语基础、表达和交流能力。①

　　不同于文部省所推行的国际化理念，日本民间学界以"共生"，即"所有人共同生活在一个地球上"为基本点，将"培养尊重自身和他人的人权、承认异文化并与世界人民共同生存的人的教育"②作为国际理解教育的基础理念，并结合多元化理解对其做出了进一步的丰富与解读。日本国际理解教育学会将"传播和平文化理念"作为其创立宗旨，并将该宗旨阐释为："21世纪随着东西冷战局面的缓和，世界开始有意识地摸索构建新秩序。人、财、物以及信息的跨境交流越发频繁，世界各国之间以及一国国民之间的相互依存关系也在进一步增强。另一方面，由于民族、传统、文化、语言等的不同、竞争、对立、误解、摩擦也随之日常化，各国国民之间的理解交流显示出其重要性。在人们心中构筑起和平堡垒的精神指引下，联合国教科文组织常年提倡的以和平与异文化间理解为轴心的国际理解教育空前高涨。国际理解教育是囊括知识、技术、思考能力、价值观、态度形成的教育，应在终身学习的场域，充分利用学校、家庭、地区、社会的所有机会建立相关人员之间的联系和合作机制来实施国际理解教育。作为伫立在世界东方太平洋上的我国，面向21世纪在连接东西方、促进南北交流的同时，为了与世界各国国民和平共生，必须向人们心中诉诸国际理解教育之重要性。我们在此聚合学者、教育实践者、其他有关人员创立日本国际理解教育学会，立志通过国际理解教育的研究与实践以及与国民之交流，贡献我国国际教育的促进和发展。"③诸多日本学者亦对国际理解教育理念做出了解读，多田孝志认为，学校教育的任务本身就是培养全球公民，而最直接、最有效的方法莫过

---

① 钟启泉：《对话教育：国际视野与本土行动》，华东师范大学出版社2006年版，第23—24页。

② ［日］米田伸次等：《テキスト国际理解》，国土社1997年版，第5页。

③ 日本国际理解教育学会：《日本国际理解教育学会设立宗旨》，2021年1月26日，见http://www.kokusairikai.com/jsetsuritu10.php。

于国际理解教育；大津和子则提出国际理解教育的培养目标应为："以尊重人权为基础，深入理解现代世界的基本特征，即文化多样性与相互依赖性，培养对不同文化的宽容态度，怀抱作为社区、国家、全球社会一员的自觉，为解决全球性问题参加各种社会活动，并与他人积极合作之人。"① 中村耕二认为国际理解教育的目的在于追求和平的全球公民教育②，并进一步提出全球公民教育的内容体系：A. 对于贫困、难民、环境、和平等全球性问题的认识；B. 自文化与异文化理解；C. 全球共生；D. 异文化交流；E. 多元价值认同；F. 国际交流；G. 对于人权的普遍尊重；H. 形成全球公民自觉并愿意为通过政府间发展援助、非政府组织以及非盈利组织活动实现对全球性利益的维护。③

二、人权教育

普遍人权是对于共同理想的集体愿景，期待人类享有尊严，获得尊重，不受其他差异和差别的影响，并且可以获得充分的机会来实现全面发展。人权教育则可以帮助人们认识到引发冲突的问题以及如何公正地解决这些问题，在暴力和冲突期间，人权教育可以有力地促进"不歧视"原则，并且保护所有人的生命和尊严。④ 联合国教科文组织在《1995—2004 年联合国人权教育 10 年行动计划》阐述了人权教育的基本宗旨和主要内容，人权教育是建立普遍的人权文化，通过传授人权知识及技能和塑造态度，开展培训传播和信息交流的教育，其主要内容包括：加强尊重人权；充分发展人格和尊严；促进民族、宗教、性别的平等和宽容；促进社会的有效参与；推动联合国的

---

① ［日］大津和子：《総合的な学習における国際理解教育の構想カリキュラム》，《北海道教育大学教育実践総合センター紀要》2005 年第 6 期。

② ［日］中村耕二：《多文化共生社会を目指す国際理解教育：21 世紀に求められる地球市民教育》，《言語と文化》2001 年第 5 期。

③ ［日］中村耕二：《多文化共生社会を目指す国際理解教育：21 世紀に求められる地球市民教育》，《言語と文化》2001 年第 5 期。

④ 联合国教科文组织：《反思教育：向"全球共同利益"的理念转变》，教育科学出版社 2017 年版，第 16—17 页。

维和活动，并于 1995 年提出《教育促进和平、人权和民主综合行动框架与宣言》，旨在通过人权教育世界项目持续推动人权教育发展，将人权教育融入世界各国教育内容之中。①

日本的人权教育理念以联合国教科文组织所倡议的"人权教育的基本宗旨和主要内容"为基本遵循，概而言之，有以下两条进路：一是基于日本国内实际情况从"和平教育等关于少数弱势群体的平等问题的教育""环境保护、反公害教育""宪法中的公民权利教育""消除歧视、追求平等"等角度实施的人权教育；二是将人权教育和国际理解教育二者理念相整合所进行的"基于对人的生命的尊重思想，反对一切否定人的生命的力量，尤其反对战争，热爱和平，以培养和平之建设者为目标的和平教育"②，主要包括"原子弹爆炸主题""侵略战争主题""和平宪法主题""矛盾冲突化解主题"等内容。

三、全球教育

"全球教育"，即培养"全球公民"的教育，是 20 世纪 80 年代兴起于日本的教育理念。日本全球教育学会基于"全球化"立场论述"全球公民"培养，提出"全球公民"应具备超越国家疆界、通过全球视野解决全球性问题的能力，思考全球化带来的影响及所应采取的措施、态度，从而探求与全球性课题相适配的解决方法。

日本学者鱼住忠久（日本全球教育学会第三、四任会长）认为全球教育是对日本长期存在的"基于本土特殊性需求所开展的国际理解教育"和"基于全球普遍性需求所开展的国际理解教育"二元对立现状的打破，是一种合二者为一的"统合模式"，其指出"如果说过去的教育是以日本的文化传统为基础的、在'国家—社会'框架的延长线上探讨全球公民之培养，那

---

① 何齐宗、晏志伟：《全球视野的德育理念：目标、内容、策略及启示——基于联合国教科文组织教育文献的研究》，《教育科学》2020 年第 6 期。

② 日本国際理解教育学会编：《国際理解教育ハンドル・シティズンシップを育む》，明石书店 2000 年版，第 225 页。

么如今就应该站在'地球—日本社会'框架内，基于全球普遍面临之问题探讨全球公民之培养"①。基于此，鱼住忠久进一步指出"全球公民"教育要培养的是敢于挑战全球社会问题、承担全球责任之人，因此"全球公民"应具备作为全球社会的一员去了解问题和解决问题的能力；与他人合作并能承担起社会责任与义务的能力；批判性、系统性的思考能力；非暴力解决纷争的意愿；对人权的敏锐感受性和拥护人权的能力；为保护环境自觉改变生活方式和消费习惯的意愿；参与地区、国家、国际不同层面政治活动的意愿和能力等。② 在鱼住忠久看来，全球素养教育应与全球现实相联系，可以从"与和平、安全、环境保护等相关的、超越文化特殊性的普遍性关注""全球秩序，包括全球社会政治、经济和信息等""全球共同面临的课题，譬如核与和平、人口等""以个人、国民以及全人类的一员看问题的态度的形成""从全人类的角度去理解历史"五方面入手展开全球教育。③ 此外，亦有学者着眼于"全球公民"某方面能力的着重培养，为全球教育理念的发展做出了一定的贡献。譬如小川彩子指出由于全球社会的到来与发展，异文化价值观相互交织的全球性问题不断涌现，异文化背景人员正面交流的机会大幅增加，因此，能够进行有说服力的表达和沟通对于全球公民而言至关重要，掌握至少一门外语，熟知世界地理、历史、政治和经济等内容，是成为"全球公民"的必要条件④；加藤幸次则强调应让学生自主建构概念，形成独特的思考角度和解决问题的方案，即建构性地学习全球公民教育内容，从而促使学

---

① ［日］鱼住忠久：《グローバル教育の新地平─グローバル市民社会を拓くために》，日本グローバル教育学会紀要編集委員会《グローバル教育》VOL.4，日本グローバル教育学会 2001 年版，第 71 页。

② ［日］鱼住忠久：《グローバル教育の新地平─グローバル市民社会を拓くために》，日本グローバル教育学会紀要編集委員会《グローバル教育》VOL.4，日本グローバル教育学会 2001 年版，第 74 页。

③ ［日］鱼住忠久：《グローバル教育のめざすもの》，日本グローバル教育学会紀要編集委員会《グローバル教育》VOL.2，日本グローバル教育学会 1999 年版，第 7 页。

④ ［日］小川彩子：《共生の教育と"文化のカプセル"》，日本グローバル教育学会紀要編集委員会《グローバル教育》VOL.4，日本グローバル教育学会 2001 年版，第 36 页。

生形成问题意识和解决问题的能力。①

总而言之，日本全球教育以日本全球教育学会所提出的全球公民教育论为理念遵循，强调学生"全球视野"和"全球性问题解决能力"的培养，主张超越"国家"和"国际"范畴，从而实现二者统一前提下的全球公民教育。

四、异文化理解教育

20 世纪 80 年代，受美国多元文化主义影响，异文化间理解教育理念在日本兴起。异文化间理解教育强调"异文化间理解能力""异文化间共生能力"的培养，注重不同文化间的彼此理解和共生，其理念核心在于"文化理解"，即"以与异文化的接触与交流为契机，或者在与异文化的接触与相互作用长期存在的结构性环境中展开的、与人格形成相关的文化过程或行为。"②

异文化间理解教育遵循融合立场，兼顾本土性与国际性。佐藤郡卫认为"全球化时代"的全球公民教育应该超越"国际""国家"两个层面上的思考，使学习者形成多元认同，即不仅要作为日本人的认同，还应形成作为个人、亚洲人、全球公民等认同。佐藤郡卫称之为"杂拌、移民式认同"（见图 12–2），即不对特定民族、国家形成归属意识和认同意识，形成多元化的身份认同，佐藤郡卫认为杂拌式认同才是全球化时代超越国家形成人与人、市民团体、地区共生群体认同的有效途径。③ 小林哲也的观点与佐藤郡卫不尽相同，其从"内外国际化"视角论及国家与国际层面的"全球公民"教育问题出发，指出在异文化间理解教育中的"全球公民"教育要充分考虑"人类的、全球的立场"，即"对外国际化"立场和"对内国际化"立场的双

---

① ［日］加藤幸次、浅沼茂：《国際理解教育をめざした総合学習》，黎明書房 1999 年版，第 19 页。

② ［日］江淵一公：《異文化間教育研究入門》，玉川大学出版部 1997 年版，第 16 页。

③ ［日］佐藤郡衛：《国際理解教育——多文化共生社会の学校づくり》，明石書店 2001 年版，第 32 页。

重层面。其中，"对外国际化"立场培养的是全人类、全球社会的整体意识和连带意识，"对内国际化"立场培养的则是以尊重"异质性他者"的人权意识为基础的全球公民意识。①

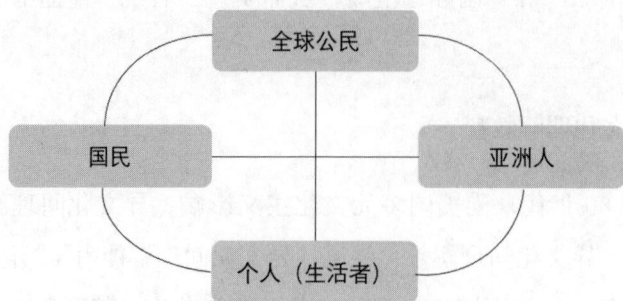

图 12-2 杂拌、移民式认同

资料来源：［日］佐藤郡衛：《国際理解教育——多文化共生社会の学校づくり》，明石書店 2001 年版，第 32 页。

除立场定位外，培养目标亦是日本异文化理解教育的重要议题。江渊一公从异文化间理解教育视角论及"地球人意识"，认为一名合格"地球人"所应具备的基本素养应是："能够用以获得创造丰富生活所必需的互换信息、技术和价值观的态度、能力。"② 山岸绿将全球化时代"异文化共生能力"梳理为以下四点：第一，为理解全球社会或多文化社会所应具备的知识，即人类的相互依存性、全球社会、贫困、人权等内容；第二，多元化的视角，即建构知识，重新审视自己秉持的价值观的合理性或现实中社会的价值观的合理性，换位思考为异文化背景的人们着想的能力；第三，培养富于文化意识、兼具自我调节能力和调整状况能力的"异文化应对能力"；第四，避免对不同文化背景或语言背景的人们进行划分，能够进行建设性交流的对话技

---

① ［日］小林哲也：《国際化と教育―日本の教育の国際化を考える―》，日本放送出版協会 1995 年版，第 201 页。

② ［日］江渊一公：《シンポジウムー異文化間教育学と日本の教育の国際化——主題設定の趣旨と提案・討議の総括》，異文化間教育学会《異文化間教育》No.1，アカデミア出版会 1987 年版，第 21 页。

能。① 佐藤郡卫提出："在全球化、多文化社会，应注重学生理解复杂性现实社会的知识性新的或是知识重建能力、创造和谐人际关系能力、与他人合理解决问题能力的培养。"新井郁男则概括性地将异文化间理解教育的培养目标总结为"理解异文化的意义并传承的能力"。②

五、国际教育

日本的国际教育内涵丰富，是"面向多群体"予以推行的一种教育形式。一是面向日本学生所展开的"国际教育"，日本文部科学省指出"国际教育"有别于"全球教育"，其是指"培养学生在国际社会基于全球的视野自主行动所必要的态度和能力基础，其目标在于在培养学生确立自我认同基础上接受他者并与其共生，发出自己的声音并付诸行动的能力。"③ 二是面向归国人员子女所展开的归国人员子女教育，即"为缓解那些由于父母在海外工作等原因不得不随父母长期居住在海外的日本国民子女归国后所经历的学业、文化及生活的不适应所提供的各类支持性教育活动"。④ 三是面向海外人员子女所实行的海外人员子女教育，即"为那些由于父母在海外工作等原因不得不随父母长期居住在海外的日本人子女所设立的教育，使他们即使在海外也能接受与日本国内水平相当的教育，同时在他们回国的时候提供各种援助，使其迅速适应日本学校的学习和生活"。⑤

---

① ［日］山岸みどり：《異文化間リテラシーと異文化間能力》，異文化間教育学会《異文化間教育》No.1，アカデミア出版会 1997 年版，第 37—51 页。

② ［日］新井郁男：《異文化間リテラシー有成のための教育課題》，異文化間教育学会《異文化間教育》No.1，アカデミア出版会 1997 年版，第 115—123 页。

③ 文部科学省：初等中等教育における国際教育推進検討会報告～国際社会を生きる人材を育成するために～，2021 年 8 月 3 日，见 http：//www.mext.go.jp/b_menu/shingi/chousa/shotou/026/houkoku/05080101/001.htm。

④ ［日］佐藤郡衛：《国際理解教育—多文化共生社会の学校づくり》，明石書店 2001 年版，第 126 页。

⑤ ［日］大津和子、溝上泰：《国際理解教育の重要な英語 300 の基礎知識》，明治図書出版 2000 年版，第 90 页。

六、可持续发展教育

可持续发展教育即以"可持续发展"理念为导向的教育,"可持续发展"(Sustainable Development)理念最早产生于20世纪80年代,其含义是指既满足当代人的需要,又不损害后代人满足需要的能力的发展,换言之,即指经济、社会、资源和环境保护协调发展,四者是一个密不可分的系统,既要达到发展经济的目的,又要保护好人类赖以生存的大气、淡水、海洋、土地和森林等自然资源和环境,使子孙后代能够永续发展和安居乐业。可持续发展教育则旨在通过教育学生获得思考和采取行动的能力,从而创造一个可持续的社会,将环境、防灾和国际理解等各种全球问题视为自己的问题,教育的核心目的是传承和再创造世代间的文化,教育的终极目的是实现人类与自然的和谐共生的持续可能的社会。① 文部科学省在报告《可持续发展教育十年——文部科学省的努力》中指出:"……为此,寄希望于教育培养出具有全球视野的公民,在作为个人认识到地球资源有限性的同时,具有自主意识,建立新的社会秩序……(来解决全球共同面临的问题)。"②

进入21世纪以来,日本教育领域进入第三次改革浪潮,日本政府积极响应联合国教科文组织所提出的"可持续发展教育十年计划",强调未来的挑战包括利用反映不同利益相关者知识的机制,促进建立伙伴关系结构,以及促进可持续发展目标和相关活动之间的协调和合作③,并以"促进可持续发展教育"为主题推进国内国际教育改革,改革的基本方针如下:其一,以"构筑持续可能性社会"公民的培养为目标;其二,为了解决可持续性的问题,需要综合解决紧密相关的各种问题;其三,重视社区学习,面向社区开

---

① [日]佐藤学等:《持続可能性の教育》,教育出版社2015年版,第1页。

② 姜英敏、于帆:《日本"全球公民教育"模式的理论分析》,《比较教育研究》2013年第12期。

③ 文部科学省:《我が国における"持続可能な開発のための教育(ESD)に関するグローバル・アクション・プログラム"実施計画(ESD国内実施計画)の改定の進め方(案)》,2021年1月29日,见 https://www.mext.go.jp/unesco/002/006/002/001/shiryo/attach/1415174_00042.htm。

展可持续性社会的行动；其四，基于社会的变革，以学习的思考方法、生存方式和观念变革为基础。由此可见，走向可持续发展教育，在教育理念上突出了三大特点：一是尊重生命；二是人与人、人与社会、人与自然的和谐共生；三是参与可持续性未来的行动。这三个方面是日本政府面向未来可持续发展教育所秉持的理念和目标。①

第三节　日本全球素养教育的实践路径

目前，日本全球素养教育实践包括：一是联合国教科文组织合作学校所开展的教育活动，二是文部科学省国际文教政策指导下的教育活动，三是日本国际理解教育学会、全球教育学会、异文化理解教育学会等民间学术组织所开展的研究活动。由于此三类主体对全球素养教育出发点、理论视角以及内容体系的观点不尽相同，实践形式亦各具特征，因此自然形成了全球素养教育实践多元、复杂的局面。

一、联合国教科文组织合作学校教育活动

日本的全球素养教育始于20世纪50年代的联合国教科文组织合作学校。由20世纪50—60年代的高峰，到20世纪60—80年代的一度低迷，20世纪80年代到20世纪末期的了无音信，再到21世纪的高调复兴，日本联合国教科文组织合作学校经历颇为坎坷的发展道路。

（一）20世纪的日本联合国教科文组织合作学校

联合国教科文组织于1953年成立了国际学校间联合网络（Associated Schools Network，ASPnet），以"战争在人的心中产生，因此必须在人的心中建立和平堡垒"为宪章理念，帮助世界学校朝着"促进和平与国际相互理解"的全面目标推进教育，日本的"联合国教科文组织合作学校"也是该网络的一部分。日本联合国教科文组织合作学校亦完全遵循联合国教科文组织

---

① 　熊梅等：《日本国际理解教育的框架体系与未来课题》，《外国教育研究》2019年第10期。

的理念，实施以和平文化为主题的国际理解教育。该时期的日本联合国教科文组织合作学校对国际理解教育内容的学习主要采用知识学习的方式，但受制于信息欠发达、国际交往相对不密切的现实困境，学生难以通过有限的书籍学习到全面的知识，只能以自身认知为补充去理解他国文化，对于他国的理解难免带有一定的刻板印象。20世纪60年代以后，联合国教科文组织日本合作学校的国际理解教育工作在日本愈加受到重视，在日本政府与民间学界的合力下，联合国教科文组织日本合作学校形成了统一的联盟规划和教育内容，学生得以对他国及国际形势形成了更为深刻、全面的理解。

20世纪70年代，美苏冷战全面爆发，日本被卷入美苏冷战格局，联合国教科文组织合作学校活动难免受到冷战思维影响举步维艰，更面临文部省、外务省的机构调整，原有负责国际理解教育相关事务的联合国教科文组织日本委员会无法完成其职能，导致国际理解教育有名无实。当然除此以外，联合国教科文组织的教育内容脱离实际、无法找到实践意义、师生缺乏可资借鉴的教材、对峙紧张的国际环境等也都阻碍了联合国教科文组织合作学校的活动热情，日本的联合国教科文组织学校活动一度陷入低迷甚至停滞。

（二）再次复兴的日本联合国教科文组织合作学校

进入全球化趋势日益明显的21世纪以后，教育领域国家间的壁垒被日益打破，竞争与合作成为国家间的常态，为确保自身在全球教育竞争中的优势地位，日本政府愈加感到参与并引领国际教育合作的紧迫性。由此，日本政府宣布重启联合国教科文组织日本委员会与合作学校。重启之初，日本政府便在联合国第57届大会上提交了一份名为"可持续发展教育十年"的建议，该建议以第254号决议的形式通过，联合国将2005—2014年确定为"世界可持续发展教育十年"，并将可持续发展教育的学习领域界定为"国际联合分工和国际关系""人权""民主主义""宽容""异文化间学习""环境保护""贫困""性别平等""身心健康""环境保护""地方发展""人权""文化间的理解""和平""可持续发展的生产和消费""文化的多样性""生物的多样性""信息通信技术"等，并敦促世界各国实施可持续发展教育。以此为契机，日本得以重新与国际教育领域接轨，可持续发展教育成为联合国教科文组织日本委员会与合作学校教育实践工作开展的重心。

截至 2021 年 5 月，日本已有联合国教科文组织合作学校共计 1120 所，包括幼儿园、小学、初中、高中、义务教育学校、中学、特殊需要学校、技术学院、师范学院等多种学校形式。[1] 其教育内容主要围绕可持续发展展开，包括：1. 围绕解决贫困、饥饿、失业、艾滋病、环境污染、气候变化、文盲、性别歧视、童工等联合国以及联合国教科文组织职能相关全球性问题的解决方案；2. 以"世界人权宣言""儿童权利宣言"等为出发点，着眼学生的生活，传播与其有关的他人的权利、责任、义务、种族歧视、偏见、民主主义、相互尊重、公民责任、宽容、非暴力纷争等与人权相关的主题；3. 与他国的学生及其家族、本国人、移民集团以及使馆或其他国家文化中心保持联系，增加对不同习惯、传统、价值观的理解；4. 针对地球所面临的环境问题——污染、能源紧缺、森林保护、海洋与大气研究、土壤侵蚀、天然资源保护、沙漠化、温室效应、可持续发展等问题，思考解决方法，同时思考科学发展对人类未来的作用；5. 关注人格发展、自律、判断能力、责任心等人性的发展，培养学生能够正确理解与他人、与社会、与自然环境的关系，尊重其连带与交往。[2]

为促进日本可持续教育的发展，联合国教科文组织日本委员会自 2009 年起开始举办年度联合国教科文组织合作学校大会，并于 2014 年设立可持续发展教育奖，对优秀的实践学校加以表彰以示鼓励的同时，亦为其他各学校的经验交流提供了平台，同时联合国教科文组织日本委员会计划通过联合国教科文组织国际学校间联合网络，将举办过的可持续发展教育的优秀案例与教师经验分享至全世界。此外，日本政府还计划在未来利用《促进 ESD 的参考》举办培训，尝试使联合国教科文组织学校全国大会成为可持续发展教育的参与性培训场所，在全国教育领域之间开展更积极的讨论，以实现可

---

① 文部科学省：《持続可能な開発のための教育》，2021 年 6 月 7 日，见 https://www.mext.go.jp/unesco/004/1339976.htm。

② 姜英敏：《东亚国际理解教育的政策与理论》，高等教育出版社 2017 年版，第 24 页。

持续发展教育在全国学校教育中的实施，为可持续发展教育在世界范围内的普及提供借鉴。①

二、文部科学省国际文教政策指导下的教育活动

现阶段，文部科学省国际文教政策指导下的教育活动主要是基于文部科学省白皮书"加强国际交流与合作"部分中的相关规定展开，形式较为多样，包括国际理解教育、外国语教育、海外人员子女教育、海外归国人员子女教育、外国学生教育以及可持续发展教育 6 个方面，具体实践形式则以学习指导要领为遵循。

（一）国际理解教育

2017 年，文部科学省发布了修订版的《小学学习指导要领》《初中学习指导要领》以及《高中学习指导要领》，对于国际理解教育的实施，依旧沿用 2005 年系列指导要领中的规定，以跨学科、综合性、针对学生学习兴趣的"综合学习时间"为载体实现国际理解教育的教学，综合学习时间的学习主题包括国际理解、信息、环境、福利、健康等跨学科、综合性主题学习活动，基于学生兴趣的主题学习活动，体现本地区或学校特色的主题学习活动以及职业及未来选择相关的主题学习活动等，自小学三年级开始在各学年实施，每年授课课时为 105 小时。此外，除"综合学习时间"科目外，国际理解教育的内容在中小学教育的"道德时间"与"社会科"领域亦有所渗透。

（二）外国语教育

根据"平成 30 年度学习指导要领修订要点指南"，外国语教育是 2017 年日本各学段学习指导要领修订的重点之一。其中，《小学学习指导要领》规定在小学设立"英语活动"课程，同时通过新教材的整备、培训、录用、培训的一体化改善、加强专门指导、活用外部人才等措施加强小学外语教育，为日本学生的英语学习打下坚实基础，《初中学习指导要领》与《小学

---

① 文部科学省：《平成 27 年度文部科学白書——第 10 章国際交流・協力の充実》，2021 年 1 月 3 日，见 https://warp.ndl.go.jp/info：ndljp/pid/11293659/www.mext.go.jp/b_menu/hakusho/html/hpab201601/detail/1376822.htm。

学习指导要领》规定相仿，亦是在初中设立"英语活动"课程，《高中学习指导要领》中则规定在高中实施"英语科目式学习"，具体包括"英语交流科"和"逻辑表达式科"，"英语交流科"是通过结合 5 个领域的语言活动和多个领域的综合性语言活动，综合培养沟通的资质和能力的科目，"逻辑表达式科"则是锻炼学生活用根据目的、场景、状况等的逻辑构成和展开，通过用英语演讲、演讲、讨论、讨论、撰写有条理的文章等方式来有效提高学生对自身信息和想法的表达能力的科目。此外，小学、初中、高中指导要领均规定英语教育在以有效提升小学、中学、高中外语能力为目标的同时，要加强与国文教育的联系，教师在进行英语教学的同时引导学生对日语作为日本人母语的特征及其丰富性形成准确的认识。

（三）海外人员子女教育

海外人员子女即正随父母在国外学习的日本儿童，随着日本国际活动的发展，许多日本人将孩子带到海外，截至 2015 年 4 月 15 日，约有 7.8 万名义务教育阶段的日本儿童生活在海外。为了使海外的日本人员子女能够接受到适合日本国民的教育，日本文部科学省联合外务省采取了各种措施促进海外儿童教育。根据文部科学省发布的"在海外学习的日本孩子们（2021 年度报告）"显示，文部科学省主要负责派遣教师前往海外，并且根据不同地区的教育特点开发教材与课程，课程教学内容主要包括日语、日本国家综合介绍，小学、初中阶段的语文和数学知识以及为补习学校中的日本人员子女提供针对性辅导，师资则由退休教师、有志成为正式教师的年轻教师以及个别派遣目的地教师组成；外务省主要负责为海外人员子女教育机构提供校舍租赁费与教师酬金。

（四）海外归国人员子女教育与外国学生教育

所谓海外归国人员子女教育是指对因父母海外工作跟随至日本以外的文化环境中并度过学龄期的一段时间，之后又回到日本的儿童施以的专门教育，外国学生教育则是指对居住在日本的外国学生（其或已加入日本国籍或保留母国国籍）施以的专门教育，二者有一个共同特征，即在日学习生活对其而言其实是一种异文化生活，难以适应。对此，"学习指导要领"提出

"要制定统一的日语能力测定标准和与之相配套的教学方法"，由此，海外归国人员子女与外国学生无论在什么年龄、年级接受日本的学校教育，都能得到与其日语能力相契合的配套支援，切实增强了海外归国人员子女与外国学生在日本的异文化学习生活能力。①

（五）可持续发展教育

依据 2021 年 5 月文部科学省发布的《促进可持续发展教育指导要领》，日本政府计划借鉴国际理解教育的实施模式，以专题形式在中小学的综合学习时间实施可持续发展教育，专题的主题则是以联合国在《变革我们的世界：2030 年可持续发展议程》提出的"可持续发展"目标为基础设计的，包括人类、地球、繁荣、和平和伙伴关系 5 个方面。除综合学习时间外，可持续发展教育在中小学教育的多个科目中均有所体现，譬如在小学"科学"科目中，教师会教导学生熟悉自然，观察和实验，培养解决问题的能力和热爱自然的感情，同时实现对自然事物和现象的理解，培养科学观点和思维方式；在初中"社会地理"科目中，教师会教导学生以地方环境问题和环境保护工作为核心，将其与工业和区域发展趋势、人民生活等联系起来，并思考区域环境保护努力对于建设可持续发展社会的重要性；在高中"公民现代社会"科目中，教师会带领学生参与创造可持续社会的活动，从而加深其对现代可持续社会的理解，引导学生思考作为现代人应有的生活方式。②

2021 年 8 月，日本文部科学省进一步发布《日本可持续发展教育实施计划（第二期 ESD 国家执行计划）》（草案），其中对日本可持续发展教育未来的实践前进路向做出明确规划：1.为可持续发展教育颁布进一步细化政策；2.改变现有可持续发展教育学习环境；3.培养实施可持续发展教育的教育工作者；4.支持青年参与通过可持续发展教育促进可持续发展的变革；

---

① 文部科学省：《特別支援教育部会における議論の取りまとめ（案）》，2021 年 6 月 27 日，见 https://www.mext.go.jp/b_menu/shingi/chukyo/chukyo3/063/siryo/attach/1371744.htm。
② 文部科学省：《学習指導要領における ESD 関連記述》，2021 年 6 月 7 日，见 https://www.mext.go.jp/unesco/004/1339973.htm。

5.通过可持续发展教育切实为可持续社区建设提供促推力。①

三、民间学术组织的全球素养教育相关教育研究及实践活动

除联合国教科文组织合作学校与文部科学省外，日本国际理解教育学会、全球教育学会、异文化理解教育学会、发展教育学会等民间学术组织亦围绕全球素养教育相关理念开展了一系列教育研究及实践活动。

譬如日本国际理解教育学会研究实践委员会集结学会力量出版了《全球化时代的国际理解教育——连接理论与实践》《国际理解教育辞典》《国际理解教育手册——培养全球公民性》等具有时代意义的图书，同时与多国学者及一线教师联合进行合作课程开发，并出版了《日韩中制作的国际理解教育》等图书；此外，自 2004 年以来，委员会与日本国立民族博物馆共同举办"博学联合教师研讨会"年度活动，还于 2015 年开始在日本关西地区开展全球公民教育的公开课活动。再如日本国际理解教育学会前会长大津和子有感于一线教师对国际理解教育的课程开发的无力，基于多文化社会、全球化社会、全球性课题、对未来的选择四领域设计了一套国际理解教育的学习内容体系，每个领域中均设置有明确的关键词，教师可借此迅速理解课程目标与意图。再如藤原孝章则以全球化教育理论作为参考，构建了发展与合作、环境及资源、异文化理解、世界经济、世界政治五大学习领域，然后在这五大学习领域中分别设置了具体的学习主题并加以实施，要求高中生通过讨论、发表小论文等形式对全世界共同面临的问题进行讨论。可以说，日本国际理解教育学会、全球教育学会、异文化理解教育学会、发展教育学会等民间学术组织及学者所进行的一系列教育研究及实践活动亦对日本全球素养教育实践的充实起到了重要作用。

---

① 文部科学省：《我が国における"持続可能な開発のための教育（ESD）"に関する実施計画》（第 2 期 ESD 国内实施計画）（案），2021 年 8 月 27 日，见 https：//www.mext.go.jp/unesco/002/006/002/001/shiryo/attach/1415174_00044.htmhttps：//www.mext.go.jp/unesco/002/006/002/001/shiryo/attach/1415174_00044.htm。

第四节　日本全球素养教育的评价

评价是全球素养教育中不可或缺的一部分,科学完善的全球素养教育评价体系对于全球素养教育的发展而言至关重要。从目前来看,评价属于日本全球素养教育的短板,在日本的可持续发展教育、国际理解教育、异文化理解教育、全球教育等全球素养教育相关教育模式中,现阶段仅国际理解教育评价有所发展,呈现出以下特点:

一、以学生发展为目标导向进行评价

在日本国际理解教育领域学者看来,国际理解教育注重的是能力和态度的培养而不是知识的掌握,因此国际理解教育评价不应仅以最终的结果为考评标准,更应聚焦于对学生接受国际理解教育这一过程中所得到的发展进行评价,评价的目标在于促进学生的学习。由此,日本国际理解教育评价强调从态度、知识、能力三方面关注学生发展,具体而言一是注重尊重人权、对异文化的宽容与共感以及协同参与的态度;二是注重文化的多样性、相互依存、安全、和平和共生概念的认识和理解;三是注重学生的沟通能力、信息处理能力和问题解决能力的培养。2017 年颁布的《新学习指导要领》是二战以来日本政府对学习指导要领的第九次修订,《新学习指导要领》将"资质与能力"作为日本中小学教育面向未来的"新的学力观",其中,对国际理解教育目标进一步做出界定,将其划分为"知识技能""思考力、判断力、表现力""自学能力、人间性"三个方面①,指向学生资质和能力的培养。

由此,日本国际理解教育聚焦"学生发展"形成了诸多形成性评价目标,即将基于知识、能力、态度三维度下各项指标的操作性界定构建评价标

---

① 　[日] 安彦忠彦:《小学校学習指導要領の全文と改正要領解説》,明治图书 2017 年版,第 8—9 页。

准，对学生接受国际理解教育的全过程进行评价。譬如在"从家乡传统的风筝看亚洲文化"主题课程中，其课程目标为：能够关心地域传统文化和亚洲各国文化，能够积极地开展相关的活动；能够通过口头、文章和作品等清楚地向周围的朋友宣传地域传统文化和亚洲各国文化；能够思考自己尊重和理解地域传统文化和亚洲各国文化；能够按照自己的想法采取实际的行动，评价者需基于学生具体表现，按照 A、B、C 三个水平确定具体的评价标准，A 为超标，B 为达标，C 为尚需努力。①

二、聚焦不同课程采用多元化评价方法

日本在国际理解教育的评价中，立足"学生发展"将诊断性评价、过程性评价和终结性评价有机结合，强调对学生学习过程进行评价，综合运用多元化方法记录评价学生参与活动的积极性和表现。现阶段除了语言（口头、笔记）、数据、表现、作品、自评、互评之外，还有小论文、答题卡、问卷、访谈、班级讨论、小组项目、海报、家庭作业、电脑、观察记录、学习日志和日记、档案袋制作等方法，评价者可以灵活运用一种或多种评价方法完成对学习者的评价。依据日本国际理解教育学会的统计，现阶段日本国际理解教育领域的评价可大致概括为单元笔记的检查和反馈、针对讨论采取的措施、展示和汇报的检查、自我评价、工作表、课堂观察 6 类办法。

概而言之，又可以归纳为以下两条进路：一是"他评"，即由授课者（教师）对学习者（学生）在国际理解教育中的表现进行评价，譬如日本学者石森广美主张应用教师的描述、诊断等他评的方法对学生在国际理解教育中的学习状况进行评估，并进一步为国际理解教育教师设计了口头表达评价表（见表 12–1）。

---

① 熊梅等：《日本国际理解教育的框架体系与未来课题》，《外国教育研究》2019 年第 10 期。

表 12-1　石森广美—教师口头表达评价量表案例

5	学生能对探究的课题进行准确的论述，并提出其重要性的理由。有能够支持结论的具体信息。汇报展示的方法有说服力，汇报的结构有逻辑性；能够使用视觉性的辅助资料增加展示的效果，引导听众；能够看到其精心准备和对研究问题饶有兴趣地开展研究的证据。能够感受到其作为地球市民的自觉性和责任感，能充分表明今后的意愿
4	学生能够论述其研究的课题及其重要性。能够提出支持其结论的适量的信息。还能在其展示的方法上下功夫，展示的内容构成十分恰当。使用视觉性的辅助材料。能够认真准备、积极参与研究，并表明今后的意愿
3	学生能够论述其探究的课题及其重要性和结论，但是支持其论点的信息和逻辑不能像 4、5 程度那样富有说服力；展示的方法和内容构成大体恰当。也能涉及视觉性的辅助资料。可以看出是经过准备的
2	学生能够论述其探究的课题，但是得出的结论不够充分。展示内容和展示方法方面下的功夫不足。不能看出是经过准备开展的工作。在今后继续深入探究意愿方面也有些不足
1	学生对于设定的课题没有进行探究就进行汇报。不能得出合适的结论，汇报的内容论点不明确、难以理解。不像经过准备的样子，汇报的内容构成也不恰当
0	没有进行汇报展示

注：5 = 优秀（拔尖），4 = 特别好，3 = 好，2 = 需要努力，1 = 不充分（差）。
资料来源：日本国际理解教育学会编：《国際理解教育ハンドブックーグローバル・シティズンシップを育む》，明石書店 2015 年版，第 108 页。

　　二是"自评"，即以学习者自身为主体对自己在国际理解教育中的表现进行评价，让学生基于自己的真实感受找到学习过程中的问题，然后再去给他们设定一定的标准进行自我评价和互相评价。譬如近年来在日本国际理解教育领域较为流行的"我能清单式评价案例"（Can-do）（见表 12-2）就是通过明确列出学习要达成的结果以及学生力所能及的目标，使学生清晰地掌握学习节奏和进度以及自己努力的方向。

表 12-2　我能清单式评价案例

你能清楚地明白你学过的东西吗？（　　）
写下你学到的最重要的事情。
在今天的课堂中你学到新知识了吗？（　　）

续表

写下一些关键词。
你能与别人合作吗？（　　）
举出一个例子。
你听老师和其他人的话吗？（　　）
举出一个例子。
你能够表达和判断你的观点吗？（　　）
举出一个例子。
这项工作、学习让你在看待事物的时候有所不同吗？（　　）
举出一个例子。
这种学习现在或者将来在某些方面对你有帮助吗？（　　）
举出一个例子。

评价标准：E = 很棒；S = 满意；N = 需要提高
资料来源：日本国際理解教育学会编：《国際理解教育ハンドブック—グローバル・シティズンシップを育む》，明石書店 2015 年版，第 109 页。

　　总而言之，科学评价工具的缺位是制约现阶段日本全球素养教育发展的一大难题，以可持续发展教育为载体的日本全球素养教育的深化发展亟待科学评价工具的助力。而在已有明确指标参照的基础上，日本国际理解教育领域诸学者在"评价目标"与"评价方式"方面的探索则可以为现阶段以可持续发展教育为载体的日本全球素养教育评价的深化发展提供行之有效的经验。

第十三章　韩国全球素养教育

韩国作为全球素养教育领域的倡导者和践行者，始终以积极的姿态参与联合国及教科文组织倡导的国际理解教育和全球公民教育等各项活动，大力发展全球素养教育，并充分发挥全球素养教育在促进国家经济和社会发展、推进教育国际化、培养全球公民等方面发挥的作用。韩国的全球素养教育受联合国教科文组织的影响，以"国际理解教育的全面普及，通过国际交流实现国际相互理解、亲善和合作，发展民族文化，确立世界和平理念，促进人类福祉"为主要领域和内容①，涵盖"国际理解教育""全球公民教育""多元文化教育""可持续发展教育""人权教育""和平教育"等多重理论基础，搭建出了独具韩国文化特色的全球素养教育体系。韩国在塑造和践行全球素养教育的过程中取得了不菲的成绩，为全球素养教育研究提供了丰富的理念和实践案例。

第一节　韩国全球素养教育的历史发展

韩国全球素养教育的发展历史可以回溯至20世纪中期联合国教科文组织倡导的国际理解教育。第二次世界大战结束后，韩国将发展以国际理解教育视为跻身国际社会的敲门砖，积极参与联合国教科文组织倡导的合作学校

---

① 姜英敏：《东亚国际理解教育的政策与理论》，高等教育出版社2017年版，第110页。

项目。尽管后期国际理解教育在韩国一度受到阻滞，但随着全球化趋势的显现，旨在"培养具备国际理解能力的全球公民"的全球公民教育成为韩国教育领域的热点和重点话题。具体而言，韩国以国际理解教育和全球公民教育为主题的全球素养教育的发展历程经历了初创阶段（20 世纪 60 年代）、停滞阶段（20 世纪 70 年代）、复兴阶段（20 世纪 80 年代—20 世纪末）和繁荣阶段（21 世纪以来）等 4 个阶段。①

一、初创阶段（20 世纪 60 年代）

由于二战带来的惨痛教训，联合国教科文组织充分意识到战后国际理解教育的重要性，并在 1946 年第一次全体会议上正式提出了国际理解教育的理念。自提出国际理解教育理念以来，联合国教科文组织一直致力于传播、创新和平文化理念，呼吁世界各国接受和秉承该理念。韩国国际理解教育就是在联合国教科文组织的影响下产生的，其最早的国际理解教育活动可以追溯到 1961 年的联合国教科文组织合作学校。与二战结束后的战败国日本一样，韩国渴望通过积极响应联合国教科文组织对于国际理解教育的倡导，从而实现国家振兴并跻身国际社会之列，这与 20 世纪四五十年代的时代背景密不可分。

1948 年，韩国摆脱长达 35 年的日本殖民地桎梏以及结束美国干预的 3 年军政期，宣布独立。但独立后的韩国内部状况并不容乐观，由于殖民地和战争所带来的影响，朝鲜半岛处于南北分裂状态，位于朝鲜半岛南部的韩国经济水平较为低下，国家发展百废待兴。同时，国家内部意识形态纷争尚存，1950—1953 年的朝鲜战争使得韩国无暇顾及国际社会动态。1963 年，朴正熙通过军事政变成为韩国第 5 任总统，朴正熙上台之后一方面大力发展国内经济，另一方面通过教育大力培养韩国人民的国民意识。与此同时，由于地缘政治的因素，韩国成为美国在亚洲所选定的、对其他新独立的国家具有示范作用的援助对象，韩国由此顺理成章地加入美国为首的资本主义阵

---

① 姜英敏：《韩国"全球公民教育"的发展及其特征》，《比较教育研究》2013 年第 10 期。

营。① 对此，朴正熙提出了以出口为主导的经济发展模式，与前殖民宗主国日本恢复邦交并签订韩日协定，通过振兴出口经济积极进入国际市场。为推动韩国在政治上跻身欧美国家为主导的国际社会，在经济上实现外部市场带动国内经济增长，韩国开启了推动国际理解教育的征程，以期提高学生对外国文化的理解，培养学生的国际交往能力、国际理解能力。

韩国初创阶段的国际理解教育完全按照联合国教科文组织要求的内容和模式发展，自 1954 年联合国教科文组织在第八届国际教育会议上采纳了关于"国际理解和合作"的建议后，倡导发展"国际理解与合作的教育"，其简称"国际理解教育"也一直被韩国沿用至今。

20 世纪 60 年代，韩国国际理解教育主要以联合国教科文组织合作学校项目为新抓手开展各种活动。1961 年，汉城师范大学附属初中及高中、梨花女子大学附属中学、淑明女子大学附属中学 4 所中学获得联合国教科文组织韩国委员会（Korean National Commission for UNESCO）的支持，加入了联合国教科文组织合作学校项目（UNESCO Associated Project）。② 该项目于 1953 年启动，是联合国教科文组织把国际理解与世界和平的教育理念转化为实践的一个影响范围最广泛的项目，项目所涵盖的教育机构都致力于在实践中促进国际理解、和平、文化间对话、可持续发展和优质教育。③ 该时期韩国的国际理解教育隐含着多重政治经济影响因素，是以培养国民认同感为基础的国际理解教育，对于联合国教科文组织很多理念的接受较为被动，其合作学校所开展的国际理解教育活动只包括"人权""和平""文化理解""国际组织的使命"四大主题。但是作为最先向世界范围开放的中学，这 4 所中学在韩国国际理解教育历史上具有里程碑式的意义，最早在韩国教育领域开展国际活动，在二战后百废待兴的韩国代表了教育的最前沿，成为韩国中小学生了解世界、展望未来的载

① 董向荣：《美国对韩国的援助政策：缘起、演进与结果》，《世界历史》2004 年第 6 期。

② 유네스코아시아 · 태평양국제이해교육원，국제이해교육의 동향 - 미국，일본，호주，한국 -，서울：정민사，2003，p. 381.

③ 郑彩华：《教科文组织联系学校项目网络概述》，《外国中小学教育》2010 年第 4 期。

体。① 到 20 世纪 60 年代末，韩国的国际理解教育合作学校已增加至 14 所，每年由联合国教科文组织合作学校项目的学校校长和专任教师一同举办并参加国际理解教育研究会，成为了该时期韩国国际理解教育发展最为显著的特征。②

二、停滞阶段（20 世纪 70 年代）

20 世纪 70 年代，朴正熙改变民主选举的政治程序强行连任总统，并试图通过政治高压政策来维系其统治的合理性。朴正熙政府推动国民教育计划，加强意识形态教育，致力于培养爱国国民，以完成其"建设富强国家"的理想。因此，倡导"全球和平与理解"的国际理解教育在该时期受到打压和排挤。③ 与此同时，受到"冷战"国际形势的影响，韩国全面停止对联合国教科文组织合作学校的资助活动，1975 年的合作学校项目年度研讨会甚至停办，韩国国际理解教育的发展进入停滞阶段。

三、复兴阶段（20 世纪 80 年代—20 世纪末）

进入 20 世纪 80 年代后，全球范围内经济一体化的进程加速，各国合作日趋紧密。在面向 21 世纪的教育改革和规划中，世界各国纷纷将教育国际化要素纳入国家教育的发展。韩国作为东亚地区的教育强国之一，在教育国际化进程中亦不甘落后，韩国搁置许久的国际理解教育也随之再次兴起。

1981 年，在韩国的召集下，联合国教科文组织国际理解教育亚洲地区会议在汉城召开，讨论在亚太地区实施国际理解教育的必要性以及各国间建立国际理解教育网略的可能性。④1982 年，联合国教科文组织韩国委员会以"国际化时代韩国的国际理解教育"为题，在首尔召开第十三届国际理解教

---

① 姜英敏：《东亚国际理解教育的政策与理论》，高等教育出版社 2017 年版，第 104 页。

② 유네스코아시아·태평양국제이해교육원，국제이해교육의 동향-미국, 일본, 호주, 한국-，서울：정민사，2003，p. 382.

③ 姜英敏：《东亚国际理解教育的政策与理论》，高等教育出版社 2017 年版，第 104 页。

④ 姜英敏：《东亚国际理解教育的政策与理论》，高等教育出版社 2017 年版，第 105 页。

育研讨会，并以此为契机重启联合国教科文组织合作学校活动，且将合作学校增加至 36 所，韩国国际理解教育就此复苏。① 韩国的国际理解教育初创阶段始终跟随联合国教科文组织的指导与理念，而 80 年代的国际理解教育则更加注重国际理解教育在韩国的本土化发展。随着 1986 年第十届亚运会和 1988 年第二十四届奥运会在韩国首都汉城的召开，韩国国民意识到国际理解教育对于日常生活的重要性。1985 年，联合国教科文组织韩国委员会进行"国际理解教育发展计划研究"，该研究讨论了国际理解教育的必要性，立足于以联合国教科文组织合作学校为中心开设国际理解教育的课程，研究结果凸显了国际理解教育在韩国长期发展的机遇，并向政府建议将国际理解教育作为国家战略进行推广。

20 世纪 90 年代以后，随着信息技术的飞速发展、经济全球一体化趋势加深、"冷战"后世界秩序的重组等，这些巨大的变化无时无刻不在影响着韩国的发展，敦促韩国政府面向世界面向未来，并在此基础上出台了针对全球素养教育的利好政策。

1995 年，韩国教育部任命韩国联合国教科文组织韩国委员会为主要开展国际理解教育的机构，1996 年联合国教科文组织韩国委员会创建了国际理解教育研究会，组织韩国学者积极开展国际理解教育的理念与实践研究。1996 年，韩国梨花女子大学召开题为"全球教育的方向与课题"的研讨会，第一次从理论层面讨论作为国际理解教育目标的"全球公民教育"相关概念与问题。同年，联合国教科文组织韩国委员会提出国际理解教育的教育目标体系，包括"全球家族意识和地球村意识的培养"；"面对世界人种、文化的多样性，培养文化相对主义的宽容态度"；"理解世界的相互依赖性及相互关系"；"培养全球沟通的能力和态度"；"对全球问题的理解与探究能力的培养"；"深入理解韩国在急剧变化的世界体系中的地位与作用"；"认识到在解决个人、社会问题的过程中形成世界视角与未来视角的重要性"；"致力于韩国文化的世界传播，认识到国际社会文化中确立自身文化体系的必要性"；

---

① 한국국제이해교육학회, *모두를 위한 국제이해교육*, 서울: 살림터, 2015, p. 274.

"理解全球秩序以及各种国际组织的作用"，并强调实施国际理解教育的必要性。[1]1998 年，联合国教科文组织韩国委员会启动"跨文化意识项目"（Cross Cultural Awareness Programme），动员居住在韩国境内的外国人参与到中小学的志愿服务活动中去，使韩国中小学生在韩国内部也能真实地体会到其他国家的文化及教育形式。该时期韩国的联合国教科文组织国际理解教育合作学校数量飞速增长，2003 年增长至 100 所。[2]

在联合国教科文组织韩国委员会的推动下，1997 年，韩国教育部部长李明贤代表韩国在联合国教科文组织第二十七届大会上与该组织签订协议，提出在联合国教科文组织指导下设立亚太地区国际理解教育研究院，经过三年的可行性调查，该研究院于 2000 年 8 月 25 日在首尔设立，主要以亚太地区 47 个联合国教科文组织会员国为对象开展活动，明确提出"全球公民"的培养目标，聚焦和平文化、可持续发展教育、全球化、文化多样性等领域，进行国际理解教育的理念和政策研究、组织教育项目的开展、实施教师培训和研修、开发教育资料以及定期发行杂志《相生》（*SangSaeng*）等，通过上述方式将全球素养教育理念传播到韩国的中小学以及整个亚太地区。

2000 年 5 月 19 日，韩国国际理解教育学会（Korea Society of Education for International Understanding）成立，会员涵盖国际理解教育学者、中小学教师，主要以中小学为对象，通过实践活动积极推动国际理解教育的发展。韩国国际理解教育学会与亚太地区国际理解教育研究院一同，在国际、国内层面开展多样化的工作，使得韩国的国际影响力日益扩大，成为亚太地区国际理解教育的标杆国家。

与此同时，国际理解教育在韩国的发展直接影响到中小学教育课程的改革，韩国教育部 1997 年发起的第七次教育课程改革明确提出在课程中加入关于"了解外国文化和外国人的生活习惯"方面的内容，这标志着韩国正式将国际理解教育纳入国家课程内容。2001 年，韩国全国市、道教育厅纷

---

[1]　정두용，*세계시민을 위한 국제이해교육*，서울：정민사，2003，p. 34.
[2]　한국국제이해교육학회，*모두를 위한 국제이해교육*，서울：살림터，2015，p. 275.

纷开展国际理解教育示范校遴选活动，全国共选取小学 2 所和初中、高中各 1 所作为国际理解教育示范校，在联合国儿童基金会的资助下开展"联合国儿童基金会地球村俱乐部活动"，活动目标是"扩大对国际理解教育的了解"，即通过开展"理解各国风土人情和民俗""帮助贫困地区的儿童"等活动促进联合国儿童基金会的国际援助活动。[①]

四、繁荣阶段（21 世纪以来）

进入 21 世纪以来，全球协作更加紧密，人才保障成为国家保持国际竞争力的必要保障。韩国政府 2010 年制订国家人力资源发展计划，提出要将韩国建设成为教育竞争力世界前十名的国家。自 1945 年成立以来，联合国教科文组织就一直倡导国际理解教育，但在新旧世纪之交其话语体系已经由国际理解教育转向全球公民教育和可持续发展教育。韩国虽然仍然坚持国际理解教育的提法，但是已经国际理解教育和全球公民教育概念并用，并以后者为主，积极地参与联合国教科文组织全球公民教育，同时力求寻找到全球公民教育本土化的发展模式。

2012 年 9 月 26 日，时任联合国秘书长潘基文在联合国教科文组织大会上提出作为五年计划的"教育第一"全球倡议，旨在调动国际社会的广泛支持，落实联合国全民教育目标和千年发展目标。五年计划的三大优先领域是：向每一个儿童提供教育机会；努力改善教育质量；促进全球公民意识培养。该倡议将培养全球公民作为其三大教育重点之一，力求推动全球公民教育。

2015 年 5 月由韩国政府和联合国教科文组织共同举办的世界教育论坛在仁川松岛召开。世界教育论坛是教育领域最大的国际会议，每 15 年举行一次，时任联合国秘书长潘基文、联合国教科文组织总干事伊琳娜·博科娃（Irina Bokova）、世界银行行长金墉等国际机构的高层人士和 100 多个国家高级官员等共约 1500 人出席了会议。此次论坛的主题是"通过教育改变人

---

① 姜英敏：《东亚国际理解教育的政策与理论》，高等教育出版社 2017 年版，第 107 页。

生"，论坛就"我们能不能向全世界所有人提供平等和高水平的教育"问题进行了讨论并通过《仁川宣言》。联合国教科文组织总干事博科娃指出，《仁川宣言》是在 1990 年提出的"全民教育"运动的基础上，"向前迈进了一大步"，为今后 15 年的全球教育确立了新目标。[①] 该宣言鼓励各国政府为其国民提供终身学习机会，并确认教育是全球和平与可持续发展的关键，体现了国际社会确保所有儿童和青少年获得谋求有尊严的生活所需的知识和技能，以发挥其作为全球公民的潜能并为社会做出贡献的决心。受其影响，韩国政府积极研究国际发展动态，开始将"全球公民"纳入国家课程体系。2015年，韩国颁布以核心素养为基础的初、中等教育课程，其中在核心素养中明确提出"共同体素养"，指出要培养具有共同体意识，作为与世界沟通的民主市民践行关爱、学会共享的"共生之人"。核心素养体系下的课程体系直接影响到韩国的初、中等教育，全球公民教育成为新的热点。除联合国教科文组织等机构以外，韩国教育部从 2015 年开始积极开发国内外"全球公民"相关教育课程和学习资料、培训教师等，力图将本国的全球公民教育经验扩散至国内外。[②]

第二节　韩国全球素养教育的理念基础

对韩国相关法律文件以及各类课程体系进行归纳和总结，可以看出，韩国全球素养教育的发展具有一定的独特性，总体而言，韩国全球素养教育的领域和内容主要包括：国际理解教育的全面普及；通过国际交流实现国际相互理解、亲善和合作；发展民族文化；确立世界和平理念；促进人类福祉。具体可以被理解为，面对世界人种、文化的多样性，增进学生对环境、人口、战争和饥饿等全球问题以及各国不同文化的理解，深入理解韩国在世界体系中的地位与作用并发展本民族文化，进而理解世界的相互依赖性及相互

---

① UNESCO. World Education Forum Adopts Declaration on the Future of Education，2021-05-21，https://en.unesco.org/news/world-education-forum-adopts-declaration-future-education.

② 姜英敏：《东亚国际理解教育的政策与理论》，高等教育出版社 2017 年版，第 108 页。

关系，主要聚焦和平、人权、全球化、多元文化、可持续发展等领域，培养学生全球沟通的能力和态度，培养学生成为"全球公民"，推动实现全球化时代下不同种族、不同文化间的和平共处，促进人类福祉。

韩国全球素养教育的概念边界较为宽泛，涵盖了多元化的理论基础，早期韩国全球素养教育以"国际理解教育"为主要内涵，后期不同主体基于自身立场和视角提出"全球公民教育""多元文化教育""可持续发展教育""人权教育""和平教育"等理念。尽管上述理念的称呼、目标和表现形式有所不同，但其内涵均在一定程度上与全球素养教育密不可分，并且作为全球素养教育系统的组成部分，不同程度地影响韩国全球素养教育的发展。

一、国际理解教育

与日本类似，韩国对于国际理解教育并没有前后一贯的统一的认识。韩国最初受联合国教科文组织的影响，使用国际理解教育的概念，并于1963年颁布《联合国教科文组织活动相关法律》，明确指出"通过教育、科学、文化，向所有国民普及崭新的国际社会知识和公正的国际理解，并通过积极的国际交流促进国际理解、亲善和合作，实现民族文化的蓬勃发展，为确定世界和平理念和增进人类共同福祉作出应有贡献"[①]。可以看出，韩国的国际理解教育是指在联合国教科文组织倡导的和平文化原则基础上，培养学生的文化理解力、全球责任感和建设共生世界的态度和能力，使学生形成"全球公民"素养的教育。但是在联合国教科文组织在进入21世纪后更多地使用全球公民教育的概念后，韩国一方面将全球公民教育纳入国际理解教育的范畴，但是同时又把它视为与国际理解教育平行的概念。尽管韩国的国际理解教育理念在很大程度上学习和秉承了联合国教科文组织所提出的内涵，但是韩国的国际理解教育始终将重心放在国内问题的解决上，存在着对联合国教科文组织理念的疏离和改造。从这种意义上来说，韩国的国际理解教育

---

① 유네스코한국위원회. 유네스코활동에 관한 법률, 2021-04-27, https：//law.go.kr/lsInfoP.do？lsiSeq=60769&ancYd=19630427&ancNo=01335&efYd=19630427&nwJoYnInfo=N&efGubun=Y&chrClsCd=010202&ancYnChk=0#0000.

是被视作国家事业来推行的，不可避免地带有鲜明的国家色彩，因此，韩国将国际理解教育的目标——"全球公民的培养"解释为"在确立国民意识前提下的全球公民"①。可以说，国家主义是韩国国际理解教育理念中不可或缺的特点。

在韩国的语境中，虽然国际理解教育与和平教育、人权教育、文化间理解教育、多元文化教育、全球公民教育和可持续发展教育等概念在很多时候是一种种属关系，但是彼此之间又作为相互独立的不同概念存在。特别是文化间理解教育，作为韩国国际理解教育最经典、核心的内容之一，在很多时候被等同于国际理解教育。尽管随着全球化程度的加深，韩国对于文化理解的内涵和意义的定位有所改变，文化理解越来越发展为囊括更多含义的"文化多样性"的概念，但文化间理解教育在韩国究竟是一个独立的领域，还是国际理解教育的组成部分，仍然存在着一定的争议。除此之外，20 世纪 70 年代以来，随着可持续发展理念逐渐深入，特别是可持续发展教育与全球公民教育一起被写入《仁川宣言》和《教育 2030 行动框架》，可持续发展教育也有独立于国际理解教育的趋势，也将在下文中对其展开论述。

但是，国际理解教育无论在内涵和外延如何变化，都在不同的阶段或者不同的领域影响着学生全球素养的培养。

二、和平教育

作为有过 35 年被殖民历史的韩国，和平教育是韩国推行国际理解教育的首要出发点。1999 年韩国纪念海牙和平会议 100 周年活动中提出的《为 21 世纪和平与正义的海牙议程》，第一条就是关于和平、人权和民主主义教育，"为根除蔓延在我们社会的暴力文化，新的一代有权接受不同于以往的教育。这个教育意味着不粉饰战争的和平、非暴力和国际合作的教育。为了实现这样的目的，海牙议程将开展全世界的运动，力求达到：在所有教育阶段实施和平教育；教育部应在地方和中央层面有计划、阶段性地推行和平教

---

① 姜英敏：《别具一格的国际理解教育》，《教育》2007 年第 17 期。

育；开发和平教育的负责人应通过教师培训和教材提供等途径来实施和平教育。"① 保守的韩国和平教育根植于"统一教育"当中，统一教育既是关系国家安全的重要内容，也是通过教育达成和平局面的途径。在国际组织所倡导的国际理解教育的和平理念中，朝鲜半岛的和平应该从个人的人权角度来进行诠释，而韩国国家课程中，尤其是在道德课、社会科课程体系中实施的和平教育，则是从国家安保的层面来诠释的，国家的和平教育甚至被等同于统一教育。与此同时，包括国际理解教育学会在内的民间组织试图剥离政府基于政治军事目的的和平教育，开始提出以联合国教科文组织和平理念为基干的和平教育，呼吁用联合国教科文组织共生理念建构和平教育框架。②

当下，联合国教科文组织韩国委员会、韩国国际理解教育学会等机构都将和平教育作为总目标。和平教育以非暴力、爱、怜悯、对生命的尊重等作为价值基础，培养学生解决冲突、进行合作的能力，最终目的在于使学生形成为世界和平做出贡献的态度和价值观。和平教育的内容丰富多样，包括世界秩序的形成、各国间冲突的起源、军费、贫困等主题都曾被开发成韩国和平教育的内容。对于经历殖民统治并至今处在南北分裂状况下的朝鲜半岛，和平教育具有更为特殊的意义。③

三、人权教育

《世界人权宣言》第二十六条"教育权"第二项指出，"教育的目的在于充分发展人的个性并加强对人权和基本自由的尊重。教育应促进各国、各种族或各宗教集团间的了解、容忍和友谊，并应促进联合国维护和平的各项活动。"④ 在《世界人权宣言》的基础上，韩国不少地方教育长选举之际都将实施和平教育、人权和平教育、全球公民教育、全球教育、国际理解教育、民

---

① 한국국제이해교육학회, 모두를 위한 국제이해교육, 서울: 살림터, 2015, p. 59.

② 姜英敏：《东亚国际理解教育的政策与理论》，高等教育出版社 2017 年版，第 151 页。

③ 姜英敏：《东亚国际理解教育的政策与理论》，高等教育出版社 2017 年版，第 100 页。

④ United Nations. Universal Declaration of Human Rights，2021-12-10，https：//www.un.org/en/universal-declaration-human-rights/.

主公民教育等作为竞选承诺。人权教育在韩国往往被纳入和平教育范畴，统称为"人权与和平教育"。人权教育的目的在于使学生思考与人的尊严有关的安全、生命权问题，致力于废除任何形式的种族歧视，通过人与人的相互尊重来消除对他人的排斥与偏见，并提倡公民责任、宽容和非暴力解决冲突。①

　　韩国人权教育的理论基础追本溯源还是来自国际组织。联合国在1994年大会上宣布1995—2004年为"联合国教科文组织人权教育十年"，建议会员国通过实施人权教育促进和平与人权文化的繁荣。在该建议下，会员国确立国家人权教育施行计划，设定人权教育的国家目标，改革教育制度，培养相关负责人，发展教育课程，制订实施计划等。但是2000年联合国教科文组织对该项目进行中期评估时，包括韩国在内的亚洲国家人权教育指数被评为最低。尽管当时的韩国在强调人权及和平的金大中总统执政时期，但是对人权教育的否定言论较多，学校也不具备实施人权教育的环境。此后，联合国重新提出2005—2007年的"人权教育计划"，再次强调各国学校应通过早期人权教育繁荣人权文化。但是，韩国尚未对人权教育提出改善计划，联合国教科文组织又制定颁布了2005—2014年"联合国可持续发展教育十年计划"，使韩国政府的关注点转变为可持续发展教育，人权教育再次被忽视。尤其是到李明博执政时期，可持续发展教育与绿色增长计划相合并，缩减为环境教育并获得政策支持。韩国的可持续发展教育没能实现宽容教育框架，只一味强调环境、经济的可持续性发展，忽略了社会、人的可持续发展的价值，和平与人权、文化多样性、公民教育更是饱受冷落。

　　在韩国，和平的价值和必要性往往涉及到两个方面，一是国家安全，二是个人人权。韩国国家课程和教育体系中对于前者的重视程度远胜于后者，这也就很好地说明了人权教育在韩国并不受推崇的原因。尽管如此，韩国的人权教育理念强调实现《联合国人权教育10年行动计划》中提到的人权教育目标，即"对人权和基本自由的尊重，宽容、性别平等、各民族间友好相处、关怀弱势群体，所有人有效参与自由的社会建构，作为全球公民积

① 姜英敏：《东亚国际理解教育的政策与理论》，高等教育出版社2017年版，第155页。

极参与促进以和平为目的的国际社会活动"①，人权教育理念在一定程度上与和平教育理念共生发展，对韩国的国际理解教育产生了深远的影响。

四、文化间理解教育

作为全球素养教育的主要内容，文化间理解自 20 世纪 60 年代开始就得到韩国的推崇。韩国甚至将全球素养教育中的核心内容"国际理解教育"等同于"文化理解"。② 21 世纪初，在中央政府政策推行下，各地纷纷制订该地区国际理解教育实施计划时，就有不少地方的政策文献中出现将国际理解教育概念等同于文化理解的现象。例如江原道教育厅提出的"国际文化理解教育"，京畿道教育厅提出的国际理解教育目标"与国外学校的相互交流、访问以及外国文化体验活动"，庆尚南道提出的国际理解教育计划"体验各国文化活动、姊妹校等国际交流活动"等。③

21 世纪以来，从众多文化宣言、公约、倡议等可以看出，联合国教科文组织在国际理解教育中更多地加入"文化多样性"理念。例如，2001 年的《联合国教科文组织世界文化多样性宣言》，2005 年的《保护和促进文化表现形式多样性公约》等。以后者为例，2005 年颁布的《保护和促进文化表现形式多样性公约》中指出，文化多样性是人类的基本属性和共同遗产，它创造了一个多姿多彩的世界，进一步扩展人类的选择范围，培育人的能力与价值观，在民主、宽容、社会公正以及各民族和各文化间相互尊重的环境中繁荣发展起来的文化多样性对于地方、国家和国际层面的和平与安全是不可或缺的，应从国际社会合作的角度思考文化和发展之间的关系，由国际社会来促进文化的发展。④

---

① 강순원, 인간안보 관점에서의 세계시민교, 국제이해교육연구, Vol. 6 (2016), p. 7.
② 姜英敏：《东亚国际理解教育的政策与理论》, 高等教育出版社 2017 年版, 第 156 页。
③ 유네스코아시아·태평양국제이해교육원, 국제이해교육의 동향 - 미국, 일본, 호주, 한국 -, 서울: 정민사, 2003, pp. 430-436.
④ 联合国：《保护和促进文化表现形式多样性公约》, 2021 年 10 月 20 日, 见 https://www.un.org/zh/documents/treaty/files/ppdce.shtml。

韩国开始关注文化多样性问题正是 2005 年签署公约以后，但韩国国内就促进文化多样性行动在韩国内部落实的问题进行了长久争论，导致韩国未对文化多样性理论进行系统整理，甚至产生了不少窄化文化多样性概念和意义的动向。① 很快多元文化教育替代文化间理解教育和文化多样性成为韩国全球素养教育的重要议题。

五、多元文化教育

20 世纪末，韩国境内如国际婚姻移民、脱离朝鲜的移民、非法劳工等各类移民数量持续增加，改变了韩国的国民结构，韩国社会呈现出多民族多文化的特征。随着韩国原住民对新移民的排斥情绪越来越成为社会问题，为保障外来移民在韩国生活与劳动的基本权益，韩国政府于 2005 年颁布《外国人政策基本方向及实施体例》，2006 年颁布《婚姻移民家庭支援综合措施》，2007 年颁布《在韩外国人待遇基本法》。在教育领域，韩国政府集中解决国际婚姻家庭子女的教育问题，因为国际婚姻家庭子女的 17.6% 表示由于外表和语言差异无法适应学校生活。② 韩国教育部在 2006 年第一次称呼国际婚姻家庭为"多元文化家庭"，颁布实施以这些家庭子女为对象的多元文化教育政策，多元文化教育成为韩国转向多民族社会过程中不可缺少的教育内容。③

韩国政府于 2008 年出台《多元文化家庭支援法》，同年成立多元文化教育学会，致力于研究韩国社会由于移民增加导致的社会问题，理论界也自此开始关注多元文化教育问题。然而，对于国际理解教育学界的学者而言，不少人对韩国政府推出的多元文化教育政策持质疑和批判的态度。有学者认为着眼于解决国际移民的教育问题的多元文化教育政策反而将作为弱势

---

① 한건수, "한국사회와 문화다양성: 유네스고 문화다양성 협약의 의미와 과제", 국제이해교육연구, Vol. 12 (2015), pp. 163-199.

② 한국교육부, 다문화가정자녀 교육지원대책, 교육부보고서, 2006, p. 12.

③ 김용신, "한국사회의 다문화교육 지향과 실행전략", 사회과교육, Vol. 1 (2009), pp.13-14.

群体的移民更加边缘化和标签化，韩国政府应着力于教育学生认可和接纳国家内部的文化多样性，在国际理解教育的和平、人权、文化间理解、可持续发展等价值框架下看待和思考多民族问题；① 应该回归从人权教育来定位多元文化教育，而不是将韩国的移民歧视问题与世界各国的种族问题割裂开来②，多元文化教育应归入国际理解教育范畴，在国际理解教育原有的文化多样性语境中思考如何解决移民教育问题，而不是开辟新的多元文化教育分支。③

六、全球公民教育

全球公民教育与和平教育一样，经常被韩国学者推崇为全球公民教育的培养目标。韩国的全球公民教育有两种语境：一是由联合国教科文组织及其亚太地区国际理解教育研究院提出，为韩国国际理解教育学会所推崇的观点，认为应全球公民教育强调培养跨国性人才作为全球一员的责任；二是韩国政府主张的以国民培养为前提的全球公民教育。

一方面，国际组织理念主导下的全球公民教育强调全球素养中的跨国性和国际认同感。联合国教科文组织亚太地区国际理解教育研究院在2002—2003年颁布第一个国际理解教育课程框架时，就将"全球公民"培养作为目标，并将"全球公民"定义为"在多样化价值共存的社会中教育学生认可和尊重彼此差异，使他们学会通过对话或妥协等民主程序来解决地区、国家、世界层面的各种矛盾与突。"④2012年8月，时任联合国秘书长潘

---

① 한경구, "다문화주의를 넘어서 문화다양성과 국제이해교육으로", 국제이해교육연구, Vol. 6 (2011), pp. 1-31.

② 강순원, "영국 융합교육정책에 근거한 한국 다문화교육의 과제", 국제이해교육연구, Vol. 3 (2008), pp. 5-42.

③ 한건수, "한경구 . 다문화주의를 넘어서 문화다양성과 국제이해교육으로", 국제이해교육연구, Vol. 6 (2011), pp. 1-33.

④ 한경구, 김종훈, 이규영, 조대훈, *SDG's 시대 세계시민교육 추진 방안*, APCEIU, 2015, p. 29. 전인용: 김다원, "공간능력 기반 세계시민교육 학습모듈 개발연구 - 초등 고학년 사회과 수업을중심으로 -", 국제이해교육연구, Vol. 6 (2016), p. 35.

基文和联合国教科文组织秘书长博科娃在东帝汶提出"教育第一"全球倡议，并在同年9月的第67届联合国大会上正式提出该倡议，明确提出"培养全球公民意识"，并且以韩国在朝鲜战争期间接受的来自联合国教科文组织的援助为例，指出韩国如今从被援助国发展为援助国，就应该积极向发展中国家提供各类教育援助。在全球化的今天，教育不只是某个国家的事，更应该成为世界共同的责任，培养学生具有"全球公民"意识，拥有全球责任意识和世界和平的胸怀是今天的教育不可推卸的责任。① 联合国"教育第一"全球倡议对韩国全球素养教育的发展影响深远。2013年9月，联合国教科文组织亚太地区国际理解教育研究院召开第一届全球公民教育专家会议，2013年12月在泰国曼谷召开第一次全球公民教育论坛，参加论坛的世界级专家政策制定者、非政府组织关联者等深入讨论了世界教育发展方向。2015年9月，联合国可持续发展峰会颁布《改变我们的世界——2030年可持续发展议程》后，联合国教科文组织亚太地区国际理解教育研究院便在同年颁布了"可持续发展目标时代的全球公民教育推行方案"，其对全球公民教育目标归纳如表13-1。

表13-1　亚太地区国际理解教育研究院全球公民教育目标

总目标	·学习者了解所在社区、国家、世界的热点问题，学习并理解多种国家和人民对等的相互联系性和依赖性 ·学习者习得批判性思维能力以及提高分析能力的技术
知识、认知领域目标	·认知领域包括：①地方、国家、世界的体制与结构；②地方、国家、世界各层面的、对共同体之间关系产生影响的问题；③现象背后的前提与权力的张力
社会、情感领域目标	·学习者对基于人权的价值和责任达成共识，体验作为普遍的人类归属感 ·学习者对差异和多样性形成尊重、共识、连带等意识。包括：①多层面的认同感；②认可人们所属的各类共同体，加强这些共同体之间的纽带关系；③对差异与多样性的尊重

---

① 한국국제이해교육학회, *모두를 위한 국제이해교육*, 서울: 살림터, 2015, pp. 46-47.

续表

行动、态度领域目标	・学习者为建设更和平、更可持续的世界，在社区、国家、世界层面采用更加有效、更加有责任心的行为 ・学习者培养动机与意志，践行全球公民的责任和义务。包括：①从个人或集团层面能够践行的行为；②道德、有责任心的行动；③参与行动并付诸实践

资料来源：한경구, 김종훈, 이규영, 조대훈, SDG's 시대 세계시민교육 추진 방안, APCEIU, 2015, p. 27.

　　另一方面，韩国政府主张的全球公民教育具有民族主义和国家认同感的立场。韩国国际理解教育学会时任会长姜淳媛在 2012 年召开的第十三届韩国国际理解教育年会上指出："国家之间的界限变得越来越模糊，在多数情况下国家之间一边强调超越国家的合作一边却以国家利益为先。在这样的情况下，同时以追求两者利益为目标的国际理解教育或可解决这样的矛盾。"① 透过韩国特殊的历史和政治背景可以解读出，韩国对于国际理解教育中民族主义与国际主义之间的矛盾持兼容并包的态度。2003 年，各地方政府纷纷颁布国际理解教育实施计划，江原道教育厅的实施计划中指出："国际文化理解教育，将成为学生发展的基础，使他们具有作为江原人的自豪感，进而作为韩国人思考民族前进的方向，作为世界人定位自己。"② 全罗南道教育厅则提出："通过理解世界各国的文化，确立韩国人的认同感培养全球化、信息化社会的应对能力；学习全球通用礼节，理解和尊重不同文化。"③ 这些地方政府的政策体现出韩国当局对全球公民教育的定位，尽管在教育培养目标中强调"全球公民"，但在具体落实过程中强调学生在形成国家认同感的前提下再进行为应对全球化进程的培养。

---

① 강순원, 국제이해교육의 맥락에서 본 한국의 평화교육, 한국국제이해교육학회연례학술대회논문집, 2012, p.42,
② 유네스코아시아・태평양국제이해교육원, 국제이해교육의 동향 - 미국, 일본, 호주, 한국, 서울: 정민사, 2003, p. 431.
③ 유네스코아시아・태평양국제이해교육원, 국제이해교육의 동향 - 미국, 일본, 호주, 한국, 서울: 정민사, 2003, p. 440.

近年来，随着韩国内移民带来的多元文化的扩大化，以及全球化趋势对韩国带来的国际性影响，韩国政府越来越将全球公民教育作为培养其国际化人才的目标和手段，同时也力求通过全球公民教育维护国家稳定和安全，增强国民的凝聚力。

七、可持续发展教育

可持续发展教育是近 20 年来深受韩国教育界重视的主题，初期作为环境教育的一环，近年来其范围扩大至社会、国家乃至世界的可持续发展。韩国的可持续发展教育发展迅速、形式丰富多样，近年来甚至出现以可持续发展教育来涵盖国际理解教育等理念的主张。

与其他全球素养教育理念一样，韩国的可持续发展教育同样受到国际组织的很大影响。2002 年，可持续发展世界首脑会议提出的《约内斯堡宣言》，宣布建立一个人道的、平等的国际社会，理解人类所有关于尊严的需要。宣言颁布以后，韩国政府开始将可持续发展作为国家战略，在 2007 年、2010 年相继颁布《可持续发展法》《环境教育振兴法》等，大力实施可持续发展教育。在韩国，与可持续发展教育有关的概念有环境教育、绿色成长教育等。2007 年韩国颁布的《可持续发展法》将可持续发展定义为："可持续，是指避免为满足现一代的需要浪费或降低下一代所要使用的经济、社会、环境等资源，实现协均衡发展。可持续发展，是指在持续可能性的前提下使经济的成长、社会的稳定整合、保全环境三要素实现均衡发展的状况。"① 关于可持续发展教育，韩国最初遵循《联合国可持续发展教育 10 年计划》的定义："通过教育建设理想社会，使所有人接受高质量的教育，并形成可持续的未来与社会变革所必要的价值、行为、生活方式。"② 而 2010 年联合国教科文组织韩国委员会在全面推行可持续发展教育之时，将其概念重新定义为："认识到作为可持续性基础的社会、环境、经济领域的相互关联性、不同年

① 한국국회, *지속가능발전법 제 2 조*, 2007.
② UNESCO. *United Nations Decade of Education for Sustainable Development. International Implementation Scheme*, Paris：UNESCO, 2005.

代的协调性、全球正义等，形成对现有社会的反省态度，并以价值与实践为
基础，促使学生从个人、地区、国家、全球层面展望可持续的未来并引领行
动的教育。"① 而后，联合国教科文韩国委员会组织开展了多样且深入的可持
续发展教育项目，如组织教师培训研修工作、开展中小学环境课程设计、宣
传与推广可持续发展教育的理念等。

第三节　韩国全球素养教育的实践路径

当前，韩国的全球素养教育已形成多方参与、协同推进的实践路径：韩
国政府多部门与各地方教育当局对于学生全球素养的培养均给予充分的重
视，出台各项政策举措，建立培养全球素养教育体系；联合国教科文组织韩
国委员会、亚太地区国际理解教育研究院、韩国国际理解教育学会为首的国
际组织和民间组织发挥主力军作用，为全球素养教育的开展提供专业指导和
实践资源；以联合国教科文组织合作学校为领头羊的韩国中小学积极响应国
家政策，在实施国家课程的同时，各学校不断利用其特色丰富全球素养教育
的实践模式。

一、政府主导的全球素养教育政策体系

回望全球素养教育在韩国的发展历史可以发现，政府高度重视并且积
极推动国际组织在韩国内开展相关工作，高度重视国际理解教育和全球公民
教育的普及和落实，通过提供法律依据和政策规范来有序引导国际理解教育
和全球公民教育在韩国的落地生根，使得国际理解教育和全球公民教育得以
在韩国持续发展。

（一）国际理解教育的法律依据

韩国于 1949 年颁布《教育法》，1997 年改订为《教育基本法》《初、中

---

① 정우탁, 강상규, 김명신, 김희용, 서현숙, 신종범, 윤병순, 이선경, 정용시, *DESD
후반기 유네스코 한국위원회 지속가능발전교육 사업 추진방안*, 유네스코한국위원회,
2010，p. 7.

等教育法》《高等教育法》三法，其中《教育基本法》第二条规定："教育在弘益人间的理念下陶冶国民人格，使其具备自主生活的能力以及作为民主市民的资质，维系有尊严的人生，为发展民主国家和人类共同繁荣作出贡献。"① 随着全球化时代的到来，"为人类共同繁荣作出贡献"的教育理念成为韩国实施国际理解教育的法律依据。

韩国于1963年颁布《联合国教科文组织活动法》，并于2012年进行修订，第三条规定："在大韩民国，联合国教科文组织活动立足联合国基本精神，联合国教科文组织宪章和该组织历届大会精神，通过教育、科学、文化，向所有国民普及崭新的国际社会知识和公正的国际理解，并通过积极的国际交流促进国际理解、亲善和合作，实现民族文化的蓬勃发展，为确立世界和平理念和增进人类共同福祉做出应有贡献。"② 这一规定在理念上几乎囊括了国际理解教育的所有领域和内容，通过法律文本的形式指导联合国教科文组织韩国委员会的工作。

（二）国际理解教育的政策支持

韩国政府对于国际理解教育在韩发展持支持态度，一方面从国家角度出发制定并推行国际理解教育的法律依据，大力扶持国际理解教育的相关国际组织与研究机构在韩国的发展与项目开展；另一方面中央政府和地方政府分别制定针对国际理解教育的政策，更加具体、系统地在国家内部推行国际理解教育。

首先，中央政府多次出台教育课程改革政策，明确要求在教育体系的国家课程中纳入国际理解教育相关内容。2000年开始实施的"第七次教育课程改革"提出，在21世纪这个全球化、信息化、开放化的时代，需要在

---

① 유네스코한국위원회. 교육기본법，2020-12-21，https：//law.go.kr/lsSc.do？section=&menuId=1&subMenuId=15&tabMenuId=81&eventGubun=060101&query=%EA%B5%90%EC%9C%A1%EB%B2%95#J2：0.

② 유네스코한국위원회. 유네스코활동에 관한 법률，2020-04-27，https：//law.go.kr/lsInfoP.do？lsiSeq=60769&ancYd=19630427&ancNo=01335&efYd=19630427&nwJoYnInfo=N&efGubun=Y&chrClsCd=010202&ancYnChk=0#0000.

学科教学中贯彻国际理解教育观念，有效影响学生的全球化素养以使其积极参与国际交流与国际竞争，促进韩国政治、经济、文化和教育的变革。此次改革在学科中设置"选修课程"，并将国际理解教育的理念如民主市民教育、信息化教育、环境教育等融入其中，每所学校可根据本校师生需求自由选择以上一个或多个学科，以培养学生的自主学习能力、分析解决问题的能力以及交流与合作的能力，通过在国家课程中融入国际理解教育元素来进一步贯彻国际理解教育的精神。同时，"第七次教育课程改革"在高中阶段开设了国际教育课程，通过外语科目进行国际理解学习，或者围绕国际政治与经济、世界问题、比较文化、信息科学、韩国传统文化以及韩国现代社会展开学习，以教授学生成为未来的世界公民、国际事务专家所应具备的基本知识和正确态度。2015 年课程改革时，更明确提出以"共同体素养"作为核心素养，指"具有作为地区、国家、世界共同体成员所应具备的价值和态度，积极参与共同体发展"，在道德课程目标中提出要培养"全球公民"意识。[1]

其次，作为国际理解教育的实施机构，地方政府的相关政策则更加具体化和实操性强。2003 年，亚太地区国际理解教育研究院第一次以全国 16个市、道教育厅为对象进行国际理解教育实施情况调查，所有市、道教育厅都表示在实施不同程度的国际理解教育，表 13–2 以首尔市为例，说明国际理解教育的具体实施情况。

表 13–2   首尔市教育厅 2003 年度国际理解教育及实施计划

政策 目标	·"扩大国际教育交流，理解世界文化"总政策：迎接 21 世纪信息化、全球化时代，扩大教育、研修机会，培养学生与不同历史文化背景的世界各国人民进行合作的同时参与竞争的素质和品德 ·"世界文化理解教育"实施目的：培养共同体意识，使学生在地球村能够与世界各国人民和谐地生活

---

[1]　한국교육부, 초중등학교 교육과정 총론, 교육부고시 2015-74 호, 2015, p. 1.

续表

政策内容	幼儿园及小学阶段： ·增加世界风土人情教育内容：与学科教育相联系，通过利用媒体作品、聘请有海外居住经验的人士等途径实施世界各国文化教育 ·举办世界文化教育相关的青少年团体活动：组织创建世界文化学习相关部门，实施世界文化学习活动，加强与外国青少年团体的交流活动 ·鼓励与国外学校缔结交流协议，进行互访：加强与国外学校的姊妹校联谊活动由教育厅制作颁发与国外学校的交流指南
	中学阶段： (1) 融合学科内容进行教育 ·通过媒体、网络进行不同主题的世界文化调查；增加学生发表海外旅行经验的机会；对待外国人的基本礼节教育 ·特别活动展示、文化节等学校活动中加入世界文化学习内容 ·通过访问各国大使馆、文化院等活动增加学生的文化体验，举办各类讲座 (2) 促进与发达国家的教育交流 ·促进与外国教育机构师生的交流 ·通过网络与国外学校进行交流
	实施途径： ·通过"裁量活动""学校特别活动"等形式增加学习世界不同国家文化的机会； ·与本国传统礼节教育相结合，进行全球公民教育。

资料来源：整理自유네스코아시아·태평양국제이해교육원, *국제이해교육의 동향-미국, 일본, 호주, 한국, 서울: 정민사*, 2003, pp.436-441.

二、国际组织和民间组织的引领与协同

除包括教育部、保健福利部、女性家族部等部门在内的韩国政府外，联合国教科文组织韩国委员会、亚太地区国际理解教育研究院等国际组织，以及韩国国际理解教育学会、多元文化教育学会等民间组织，都在长期发展的过程中成为韩国全球素养教育不可或缺的实施主体。

(一) 联合国教科文组织韩国委员会

联合国教科文组织是唯一根据《联合国教科文组织宪章》建立全国委员会制度以促进其成员国内部相关活动的联合国机构。因此，全球199个国家委员会与政府和民间社会等与联合国教科文组织有关的组织合作，为联合国教科文组织在其国家的活动提供信息和建议，并执行区域和国际计划。联

合国教科文组织韩国委员会自 1954 年成立以来，一直在开展联合国教科文组织活动领域的各种国内和国际项目，并被联合国教科文组织总部和其他国家委员会评为优秀委员会。

1. 联合国教科文组织韩国委员会的主要职能与运行机制

韩国于 1950 年 6 月 14 日加入联合国教科文组织，成为第 55 个会员国，而后不久，朝鲜战争爆发。战争期间，联合国教科文组织协助韩国政府建立了一个印刷韩国文学和教科书的工厂，每年向韩国提供约 24 万美元出版3000 万册教材用于重建韩国的教育事业。为了促进联合国教科文组织在韩国境内的活动，政府于 1954 年成立了联合国教科文组织韩国委员会。

联合国教科文组织韩国委员会主要职能包括：调动中央及地方教育机构团体和个人参与联合国教科文组织的活动；制定政府的联合国教科文组织活动计划，在签订国际协议过程中为负责人提供调查、建议咨询等；起草联合国教科文组织大会议案，对大会参加人员进行审查，对在联合国教科文组织有关的国际会议通过的决议案中与韩国有关的事项进行审议，制定履行方案，并向韩国各行政部门提出实施建议；联合国教科文组织有关活动的实施及调整，与相关团体的合作等。[1]

联合国教科文组织韩国委员会成员共计 60 人左右，包括：主席 1 人，由韩国社会副总理兼教育部长担任；副主席 5 人，由教育部副部长、科技信息通信部副部长、外交部副部长、文化体育和旅游部副部长以及经所有委员选出的 1 名其他成员组成；联合国教科文组织韩国委员会包括执行委员会、小组委员会及专业委员会，执行委员会不超过 19 名执行委员，小组委员会包括教育小组委员会、人文与社会科学小组委员会、文化与信息传播小组委员会，另外设有监事 2 人。此外，委员会下设企划管理团队、教育团队、科学文化团队、发展合作团队、联合国教科文组织和平中心、联合国教科文组织全球和平村（UNESCD Global Peace Village）团队。[2]

---

① 姜英敏：《东亚国际理解教育的政策与理论》，高等教育出版社 2017 年版，第 117 页。
② 유네스코한국위원회 . 조직，2021-02-27，https：//www.unesco.or.kr/introduce/member_list/.

2. 联合国教科文组织韩国委员会的国际理解教育活动

作为第一次将国际理解教育传播到韩国的机构，联合国教科文组织韩国委员会在不同阶段推动联合国教科文组织的国际理解教育理念在韩国国内的传播，同时积极开发国际理解教育的相关活动，促进国际理解教育的本土化。除了前文所提到的联合国教科文组织合作学校主要教育项目外，联合国教科文组织韩国委员会还设计实施全球公民教室等面向非合作学校学生的教育活动，并加强韩国与世界各国国际理解教育相关机构和人员之间的联系，实施对外教育援助等活动。近年来联合国教科文组织韩国委员会实施的国际理解教育有关活动如下：

（1）联合国教科文组织合作学校项目

作为韩国国际理解教育发展的起点，自20世纪60年代韩国选定4所学校成为联合国教科文组织合作学校后，该项目成为联合国教科文组织在韩国境内推动国际理解教育发展的领头军项目。

自建立之初起，联合国教科文组织合作学校即以"和平与人权""跨文化学习""可持续发展教育"和"了解国际组织的作用"四个学习主题为基础，通过开展各项活动向各地区学校传播联合国教科文组织的理念和精神，如人权、和平、可持续发展教育和全球公民教育等。[1] 与此同时，为了实现高质量的教育以及建成和平与可持续发展的学校和社会，联合国教科文组织合作学校为此设置了如下6个目标：目标一，联合国教科文组织合作学校的所有成员在人权、和平、可持续发展教育和全球公民教育方面需具备较全面的认知；目标二，将可持续发展教育和全球公民教育纳入联合国教科文组织合作学校的教育活动中，提高教育的创新性和质量；目标三，通过共同参与和学习，联合国教科文组织合作学校的学生应具有作为全球公民的素养，并具有学习和实践可持续发展的能力；目标四，在联合国教科文组织合作学校之间进行交流与合作；目标五，使联合国教科文组织合作学校本身成为可持续发展的典范；目标六，在国内和国际上分享联合国教科文组织合作学校的

---

① 유네스코학교네트워크. 연혁, 2021-02-27, http://asp.unesco.or.kr.

信息和经验以进行交流与合作。①

经过 50 年的历程，韩国的联合国教科文组织合作学校由 1961 年的 4 所发展至 2021 年的 592 所。② 在此期间，联合国教科文组织韩国委员会不断加强对合作学校的支持和管理，并在这些合作学校之间建立合作途径。最具有代表性的是每年召开的合作学校联盟大会，参加成员包括合作学校校长、教师、教育厅行政官员、希望参与合作学校活动的其他人员等，代表之间交换年度活动经验和信息以此促进联盟校之间的合作。不仅如此，联合国教科文组织韩国委员会还将全国分为九大区域，推动各区域内部的教师协议会，建设联合国教科文组织合作学校网站，使合作学校得以随时进行交流合作。此外，联合国教科文组织韩国委员会坚持推动合作学校与世界其他国家和地区尤其是发展中国家和地区开展直接、深入的交流。从 2004 年第一次连接柬埔寨和韩国的中学之间签订交流协议以来，在联合国教科文组织韩国委员会的推荐下，很多合作学校已与老挝、蒙古、印度尼西亚、马来西亚等进行交流，实践国际理解教育中的不同文化理解教育。③

除此之外，联合国教科文组织合作学校还组织开展了以下三项特色活动：

①联合国教科文组织青年和平项目。2020 年，在韩国加入联合国教科文组织 70 周年之际，联合国教科文组织韩国委员会从联合国教科文组织的角度加深韩国年轻人对"和平"和"可持续发展"的理解，并推动了"联合国教科文组织青年和平项目"代替"彩虹青年全球公民计划"。联合国教科文组织青年和平项目面向学生开展，涉及"全球公民与和平及非暴力文化""可持续发展和可持续生活方式""跨文化学习，文化多样性和对文化遗产的尊重"三个学习主题，涵盖了前期"彩虹青年全球公民计划"中的各种活动形式。学生可以选择相关主题，并加入到该主题的具体活动中去，在日常生活中领悟和平文化，学习如何在国际社会中共同生活，并成长为合格的

---

① 유네스코학교네트워크．비전과 목표，2021-02-27，http：//asp.unesco.or.kr.
② 유네스코학교네트워크．국내 유네스코학교 현황，2021-02-27，http：//asp.unesco.or.kr.
③ 姜英敏：《东亚国际理解教育的政策与理论》，高等教育出版社 2017 年版，第 117 页。

全球公民。①

②韩日教师间对话项目（UNESCO Korea-Japan Teacher's Dialogue）。2000年3月，日本前文部大臣向韩国的教育部前部长文龙鳞提议两国教师的定期交流，文龙鳞接纳该建议并委托联合国教科文组织韩国委员会承办交流相关事宜。截至2014年，共有1669名韩国教师访问日本；截至2020年，共有689名日本教师访问韩国。访问教师主要选自联合国教科文组织合作学校中的教师和学校管理人员，互访之后，两国的参与者也可以通过合作学校进行校际交流。②

③在线教师职业培训计划。联合国教科文组织韩国国家委员会为联合国教科文组织合作学校的教师提供在线教师培训，以促进在教育领域带头实施国际理解教育的活动。在线教师职业培训计划的主题为"认识世界公民——联合国教科文组织合作学校"，培训共包括15种课程，涵盖联合国教科文组织合作学校的基本知识和联合国教科文组织合作学校运作和活动的案例等内容。③

（2）跨文化意识项目

"跨文化意识项目"（Cross-cultural Awareness Program）由联合国教科文组织韩国委员会组织，韩国教育和人力资源发展部支持，于1998年建立，主要是由在韩外国人担任志愿者向韩国青少年介绍世界各国多样文化。作为国际理解教育项目，旨在提升文化的宽容力和相互尊重项目的目标是：第一，加强韩国青少年的文化理解力；第二，为参与者提供分享其文化背景的机会；第三，提升在全球化社会中生活的能力；第四，通过交流在韩国和世界人民中形成建设性的伙伴关系。

"跨文化意识项目"主要由三部分成员构成：参与该项目的学校教师，来自海外的文化交流志愿者（Cultural Exchange Volunteer），以及韩国翻译

---

① 유네스코학교네트워크. 유네스코 청소년 평화 프로젝트, 2021-02-27, http：//asp.unesco.or.kr.

② 유네스코학교네트워크. 한일교사대화, 2021-02-27, http：//asp.unesco.or.kr.

③ 유네스코학교네트워크. 온라인 교원 직무연수, 2021-02-27, http：//asp.unesco.or.kr.

志愿者（Korean Interpretation Volunteer）。该项目面向全国中小学学生开展，联合国教科文组织韩国委员会按照选拔标准，选择适合开展该项目的学校，组织教师和志愿者开展课程或综合类活动。

（3）联合国教科文组织韩国委员会桥梁项目

2010 年，联合国教科文组织韩国委员会开展桥梁项目，该项目面向非洲、亚洲等地区的发展中国家的教育欠发达地区学生，在缺乏教育资源的地区设立学习中心，提供教育器材援助，派遣教师进行扫盲教育，传授职业技术等活动。至今，已有卢旺达、赞比亚、马拉维、津巴布韦等多个非洲国家和尼泊尔、不丹、缅甸、斯里兰卡、印度、尼泊尔、巴基斯坦等亚洲国家实施了该项目。[①]

（二）亚太地区国际理解教育研究院

1997 年，韩国政府在第二十九届联合国教科文组织大会上提出建立亚太地区国际理解教育研究院的构想。经批准，2000 年 8 月韩国政府与联合国教科文组织签订合约，正式宣布成立亚太地区国际理解教育研究院，并于2012 年修订《关于联合国教科文组织相关活动的法律》，从法律上确认了亚太地区国际理解教育研究院的功能和地位。

为了促进国际理解教育和全球公民教育，亚太地区国际理解教育研究院的主要使命是：发扬基于对生命的尊重和对暴力的拒绝的和平文化，倡导民众无论是从心理上还是从文化上，尊重人权和文化多样性，相互理解、宽容，主张民主参与、性别平等、可持续发展；通过发展国际理解教育和全球公民教育促进和平文化的建设，旨在使学习者能够批判性地分析不平等、歧视、仇恨、暴力以及生态破坏的根源，增强民众的同理心和认同感，并采取团结与合作的行动来解决国际问题；在联合国教科文组织的指导下开展工作，动员国家、地区的力量来推动国际理解教育，促进亚太地区和其他地区之间的国际交流与合作。

亚太地区国际理解教育研究院的主要职能包括：推动国际理解教育和全

---

① 姜英敏：《东亚国际理解教育的政策与理论》，高等教育出版社 2017 年版，第 119 页。

球公民教育在区域、国际的实施，从而推动参与式民主主义、人权保护、文化间的相互尊重、生态的可持续发展和非暴力、正当途径解决冲突；鼓励并促进亚太地区与其他区域、全球教育领域之间的协作联系，通过合作与其他地区和国家的教育者以及政策制定机构、民间团体共享知识信息，共同致力于提升和完善国际理解教育；在国际理解教育和全球公民教育领域进行与理念、教学方法、教学课程的研究与开发；为教师、教师培训人员组织各种培训和研讨会；制作和传播有关普及国际理解教育的教育资料和其他出版物。

亚太地区国际理解教育研究院由理事会、监事、院长组成，下设咨询委员会和全球公民教育学院，院长管辖企划行政室、研究开发室、教育培训室、国际合作室、国际教师交流室。理事由教育部国际合作司司长、外交部文化外交局局长、文化体育观光部负责文化政策的副部长以及其他的国际组织和专家代表组成，体现出其官方性质。①

近年来，在亚太地区国际理解教育研究院的推动下，韩国的国际理解教育持续发展。2019 年，亚太地区国际理解教育研究院被正式接纳为东南亚教育部长组织（Southeast Asian Ministers of Education Organization）的会员，为与东南亚合作伙伴的密切联系打开了大门。同年，在联合国教科文组织的主持下，韩国与教科文组织就亚太地区国际理解教育研究院的建设事项签订续约。2019 年 9 月 3 日，由亚太地区国际理解教育研究院与大韩民国教育部、外交部联合主办的第四届国际教育与发展会议在首尔召开，会议以"和解，和平与全球公民教育"为主题，分享了全球公民教育在利用和平和团结的方式解决国际问题上的独特潜力。②2019 年 12 月 31 日，亚太地区国际理解教育研究院与联合国教科文组织曼谷办事处共同出版了《面向亚太地区的全球公民教育——全球公民教育本地化和挑战的区域研究》，通过探究

---

① APCEIU. About Us Organization，2021-02-27，http：//www.unescoapceiu.org/document/a004_en.

② APCEIU News. The 4th International Conference on GCED：Platform on Pedagogy and Practice，2020-08-23，http：//www.unescoapceiu.org/post/2794.

亚太地区国际理解教育案例，展开全球公民教育区域间本土化研究。[①]

（三）韩国国际理解教育学会

2000 年，韩国国际理解教育学会（The Korean Society of Education for International Understanding）成立，会员包括大学教师、国际组织成员和中小学教师、研究机构学者等。该组织承袭联合国教科文组织理念，主要研究领域有文化多样性、全球化、人权、和平、可持续发展等，近年来受全球教育论坛影响，致力于全球公民教育。该学会与亚大地区国际理解教育研究院、各市道教育厅共同举办学术大会设立国际理解教育论坛，定期讨论国际理解教育相关议题（见表 13-3）。韩国国际理解教育学会由会长 1 人、副会长 2 人、理事 12 人、监事 2 人、顾问及名誉会长若干人组成，会刊是《国际理解教育研究》（半年刊）。[②]

表 13-3　韩国国际理解教育学会历届研讨会主题

届次	时间	地点	主题
1	2000	大韩商工会所	创立大会：国际理解教育的争点与展望
2	2001	大韩商工会所	文明间的冲突与对话
3	2002	首尔基督教青年协会	变化中的亚洲与国际理解教育
4	2003	国民大学	全球化时代的他文化理解教育
5	2004	首尔教育大学	面向 21 世纪的教育改革和国际理解教育
6	2005	韩信大学	东亚文化与国际理解教育
7	2006	淑明女子大学	多元文化社会与国际理解教育
8	2007	巨济大学	重思国际理解教育
9	2008	忠南大学	英语教育、文化帝国主义以及国际理解教育
10	2009	梨花女子大学	超越多元文化，走向国际理解教育

---

① UNESCO Office Bangkok，Regional Bureau for Education in Asia and the Pacific，*GCED*：*Taking It Local in Asia-Pacific-A Regional Study on GCED Localization and Challenges*，Bangkok：UNESCO Bangkok，2019，p. 5.

② 한국국제이해교육학회．정관 및 규정，2021-02-27，http://www.koseiu.or.kr/index.php?hCode=intro_01_03.

续表

届次	时间	地点	主题
11	2010	首尔大学	国际开发合作与国际理解教育
12	2011	首尔大学	危险社会与国际理解教育
13	2012	京仁教育大学	和平文化、全球公民性以及国际理解教育
14	2013	全北大学	后现代时代与国际理解教育
15	2014	亚太地区国际理解教育研究院	21 世纪全球公民教育的展望与国际理解教育
16	2015	江源大学	后 2015 年的全球公民教育，问题与实践
17	2016	延世大学	英国脱欧以后的世界秩序与国际理解教育
18	2017	忠南国立大学	可持续发展目标时代的全球公民教育
19	2018	崇信女子大学	东亚和平与国际理解教育 / 全球公民教育
20	2019	全州教育大学	韩国国际理解教育学会成立 20 周年
21	2020	线上	疫情时期全球公民教育的方向和使命

资料来源：한국국제이해교육학회 . 한국국제이해교육학회 학술대회 주제，2021-02-27，http：//www.koseiu.or.kr/index.php？hCode=intro_01_02.

三、学校层面全球素养教育课程的开设

韩国的全球素养教育始于 20 世纪 60 年代，实施至今已经形成由国家向地方推行、贯穿各个教育阶段的课程体系。在韩国联合国教科文组织合作学校的带领下，国际理解教育和全球公民教育内容已经融入韩国各大中小学学校的实践当中，在实施过程上更是百花齐放，体现出多元发展的局面。

（一）国际理解教育和全球公民教育课程的实施范围

国际理解教育作为具有未来指向的变革性教育，其各项培养目标和课程内容需要在终身学习的背景下实施，为此，韩国于 2015 年后对各年级国际理解教育课程内容陆续进行了更新，将全球公民教育理念融入原本的课程体系之中，实现了国际理解教育和全球公民教育课程从学前教育阶段到高等教育阶段的贯通。

1. 学前教育阶段

韩国保健福利部和教育科技部于 2012 年 3 月推出针对学前教育阶段的"世界课程"（누리과정），强调培养儿童尊重和同情他人的能力，并提出要使儿童能够理解韩国文化。[①]2019 年，韩国教育部又对"世界课程"进行修订，将"世界课程"认定为国家级通用课程，构成韩国课程体系的一部分，帮助 3—5 岁的儿童身心和谐发展，并培养他们成为健康、独立、有创造力、情绪丰富且可以共同生活的公民。[②] 从国际理解的视角来看，韩国对于学龄前儿童的教育着重培养其基本公民素养以及理解本民族文化的能力，并在此基础上建立儿童对世界的理解，其理念背后同样隐含着国际理解教育和全球公民教育的含义。

2. 基础教育阶段

在 2003 年中小学国际理解教育课程的基础上，亚太地区国际理解教育研究院于 2017 年为韩国基础教育工作者研发了《全球公民教育课程指南》，该指南包括两部分：一是《新课程中的全球公民教育》，主要针对中小学教师设计，分为小学、初中、高中三册，目前已分发给韩国的教育有关部门、中小学和多文化教育中心来推行；二是《行动中的全球公民》，面向高年级小学生和低年级初中生，包括教师指南和学生作业两册，二者均可在实际课程中使用。从韩国在基础教育阶段国际理解教育领域的课程开发状况来看，其理念和实践都正处于不断更新和深化的过程中，并且持续向联合国教科文组织提倡的"共同利益"思想靠拢，这一课程理念与学前教育阶段及高等教育阶段的课程理念相互衔接。

3. 高等教育阶段

高等教育阶段国际理解教育课程的目标是：提供适合全球化时代的知

---

① 교육부 . 내년 만 3 ～ 4 세아도 '누리과정 (공통과정)' 도입 및 0 ～ 2 세아에 대한 양육수당 대폭 확대, 2021-01-18, https：//moe.go.kr/boardCnts/view.do？ boardID=294&lev=0&statusYN=C&s=moe&m=0204&opType=N&boardSeq=30143.

② 교육부 . 2019 개정 누리과정 확정·발표, 2021-07-19, https：//moe.go.kr/boardCnts/view.do？ boardID=294&lev=0&statusYN=W&s=moe&m=0204&opType=N&boardSeq=78061.

识；使学生具备全球视野；为学生参与到全球化潮流中做好准备。① 由于全球公民教育的发展，自 2015 年以来，亚太地区国际理解教育研究院一直致力于高等教育阶段全球公民教育课程的开发与创新，并在公州国立大学、庆尚国立大学等 9 所高校有关院系开设全球公民教育的相关课程，定期举办学术研讨会来分享课程成果，并及时进行课程调整。② 从 2015 年后韩国各阶段国际理解教育课程向全球公民教育方向进行的同步调整可以看出，韩国国际理解教育课程实现了整个学校教育阶段的一贯性，区别在于高等教育阶段针对全球公民的培养目标更为强调在竞争激烈的世界中如何应对全球化挑战，培养学生的全球竞争力。

（二）国际理解教育和全球公民教育课程的内容设置

首先，1997 年颁布的第七次教育课程中，韩国正式在国家课程《初、中等学校教育课程》中写进关于国际理解教育的内容。此次课程设置第一次纳入了以综合性、跨学科为特点的选修课程和自由活动时间，作为其中之一的"生活外国语"就蕴含了国际理解教育的内容要素，旨在推动中小学生学习外语知识的同时，更多地理解和习得外国文化。"生活外国语"的具体内容包括：通过外语学习，了解该国人民的日常生活；关心国外的主要政治、经济、社会、历史等；理解外国文化，从而提高国际沟通能力；比较外国和韩国文化，理解文化的普遍性与特殊性。③

其次，受韩国教育部的委托，亚太地区国际理解教育研究院于 2003 年为中小学编写《培养全球公民——国际理解教育》教材，明确提出"全球公民培养"是国际理解教育的目标，具体目标为"面向即将在世界舞台上活跃的学生，培养他们对'我'与他人的正确认识，在对文化多样性的理解基础上，把握国际社会的动态与变化，培养学生解决各种国际关系中所发生问题的能力，致力于建设和平、可持续发展的世界"。在此基础上，亚太地区国

---

① 余静：《韩国的国际理解教育及其启示》，硕士学位论文，华东师范大学，2011 年，第 36 页。

② 张赫：《韩国国际理解教育课程的实施特点及启示》，《世界教育信息》2019 年第 17 期。

③ 姜英敏：《东亚国际理解教育的政策与理论》，高等教育出版社 2017 年版，第 134 页。

际理解教育研究院还制定出了"文化多样性领域""全球化问题领域""人权尊重领域""和平世界领域"四大领域的目标边界。[①]

课程内容上,该教材制定了从小学到高中、由浅入深的内容体系,各阶段都由五大部分构成:小学阶段分为"他文化理解""地球村的生活""人权尊重""缔造和平""环境保护";初中阶段分为"他文化理解""全球化与我们""人权保护""和平世界""地球环境";高中阶段分为"文化间理解""正确的全球化""人权尊重""和平文化""可持续发展"。从这些内容领域中可以看出,韩国国际理解教育所要培养的"全球公民"是以全球为边界,以人类共同面临的各种问题为讨论内容,以解决上述问题、达到全球共生为终极目标的(见表13-4)。

表 13-4 亚太地区国际理解教育研究院编制的中小学国际理解教育内容体系

教育阶段	主题	主要内容
小学阶段	他文化理解	对他文化的兴趣与关心;对他文化的理解与包容;珍贵的我国文化
	地球村的生活	我们的地球村;全球化的两面;全球化与我们(国家)
	人权尊重	珍贵的人权;没有偏见与歧视的世界;共生
	缔造和平	生活中的冲突;战争、纷争带来的苦痛;和平是怎样缔造的?
	环境保护	自然与我们的生活;开发与地球;与地球共生的我们
初中阶段	他文化理解	理解多样的文化;消除文化间壁垒;文化的共性;文化交流与体验
	全球化与我们	日常生活中的全球化;全球化的光与影;全球化与韩国;全球化与国际秩序
	人权保护	人的尊严;贫穷国家朋友的痛苦;社会歧视;为了人权保护的努力
	和平世界	世界的冲突与纷争;威胁和平的因素;缔造和平的世界
	地球环境	经济发展与环境污染;病中的地球;救活地球运动;救活地球的新生活方式

---

① 유네스코아시아·태평양국제이해교육원, *국제이해교육의 동향 - 미국, 일본, 호주, 한국*, 서울: 정민사, 2003, p. 5. 转引自姜英敏《韩国"全球公民教育"的发展及其特征》,《比较教育研究》2013 年第 10 期。

续表

教育阶段	主题	主要内容
高中阶段	文化间理解	对文化的总体理解；文化的生成与变化；多元文化与共生；自然与文化遗产的保护；文化交流与文化认同感
	正确的全球化	全球化与我们的生活；全球化与本土化；全球化时代的挑战；全球化的逆向运动；世界是我的舞台
	人权尊重	生活中的人权；地球村的人权状况；对种族主义的挑战；为了增强人权的国际联盟
	和平文化	理解和平；没有结束的战争；和平的秩序是否可能建立；为了和平的国际机构；朝鲜半岛的和平
	可持续发展	世界环境问题；资源枯竭与人类的未来；围绕可持续发展的矛盾；为了可持续发展的持续性努力；回归自然

资料来源：根据联合国教科文组织亚太地区国际理解教育研究院编写的国际理解教育教科书《培养全球公民——国际理解教育》2003 年版小学、初中、高中分册总结而成；유네스코아시아·태평양국제이해교육원，국제이해교육의 동향-미국，일본，호주，한국，서울：정민사，2003，p. 5. 转引自姜英敏《韩国"全球公民教育"的发展及其特征》，《比较教育研究》2013 年第 10 期。

此后，2015 年，韩国教育部颁布新的基础教育课程，其中对国际理解教育的"全球公民"培养目标已有清晰的定位与陈述，有关国际理解教育的内容体现在"创意体验活动"和"道德课"中。"创意体验活动"的教育目标为："跨学科学习应通过学科教育和创意体验活动等所有教育活动来实施，并在学习过程中注重与社区、家庭的联系。……跨学科学习的内容包括：安全健康教育、人性教育、生涯教育、民主市民教育、人权教育、多元文化教育统一教育、独岛教育、经济金融教育、环境可持续发展教育。"[1] "道德课"的教育目标为："道德课将诚实、关心、正义、责任等作为 21 世纪韩国人所应具备的人性之基本要素，并将实现道德内化作为一级目标。在此基础上，培养道德探究及伦理省察、实践为主线的道德能力，从而使学生自主寻找生

---

[1] 한국교육부，초중등학교 도덕과 교육과정，한국교육부공시자료，2015，p. 7.

命之意义，成为有道德的人和有正义感的公民。"① 在以培养合格国民为目的的公共教育体系中，而且是在道德教育体系中明确提出"作为全球公民的责任"，显示出本次教育课程改革的重大变化，更在具体要素中提出了人权、文化多样性、全球公民伦理、社会正义、消除社会偏见等与国际理解教育息息相关的内容，意味着韩国的国际理解教育步入了新的时代。②

（三）国际理解教育课程的实施途径

韩国国际理解教育的实施途径包括学校课程、网络课程、课外活动，实施途径的多样性使得国际理解教育课程得以突破传统学校课程框架，实现国际理解教育课程在学校、家庭及社会各阶层之间的流动。

1. 学校课程

学校课程是韩国开展国际理解教育课程的主要途径。除国家必修课程体系内的中小学国际理解教育课程、创意体验活动课程、道德课程之外，韩国教育部还协同联合国教科文组织韩国委员会开设了与传统学校课程平行的"跨文化意识项目"课程，充分利用韩国的留学生资源，并通过文化交流的方式建立韩国文化与外国文化之间的理解，主要面向韩国中小学开展。学校课程的设置使得国际理解教育课程能够覆盖韩国各年级学生，确保了课程内容和授课方式的规范性，也从学校角度为韩国国际理解教育课程的顺利开展提供了保障。

2. 网络课程

韩国国际理解教育网络课程可以从多处获取，如亚太地区国际理解教育研究院官方网站、全球公民教育信息库（GCED Clearing House）、全球公民教育在线校园（GCED Online Campus）网站等。网络课程旨在促进信息的共享，加强学生对国际理解教育的认识和理解，不仅为教育工作者提供免费的国际理解教育在线课程及教学资料，而且为政府官员、课程开发者、家长、学生等提供获取国际理解教育课程的快捷途径。网络课程是实施国际理

---

① 한국교육부, 초중등학교 도덕과 교육과정, 한국교육부공시자료, 2015, p. 7.

② 姜英敏：《东亚国际理解教育的政策与理论》，高等教育出版社 2017 年版，第 137 页。

解教育课程的重要途径，其原因有三：一是国际理解教育课程内容中蕴含着文化、人权等抽象内容，需要依靠视频、图片等多媒体手段表述；二是网络课程可以节约教育资源，促进国家教育资源的合理配置；三是网络课程受众广泛，可以满足国际理解教育对终身学习的要求，增进全社会对国际理解教育话题的热情和认同。

3.课外活动

亚太地区国际理解教育研究院出版的《全球公民教育学校建设指南》一书中指出，"如果全球公民教育只在课堂上进行，那么它就不能被称为全球公民教育"①。全球公民教育涉及到学生价值观和行为的变化，因此，全球公民教育课程还需要走进学校之外的家庭和社会范围，而传统课程之外的国际交流活动使得这一主张得以实现。为了激发韩国学校开展国际交流活动的积极性，韩国政府设立了优秀国际教育合作交流机构奖项，而各级学校也积极与国外学校建立合作关系并开展国际交流活动，这些活动不仅注重对异国课程的体验，更通过寄宿家庭的参与使韩国学生亲身感受文化多样性。此外，韩国还积极开设和谐多元文化节等活动，促进韩国学生与其他国家留学生之间的文化交流。国际交流活动遍布韩国各地，使全球公民教育课程得以突破传统学校课程框架而走向家庭和社会，面向学校之外更广大的受众。

第四节　韩国全球素养教育的评价

为有效开展全球素养教育，需要充分理解评价的基本标准，使用恰当的评价工具，在评价过程中展现全球素养教育追求的基本宗旨，正确反映全球素养教育各个领域中的内容及特征，进行有价值有意义的综合性评价。韩国对于全球素养教育的评价，主要分为两种评价体系，一个是对整体学生教育效果的评价体系，该评价体系由国际理解教育研究院组织颁布的"全球公

① 유네스코 아시아태평양 국제이해교육원, *세계시민교육 학교 만들기 가이드 - 전학교 적 접근으로 실천하는 세계시민교육*, 서울: 유네스코 아시아태평양 국제이해교육원, 2019, p. 4.

民教育指标"构成，主要通过联合国教科文组织韩国委员会、联合国教科文组织亚太地区国际理解教育研究院、韩国国际理解教育学会以及政府部门独立或共同开展的各项国际理解教育和全球公民教育现状调研结果和数据分析报告开展；另一个是基于每一节课的具体的评价体系，这个评价体系不存在较为固定的评价标准或者评价方法，主要根据每个任课教师自己开发的国际理解教育或全球公民教育课程具体内容来确立评价指标。由于后者带有一定的主观色彩和不确定性较大，本节主要以"全球公民教育"为例，探究韩国对于整体学生全球公民教育效果的评价体系。

一、韩国"全球公民教育指标"评价体系的出台背景

首先，联合国教科文组织及韩国委员会发布的《全球教育状况报告》《促进可持续发展和全球公民教育的教育进展》《可持续发展教育和全球公民教育的学习领域研究》《联合国教科文组织合作学校指南》《联合国教科文组织彩虹青年全球公民项目报告》《联合国教科文组织韩国委员会桥梁项目监测报告》等报告，通过对各项全球公民教育和国际理解教育的活动进行评价，在一定程度上推进了针对韩国全球公民教育的评价体系的确立。但韩国内仅有少数实证研究提供了关于在国家范围内实施全球公民教育的现状的信息，迫切需要在国家一级对全球公民教育的实施和绩效进行监测。

其次，2018年，联合国教科文组织亚太地区国际理解教育研究院出版《韩国的全球公民教育研究报告——以幼儿园和中小学课程为重点》。该研究主要探讨韩国在幼儿园以及中小学课程中如何体现全球公民教育，以及全球公民教育课程的实施现状及其影响因素。研究前期通过数据分析和文献综述，亚太地区国际理解教育研究院专家团队自制量表，利用线上问卷的形式对受监测对象展开调查，为了提高在线调查的参与率，亚太地区国际理解教育研究院与教育部合作，向17个市和道教育厅均派出了调查合作官员，获得了106所幼儿园和725个中小学样本数据。信息收集结束后，研究院相关专家团队对韩国全球公民教育现状进行分析和总结。除此之外，该研究还指出建立和实施全球公民教育监测系统的必要性，对全球公民教育的实施过程

和绩效进行不间断的监测与评价。①

对此，为了使韩国全球公民教育的监测系统化，联合国教科文组织亚太地区国际理解研究院开展了《2020 年全球公民教育国内监测系统建立研究》，目的是建立一个实施全球公民教育的监测系统，该系统应符合可持续发展目标中的"目标 4.7 教育推动可持续发展和全球公民意识"的全球教育指标并有效反映国内情况。②

二、韩国"全球公民教育指标"评价体系的具体内容

首先，国际理解教育研究院研究团队对可持续发展目标 4.7 中"全球公民教育"的定义及其核心概念做好界定，初步搭建起全球公民教育指标体系。接下来，开展了两轮德尔菲调查法以验证上述指标体系的适当性和有效性，德尔菲调查法小组由 23 位具有全球公民教育相关经验和专业知识的专家组成，其中包括与全球公民教育相关的机构官员、全球公民教育的专家、教育统计和指标的专家以及负责全球公民教育政策任务的工作人员。全球公民教育的概念框架以及指标体系通过专家的判断得以补充和完善，该指标体系也因此具备了足够的代表性。

通过德尔菲调查法，研究院最终确定了 6 个主题领域，并选择了相关关键词，通过教育政策、课程设置、教师教育和学生评价等方面来衡量 6 个主题领域的主流化程度。表 13–5 中显示了全球公民教育的详细概念框架。

表 13–5　全球公民教育的概念框架

主题领域	关键词
世界公民	全球公民，全球公民教育，国际理解教育，相互联系，国际合作，全球能力，社区意识，民主公民

---

① 유네스코 아시아태평양 국제이해교육원, *세계시민교육 국내 이행현황 연구보고서 - 유·초중등학교 교육과정을 중심으로*, 서울: 유네스코 아시아태평양 국제이해교육원, 2018.

② 유네스코 아시아태평양 국제이해교육원, *2020 세계시민교육 국내 모니터링 체제 구축 연구*, 서울: 유네스코 아시아태평양 국제이해교육원, 2020.

续表

主题领域	关键词
性别平等	性别平等，性别平等教育，性别，性别意识，性别认同，性别不平等，性别歧视，性暴力
和平	和平，和平教育，非暴力，冲突，解决冲突，人类安全
人权	人权，人权教育，权利，民主，正义，自由，平等，尊严，宽容，歧视
多元文化	文化多样性，文化多样性教育，多样性，多元文化教育，文化理解，文化尊重，文化敏感性，文化艺术，文化认同，共同文化
可持续发展	可持续发展，可持续发展教育，可持续性，环境，环境问题，环境保护，生态学，生物多样性，气候变化，气候危机，可再生能源

资料来源：유네스코 아시아태평양 국제이해교육원，2020 세계시민교육 국내 모니터링 체제 구축 연구，서울：유네스코 아시아태평양 국제이해교육원，2020，p.46.

　　上述概念框架是对全球公民教育进行准确定义，而可持续发展目标4.7.1 的次级指标体系则是一种用于衡量和监测韩国全球公民教育主流化程度的工具，如表 13–6 所示。

表 13–6　全球公民教育指标体系

测量对象	指标性质	指标	指标说明	计算方法
教育政策	客观	是否有与全球公民教育有关的组织	教育政策机构中是否有与全球公民教育相关的组织或人力	教育政策机构内部是否包括与全球公民教育相关的组织和人力（是（1）或否（0），分值为 0—2）
		全球公民教育相关政策项目的份额	当年工作计划内的政策项目中，与全球公民教育有关的项目所占的比例	当年工作计划中与全球公民教育相关的项目数／工作计划中项目总数（%，0—100）
		全球公民教育相关项目的预算份额	当年工作计划内的政策项目总预算中，与全球公民教育有关的项目预算所占的比例	当年工作计划中与全球公民教育相关的项目预算／工作计划中项目总预算（%，0—100）
	主观	全球公民教育在教育政策中的反映程度	专家评估教育政策中全球公民教育相关主题的反映程度（调查）	开发调查工具，以调查专家认为与全球公民教育相关的主题在教育政策（调查，量表分数）中的反映程度

续表

测量对象	指标性质	指标	指标说明	计算方法
		对全球公民教育的重视程度	在政府的教育政策中强调教师对全球公民教育相关主题的重视程度（调查）	开发调查工具，以调查教师对教育政策（调查，量表分数）中全球公民教育相关主题的重视程度
课程体系	客观	全球公民教育课程比例	每科目课程成绩标准中包含的全球公民教育核心主题在全部主题中的比例	课程成绩标准中包含的全球公民教育核心主题的数量／课程成绩标准中包含的主题总数（%，0—100）
	主观	课程中全球公民教育的反思程度	课程中反映出的每科目专家对全球公民教育相关主题的评估程度（调查）	开发调查工具，以调查每科目专家对课程中反映的全球公民教育相关主题的看法（调查，量表分数）
		对全球公民教育的重视程度	教师对课程中与全球公民教育有关的主题的重视程度（调查）	开发调查工具，以调查教师对课程中与全球公民教育相关主题的重视程度（调查，量表分数）
教师教育	客观	完成全球公民教育相关教师培训的比例	本年度完成全球公民教育相关培训的教师所占比例	获得全球公民教育教师资格／当年获得教师资格的总人数（新获得者，证书持有者）（%，0—100）
		全球公民教育相关教师培训的参与者人数	全球公民教育相关教师培训的累计参加人数	参加全球公民教育相关教师培训的人数（人）
	主观	全球公民教育在教师教育中的体现程度	专家评估与全球公民教育有关的主题在教师教育中得到反映的程度（调查）	开发调查工具，以调查专家认为与全球公民教育有关的主题在教师教育中得到反映的程度（调查，量表分数）
		对全球公民教育的重视程度	教师对教师教育中与全球公民教育有关的主题的重视程度（调查）	开发调查工具，以调查教师对教师教育中与全球公民教育有关主题的重视程度（调查，量表分数）
学生评估	客观	全球公民水平	学生评估中全球公民测评得分	开发调查工具以调查学生的全球公民分数（测试或调查）

续表

测量对象	指标性质	指标	指标说明	计算方法
主观		全球公民教育在学生评估中的反映程度	专家评估与全球公民教育有关的主题在学生评估中得到反映的程度（调查）	开发调查工具，以调查专家认为学生评估中全球公民教育相关主题的反映程度（调查，量表分数）
		对全球公民教育的重视程度	教师对学生评估中与全球公民教育相关的主题的重视程度进行评价（调查）	开发调查工具，以调查教师对学生评估中与全球公民教育相关主题的重视程度（调查，量表分数）

资料来源：유네스코 아시아태평양 국제이해교육원, 2020 *세계시민교육 국내 모니터링 체제 구축 연구*, 서울：유네스코 아시아태평양 국제이해교육원, 2020, pp. 47-48.

三、韩国"全球公民教育指标"评价体系的未来发展方向

在上述全球公民教育指标体系的基础上，韩国对全国 17 个市、道的全球公民教育程度进行了测量和评价，并选取了仁川广域市教育厅进行了案例分析，以更详细地研究大城市和省级教育部门全球公民教育政策的实施状况，得出的结果在《2020 年全球公民教育国内监测系统建立研究》报告中已详细地展开，对韩国未来的全球公民教育具有一定的参考价值。同时，该报告也指出了韩国全球公民教育指标未来发展的方向，如需要根据国际社会和国家不断变化的环境更新指标体系；现实局限性导致目前无法处理主观指标，有必要开发和验证用于监测韩国全球公民教育的主观指标的测量工具；需要考虑如何将"全球公民教育指标"的评价结果反馈并且应用于当前全球公民教育中去，实施评价和得到评价结果最大的意义在于该评价能否反映现实问题，并且供国家和区域一级的教育政策制定者、教师、研究人员和民间组织使用和参考，帮助韩国完善和优化全球素养教育政策，实现使各级教育阶段中的学生成为积极负责的全球公民的最终目标，创建一个可持续发展的社会。

第十四章　中国全球素养教育的理论
建构与实践路径创新

在全球化时代，我国正在加快和扩大教育对外开放，培养具有国际视野和全球竞争力的国际化人才，全球素养是我国要培养的国际化人才的重要素养。全球素养和全球素养教育都是舶来品，如何正确看待国外的全球素养和全球素养教育，如何构建具有中国特色的全球素养和全球素养教育理论，如何实现中国全球素养教育的实践创新，是亟待研究的问题。本章首先从思想内涵、研究与评价、教育实施过程三个方面总结世界范围内对于全球素养的批判，并在批判的基础上结合我国当前社会经济发展现状与未来发展的方向提出引导我国全球素养教育发展的理论架构，最后在理论架构的指导下，结合我国的制度环境与教育资源条件从评估体系、课程设计、教学模式与教学方法等方面提出路径创新的方向。

第一节　国外关于全球素养的争论与批评

在全球素养核心框架的形成以及各国全球素养课程推行的过程中，全球素养自身的理论体系不断演进，在国际教育中的影响也日益深刻。然而，全球素养理论体系以及其实施过程也引发了一些争论以及部分学者的批评，主要的争论包含对全球素养动机的质疑，对全球素养内涵与维度的质疑，对教育政策和课程设置以及对全球素养教育实施过程的质疑。更有学者一针见血地指出全球素养概念还没有形成一致性共识就被一些国际组织"口号式"（Slogn-like）地运用。①

当前我国对于全球素养教育的顶层规划、指标体系构建、课程推行与控制相对于 OECD 国家均处于探索阶段，因此在探索全球素养教育的过程中须充分借鉴国外经验。同时，我国也应当充分考虑国外研究者与决策者对于全球素养的争论与批评并通过多重视角辩证地看待全球素养教育的争议，只有这样才可以确保我国在全球素养教育的规制中充分发挥"后发优势"，真正做到与时俱进。

一、全球素养内涵的争论与批评

在现当代，任何一个改变世界的词汇都离不开"全球化"，随着全球化进程的深入，各国之间的联系日益密切，经济、社会、科技以及可持续化的发展一方面助推了全球化，另一方面也在倒逼更深层次的全球化。现代通信手段、交通的飞速发展极大推进了人类社会的发展，也催生了世界各国对增强跨文化理解、跨文化生活与工作能力的需求。

（一）文化认同的困境

达拉·迪尔多夫（Darla Deardorff）认为全球素养是"在跨文化环境以及情境中运用自己的知识、技能与态度有效以及适当地交流的能力"②，然而，许多国外的质疑者认为这个定义自身也挑战了自己，因为文化的定义是复杂的。为了应对这些质疑，迪尔多夫再次提出"正如文化处于不断变化之中，学者们对于全球素养的观点也处于不断变化之中"③。由此看来，全球素养教育并不是一成不变的，如不能厘清文化的碰撞与嬗变，全球素养教育的

---

① Thomas Popkewitz. "Global Education as a Slogan System", *Curriculum Inquiry*, Vol.10 (1980), pp.303-316.

② Darlar Deardorff. "A Matter of Logic", *International Educator*, Vol.3 (2005), pp.26-31.

③ Darla Deardorff. "Identification and Assessment of Intercultural Cpmpetence as a Student Outcome of Internationalization", *Journal of Studies in International Education*, Vol.10 (2006), pp.241-266.

设计与实施无异于刻舟求剑。

　　为了更好地理解全球素养的内涵，我们需要引出认同（identity）这一概念，认同是社会科学研究中最为独特以及研究最广泛的一个概念。对于多民族国家而言，在全球素养教育的过程中往往面临着民族认同、国家认同和国际认同的共生问题，尽管其本质都是文化认同，然而随着全球化进程加深引起的公民全球素养增强，认同危机也就此产生。由于文化认同具有多维度性，因此全球化以及全球素养教育造成的认同危机也包含多个方面。米尔顿·英格尔（Milton Yinger）提出影响文化认同的多因素框架，如表 14-1 所示，在全球化视阈下，全球素养框架的内涵很多是构建在弱化文化认同的基础之上，其势必会对国民对于本土文化的认同造成冲击，这一效应在经济社会发展落后、文化封闭的国家会更加显著。文化认同危机是全球素养内涵构架设计中不得不重视的一个问题，但却是以 PISA 为代表的全球素养内涵架构的建构者试图弱化的问题。

表 14-1　影响文化认同的变量

强化成员文化认同	弱化成员文化认同	区分变量概括
人口规模很大	人口规模很小	人口规模
居住集聚度高	居住离散度高	居住格局
移民比例大	移民比例小	移民比例
与其他文化语言相同	与其他文化语言不同	语言差别
信仰与主流文化相同	信仰与主流文化不同	宗教信仰
具有种族特异性	不具有种族特异性	种族差异
母国发展有吸引力	母国发展有排斥力	母国归属感
强阶级—职业关联	弱阶级—职业关联	阶级与职业
平均教育水平低	平均教育水平高	教育水平
经历较多歧视	没有经历歧视	被歧视经历

资料来源：Milton Yinger. *Interseccting Stands in the Theorisation of Race and Ethric Relationshs*，New York：Cambridge University Press，1986，pp.20-41.

(二) 全球素养内涵缺乏足够的理论支撑

全球素养这一概念最早始于有关跨文化适应能力的研究，后经过演进形成了一个大致的概念。然而在描述全球素养中，很多国内外学者与国际组织提出"全球胜任力""全球理解力""全球公民"以及"文化适应力等概念"，这些概念与全球素养理论多有重叠且没有清晰的理论边界。政策文本以及学术文献中对于上述概念的混淆，对相关文献以及政策文本进行系统性整合分析会发现其包含的议题也多有重叠。

细究全球素养的内涵，可以发现全球素养理论框架的设计难免会受到西方国家以及国际组织内生动机的影响。以本书前文提到的 OECD 全球素养框架为例，尽管 OECD 同样采用人文主义话语来描述其框架，即旨在促进"集体福祉"和"可持续发展"，但 OECD 更关注能否以教育的发展催动所在国家乃至全球的物质文明发展，而并不关注个体的幸福体验和世界的共荣共美。尽管 OECD 宣称这一框架具有权威性，但并未说明四个维度的选取标准及其在何种程度上具有跨文化、跨国别的通用性。更为重要的是，"全球素养"这一概念渊源于提升个体和国家经济竞争力的初衷，未能经过教育学原理和理论层面的辨析和论证。OECD 现有的政策解释也仅停留于对教育文献的选择性主观解读上。①

总体而言，全球素养概念提出的初衷是培养全球公民，提升有利于进行跨文化交流的知识、技能、态度与价值观。然而由于缺乏足够的理论支撑与边界，一些国家与国际组织的全球素养框架背离了文化平等的初衷，逐渐演化为一些国家和国际组织扩大话语权和输出文化的工具。然而，正是因为理论支撑的缺失，很多逐渐完备且影响力与日俱增的全球素养框架无法得到科学的审视与批判，这也进一步影响了全球素养的测度与教育实施过程的设计。

---

① Laura Engel，David Rutkowski & Greg Thompson. "Toward an International Measure of Global Competence? A Critical Look at the PISA 2018 Framework", *Globalisation*，*Societies and Education*，Vol.3 (2019)，pp.117-131.

（三）全球素养内涵的经济导向西方主导性

由于全球素养的架构和测评在新自由主义经济的框架下应运而生，全球素养也成为了新自由主义教育框架的重要组成部分。尽管 OECD 等国际组织以及率先发起全球素养的国家力主通过人文主义话语为其新自由主义教育框架"拉票"，但其本质目的仍然是经济性的，即通过改变受教育者的思维方式与决策过程使其更灵活地适应经济全球化[①]与"自由民主制度"，使全球价值链得以向欠发达地区延伸。这并不符合全球素养教育中文化理解、文化平等的初衷。由于经济发展的固有规律，欠发达地区在历史上多为孤立的、自给自足的农业国家，对外开放程度较低，因此教育系统的演进过程也相对较为独立，在这种情况下，掌握经济话语权的全球价值链顶端国家势必会通过构建全球教育治理体系来改变欠发达地区的区域教育系统。根据人力资本理论，为了让个体能够实现上行的经济和社会地位流动，全球素养框架和测试基于人力资本的理论逻辑，要求个体掌握众多经济和生产力增长所需的技能，例如能够娴熟且专业化地使用一门世界语言，具有面对新情境的灵活性和适应性，理解跨文化现象并在跨文化环境中做出得体的表现等，这些要求都带有狭隘的个人主义技能导向，是对全球教育治理体系下缺少话语权国家的教育系统的冲击。同时，西方国家通过全球素养教育框架要求提高欠发达国家的个体与区域的比较优势，实质上是将自身的发展需求与这些国家相绑定，运用市场竞争机制改变教育系统的发展导向，使全球素养体系下的欠发达国家制定的教育政策忽视了个体性格、精神品质、民族自信方面的培养，走向了功利和追求个性技能的工具主义。在这种价值取向的影响下，教育价值的普适性和教育活动的协作性被弱化，全球化中的个体不再是身处公共空间的"公民"，而更多的是独立面对未知世界的"竞争者"。[②]"从某种程度上来讲，过度地强调教育的经济功能，或者说教育是为未来社会培养劳

[①]　Britney Hunter. A Critical Analysis of OECD's 'Global Competence' Framework，2021-09-12，https://ir.lib.uwo.ca/cgi/viewcontent.cgi? article=8803&context=etd.

[②]　邓莉、吴月竹：《经合组织全球胜任力框架及测评的争议：兼论对中国国际理解教育的反思》，《比较教育研究》2021 年第 11 期。

动力的，便会导致学校教育中的公民教育部分不断弱化。"①

　　由于全球各国经济、社会与文化发展的差异，因此全球素养教育必须预设一个特定人群作为标尺，而很多发达国家以及世界组织将精英组织以及资本家设置成为全球素养中的榜样群体并通过宣传与排名巩固和标榜这些人的位置。相反的，如果在知识架构、态度与能力上与"精英组织"发生背离，则往往被暗示与归类为"不好的"甚至"失败的"，这种模式往往会给发展中国家的教育系统带来不好的影响，甚至走入西方"精英教育"的陷阱。由于欧美国家与世界其他国家在基础教育层面存在"本位差异"，以美国为例，多数经济学家以及决策者仍然认为教育在本质上并不属于公共服务②，而由政府配置资源仅仅是因为政府的配置效率高。在这种理念驱使下，美国教育的供给已经形成了等级森严的金字塔，其中金字塔尖端的学校吸收了大量的教育投入，造成了师资、生源以及社会资本方面的不均等，从而造成了教育总体成绩下滑以及阶层差异悬殊的问题，尽管如此，由于国内产业结构、分工、社会阶级分布已经进入稳态，"精英教育"在发达国家具有稳定社会秩序、固化阶层—职业关联的作用，总体而言是可以满足资产阶级治理需要的。然而，随着全球素养教育的延伸，许多西方的教育理念渗透到第三世界国家教育系统，仍以"精英教育"为例，无论是尚未固化的阶级—职业关联还是动态演进的产业结构都可以助推发展中国家的经济发展，"精英教育"在一定程度上破坏了教育均等化的初衷，并且由于当前欠发达地区推行全球素养教育的资源相对紧缺，因此会进一步造成教育资源可及性的收入阶层差距与地域差距，并会进一步影响人力资本水平的发展。

二、针对全球素养研究的争论与批评

　　自 21 世纪初以来，经合组织、亚洲协会等国际组织和许多国家一直为

---

① 马健生、蔡娟：《全球教育治理渗透：OECD 教育政策的目的——基于 PISA 测试文献的批判性分析》，《比较教育研究》2019 年第 2 期。

② ［英］安东尼·B. 阿特金斯、［美］约瑟夫·F. 斯蒂格利茨：《公共经济学》，蔡江南、许斌、邹华明译，上海人民出版社 2004 年版，第 17 页。

将全球素养教育纳入学术背景提供支持，其中主要的研究方向包含全球素养测量的方法与工具，在校学生全球素养形成的影响因素以及对在校学生其他方面表现的作用机制。尽管全球素养研究已经取得了很多进展，但是还存在一些局限性，其中主要包含下面三个方面。

（一）关于全球素养测量方法的局限性

由于全球素养的概念极易与其他概念混淆，与很多其他核心能力并无显著边界，且文化具有演化性与多维度性，因此全球素养一直以来没有形成一个统一的定义与一个恒定的体系架构，这也给全球素养指标设计带来了极大的困难。能否建立全球素养的指标体系，一方面可以解决教育政策制定者以及教育过程实施者提升什么能力的问题，另一方面可以解决全球素养研究者如何提升的问题。

为了更好地设计全球素养的评估指标，很多国外学者通过专家打分的方法来审视现存指标体系的科学性和适切性。迪尔多夫在 2004 年邀请了 23 个国际知名的全球素养研究学者通过电子邮件的方式进行互动访谈，经过三轮的问题，迪尔多夫在国际素养的定义与内涵的基础上结合专家意见得到了一个全球素养的指标体系。之后，这个体系再由 20 个大学管理者进行最终评价，最后得到全球素养的指标体系。首先，就全球素养的指标体系，有 17 个指标获得了 85% 以上的教育管理者认可，表 14–2 为获得认可的所有指标名称。首先，各国教育管理者与实施者就全球素养的指标还存在着较大的争议，只有 1 项指标获得了全部的认同；其次，相比于态度与技能，语言与知识相对而言引起的争议更大，有的专家认为知识语言和知识更多地相当于是意识与技能的附属品，因而在全球素养中的位置相对而言重要性较低①，这一观点对于全球素养教育具有重要的启示意义；最后，表中绝大多数被认可的全球素养指标是隶属于知识、技能、意识、认知等模块之下，但是可以看到每个模块中都有不同维度的全球素养，不同具体全球素养指标难免

---

① William D. Hunter. *Knowledge*，*Skills*，*Attitudes*，*and Experiences Necessary to Become Global Competent*，Lehigh University，2004，pp.26-29.

会出现重合的情况，举个例子，表 14–2 中对新文化环境的适应能力与适应跨文化交流以及学习风格的能力就存在重合的情况，这种指标体系重合对全球素养的测度与研究都会造成不好的影响。

表 14–2　全球素养的主要指标

指标名称	同意 / 反对	指标名称	同意 / 反对
理解别人的世界观	20/0	自我文化的认知与意识	19/1
对新文化环境的适应能力	19/1	倾听和观察能力	19/1
跨文化开放度	19/1	跨文化适应能力	19/1
灵活性	18/2	分析、领会与联想	18/2
忍受能力	18/2	他国文化认知	18/2
尊重他国文化	18/2	文化移情性	17/3
理解多元文化的价值	17/3	理解文化内涵的情境	17/3
认知灵活性	17/3	社会语言能力	17/3
专注能力	17/3	理解社会文化历史	17/3

资料来源：Darlar Deardorff. "Intercultural Competence：A Definition, Model and Implications for Education Aboard,"，in *Developing Intercultural Competence and Transformation*，*Victor Savicki（eds）*，Stylus publishing，Sterling，2008，pp.32-52.

迄今为止，由于上述原因，尚没有任何一个指标体系可以完整地覆盖所有的全球素养。迪尔多夫的学者与管理者打分系统也进一步总结了各大主流方法的适切性，其中混合研究方法、定性研究方法、案例分析法、叙事日记法、自我评价法、观察法、定量研究方法、访谈法与后评估法等方法均获得了超过半数的支持度，然而仍然没有一个研究方法可以获得全部的专家以及管理者的认同，这也反映了即使全球素养已经受到世界范围内的广泛关注，如何厘清其内在维度，选择合适的方法论仍然是困扰学者们的问题。

（二）定量测度的局限性

2020 年，一个以欧洲六国 11 个研究机构的团队在国际知名期刊《教育研究评论》（*Educational Research Review*）上发表了一篇综述全球素养测度方式与测量工具的综述性论文，论文通过对 Scopus，Web of Science，

ERIC，PSYNDEX 等检索工具的 13963 篇相关文章进行筛选和整理后得到了 45 篇包含评估全球素养模型与工具的论文。[①] 研究发现，全球素养的测度工具远远少于其他学生能力的测度工具，同时全球素养的测度过分依赖自我报告（self-report）以及问卷（约占所有测量工具的 88.6%），最后研究报告呼吁全球素养的测度需要更全面、更广泛的分析工具（如成熟的定性方法），以满足国际的需求。

在欧洲研究小组研究的基础上对 45 篇相关文章进行分析，可以发现大多数全球素养指标体系与其他个人素养的指标体系存在重合，通过对部分全球素养指标体系进行对比分析，可以发现指标体系普遍存在边界不清、语意不明等问题，这也导致指标体系评价的数据存在信效度不足的问题（克朗巴哈指数过小）。其次，当前多数全球素养的指标体系尚无法解决量表的弊端，举例而言，中国学者联合日本、丹麦等不同国家的学者在各国的中小学开展了一项叫作"一块巧克力"的教学实验。学者们问不同国家的小朋友，如果 A 和 B 是好朋友，A 临时委托 B 帮忙保管自己的巧克力，但是 B 在没有征得 A 的同意下把巧克力吃了，那么请问小朋友们怎么看待这件事？[②] 这个场景是可以作为问卷背景的，而问卷答案可以分为在意并生气、在意不生气以及不在意也不生气三个，这也是可以通过量表来实现的，但是全球素养并不仅仅被行动结果反映，其内在的认知过程和心理过程才是更多反映全球素养的依据，然而这些过程往往不能被简单的量表所指代，相比于问卷方法一个问题测量一个纬度，定性分析不仅仅可以更多地捕捉多维度信息，也具有更好的区分度。最后，全球素养的内涵本身就处于变化之中，这与主流文化的发展、经济社会发展进程以及科学技术的演进存在着很多关联，因此以问卷调查为主的测度方式的研究时效性十分有限，这也导致很多研究所得到的启

---

① Fabian Müller，Albert Denk，Emily Lubaway，et al. "Assessing Social，Emotional，and Intercultural Competences of Students and School Staff：A Systematic Literature Review"，*Educational Research Review*，Vol.1 (2019)，pp.1-55.

② 韩思阳、滕珺：《培养儿童全球意识，促进国际理解合作：顾明远对话霍华德·加德纳与霍普·莱克特》，《比较教育研究》2021 年第 3 期。

示与作用机制需要在更新测度方式的同时反复验证，同时也需要对原有的实验对象进行追踪访谈，这对于当前全球素养测度主流研究的科学性与覆盖性造成了较大的挑战。

表 14–3　全球素养的主要测量指标体系

指标体系名称	类型	主要维度	问题数量	克朗巴哈系数
跨文化意识、知识、技能	问卷	跨文化知识，跨文化意识 跨文化技能	60	0.49—0.91
跨文化意识	问卷	跨文化知识，跨文化意识 跨文化技能	45	0.83—0.91
文化差异意识	问卷	多元化意识，环境意识 跨文化交流能力	28	0.9
探索与测量全球素养	问卷 & 访谈	特定文化服务项目中参与者和主持人的跨文化能力，包括对他们的生活和工作的影响	41	0.80—0.89
全球素养与跨文化敏感度	问卷	跨文化敏感度	58	无
非英语官方语言国家的英语教师的全球素养	问卷	跨文化执教技巧，感知能力	24	0.93
跨文化执教能力	量表问卷	跨文化执教技能与知识	16	0.88
跨文化职业态度	量表问卷	职业态度，工作模式	25	0.89
跨文化经验分享	量表问卷	对国际问题的感知	48	无
全球素养组合	焦点小组	通过小组讨论跨文化接触短片	无	无

资料来源：Alvino E. Fantini. "Assessing Intercultural Competence", in *The Sage Handbook of Intercultural Competence*, *Darla Deardorff*（eds），London：SAGE Publishing，2009，pp.456-477.

（三）全球素养作用机制研究的主要局限

在全球素养教育的研究中，建立在厘清内涵与科学测量之上的研究内容是为探索全球素养的作用机制研究。探索全球素养的作用机制，一方面是探究哪些因素可以提升个体的全球素养，另一方面是探索更好的全球素养能给个体、组织以及国家带来哪些"报酬"，即全球素养的效用，这两方面的作用机制可以为全球素养教育的模式设计以及教育实施带来更多的参考与反馈，也是全球素养教育充分性与必要性的重要佐证。通过对当前全球素养研究的整理与归纳，可以发现有两个受到专家学者质疑的方面，第一个方面是探索全球素养影响因素的研究缺乏科学性与代表性，另一个方面是探索全球素养影响力的研究发现影响力十分有限。

　　个体全球素养受哪些因素影响是一个始终伴随着全球素养概念产生与发展的课题。在全球素养概念处于萌芽阶段，国际教育学科学者就提出了跨文化适应能力（interculture culture adjustment）概念并进行实证研究，研究对象多为国际留学生，其中维克多·萨维奇（Victor Savicki）等学者通过美国输出留学生与本土高校学生的对比来探索跨文化适应能力的由来，通过 ANOVA 方差分析，研究发现出国的留学生在早期就拥有比国内学生更好的潜在的跨文化适应能力，并在留学生涯中逐渐转化为实际跨文化适应能力，研究证明浸入外国文化是提升跨文化适应能力的一种途径，这对全球素养研究具有很大的参考价值。而汉密尔顿·比恩（Hamilton Bean）和恩尼斯·博菲－拉米雷斯（Ernest Boffy-Ramirez）通过对在北京学习与在丹佛学习的中国本科生的跨文化交流能力进行定量对比，研究发现与本土学生对照，国外经历并不能显著提升跨文化交流能力，但是可以一定程度上提升跨文化互惠性，即推动不同文化平等交流的能力。[1] 此外，国外一些研究专注于探索人口因素对全球素养的影响，其中特隆德·索尔豪格（Trond Solhaug）和尼尔斯·克里斯滕森（Niels Kristensen）通过丹麦和挪威 895 个学生探索个体性别对于全球素养的影响，并通过包容性公民理论，性别社会化理论和女权主义立场理论解释了全球素养的性别差异。[2]

---

[1]　Hamilton Bean, Ernest Boffy-Ramirez. "Comoaring Chinese Undergraduate Students' Level of Intercultural Communication Competence: Does Studing in the USA Make a Difference?", *Compare-A Journal of Comparative and International Education*, Vol.2 (2019), pp.1-15.

[2]　Trond Solhaug, Niels Nørgaard Kristensen. "Gender and Intercultural Competence: Analysis of Intercultural Competence Among Upper Secondary School Students in Denmark and Norway", *Educational Psychology*, Vol.1 (2019), pp.120-140.

总结当前全球素养教育的影响因素研究，可以发现以下局限性：

首先，同样的研究因素在不同的作用对象以及区域中所产生的效应存在差异。举例而言，有的研究认为受教育者的跨国经历可以提升其理解能力、适应能力和交流能力，而部分研究者通过实证研究证明这些经历并不能带来显著的不同，尽管这些差异可能被地域、参与群体，测量量表的差异所解释，但是这些存在着矛盾的实证研究仍然难以说明全球素养具有普适性的作用机制。

其次，当前全球素养教育影响因素的研究倾向于单一因素对于个体全球素养能力的影响研究，尽管大多数研究在计量分析过程中都控制了其他可能影响个体全球素养的因素，但是这种做法并不能探究不同因素之间的相互影响。在全球素养提升的路径机制研究中，一些因素可能会通过调节、中介等效应影响其他因素对于个体全球素养提升的影响，然而相关研究却较少关注这种较为复杂机制的影响，这也造成了全球素养教育研究部分路径机制的缺失。

最后，在全球素养影响因素研究中，很多学者忽视了全球素养与其影响因素可能存在互为因果的内生性问题。举例而言，全球素养与外国语言学习动机就存在互为因果的关系，而在现有的研究中，学者们往往只探索语言学习动机对于全球素养的影响，却忽视了两者互为因果的关系，这样造成影响因素分析的结果在科学性方面有所不足。

尽管当前的研究存在上述缺陷，很多研究提出全球素养中各维度的能力可以通过针对性训练实现，因此如何进行有效的课程设计、教师培训以及动态评价机制，是解决全球素养教育的重要途径。但是提升全球素养路径机制的缺陷很大程度上阻碍了以上途径的实现。

三、全球素养教育实施过程的探索与局限

（一）全球理解教育实施过程中的主要误区

随着全球素养教育的深入发展，许多国家和地区不同阶段的学校都进行了有意义的尝试，很多尝试也被通过案例研究的方式发表在国际期刊中，

表 14-4 为本书梳理的全球素养教育实施过程中有价值的方法，该表由国家、学生阶段、教育实施方法以及效果评价四个方面组成。

表 14-4　全球素养教育实施过程研究梳理

国家或地区	学生阶段	教育实施方法	效果评价
瑞典	技术大学	引入能力证书	激励学生投入和合作①
美国	教师教育	浸入式主题教育	对教师有益②
拉丁美洲	大学	嵌入国际商务课程	对跨文化交流有提升作用③
美国、韩国	大学	线上教学	学生接受能力差异较大④
以色列	中学、大学	海外学习	提升了态度和知识⑤

资料来源：作者根据多篇全球素养实施过程文献整理。

由于全球素养是具有多维度、多要素以及动态性的能力集合，因此在教育实施过程中各国在校学生往往难以在现有教育计划中实现均衡发展。从国外全球素养教育的实施过程研究及报告来看，当前主要存在以下困境：

首先，全球素养教育是否加剧了教育不平等现象？尽管全球素养教育推动了教育的进步和在校学生能力的加强，但是不同阶层家庭的学生全球素养基础各不相同，而在全球素养课程的开授过程中，不同家庭背景的学生的

---

① Kjellgren Bjrn，Keller Elizabeth. Introducing Global Competence in Swedish Engineering Education，2018 IEEE Frontiers in Education Conference. San Jose State University. San Jose，CA.

② Kathleen Ramos，Elisa J. Wolf，Melissa Hauber-zer. "Teaching for Global Competence：A Responsibility for Teacher Education"，*Journal of Research in Childhood Education*，Vol.2 (2021)，pp.311-330.

③ Joyce J. Kim. "Conceptualising Global Competence：Situating Cosmopolitan Student Identities within Internationlising South Korean University"，*Globalisation*，*Societies and Education*，Vol.5 (2019)，pp.622-637.

④ Ji Hye Kang，Su Yeon Kim，Sungha Jang & Ae-Ran Koh. "Can College Students's Global Competence be Enhanced in the Classroom? The Impact of Cross and inter-cultural online project"，*Innovations in Education and Teaching International*，Vol.6 (2018)，pp.683-693.

⑤ Heela Goren. "Students in Service of the State：Uncoupling Student Trips Abroad and Global Competence"，*International Journal of Educational Development*，Vol.1 (2020).

全球素养资源可及性也不相同。因此，很多学者质疑全球素养教育会进一步地加剧不同教育阶层的教育资源可及性差异以及学生表现的差异。

其次，全球素养教育嵌入其他课程之中的模式被很多国内外学者所推崇，但是也有学者指出全球素养教育可能会引发"挤出效应"，从而影响到被嵌入课程的课程目标实现。此外，全球素养教育的"挤出效应"也见于对在校学生学习时间的影响，其中知识层面亦涉及很多知识点，如进行考查则会增加在校学生的负担。

最后，全球素养教育在实施过程中需要处理好地方化的问题，因为每个地区全球素养教育参与主体拥有不同的特质，且不同地区对于全球化人才的需求并不相同，教育投入也有所差别，因此培养哪些能力，如何根据地方学校的内外部环境和资源禀赋设计课程方案，实际上是一个需要每个地区以及每个学校探讨的问题，而全球素养教育实施的"在地化"问题，是众多国家以及国际组织考虑较少的问题。

第二节　中国全球素养教育的理论建构

从前文对各国与国际组织的全球素养教育理论进行的总结可以发现，不同国家和地区都有特殊的"理论土壤"，一方面是由制度因素决定，另一方面与文化的发展相关联。尽管我国对全球素养教育的探索相对较晚，但是我国的全球素养教育不仅可以在全球教育合作日趋紧密的当今吸收国际经验发挥后发优势，还可以在悠久的历史文化中汲取精华。构建中国全球素养教育理论是引导未来我国全球素养教育发展的重要依据，也是全球素养教育本土化研究的重要组成部分。

一、中国全球素养教育的探索历程与理论构建困境

(一) 我国全球素养理论构架的探索历程

中国对全球素养教育的理论探索肇始于 20 世纪 90 年代对于教育全球化问题的关注，并在探索中试图开辟自己的理论体系。自《国家中长期教育改

革与发展规划纲要（2010—2020）》明确提出要实施国际理解教育以来，国际理解教育成为了我国全球素养教育的第二条主线，相比于教育国际化，国际理解教育有更多的参与主体、更全面的理解与沟通以及更为多元化的维度。对我国全球素养教育进行时间轴线的梳理，可以发现国际理解教育具有划时代意义，也是我国通过对外开放逐步屹立于世界舞台的过程。改革开放初期，邓小平指出"教育要面向现代化，面向世界，面向未来"。1993 年，随着我国改革开放进程的深入，《中国教育改革发展纲要》第二部分第十四章指出："进一步扩大教育对外开放，加强国际教育交流与合作，大胆吸收和借鉴世界各国发展和管理教育的成功经验"，并且通过增加出国人员与来华学生的双向性进一步促进我国对国外的了解，加快对外交流的步伐。1995 年，中共中央第十四届五中全会提出进一步扩大改革开放，发展市场经济，这一阶段也正值国外国际理解教育高速发展的际遇，这也为我国部分教育机构进行全球素养教育的尝试提供了更多的理论支持，助推了我国教育机构全球素养教育的早期实践。[1] 2010 年《国家中长期教育改革与发展纲要（2010 年—2020 年）》提出通过改革、发展与提升我国的教育来培养大批具有国际视野、通晓国际规则、能够参与国际事务和国际竞争的国际化人才[2]，这标志着我国全球素养教育进入高速发展的时期。2016 年，《中国学生发展核心素养》将"国际理解能力"列入"责任担当"框架中，该框架提出具有全球意识和开放的心态，了解人类文明进程和世界发展动态；能尊重世界文化的多样性并积极参与跨文化交流；关注人类所面临的共同挑战，理解人类共同体的意义等要素作为全球素养教育的内涵，并将全球素养教育与"国际竞争力"与"和谐发展共生"相关联。[3] 时至今日，中华民族已经站在世界舞台的中央，"人类命运共同体"价值观与"一带一路"构想对我国全球素养教

①　李小红、艾斌艳：《基于学生发展核心素养的"全球教育"课程改革与实践》，《当代教师教育》2017 年第 3 期。

②　国务院：《国家中长期教育改革和发展规划纲要（2010—2020）》，2022 年 01 月 06 日，见 http://www.gov.cn/jrzg/2010-07/29/content_1667143.html。

③　核心素养研究课题组：《中国学生发展核心素养》，《中国教育学刊》2016 年第 10 期。

育提出了新的要求，构建全新层次的动态化全球素养理论体系，实现全球素养教育路径创新势在必行。

我国对于全球素养教育探索的进程，是由为了教育提升全球理解到为了提升全球理解而教育的过程。纵观我国全球素养教育几十年来的历程，有批判性吸收国际先进框架以及教育实践领先于理论建构的内在规律。

（二）中国全球素养教育理论发展的困境

由于全球各国社会经济文化发展的不平衡性，教育系统也同样处于不同的发展阶段，这意味着即使是面对相同的全球议题，各国的教育模式与方法也存在不同。而我国全球素养教育理论体系的构建必须符合中国情境而不是简单复制国外全球素养教育体系。当前，我国全球素养理论构架仍存在较多问题，主要可以归纳为以下三个方面：

第一，我国的早期全球素养理论框架是在教育国际化的倒逼下形成的，因此理论体系更多构建于教育国际化之上，为中国教育的发展谋求"走出去"的道路，这与全球素养的理论体系相去甚远。全球素养教育不应仅仅立足于扩大国际影响，更应该站在更加广远的角度划定边界，这样才能指导可以承载培养全球责任感的全球素养教育。

第二，当前我国尚未形成与传统文化以及教育模式相吻合的全球素养教育理论体系，尽管国内学者已经明确指出我国全球素养教育的未来发展方向以及培养目标，但是指导全球素养教育的现存理论体系不够贴合我国全球素养教育的现状，既未能与我国的传统教育思想相结合，又不能在吸纳外国全球素养教育理论的时候与中国情境相结合，这需要进一步对在地化全球素养教育进行探索。

第三，我国地缘文化复杂多样，区域发展差异很大且开放程度各不相同，要素条件的差异决定了不同地区家庭经济社会地位、家庭教育投入模式的差异，具体到微观层面也会出现教育工作者水平的差异以及被教育者国际视野的差异。中国特色全球素养教育的理论构架需要平衡较大的区域差异以及资源禀赋情况差异下一体化与异质化的关系，而这个过程并没有国外经验可以参考。

二、中国全球素养教育理论建构的基础

(一) 人类命运共同体理论

2017 年 1 月，习近平总书记出席达沃斯论坛，他在总结了当今全球化给世界发展带来新的机遇的同时也展望了未来全人类所面临的共同挑战，这包括经济发展问题、霸权主义问题、恐怖主义和难民等社会问题、重大疾病等公共卫生问题以及气候变化与能源危机问题。这些问题需要联合国、世界贸易组织、世界卫生组织、世界知识产权组织、世界气象组织、国际电信联盟、万国邮政组织、国际移民组织、国际劳工组织等机构参与全球跨境治理，而主权平等、规则平等、机会平等是一切国际合作的基础。

在人类命运共同体倡议中，习主席指出："国家之间要构建对话不对抗、结伴不结盟的伙伴关系。大国要尊重彼此核心利益和重大关切，管控矛盾分歧，努力构建不冲突、不对抗、相互尊重、合作共赢的新型关系。只要坚持沟通、真诚相处，'修昔底德陷阱'就可以避免。大国对小国要平等相待，不搞唯我独尊、强买强卖的霸道。"[①] 通过呼吁增进了解、互相尊重来实现共赢局面以及新型国际关系，习近平总书记提出人类命运共同体共分为四个核心内涵：一是坚持对话协商，建立一个持久和平的世界；二是坚持共建共享，建设一个普遍安全的世界；三是坚持交流互鉴，建设一个开放包容的世界；四是倡导绿色、低碳、可持续的生活生产方式。人类命运共同体构想是一个具有前瞻性的动态性的理论构架，它在很多方面与全球素养理论存在相通之处，另一方面也引导着我国的全球素养教育发展，换言之，全球素养教育是实现共同构建人类命运共同体的必要途径。

人类命运共同体不是全球化自然发展的产物，它需要人类主动的构建，而全球素养教育通过唤醒人类本性促进不同国家公民的意识和团结；通过主体间平等的对话与理解构筑新型的教育交往方式；从全球共同利益出发，开

---

① 习近平：《共同构建人类命运共同体》，《人民日报》2017 年 1 月 20 日。

展发展合作，从而实现人类命运共同体目标。[①] 2015 年，联合国教科文组织发布了《反思教育：向"全球共同利益"的理念转变?》的报告，报告将知识与教育视为全球共同利益，这一概念是对人类命运共同体的呼应。具体而言，报告提出共同利益来摆脱"公共利益"中个人主义社会经济理论的影响，这一思想破除了国际各领域合作中以西方发达国家为中心的"中心—外围"结构的影响[②]，进一步促成了以增进理解、权力平等为主旨的全球素养教育的发展。

总体而言，人类命运共同体理论与全球素养是相辅相成的关系，人类命运共同体为全球素养教育提供了框架与发展模式，全球素养教育为人类命运共同体提供了实现路径。因此，将人类命运共同体与全球素养教育有机结合，可以得到更符合我国当前发展现状、未来规划以及教育资源禀赋的全球素养教育理论架构。

（二）"一带一路"倡议

"一带一路"倡议是我国强化区域合作、增进互惠共赢关系的伟大构想，它借用古代陆上与海上丝绸之路的历史符号，高举和平发展的旗帜，积极发展与沿线国家的经济合作伙伴关系，共同打造政治互信、经济融合、文化包容的利益共同体、命运共同体和责任共同体。

"一带一路"沿线国家以第三世界国家为主，而我国改革开放以来对这些国家的了解远不如对西欧与北美发达国家深入。发展与"一带一路"沿线国家的多层次合作，必将给我国全球素养教育的优化与深入带来难得的契机。由于"一带一路"建设为全球治理带来了新的模式，参与国家处于完全平等、互利互惠的关系，治理模式中不再有强弱话语权之分，也不再有中心—边缘国家之分。"一带一路"倡议将会通过"引进来"与"走出去"两个方面推动我国教育的国际化发展，一方面是进一步扩大我国留学生教育规模和提升我国留学生教育质量，并通过留学生国际文化节、国际商务模拟

---

① 冯建军：《推动构建人类命运共同体：教育何为》，《教育研究》2018 年第 2 期。

② 联合国教科文组织：《反思教育：向"全球共同利益"的理念转变?》，教育科学出版社 2017 年版，第 1—15 页。

等模式培育在校学生全球素养；另一方面是我国通过"走出去"战略向"一带一路"沿线国家输送外包项目、直接投资、基础设施建设贷款以及技术援助，这些都对我国全球素养教育提出了新的要求。总体而言，"一带一路"倡议建立的新型国际关系是多方位的，这需要更高程度的国际理解与合作观念，同时这种新型关系是完全平等的，因此也需要在增进了解的同时将各国之间的理解提升到更深层次的相互尊重、求同存异上。

（三）文化自信

"文化自信，是一个国家、一个民族、一个政党对自身文化价值的充分肯定，对自身文化生命力的坚定信念。"① 换言之，文化自信就是一个国家与民族对自身的理想、信念、学说以及优秀传统文化发自内心的尊敬、信任和珍惜，对当代先进文化充满信赖感的尊奉、坚守和虔诚，对未来文化发展有放眼世界的自信、担当和追求。文化自信从本质上来说是一种自发的心理认同、坚定的信念以及正确的文化心态。这要求在文化的发展与比较中，一个国家或者民族能够正确看待自身的文化，理解并认同自身文化的内涵与价值，并对这种文化的生命力和发展前途充满信心，同时在对待其他文化时具有兼容并蓄的包容态度。而就国家和民族的个体而言，文化自信是个人对所属文化族群的积极态度和肯定，这标志着这一种较深层次的文化认同，也是人的一种深度发展，是人在文化上增进自我、扩展自我的体现，是一种主体性心态的自然呈现。

文化自信对于国家而言具有重要的当代价值。一是可以增强民族文化软实力。文化作为一个民族的灵魂和血脉，凝聚着这个民族对世界和生命的历史认知和现实感受，积淀着其最深层次的精神追求和行为准则，并承载着民族的自我认同与价值取向。② 增强国民文化自信，对于国家而言是综合国力、向心力的体现，对于国民个体而言可以在精神层面更好地接受并传承本国文化，成为推动文化软实力发展的内在源泉。二是可以为应对本国同外部

---

① 云杉：《文化自觉文化自信文化自强——对繁荣发展中国特色社会主义文化的思考（中）》，《红旗文稿》2010 年第 16 期。

② 刘林涛：《文化自信的概念、本质特征及其当代价值》，《思想教育研究》2016 年第 4 期。

文化的交流与融合提供心理支撑。在面临全球化视阈下世界上多元文化交融与碰撞时，文化自信可以引导国民正确对待多元文化关系，以客观的姿态审视自我，以积极的姿态学习他者，既不盲目崇拜，又不固步自封，在坚持民族文化主体性的情况下积极吸收异质文化的精华。三是中华民族实现文化复兴的精神支柱。我国有着5000年文明史，我国的传统文化博大精深，许多传统思想至今都对世界具有深刻的影响力，灿烂的华夏文明也指引着我们实现中华民族的伟大复兴。

文化自信可以使国民更好地对待本国文化与外国文化的差异与冲突，增强国民自身对文化的吸收、包容、批判与反思的能力，因此文化自信不仅应是全球素养的重要指标，还应是全球素养教育的源动力。

（四）可持续发展

可持续发展思想是我国传统思想的精华，早在春秋时期，管仲就提出了尊重自然、顺应自然规律的可持续发展思想。历史上最早的环保法律为周文王制定的《伐崇令》，在此基础上管子提出了"修火宪，敬山泽，林薮积草，夫财之所出，以时禁发焉"，并通过法度促进可持续发展。与此同时，孟子在《告梁惠王上》中也提出了合理开发、不能滥采滥伐等重要观点。在可持续发展方面，我国先贤的智慧远远领先于西方的意识。环境问题与可持续发展问题通常涉及到跨境问题甚至是全球化问题，2000多年前，管仲在会盟诸侯的时候就提出"毋贮粟，毋曲堤"的理念，并多次发起并参与当时的跨境环境治理活动。现如今，当今世界面临着前所未有的能源与环境问题，人类发展与自然生态的冲突十分尖锐，当此危急存亡之时，由于各国发展水平的异质性，尽管处于同一片蓝天下，但是由于经济结构、社会发展程度、传统文化各不相同，再加上当前发展与长远发展的矛盾，可持续发展框架下的多元博弈难以形成一个多方共赢的结果，因此也不能形成统一全球治理体系。

理论是实践的有效指导，为了更好地处理生态文明建设的实践问题，习近平总书记在《习近平谈治国理政》中提出了六条原则，其中包括：坚持人与自然和谐共生；绿水青山就是金山银山；将良好生态环境作为最普惠的民生福祉；将山水林田湖草作为生命共同体；用最严格制度最严密法治保护生态环境；共谋全球生态文明建设六个方面。[①] 促进人与自然和谐相处，必须通过意识与行为关联展开，并且不能割裂二者。首先需要改变国民的意识形态，辩证地看待经济发展与环境保护的关系、个人利益与人类福祉的关系以及近期利益与远期利益的关系。其次，在行为方面，要促使国民将自己置身于生态环境系统之中，理解自身的行为对系统的动态化作用机制，同时依靠制度与法制规范国民的行为，增强制度创新力度，完善配套设施，强化制度行为。最后，由于可持续发展已成为世界性议题，任何一个国家都无法置之度外，而我国作为全球生态文明建设的重要参与者、贡献者与引领者，必须深度参与全球环境治理体系，增强环境领域内的跨境合作以及全球化合作，为可持续发展提供中国方案。

人与自然和谐相处为全球素养教育提供了新的理论视角，也为全球素养教育提出了新的要求，有全球素养的公民不仅应有足够的关于可持续发展的知识结构，更应当树立"天地与我共生，而万物与我为一"的观念，系统地思考问题。此外，人与自然和谐相处的思想要求全球素养教育的受教育者更多地了解其他文化视阈下人与自然关系的处理模式，以及工业化发展生命周期对于一国资源利用以及环境保护的影响。由于人类发展对于自然的影响多种多样，因此全球素养教育在培育可持续发展意识的同时，应当同时培养兼容并蓄的态度，将个体的行为与全球生态系统紧密地结合起来。

三、中国特色全球素养教育理论体系的建立

结合中国全球素养的相关理论基础与各大国际组织与国家的全球素养教育构架，尝试建构符合中国情境的全球素养教育理论体系，其中核心内容是以人类命运共同体理论为指导、以中国传统文化思想为基础，建构中国化的全球素养教育的内涵、维度以及指标体系。

构建符合中国情境的全球素养教育体系，一方面是对我国传统文化的

---

① 习近平：《习近平谈治国理政》第 3 卷，外文出版社 2020 年版，第 207—212 页。

继承，另一方面则应摈弃近代以来我国"孤立国"状态带来的狭隘认知，更应该符合我国未来的发展方向。如图 14-1 所示，中国全球素养理论构架应包含四个维度与四个主题要素。

（一）中国全球素养的四个维度

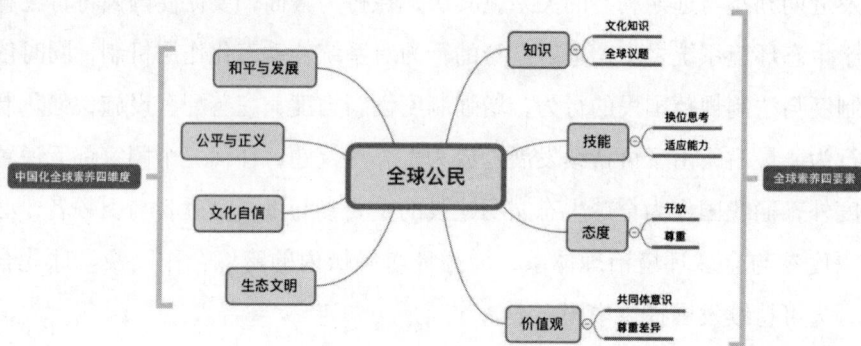

图 14-1　中国全球素养理论体系结构图

资料来源：作者根据中国全球素养教育理论构架整理绘制。

如图 14-1 所示，中国全球素养的内涵包括和平与发展、公平与正义、文化自信与生态文明四个维度。

1. 和平与发展

和平共处是各大世界组织以及国家共同提倡的全球素养内容之一，因为和平意识是化解冲突、缓冲文化碰撞的重要屏障。然而，很少有国家将和平与发展的有机结合作为全球素养教育的主要内涵。事实上，随着全球化进程的深入、人类社会发展的加速，国家之间的多重边界已经日趋紧张，因此如何平衡和平与发展的关系成为了一个世界性问题，也是全球公民必须要面对的一个问题。和平与发展是邓小平提出的当今世界的主题，是考虑到人类进步与社会发展所带来的竞争与矛盾以及我国当处的世界形势和发展阶段提出的。和平是政治问题，发展是经济问题，和平与发展互为条件、相互联系、相互影响。和平与发展的关系也是 OECD 全球素养评价体系中的一个重要内容，OECD 全球素养体系呼吁全球素养的教育实施者关注发展所带来的一系列问题，其中包含对发展引起的矛盾与冲突以及发展中带来的区域问题和国际问题的认知。对于我国而言，推动科技发展、平衡国内的产业结构、区域发展，让所有国民共同享受经济发展的福祉，是当前的第一要务，因此我国国民需要在理解国内外形势的情况下理解和平与发展的动态关联，这也是成为一个全球公民的基本素养。

2. 公平与正义

公平和正义是人类共同的社会价值观，在当今社会背景下，公平与正义不仅仅是某个国家的公平与正义，而是世界范围内国际社会以及分工的公平与均衡。OECD 等国际组织强调的是通过跨文化沟通技巧、适应能力以及理解能力在全球化的时代实现兼容并蓄。然而，在当今世界，少数发达国家一方面通过知识经济时代常用的贸易壁垒和价值捕获对欠发达国家进行掠夺，另一方面通过经济、教育援助计划向后发国家输出自身的价值观念，从而巩固自己的国际地位，这些披着外衣的掠夺行为在很大程度上破坏了平等互惠的原则。实质上，无论是国际合作中产生的知识溢出，还是教育资源，都具有公共产品属性，具有非排他性和非竞争性，应当是全球范围内的公共利益。① 以公平与正义理念引领全球素养教育，可以形成平等、互惠的全球合作新格局。而作为全球公民，我国公民应当树立公平与正义的价值观念，在全球问题以及国际事务中有准确的判断，允分认识到霸权主义、新帝国主义等不稳定因素对全球发展的危害，进而形成全球格局下维护公平与正义的意识和行为。反观一些西方的全球素养教育，把"成为世界的管理者"作为核心观念，这种观念是西方国家长期以来对外经济、政治以及外交活动中强权的体现，这种全球素养框架背离了公平与正义的初衷。如果一个国家的国民潜意识是成为游戏规则的制定者、世界资源的配置者，那么对他国文化的认知和与他国国民沟通交流的技巧都只能加剧全球的冲突与矛盾。因此，公平和正义必须成为全球素养理论构架中的核心观念。

---

① UNESCO. Rethinking Education：Towards a Global Common Good，UNESO Publishing，2021-09-08，https：//wiserd.ac.uk/sites/default/files/documents/UNESCO%20（2015）%20Rethinking%20Education%20PDF%20（1）.pdf.

3. 文化自信

文化差异是当今世界重要的课题，同时也是我国在经济对外开放、独立和平自主外交、教育扩大对外合作等情境下面临的重要问题。本章第一节通过文化认同理论论述了全球化程度的深入对文化多样性的影响以及文化融合视角下主流文化对其他文化的同化作用。作为全球公民，认同文化差异是全球素养的必备素质，而在对不同文化进行认知的过程中，文化自信更是不可缺少的素质之一，只有深入了解本土文化，从内心认可本土文化，才能在这个多元文化交汇碰撞的时代做到既不固步自封，也不盲目崇拜。① 中华民族拥有灿烂而悠久的传统文化，这些文化的传承以及文明的存续，与我国早期经济社会的强盛以及文化自信是分不开的。现如今，我国正走在实现中华民族伟大复兴的道路上，文化不仅是综合国力的体现，也是民族凝聚力的源泉。纵观世界各大文化集群，很多都曾有过美好的篇章，很多历史悠久的文明也由于文化的入侵而走向消亡。在与其他文化交汇的过程中，文化自信赋予文化的主体以及载体更多的不仅仅是内部的稳态，还应有包容性和理性心态。只有秉持文化自信的价值观念，才能让我国公民在世界舞台上展现中国文化的独特魅力，也能让我们不断吸收外来文化的精华，不断与时俱进地完善并弘扬东方文化，赋予本土文化更强的生命力。

4. 生态文明

"生态文明"概念，强调在不破坏环境的前提下保持与提升生命质量的必要性。对于处于经济赶超的后发国家而言，树立可持续发展的核心理念尤为困难和重要。经济的发展、产业结构的跃迁都具有周期性规律，因此较多后发国家在经济起步的过程中不可避免地将发展生产力的优先级放到环境保护与资源节约之前，这种粗放型的发展模式尽管可以在短期内解决落后的问题，但是无异于断送了后人谋求健康发展的道路。在习近平生态文明思想的指导下，我国正在通过产业结构调整，去除落后产能的方式实现"既要绿水

---

① 刘林涛：《文化自信的概念、本质特征及其当代价值》，《思想教育研究》2016 年第 4 期。

青山，又要金山银山"。然而在世界范围内，资源与环境问题一方面是各国面临的共同课题，另一方面也是博弈的焦点。一些国家通过环境问题限制其他国家的发展，甚至通过不断制定、修改规则试图不断改变博弈的均衡点，并使本国在博弈中获取利益；也有一些国家在世界性环境、资源问题上不讲信用，屡次触动可持续发展的红线。中国作为拥有 14 亿人口的大国，不仅在国内生态文明建设中取得了长足的发展，在全球性环境保护和资源问题中也展现了大国担当。在全球素养的理论体系中，作为全球公民，我国国民应当在树立环境保护观念、培养共同体意识的基础上，增加对全球可持续发展问题的理解，其中包含全球区域发展的不平衡性、经济发展与可持续的对立统一关系以及各国基于可持续发展目的的方略与动机。在行动中，全球公民应当以国内可持续发展倡议与国际可持续发展公约的双重标准规制自身行为，实现生态文明建设方面的"知行合一"。

（二）中国全球素养的四个要素

全球素养的理论构架由知识、技能、态度和价值观构成，这四个基本要素的概念化以及架构的历程是欧洲委员会通过审议与总结 101 项跨文化素养、全球素养以及国际素养方案后得出的。这个架构已经得到了很大程度的认可，并可以作为我国全球素养教育设计与实施的基本构架。但是，在中国情境中，知识、技能、态度与价值观的内涵与西方国家有着很大的不同。因此，必须结合我国国情讨论上述要素在我国全球素养教育中的作用以及价值取向。

1. 知识

在全球素养中，知识包括了解世界和全球议题方面。全球素养的基本支撑是知识，这些知识一方面包含对跨文化间共性与差异性的认知，另一方面也包含影响本国以及世界范围生活的全球性议题。了解知识是成为全球公民的基础，也是树立正确价值观念，做出正义的判断以及合理行为的前置条件。全球议题是指影响所有人（不分国别和社会群体）的议题，范围从贸易到贫困、人权、地缘政治和环境，全球议题通过反映世界不同地区生活的多样性和互通性解释其相互关联。① 例如叙利亚移民问题，其影响不仅仅在于社会秩序、民族冲突，还对劳动力市场、教育以及文化交流产生深远的影响，而且这些问题所带来的影响往往不仅仅由一个国家承担。全球议题往往可以引起不同国家和地区的跨文化互动，在互动的过程中，跨文化双方需要解读对方的思维方式、观念、感受以及行为，而对对方文化背景的基本了解与认知是良好沟通的基础。当今世界，伴随着全球化的浪潮，社会经济发展与相互依存给予了跨文化知识的学习者更多的了解全球议题的机会。中国与世界各国的多层面交流逐渐增多，这也带来了更多的合作与摩擦，对于中国国民而言，成为全球公民意味着需要对世界格局有足够的认知，要认识到世界发展的不平衡性以及发展的周期性，也意味着要了解其他民族文化形成与发展的历程，这些必要的知识对技能、态度以及价值观的培养有着不可忽视的作用。

2. 技能

技能经常被定义为开展严密复杂思维模式或者行为模式从而实现特定目标的能力。全球素养有赖于一些特定的技能，例如认知能力、沟通能力以及社会情感能力等。随着全球化浪潮的演进，全球公民每天都要接触不同渠道的信息，对这些信息进行归类，利用自身的逻辑能力对信息的价值、信度与效度进行归类，是全球素养的一个重要体现。另一方面，现有的全球素养理论架构无一不强调全球公民应当具备跨文化适应能力，这不仅是要求适应主流文化，还应当尽快适应新形势与环境，减缓文化休克（culture shock）现象的产生。在中国传统文化中，换位思考能力是十分重要的，论语中有"躬自厚而薄责于人"，在跨文化交流中通过换位思考设想别人的观点，理解对方的社交，可以有助于对群体差异做出更为成熟和宽容的解读。

有效沟通要求在跨文化交流中明确而自信地表达自己的观点，即使存在分歧也能心平气和地交流，如果对方不了解己方的文化背景，要耐心地澄

---

① Veronica Boix Mansilla, Anthony Jackson. *Educating for Global Competence*：*Preparing Our Youth to Engage the World*，New York：Asia Society and Council of Chief State School Officers，2011，pp.41-45.

清、明确语义。掌握外国语言对于有效的沟通是十分重要的，而在必要的时候肢体语言、平和的语气也是有效沟通的技能。当认识到跨文化交流存在矛盾的时候，应当确认矛盾的起因和各方的立场和视角，认识到文化的差异，寻求潜在的共识点，进而求同存异地达成共识。

3. 态度

全球素养中的一个要素是态度（attitude）或者倾向（intension），态度是指个人对他人、群体、机构、议题、行为或者符号所采取的思维倾向。该思维倾向包含观念、评价、情感以及行为倾向。

在我国，全球素养要求全球公民具有开放、尊重以及共同体意识。全球素养教育要求全球公民形成开放的态度，开放是指全球公民对其他文化背景者有一个开放的态度，这种态度应当是好奇的、敏锐的以及主动的。开放的态度不仅仅可以主动地争取更多的跨文化交流的机会，也可以让其他文化更了解本国的文化。尊重的态度要求全球公民在跨文化交流中平等地对待对方，不因母国的经济政治地位以及本土文化的主流程度改变沟通交流的模式。共同体意识是一种将个人的命运与全人类命运相关联的世界观，有共同体意识的公民应当有相互依存的意识，关注其他地区的发展，无论距离远近与文化异同。

从历史文化来看，中国国民普遍具有同情心，且中国传统文化被西方学者定义为集体主义文化，近年来我国公民在人类命运共同体思想的驱使下，逐渐理解到了全球框架与全人类之间的动态关联，也了解到了个人行为在多个方面对共同体的影响。而由于地缘关系的原因与经济、社会发展进程的因素，相比于处于更为成熟的经济发展周期的发达国家国民，我国公民在开放程度方面可能有所不足，但是如果秉持互相尊重的跨文化交流态度，我国国民可以更多地弥补知识、技术层面的不足。

4. 价值观

价值观是一种涉及个人向往和追求的人生目标，是人们在评判时有意识或无意识的一种衡量标准。相比于知识、技能与态度，价值观的形成与固化的周期更加漫长，但是价值观对于知识的吸收、技能的培养以及态度的形成都有催化作用。价值观是人性的一种体现，它的塑造对于教育的依赖程度很高，价值观的再造也十分漫长。尽管尊重差异、尊重人类的基本权利是全球素养价值观的核心内容，但是由于不同国家文化背景不同，价值观的框架也应有所差异，尊重文化多样性可以减少文化误解与摩擦，有效地推动文化交流，尊重他人的基本权利可以减少歧视。在当今世界，部分国家在经济合作和外交中具有强话语权，这些国家难免会通过所谓的"人权"问题实施双重标准，而我国公民应当认识到世界是多元化的、文化是可以平等交流的、经济社会地位不应当被带入到跨文化交流中来，同时也应正确地看待尊重基本权利和尊重文化多样性所带来的冲突。

总体而言，中国全球素养理论体系结构应当以全球公民为立足点，以和平与发展、公平与正义、文化自信以及生态文明为四大维度，以知识、技能、态度和价值观为主要要素。其中知识包含了解与感知世界和世界性议题；技能包括整理分类世界信息、有效交流、适应能力和换位思考能力；态度包括自身的开放以及对他人的尊重；价值观包含尊重文化差异性以及反对滥用权力以及歧视。

第三节　中国全球素养教育的实践路径创新

我国的全球素养教育尽管取得较大的进展，却仍存在缺乏动态评价体系、教育资源配置不均衡、教育模式单一以及重视知识传授而忽视态度与价值观培养等方面的问题。这些问题必须通过教育实践路径创新来实现。实现我国全球素养教育的实践路径创新主要是要解决两个重要的问题：一个是哪些方面的全球素养是符合我国受教育者发展需求的？一是我们应该如何结合受教育者的需求与我国教育系统的现状实现全球素养教育的路径创新？为解决这两个问题，本节首先构建中国情境下的全球素养评价体系，并进一步确定我国全球素养教育的课程设计，最后落脚到我国全球素养教育的教学模式与方法以及有关支持性措施上。

一、构建中国特色的全球素养评估体系

构建符合中国情境的全球素养评估体系，一方面可以通过评估我国当前在校学生全球素养情况，另一方面可以通过横向与纵向对比为全球素养教育设计提供有价值的参考。目前，我国尚未将全球素养纳入到综合素质评估指标体系中，也没有独立的在校学生全球素养数据库。而在国际上很多更早开始实施全球素养教育的国家均设置了在校学生全球素养指标体系，此外，OECD 在 2018 年的 PISA 测试中也通过认知测试与问卷测试的双重测试方法在大样本条件下评估各国 15 岁青少年的知识、技能与态度（价值观不在 PISA 测量之内）。与 PISA 其他方面的测试相同，全球素养测试采取的是量表方法，得到的数据可以为各国家和地区全球素养教育实施提供参考，然而在 2018 年的全球素养测试中国四地的在校学生没有参加，因此从中国视角验证和借鉴 OECD 全球素养指标体系存在着技术性的难度。

如何构建具有解释力并符合中国学生的全球素养数据库？我们基于 PISA 全球素养教育问卷调查的框架，依据文化近似性与地缘关系原则，通过其他与中国文化相近的国家和地区验证 PISA 全球素养指标在中国的可行性。根据 OECD 全球素养的知识、能力、态度与价值观四维测试框架，每个主要要素有三个二级指标，每个二级指标有 5—6 个三级指标。尽管 OECD 指标体系各要素较为详尽，但是也存在一些国内外学者普遍诟病的问题。首先，三级指标设置过于冗杂导致，给问卷的参与者和数据的分析过程增加了困难。其次，有的同级指标之间存在包含与被包含关系，如全球议题参与中的"环保活动参与"与"我在线签署环保或社会请愿书"实际上在内容上是包含关系，在严谨量表设计中不应作为同一级的变量。最后，这个指标体系的设计能否符合所有参评国家的教育环境和文化背景？这一点是被很多人质疑的。

为了探索 OECD 全球素养评估体系在中国情境下的合理性并在其基础上构建中国特色的全球素养评价体系，我们通过主成分分析的方法对 OECD 评价体系中相对复杂的三级指标群进行权重系数判别，一方面探索各三级指

标在中国情境下对全球素养的解释力，另一方面筛选更能反映知识、技能和态度的指标。对 OECD 全球素养指标体系的筛选依据有二：一是通过因子载荷系数确定指标的重要程度，二是通过选择相关地区的群体作为因子分析的样本，满足对全球素养评价体系中的"中国情境"的要求。由于 OECD 数据库中中国 15 岁青少年数据仅局限于北京、上海、江苏和浙江四地而且均没有参与全球素养问卷，因此当前无法直接通过数据验证 OECD 全球素养教育指标体系在中国的可行程度。尽管如此，一些与中国具有高度文化近似性的国家和地区参与了 OECD 全球素养测试，选取与目标国家具有高文化近似性的国家和地区指代样本量不足的研究对象国家常见于国别研究中。①根据文化维度理论，东西方国家的文化差异主要表现在权力差异、个人主义与集体主义、预期的长期性和短期性，综合考虑制度、历史、地缘、文化、民族等因素，中国文化在各维度都有其与众不同的特点，而中国香港、澳门、台湾地区以及新加坡与中国大陆有最小的文化差异。因此，我们尝试通过以上地区和国家的数据进行全球素养指标的主成分分析。

　　为探索 OECD 全球素养框架在中国情境下的适切度，我们从中国 PISA 数据库中获取中国香港、澳门、台湾地区以及新加坡的学生调查问卷样本共计 26770 个。在样本整理过程中，我们剔除了在全球素养调研中有至少一道未作答题目的样本共 7149 个，得到有效样本 19621 个。

　　根据前文所述，OECD 全球素养问卷测评框架共分为知识、技能、态度三大要素，每个要素均含有三个二级指标，每个二级指标含有若干三级指标。为探究三级指标的解释力，研究将所有三级指标根据二级指标归类为 9 组，每组首先通过 KMO 和 Bartlett 球形检验来验证量表是否适合进行因子分析，然后通过因子分析探索各三级指标的协方差。以二级指标全球议题效能为例，KMO 取样适切量数为 0.891，说明全球议题效能下各三级指标之间存在相关性；Bartlett 球形检验卡方值为 60109，自由度为 15，显著性为

---

① Tatiana Khavenson，Martin Carnoy. "The Unintended and Intended Academic Consequences of Educational Reforms：The Cases of Post-Soviet Estonia，Latvia and Russia"，*Oxford Review of Education*，Vol.6（2016），pp.1-22.

0.00，球形假设被拒绝，表明量表各题目之间并非相对独立。综上，本组指标可以进行主成分分析。我们进而通过 spss23.0 软件的因子过程实现对主成分的提取，提取主成分的依据为累积方差贡献率达到 80%，然后以主成分的方差贡献率为权重对各 6 个三级指标进行判断，最终得到各指标的主成分系数，分别解释一国经济危机如何影响全球经济（系数 0.212），解释为什么一些国家更容易受全球变暖影响（系数 0.213），解释经济发展对环境的影响（系数 0.212），解释人们成为难民的不同原因（系数 0.204），解释二氧化碳排放对全球气候变化的影响（系数 0.198）以及在纺织品价格与生产国工作环境间建立联系（0.194）。以此为例，研究通过主成分分析法分别求得 9 个二级指标下各三级指标的代表权重，并得到以中国台湾、香港、澳门地区以及新加坡的全球素养主成分计算公式。

表 12–5、12–6、12–7 为全球素养各指标的主成分系数，通过对各系数的对比发现在中华民族文化情境下，OECD 指标体系对全球素养的解释能力存在着一定的差异，以全球议题参与为例，减少能源的使用对于在二级指标下的权重相对较低，而参与环保活动与参与男女平等活动则对全球议题参与的解释程度较高，差距超过一倍。为了验证上述全球素养指标主成分权重的差异是由于文化的特殊性而并非问卷设计导致，即"中国情境"的存在以及影响大小，我们选取 PISA 报告中加拿大、意大利、法国以及澳大利亚 4 个与中国文化差异较大的西方国家作为对照组进行全球素养问卷框架的主成分分析。研究发现西方国家全球素养指标的主成分权重与我国存在一定的差异，以全球议题自我效能为例，在欧美 4 国的分组中，具有最高解释力的三级指标是解释一国经济危机如何影响全球经济（系数 0.219），解释力最低的是解释人们成为难民的不同原因（0.204），这与中华文化组内的最高指标和最低指标均不相同，这说明东西方文化差异引起了不同指标的解释度差异而非问卷本身的问题设计。

除此之外，OECD 全球素养问卷指标在欧美国家中的主成分系数普遍略高于中国香港、澳门、台湾地区以及新加坡，说明该问卷更适合西方文化的全球素养评估，其原因在于问卷的语言设置、话题选择以及语义语境更适合西方文化。

表 14–5　全球素养知识指标主成分系数

二级指标	三级指标	主成分系数
全球议题认知	气候变化和全球变暖	0.177
	全球健康	0.185
	移民（人口迁徙）	0.187
	国际冲突	0.182
	世界各地的饥荒和营养不良	0.199
	贫困的根源	0.194
	世界各地的男女不平等	0.178
全球议题自我效能	解释二氧化碳排放对全球气候变化的影响	0.198
	在纺织品价格与生产国工作环境之间建立联系	0.194
	讨论人们成为难民的不同原因	0.204
	解释为什么有的国家更容易受到气候变化影响	0.213
	解释一国的经济危机如何影响全球经济	0.212
	讨论经济发展对环境的影响	0.212
全球议题参与	为保护环境，我在家减少能源使用	0.118
	出于道德或环保原因，即使稍贵我也选择某些产品	0.187
	我在线签署环保或社会请愿书	0.237
	我通过社交媒体持续关注世界大事	0.166
	出于政治、道德和环保原因，我抵制某些产品和公司	0.242
	我参与男女平等的活动	0.261
	我参与环保活动	0.261
	我经常浏览国际议题的相关网站（如人权、贫困）	0.207

资料来源：作者结合 OECD 全球素养教育框架根据主成分分析法生成。

表 14–6　全球素养技能指标主成分系数

二级指标	三级指标	主成分系数
换位思考能力	做决定之前，我设法了解每个人在分期上的立场	0.242

续表

二级指标	三级指标	主成分系数
	我认为每个问题有两面性，因此努力全面看待	0.247
	我从朋友的视角看问题以此加深对他们的了解	0.261
	我尝试设身处地去想象他人感受而不是批判	0.249
	生某人气时，我努力从对方视角考虑一会儿	0.240
适应能力	我能应对不同寻常的情况	0.203
	我能改变自己的行为以满足新情况的需要	0.206
	即使承受压力，我也能适应不同的情况	0.213
	我能轻松适应新的文化	0.207
	和他人相处遇到困境时，我能想到化解方法	0.216
	和其他文化背景的人互动时，我能克服遇到的困难	0.202
跨文化交际意识	我留意观察他们的反应	0.171
	我频繁核实我们是否正确了解了对方	0.178
	我认真倾听他们所说的话	0.182
	我仔细斟酌措辞	0.171
	我举出具体实例来阐述自己的观点	0.167
	我详尽解释情况	0.175
	如果交流出现问题，我寻找解决方法	0.169

资料来源：作者结合 OECD 全球素养教育框架根据主成分分析法生成。

表 14-7　全球素养态度指标主成分系数

二级指标	三级指标	主成分系数
对其他文化的兴趣	我希望了解不同国家人们的生活方式	0.282
	我希望更多地了解世界宗教	0.265
	我对不同文化背景的人如何看待世界感兴趣	0.297
	我对了解其他文化的传统感兴趣	0.293
对不同文化的尊重	我平等地看待和尊重其他文化背景的人	0.212
	我尊重所有人，无论其文化背景如何	0.213
	我给其他文化背景的人以表达看法的空间	0.218

二级指标	三级指标	主成分系数
	我尊重不同文化背景者的价值观	0.219
	我尊重不同文化背景者的观点	0.215
全球意识	我认为自己是世界公民	0.211
	看到世界上有人生活困苦时，我感到有责任采取行动	0.235
	我认为自己的行为能影响其他国家的人	0.217
	我应该抵制给雇员提供恶劣工作环境的公司	0.193
	对世界的问题，我能够有所行动	0.235
	保护全球环境对我很重要	0.228

资料来源：作者结合 OECD 全球素养教育框架根据主成分分析法生成。

在得到全球素养指标的主成分系数后，我们以上文提到的欧美 4 国作为对照组，对中国香港、澳门、台湾地区以及新加坡进行全球素养的加权计算，评价结果见表 14-8。可以看到在知识层面，西方国家在校学生的表现明显好于我国三地以及新加坡的在校学生，其中包含对世界的认识，对各国之间联系的认识以及参与影响世界的活动等方面，西方国家的全球素养教育都做得更好，使学生具有更完备的知识架构。在技能方面，西方的在校学生有更强的适应能力和换位思考能力，而中方在校学生则有相对更好的跨文化交际意识。最后，在态度方面中方在校学生普遍表现好于西方国家，其具体表现在具有更好的共同体意识，更尊重文化差异以及对外国文化有更多的兴趣。总体而言，在全球素养方面，西方国家的在校学生有更好的知识面与对应的能力，而中方学生则有更积极的态度以及共同体理念。由于西方国家更早地推动全球素养系列的概念普及以及教育模式探索，对知识与能力的塑造有一定的领先。尽管如此，东西方文化差异中的个人主义与集体主义差别让中国在校学生在共同体理念、平等尊重等方面有着天然的优势，因此全球素养教育在中国更容易开展。而知识和能力的差距可以通过吸取国外先进经验来发挥"后发优势"。

表 14-8　全球素养评价表

	中华文化组	欧美四国组
全球议题认知	3.836	3.926
全球议题自我效能	3.458	3.523
全球议题参与	2.505	2.739
换位思考能力	2.778	2.807
适应能力	3.193	3.510
跨文化交际意识	3.806	3.760
对其他文化的兴趣	2.950	2.899
对其他文化的尊重	3.893	3.797
全球意识	3.850	3.792
总分	30.269	29.968

资料来源：作者根据主成分系数对各项均值加权计算生成。

由于我国区域发展存在差异，对外开放的进程也各不相同，不同地区在校学生的全球素养存在显著的差异。构建与完善中国情境下的全球素养指标体系无论是对全球素养评价模型的理论演进还是对全球素养教育的路径实践都有着重要的意义。运用国际数据库的指标体系测量我国在校学生的全球素养，一方面可以通过纵向比较刻画我国在校学生全球素养演进的路径；另一方面可以通过横向对比找到我国学生全球素养发展的优劣势，从而更精准地吸收国外的全球素养教育经验。

二、确立中国特色的全球素养教育课程设计

如前所述，我国全球素养教育应以全球公民为核心思想，以和平与发展、公平与正义、文化自信以及生态文明为主要维度，以知识、技能、态度和价值观为主要要素，这些是全球素养教育课程设计的基本框架。

（一）课程设计的基本原则

在课程设计的过程中，首先应注意根据学生的认知和发展水平和规律选择适当的课程内容。对于小学阶段的学生而言，他们对世界的认识刚刚开

始，对于各种知识只能有浅层次的认识，对于世界日趋激烈的竞争和矛盾以及贫穷和不平等往往缺乏认知，因此这个阶段更适合培养民族自信以及对外国文化以及国际组织的初步了解。对于初中阶段的学生而言，应促使他们在上一阶段了解世界的基础上掌握更深层次的知识和技能，更多地了解相互依存性，培养共同体观念。高中阶段的学生，身心进一步发展，知识构架也更加成熟，他们应对国际存在的利益冲突和事物的内在关联有清楚的认识，这一阶段的全球素养教育应当培养在校学生公平与正义的价值观以及人类命运共同体在世界竞争合作中的作用，在能力方面应当塑造更强的跨文化交流能力，并初步具有积极参与国际事务的意识和能力。

另外，我国应当注意将课程的内容与学生的生活相联系。由于不同学校所处的区域不同，所在地区的社会、经济和文化环境不同，所面临的教学任务在不同学段也各有侧重，因此全球素养教育的课程设计必须充分结合地域要素并充分利用各种地方教育教学资源。

(二) 课程主题

基于我国文化情境下在校学生全球素养的不足、全球素养的理论架构并结合国外全球素养教育的经验，我们提出以下课程的内容主题（见表14-9）。

表 14-9　我国全球素养教育课程的内容主题

基本维度	内容主题	课程内容
了解世界	放眼看世界	世界上的不同国家、民族 不同国家的节庆、宗教、饮食、文化、风俗、历史
	国际组织	国际组织概览 国际组织的形成与发展 中国在国际组织中的角色
	世界议题	世界议题的形成 典型的世界议题 个人与国家在世界议题中扮演的角色
民族自信	我们的国家	中国的历史、56 个民族的历史文化、风俗、节庆、生活 我国所处的国际形势以及与世界的联系

续表

基本维度	内容主题	课程内容
	我们的先贤	在世界上有影响力的中国思想家 法家学派的经济改革尝试 儒家思想的发展与自洽
	我们与世界的联系	四大发明如何影响世界 丝绸之路、大唐西域记以及郑和下西洋
和平与发展	和平的主旋律	国际冲突与形成的原因 和平与发展的关系
	合作与竞争	合作与竞争的必然性和现实性 竞争与合作中的利益博弈 中国如何参与国际竞争与合作
	风险评估	当今世界和平与发展的潜在威胁 经济制裁与贸易壁垒对一国发展的伤害 逆全球化的成因与后果
跨文化交流	跨文化交流能力	外国语言、肢体语言与国际尝试 如何换位思考，尝试在其他文化的视角下思考问题 如何快速适应当地文化，了解地方规则
	冲突解决能力	了解跨文化交流冲突形成的原因 如何在跨文化交流中表达自己不同的观点 在沟通中划分主要目标和次要目标，并选择性让步
公平与正义	当前世界破坏公平的因素	了解种族歧视、霸权主义、贫穷、垄断与贸易壁垒、性别歧视的由来与发展
	公平解决全球问题	全球社会公正及民族权力平等 国际政治经济新秩序 世界治理问题与中国方案
	共创公平与正义	如何抵制破坏公平与正义的行为 做美好世界的建设者和维护者
可持续发展与生态保护	生态环境保护	环境问题的由来 区域环境问题的国际环境问题的解决 人类处理生态问题方式的演进
	资源节约	可再生资源与不可再生资源的认识 资源节约意识与行为辨析 资源问题与气候问题

续表

基本维度	内容主题	课程内容
	人类遗产保护	非物质文化遗产保护 物质文化遗产保护 历史文物保护

资料来源：作者根据理论架构和指标主成分整理。

（三）课程形态

根据我国课程管理体制和中小学教育实际，开设单独的全球素养教育国家课程是不现实的，因此可行的办法是在现有的课程框架内实施全球素养教育，建构多元一体的全球素养教育课程体系。

1. 将全球素养教育渗透融合到现有各科课程中

全球素养教育的实施必须通过一定的课程媒介，中小学开设的各种课程则是最重要的媒介。全球素养教育与其他学科在课程目标上有很多一致之处，尤其是在能力培养和价值观培养方面。从国际经验看，英国、美国以及日本等很多国家都将全球理解教育嵌入到其他课程中去，并专门颁布了开发不同课程中全球素养的政策、指南和指导手册。2016年颁布的《中国学生发展核心素养》明确把国际理解列入各学段学生发展核心素养体系，并明确学生必须具有全球意识和开放的心态，了解人类文明进程和世界发展动态；能尊重世界多元文化的多样性和差异性，积极参与跨文化交流；关注人类面临的全球性挑战，理解人类命运共同体的内涵与价值等。我们上文提到的全球素养教育课程的内容主题，可以看作"国际理解"这一核心素养的具体化。开展全球素养教育，要求开发把有关内容主题落实各学科的课程标准和教材当中去。需要指出的是，全球素养教育不仅应该融合到语文、外语、历史、地理、艺术等课程中，也应该融合到数学、物理、化学、生物、信息科技、体育和劳动等课程中。

2. 开设全球素养教育地方课程和校本课程

我国的义务教育阶段和高中教育阶段的课程体系都包括国家课程、地方课程和校本课程，在国家课程之外为地方课程和校本课程的开发与实施预留了空间。与国家课程相比，地方课程和校本课程有着更大的灵活性和针对性。在过去一段时间，北京等地先后开设了国际理解教育的地方课程和校本课程，积累了一定的经验。在国际上，韩国等国家和地区也有开设国际理解教育或全球公民教育课程的做法。我国可以借鉴国际上和国内的经验，开设专门的全球素养教育地方课程和校本课程，提高全球素养教育的成效。

3. 开设全球素养教育专题讲座和实践活动

无论是国家课程还是地方课程和校本课程，往往都强调课程内容的系统性和完整性，特别是各学科都由一定的学科边界，在一定程度上限制了全球素养教育的开展。因此，通过跨学科的专题讲座和各种各样的实践活动可以弥补这些学科性课程的不足。各级各类学校可以结合自己的实际情况，充分利用本校、本地和家长资源，灵活开设专题讲座，组织参观、交流、模拟、文化节等专题活动，实现全球素养教育的生活化、活动化，不但使学生掌握全球素养的有关知识，更重要的是帮助学生形成预期的技能、情感、态度和价值观，并在实践中付诸行动。

三、探索中国特色的全球素养教育教学模式与方法

全球素养教育不能停留在课程层面，必须通过有效的教学模式与方法予以实施。结合国内外的经验和我国的实际，我国全球素养教育在教学模式与方法上应该注意以下几点：

（一）多种教学模式与方法相结合

从国内外的实践看，全球素养教育的教学模式与方法是多种多样的，只有根据学习主题、学生特点以及学校和教师的资源禀赋情况灵活运用，不拘一格，才能取得理想的效果。

1. 体验式学习方法

体验式学习是一种沉浸度较高的学习方法，已被较多欧美国家运用于全球素养教学之中。体验式学习通过提供真实学习的机会，让学生主动参与，培养合作能力，满足个人兴趣，使学生在舒适区以外拓展视野。我国地方教育系统应当给予在校学生实地观摩以及参与涉外和社区工作的机会，让

学生有机会在实地工作中尝试解决争端。此外，学校还可以设计对国际组织以及国际项目的模拟，并允许学生在组织与项目中尝试扮演不同角色，从而提升学生的动态化全球素养。

2.议题中心学习方法

议题中心学习法是指以争论性议题为课程核心，教师综合相关学科知识，运用多样教学法，将议题的正、反不同观点呈现给学生的一种教学方式。议题中心学习方法要求教育者将争议议题展现在学生面前，可以让我国在校学生更加系统和深刻地了解国际问题。此外，议题中心学习法可以通过动态演进的视角向学生展现国际以及区域冲突的形成、激化以及解决的周期性与突变性。教学对学习者思维技能的提升，主要体现在能够促进学习者在信息处理、推理、探究、创造性思维与评价等方面能力的发展。

3.互动式学习

针对当前我国全球素养教育中学生融入程度不高，教师与学生缺乏交流等问题，引入互动式学习是一个较好的解决方案。互动式学习的具体表现形式包含组内线下讨论（group discussion）、课堂汇报展示（presentation）、教师学生一对一交流（tutorial）等。在互动式学习中，教师与学生的角色在一定程度上发生转移，可以让二者脱离自己的舒适区，进一步激发潜能，提高全球素养教育的效率。

4.数字化学习

数字化学习指的是有效利用技术进行的各种学习或教学实践。它的应用范围极其广泛，包括混合和虚拟学习、基于游戏的学习、访问数字化内容、本地和全球合作、积极参与网络社区、利用技术进行联系—协作—策划—创造、学习的多模式展示、使用数字工具提供和接受反馈等。由于全球素养的学习内容以及相关案例均具有高度的动态性与时效性，因此数字化学习在该领域有很大的应用空间和发展潜力。

（二）推行在地化全球素养教育

全球素养教育的实施需要结合国家化和"在地化"。在校学生应当明确"全球公民"和"中国公民"概念的异同。"在地化"概念可以很好地解决全球素养教育中国家认同和世界认同的矛盾与冲突，一方面是作为当地的居民同时也应该是全球公民（local in global），另一方面是当参与国际事务，来到国外的时候，要尊重当地风俗、学习当地的制度，与当地的人进行文化对话（global in local）。① 在全球素养教育中引入时间、空间二重维度，可以让在校学生更敏锐地洞察所处的环境，采取更贴切的行为。为更好地实施在地化全球素养教育，当前我国需要重构全球素养教育体系，稳固本土传统文化，尤其应当扎根区域文化，避免全球素养教育的区域同质性。在实现国家全球素养教育要求的同时，在地化全球素养教育可以保证受教育者在接受外来文化碰撞的时候具有更好的判别能力。

（三）塑造学习风气

全球素养教育鼓励创造充满互动性的课堂文化，让学生畅所欲言，自由推想，对学生和教师的观点提出异议而不会有失礼之担忧；培养在校学生对所见食物的质疑和批判能力，教师作为引导者不能满足于学生给出"正确"的答案，而应该问一问是否还有别的视角、别的看法以及别的解决途径。创造这种全新的课堂文化，对我国现有的学校风气会造成一定的冲击，但是批判性思维符合全球素养教育的发展方向。

四、建立和完善中国特色的全球素养教育的支持系统

全球素养教育的有效实施，不仅需要借助课程和教学模式与方法，以及相应的评价体系，而且需要各级政府和学校层面的支持，并形成合力。

（一）构建自上而下的领导力提升系统

由于全球素养具有很强的系统性与动态性，因此教育内涵、方法以及实施过程必须能应对随时到来的挑战，而学校领导以及教师的领导力将为应对这些挑战提升必要的支撑。为提升校长领导力，国家以及区域教育机构必须更好地整合教育资源，并开展校长领导力论坛，给予全球素养教育先进学

---

① Mike Feathersone, Scott Lash&Roland Robertson. *Global Modernities*, SAGE Publications Ltd, 1995, pp.25-44.

校的校长传播经验的平台。对于教师而言，提升教师领导力则需要为教师提供专业学习的机会，以帮助其改善教学方式，将全球素养融入其中，通过师资培训项目以及在职专业发展，教师可了解全球议题以及合作、解决问题、欣赏不同视角和技能的教学方法。尽管当前已有包括全球教育中心在内的各家机构正在开发全球素养教育合作平台，而我国仍需将合作平台下沉，让参与者与设计者更聚焦中国全球素养教育问题。

（二）提升全球素养教育各主体参与程度

教育政策的制定者往往认为改善全球素养教育需要从重大变革入手，比如增设课程以及活动，而更基本的问题在于如何为全球素养教育打下更好的群众基础，在于如何通过形成各参与主体的共同愿景来提升参与度。因此，全球素养教育之于在校学生而言并不仅仅是学业表现的衡量标准和个人发展的阶梯，对于教师而言也不仅仅是教学能力的实现，对于校长而言也不仅仅是领导力以及管理能力的映射，如果将全球素养教育理解为结合教育系统的资源与各参与主体的现状构建一个更美好的共同学习的世界，各参与主体的积极性将会在这个共同愿景中得到不断提升。同时，进一步通过优化学习环境和学校风气来促使受教育者主动融入全球素养教育体系，主动思考问题而非被动灌输知识，学习的效率也将会逐渐提升。

（三）为全球素养教育提供政策与管理支撑

目前我国全球素养教育正处于高速发展之中，但是伴随着发展也面临着一些如前文所提到的问题，因此全球素养教育需要进行管理与支撑，其中主要包含政策保障、课程评价与反馈、教育资源的升级与配置以及全球素养的课题研究共4个方面。

我国全球素养教育无论是理论研究还是实践发展都晚于世界上的其他教育强国，而且研究和实践的范围还相对较小。而如何实现全球素养教育的提升、如何保障地方学校按照需求培养学生，如何对欠发达地区的全球素养教育进行支持与补贴，如何培养更多具有全球素养教学能力的教师，这些方面都缺乏相应的政策保障。换言之，当前需要有相应的政策文件明确全球素养在我国当前教育体系中的地位，保证地方学校在全球素养教育方面的投入和探索。

（四）优化教育资源配置

教育资源的升级与配置是解决我国全球素养教育发展不平衡的重要途径。在基础设施方面，欠发达地区的地方学校需要通过多种途径补充经费，其可能的途径包括地方财政投入，国际组织投入、教育基金投入等方面。对于教师资源而言，向教师提供必要的与基本的全球素养教育培训是需要尽快解决的问题。对于基层教师，地方应当制定高等院校帮扶策略，同时教育部应当进行顶层统筹设计，定期安排欠发达地区和农村地区的教师去全球素养教育先进的学校进行参观与学习，从而促进各类学校全球素养教育资源的全面发展。